Kohlhammer

Geschichte in Wissenschaft und Forschung

Andreas Lippert/Joachim Matzinger

Die Illyrer

Geschichte, Archäologie und Sprache

Verlag W. Kohlhammer

Dieses Werk einschließlich aller seiner Teile ist urheberrechtlich geschützt. Jede Verwendung außerhalb der engen Grenzen des Urheberrechts ist ohne Zustimmung des Verlags unzulässig und strafbar. Das gilt insbesondere für Vervielfältigungen, Übersetzungen, Mikroverfilmungen und für die Einspeicherung und Verarbeitung in elektronischen Systemen.

Die Wiedergabe von Warenbezeichnungen, Handelsnamen und sonstigen Kennzeichen in diesem Buch berechtigt nicht zu der Annahme, dass diese von jedermann frei benutzt werden dürfen. Vielmehr kann es sich auch dann um eingetragene Warenzeichen oder sonstige geschützte Kennzeichen handeln, wenn sie nicht eigens als solche gekennzeichnet sind.

Es konnten nicht alle Rechtsinhaber von Abbildungen ermittelt werden. Sollte dem Verlag gegenüber der Nachweis der Rechtsinhaberschaft geführt werden, wird das branchenübliche Honorar nachträglich gezahlt.

Umschlagabbildung: Ausschnitt der silberplattierten Riemenzunge von Selca e Poshtme, Albanien (vgl. Abb. 32/4).

1. Auflage 2022

Alle Rechte vorbehalten
© W. Kohlhammer GmbH, Stuttgart
Gesamtherstellung: W. Kohlhammer GmbH, Stuttgart

Print:
ISBN 978-3-17-037709-7

E-Book-Format:
pdf: ISBN 978-3-17-037710-3

Zusatzmaterial online:
https://dl.kohlhammer.de/978-3-17-037709-7

Dieses Werk enthält Hinweise/Links zu externen Websites Dritter, auf deren Inhalt der Verlag keinen Einfluss hat und die der Haftung der jeweiligen Seitenanbieter oder -betreiber unterliegen. Zum Zeitpunkt der Verlinkung wurden die externen Websites auf mögliche Rechtsverstöße überprüft und dabei keine Rechtsverletzung festgestellt. Ohne konkrete Hinweise auf eine solche Rechtsverletzung ist eine permanente inhaltliche Kontrolle der verlinkten Seiten nicht zumutbar. Sollten jedoch Rechtsverletzungen bekannt werden, werden die betroffenen externen Links soweit möglich unverzüglich entfernt.

Inhaltsverzeichnis

Vorwort der Autoren 8

Symbole und Abkürzungen 10

A   Einführung in die Geschichte der Illyrer 11
A.1 Ethnizität und Lebensraum der frühen Illyrer 11
A.2 Erste illyrische Königreiche 14
A.3 Die Hellenisierung 15
A.4 Das südillyrische Reich von Scodra 16
A.5 Das römische Illyricum 17
A.6 Ausklang der illyrischen Ereignis- und Sprachgeschichte ... 19

B   Archäologie der Illyrer 23
B.1 Geographie und Klima 23
B.2 Kurze Forschungsgeschichte 24
B.3 Archäologische Zeugnisse 26
     B.3.1   Kupfer- und frühe Bronzezeit am Balkan
               (4.–frühes 2. Jt. v. Chr.) 26
     B.3.2   Mittelbronze- und frühe Spätbronzezeit
               (ca. 1600–1100 v. Chr.) 29
     B.3.3   Jüngere Spätbronzezeit: Glasinac III c
               (1100–920 v. Chr.) 31
     B.3.4   Zur Ausbreitung der Urnenfelderkultur am Balkan ... 35
     B.3.5   Bronze- und eisenzeitliche Siedlungen 37
     B.3.6   Bestattungsformen der späten Bronze- und Eisenzeit am
               Zentral- und Westbalkan 41
     B.3.7   Ältere (Frühe) Eisenzeit: Glasinac IV a
               (920–780 v. Chr.) 45
     B.3.8   Mittlere Eisenzeit: Glasinac IV b (780–660 v. Chr.) ... 46

	B.3.9	Mittlere Eisenzeit: Glasinac IV c-1 (660–600 v. Chr.) und die Gründung griechischer Kolonien an der unteren Adria 55
	B.3.10	Mittlere Eisenzeit: Glasinac IV c-2 (600–525 v. Chr.) 57
	B.3.11	Späte (Jüngere) Eisenzeit: Glasinac V a (525–350 v. Chr.) 64
	B.3.12	Das archäologische Bild vom illyrischen Ethnos 67
	B.3.13	Die keltischen Nachbarn der Illyrer im Norden 71
B.4	Wirtschaft und Gesellschaft 72	
	B.4.1	Land- und Viehwirtschaft 72
	B.4.2	Rohstoffe und Metallhandwerk 74
	B.4.3	Der Handel 78
	B.4.4	Soziale Strukturen 81
	B.4.5	Glaube und Kult 94
B.5	Die späten Illyrer 99	
	B.5.1	Illyrische Städte 99
	B.5.2	Spätillyrische Bestattungen und Grabstelen 105
	B.5.3	Mythen der Illyrer 107

C Sprache der Illyrer 111

C.1	Der antike Balkan und der illyrische Sprachraum 111	
C.2	Forschungsgeschichte und Illyerbegriffe 117	
C.3	Quellen des Illyrischen und onomastische Zeugnisse 124	
	C.3.1	Fehlen von epigraphischen Zeugnissen 125
	C.3.2	Glossenwörter bei antiken Autoren 125
	C.3.3	Toponyme und Hydronmye 127
	C.3.4	Anthroponymie 134
C.4	Merkmale der illyrischen Sprache 142	
	C.4.1	Phonologie 144
	C.4.2	Morphologie 148
C.5	Die sprachliche Stellung des Illyrischen und die Crux der Etymologie 152	
	C.5.1	Die Entwicklung des idg. Kurzvokals *ó 154
	C.5.2	Die Entwicklung der idg. silbischen Resonanten (*R̥) 156
	C.5.3	Die Deaspirierung der idg. *Mediae aspiratae* 156

	C.5.4	Die Kentum-Satem-Diskussion einst und heute	157
	C.5.5	Das Illyrische innerhalb der Indogermania	160
	C.5.6	Messapisch und Illyrisch	160
C.6		Das Nachleben des Illyrischen, Mythen und Fakten	161
C.7		Kurze Zusammenfassung	167
C.8		Analyse der Anthroponyme des illyrischen Raums	168

Zusammenfassung ... 184

Bibliographie ... 187
Bibliographische Abkürzungen ... 187
Gesamtbibliographie ... 187

Abbildungsverzeichnis ... 206

Zusatzmaterial: Online Abbildungen ... 208

Index ... 209
Flussregister ... 209
Ortsregister ... 209
Personenregister ... 211
Sachregister ... 212

Vorwort der Autoren

Die in den antiken Quellen seit dem 5. vorchristlichen Jahrhundert als Illyrer und illyrische Stämme angesprochenen Ethnien am Westbalkan zwischen Bosna und Neretva im Norden, Ibar im Osten und Devoll im Süden sind Gegenstand unserer archäologischen und sprachgeschichtlichen Studien. Ethnizität definiert sich dabei nicht durch physische Beschaffenheit, sondern beruht auf einer sozialen Gruppierung, die sich durch relativ stabile Eigenheiten der Sprache und Kultur sowie das Bewusstsein einer eigenen Identität hervorhebt. Archäologisch ist es nicht zulässig, nur aus einzelnen Objekttypen, etwa spezifischen Schmuckstücken, die in einer Fundlandschaft vorkommen, auf eine ethnische Einheit zu schließen. Das archäologische Fundmaterial in dem angesprochenen Gebiet während der Bronze- und Eisenzeit kann daher nicht unreflektiert für die Umschreibung der Illyrer herangezogen werden.

Einen wertvollen und vielversprechenden Zugang zur Lösung des Problems bilden die in Gräbern dokumentierten Trachtausstattungen. Dabei geht es um die Art der Kleidung, des Schmucks, der Gerätschaft und der Bewaffnung und deren Kombination. Diese Merkmale sind natürlich nicht in Raum und Zeit statisch, sondern unterliegen vielfach einer dynamischen Entwicklung. Die Analyse der Trachtausstattungen, wo größere Gräberfelder oder Tumuli mit mehreren Bestattungen gut erforscht sind, hat auch in unseren Ausführungen zum Versuch einer archäologischen Darstellung von Entfaltung und Existenz einer illyrischen Kultur und eines illyrischen Ethnos beigetragen. Um aber noch näher illyrische Stämme, wie etwa die so häufig überlieferten Autariatae oder die Taulantii, archäologisch zu fassen, reichen die bisherigen Funde allerdings kaum oder gar nicht aus. Zwar sind Fundprovinzen innerhalb des großen westbalkanischen Lebensraumes der Illyrer erkennbar, ihre weitere Deutung muss aber, zumindest vorläufig, offenbleiben. (A. Lippert)

Vom Standpunkt der modernen historischen Sprachwissenschaft hat der Begriff des ‚Illyrischen' ebenfalls eine entscheidende Revision erfahren. Wurde in älterer Anschauung nach einem methodisch obsoleten Konzept der gesamte Westbalkan (als auch Territorien weit darüber hinaus) als Verbreitungsraum der ‚illyrischen Sprache' gefasst, muss dieser auf das Gebiet beschränkt werden, das oben aus archäologischer Sicht umrissen wurde. In diesem Gebiet lokalisieren die älteren antiken, im Besonderen die griechischen Quellen auch jene lokale Bevölkerung, die mit dem Sammelbegriff Illyrer zusammengefasst wird. Exakt für dieses Gebiet konnte auch ein eigenständiges Personennamengebiet ermittelt werden, welches sich von anderen Personennamengebieten in Südosteuropa deutlich unterscheidet. Die Personennamen von Frauen und Männern (Anthroponomastik), die in griechischen und lateinischen Inschriften und Textdokumenten, also nur in Nebenüberlieferung dokumentiert werden, sind schließlich das einzige Zeugnis für die Sprache der lokalen Bevölkerung dieses Gebiets, die selbst keine epichorischen Inschriften oder andere Textdokumente hinterlassen hat. Die illyrische Sprache und ihre Grammatik bleiben somit gleichsam unbekannt.

Da das Wissen um die Illyrer ausschließlich aus Nebenüberlieferung stammt und die sprachliche Dokumentation sich auf die lokale Anthroponomastik im Verband mit den lokalen Ortsnamen (Toponomastik) beschränkt, kann daher weder gesagt werden, ob die illyrische Sprache in ihrem Verbreitungsgebiet einheitlich war, oder ob es dialektale Unterschiede gab. Auch muss unbekannt bleiben, ob Sprache in Kombination mit anderen materiellen und/oder immateriellen Aspekten von der lokalen Bevölkerung selbst als ein Identitäts- und Unterscheidungsmerkmal (gar als ein Ethnizitätskriterium) wahrgenommen wurde. Der Begriff der illyrischen Sprache darf somit nur als ein neuzeitlicher Terminus verstanden werden, der geeignet ist, ein bestimmtes Diskursobjekt, und zwar die Sprache der lokalen Bevölkerung in dem durch archäologisches Fundmaterial, antike Quellen sowie ein spezifisches Personennamengebiet deutlich definierten sowie begrenzten Raum des Westbalkans, zu bezeichnen. Gleiches soll auch für den Begriff ‚Illyrer' gelten, der frei von ethnischen Implikationen das Diskursobjekt ‚antike westbalkanische Bevölkerung, die eine spezifische materielle Kultur sowie ein spezifisches Personennamengebiet teilt' benennen soll.

Die onomastischen Belege der altbalkanischen indogermanischen Sprache ‚Illyrisch' und deren Aussagekraft in Bezug auf ihre Stellung innerhalb der indogermanischen Sprachfamilie sowie ihrem vermeintlichen Fortleben im modernen Albanischen werden im Kapitel zur Sprache der Illyrer ausführlich besprochen, wobei dargelegt wird, dass mit Methoden der modernen historischen Sprachwissenschaft trotz der beschränkten Überlieferung durchaus grundsätzliche Einsichten sowie Erkenntnisse über diese antike Sprache zu gewinnen sind. (J. Matzinger)

Den Autoren verbleibt noch die angenehme Pflicht der Danksagung. Diese geht zum einen an Prof. Dr. Timo Stickler von der Friedrich-Schiller-Universität Jena, dessen Idee und Motivation es war, ein Buch über die Illyrer zu verfassen. Zum anderen bedanken wir uns bei Dr. Peter Kritzinger vom Kohlhammer Verlag, der die Autoren auf dem Weg vom Manuskript zum Buch begleitet hat und deren Wünschen zu Form und Ausstattung dieser Publikation sehr entgegengekommen ist.

Um das Thema so gut wie möglich visuell zu unterstützen, ist online digitales Zusatzmaterial (dl.kohlhammer.de/978-3-17-037709-7) hinterlegt.

Symbole und Abkürzungen

>	wird lautgesetzlich zu
<	ist lautgesetzlich entstanden aus
→	wird umgebildet zu; wird entlehnt zu
*	rekonstruierte Vorform
**	Argumenti causa (re)konstruierte Wortform
°	Platzhalter für beliebige Worterweiterung
/abc/	Phonologische Notation
[abc]	Phonetische Notation; in Epigraphie: Ergänzung unsicherer oder fehlender Grapheme
(abc)	In Epigraphie: Auflösung von Abkürzungen
ai.	altindisch
Akk.	Akkusativ
althochdt.	althochdeutsch
CIL	Corpus Inscriptionum Latinarum
Dat.	Dativ
dt.	deutsch
f.	feminin
Fig.	Figur
FlN	Flussname
Gen.	Genitiv
Jh.	Jahrhundert
Jt.	Jahrtausend
idg.	indogermanisch (alle übrigen Sprachbezeichnungen sind um -isch abgekürzt)
m.	maskulin
n.	Neutrum
Nom.	Nominativ
ON	Ortsname
PN	Personenname
sc.	scilicet (nämlich)
s. v.	sub voce
T.	Tafel
Tab.	Tabelle
Vok.	Vokativ
vlt.	vielleicht

Albanische Ortsnamen werden in der bestimmten Form notiert, d. h. in der mit dem postponierten definiten Artikel versehenen Namensform (dieser lautet -i oder -u bei Ortsnamen mit maskulinem Genus, daher etwa Durrësi, bzw. -a bei Ortsnamen mit femininem Genus, daher etwa Lezha; die unbestimmten Namensformen lauten hier Durrës bzw. Lezhë. Zwischen bestimmter und unbestimmter Namensform kann es zu geringfügig abweichenden Lautformen kommen, vgl. etwa bestimmt Shkodra neben unbestimmt Shkodër).

A Einführung in die Geschichte der Illyrer

> „Nach den Liburnern (an der oberen Adria) kommen
> die Illyrer. Sie siedeln entlang des Meeres bis nach
> Chaonia, das gegenüber der Insel Korkyra (Korfu) liegt."
> (Pseudo-Skylax, um 350 v. Chr., Periplus 22).

A.1 Ethnizität und Lebensraum der frühen Illyrer

Der erste antike Autor, der sich mit dem Begriff Ethnizität näher befasste, war, Herodot von Halikarnassos (484–ca. 425 v. Chr.). Er definierte das Griechentum (τὸ Ἑλληνικὸν) durch Blutsverwandtschaft, gemeinsame Sprache, Religion und Bräuche – worunter sicher auch die Tracht zu verstehen ist (Hdt. 8.144.2). Seine Vorstellung nichtgriechischer Völker, οἱ βάρβαροι, bestand grundsätzlich darin, dass sie Griechisch nicht als Muttersprache verwendeten. So wurden die Pelasger von Attica (τὸ Ἀττίκον ἔθνος) erst dann Griechen, als sie ihre Sprache zugunsten von Griechisch, der Sprache der Dorer, aufgaben (Hdt. 1.57.1–3). Herodots Auffassung eines bestimmten Ethnos schließt aber nicht nur eine gemeinsame Sprache, sondern auch gemeinsame Abstammung, Mythen und eine ähnliche materielle Kultur mit ein, wie er es am Beispiel der Ägypter erläutert (Hdt. 2.35.2).

Die Bezeichnung ‚Illyrer' für ein ganzes Volk und für mehrere Teilstämme spiegelt sich in der mythischen Überlieferung vom phönizischem Königssohn Kadmos und seiner Gemahlin Harmonia wider. Kadmos wurde von den Encheleern, wahrscheinlich im heutigen Montenegro, im Kampf gegen die Nachbarstämme zu Hilfe gerufen, besiegte die Illyrer und wurde ihr König. Seinem im Land geborenen Sohn nannte er Illyrios. Am Ende ihres Lebens verwandelten sich Kadmos und Harmonia in Schlangen und wurden in das Elysium aufgenommen (App. Ill. 2, ▶ Kap. C.2).

Einen historisch begründeten Hinweis auf die ‚Illyrii proprie dicti' (▶ Kap. C.2) geben Plinius (Hist. Nat. 3.144) und Pomponius Mela (2.3.56). Plinius lokalisierte sie im conventus Naronae, also im Gebiet zwischen dem Fluss Neretva und Lissos/Lezha im heutigen Nordalbanien. In dieser Küstenzone kam es auch zu den ersten Handelskontakten griechischer Kaufleute und Bewohner einer Region, die Illyria genannt wurde.

Einen wichtigen Einschnitt in die frühe Geschichte der Illyrer bildeten die Gründungen griechischer Kolonien an der unteren Adria (siehe Cabanes 2008). Die Handelsstadt Korinth, die den Warenverkehr nach Süditalien und Sizilien beherrschte, gründete mit Beteiligung ihrer Tochterstadt Korkyra um 625 v. Chr.

die Stadt Epidamnos, die später auch den Namen Dyrrhachion (heute Durrësi, Albanien) erhielt. Am Beginn des 6. Jhs. folgte die ebenfalls korinthische Kolonie Apollonia (heute bei Pojani, Albanien). Diese Handelsstützpunkte versorgten das illyrische Hinterland mit Luxusgütern, wie etwa Bronzegeschirr (Siewert 2004, 82). Die Ausstattungen sogenannter Fürstengräber, etwa in Belshi oder Selca e Poshtme, geben Zeugnis davon. Neben Bodenschätzen, wie Gold, Silber, Kupfer, Eisen oder Erdpech konnten die Illyrer auch natürliche Produkte, wie Felle, Leder, Honig, Wachs, aber auch Feldfrüchte liefern.

Für die antiken Griechen waren die Illyrer ihre nordwestlichen Nachbarn. Die ersten schriftlichen Quellen über die Illyrer setzen aber erst in der zweiten Hälfte des 6. Jhs. ein (▶ Kap. C.2). Hekataios von Milet (ca. 560–480) verfasste eine Beschreibung der Mittelmeerhäfen, in denen ionische Kauffahrer Absatzmärkte für Keramik oder Metallwaren finden und im Tausch oder gegen Bezahlung vor allem Getreide einhandeln konnten. Dieser Portulan ist allerdings nur in Fragmenten erhalten und zeigt überdies eine Überarbeitung und Ergänzung durch spätere antike Autoren. Hekataios berichtet über Illyrer im Hinterland der beiden korinthischen Kolonien Epidamnos und Apollonia und im Gebiet des Shkodra-Sees (Hekat. FGrH 1.97–106).

Als Nächster kommt Herodot (ca. 485–424) auf Illyrer zu sprechen. Er erwähnt etwa, dass bei den Eneti in Illyrien junge Frauen alljährlich auf einem Heiratsmarkt zusammenkommen (Hdt. Hist. 1.196.1). Er lokalisiert die Eneti aber nur allgemein an der östlichen Adria (Hdt. 5.9). Aufschlussreicher ist dagegen Herodots Schilderung, dass „aus dem Gebiet der Illyrer der Angros (Ibar und westliche Morava) in die triballische Ebene (am Unterlauf der westlichen Morava) und dort in den Brongos (Große Morava) fließt, dieser aber in die Ister (Donau)" (Hdt. 4.49). Damit ist eines der Siedlungsgebiete der nördlichen Illyrer mit dem westlichen Serbien und Montenegro umrissen.

Noch genauere Auskünfte sind bei Pseudo-Skymnos, einem anonymen Autor, zu erfahren. In seiner um 130/125 v. Chr. abgeschlossenen *Periegesis ad Nicomedem regem* beschreibt er in den Abschnitten 415–444 das Land der Illyrer. Ihr Siedlungsgebiet lässt er im Norden an die hylleische Halbinsel (zwischen Zadar und Split) anschließen und auf der Höhe der Insel Pharos (Hvar) beginnen. Weiter nach Süden erwähnt er den illyrischen Stamm der Dessareter am Ohrid-See. Neben Encheleern und Brygern (wohl nordwestlich davon) werden die „benachbarten" Griechenstädte Apollonia und Orikos (Halbinsel im Golf von Vlora) angesprochen. Hier wäre das Illyrer-Land zu Ende (siehe Eichner 2004, 100–101).

Aus den späteren Quellen lassen sich nicht immer mit letzter Sicherheit Gebiete weiterer Stämme der Illyrer herauslesen. Zur Ausdehnung illyrischer Gebiete entlang der Adria nach Norden gibt es aber eine Erwähnung von Diodor (1. Jh. v. Chr.), wonach von Bewohnern auf Paros eine Kolonie auf der Insel Pharos (Hvar) am Beginn des 4. Jhs. gegründet wurde (Pavić 2018, 222–225). Die Einheimischen – vielleicht Illyrer – unternahmen aber 385/84 einen Aufstand wegen der Errichtung der Stadtmauer und riefen die festländischen Illyrer zu Hilfe.

A.1 Ethnizität und Lebensraum der frühen Illyrer

Diese schickten Schiffe mit angeblich 10.000 Kriegern, die die Stadt belagerten und viele griechische Siedler töteten (Diod. XV, 1–2). Es gab also illyrische Küstenbewohner noch mindestens 20 km nördlich der Neretva-Mündung. Das würde auch den Angaben des Pseudo-Skymnos gut entsprechen.

Noch weiter nördlich im Hinterland der Adria über das Bergland der Lika bis zum Save-Tal im Norden, saßen die Japoden. In Strabons (64 v.–19 n. Chr.) Aufzählung der ostadriatischen Küstenvölker findet man nach der Nennung der Liburni und Histri die Stelle: „Denn die Iapodes wohnen an dem sehr hohen Albongebirge, dem äußersten Teil der Alpen, auf der einen Seite bis zu den Pannonii nach dem Ister, auf der anderen Seite bis zum adriatischen Meer." (Strab. 7.5.4).

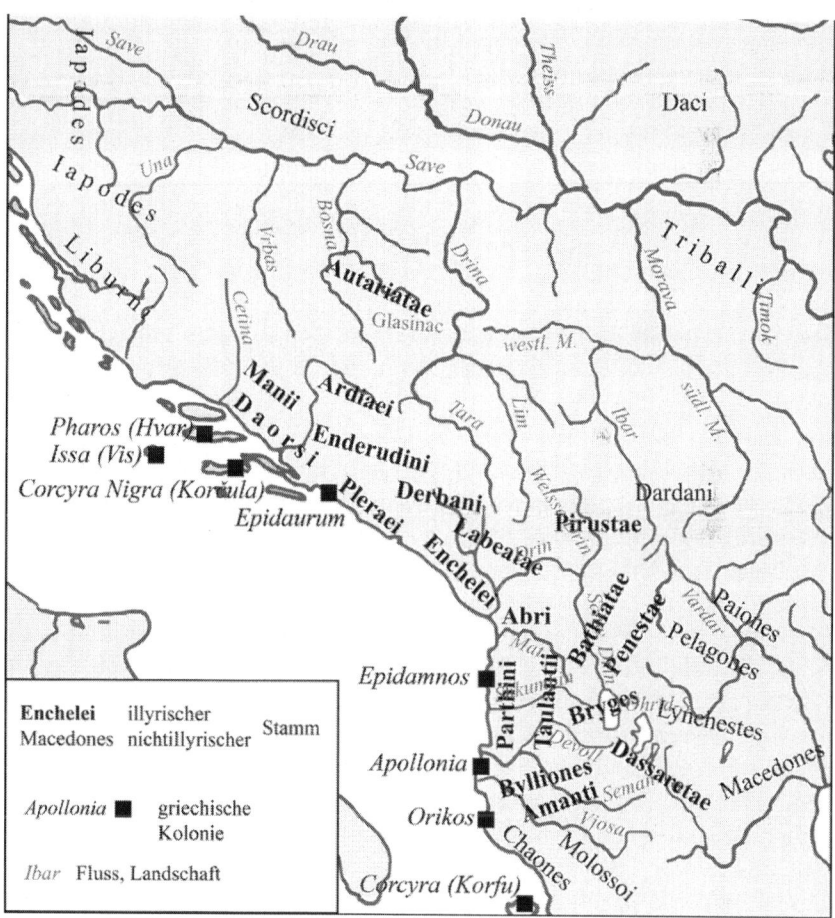

Abb. 1: Der Südwestbalkan mit illyrischen und nicht-illyrischen Stämmen seit dem 4. Jh. v. Chr.

A.2 Erste illyrische Königreiche

Schon gegen Ende des 6. Jhs. v. Chr. kamen mächtige Königreiche bei den Illyrern auf. Bekannt sind Könige verschiedener Stämme, darunter Bardylis, Grabos, Kleitos und Glaukias. Sie standen dem makedonischen Königreich feindlich gegenüber. Der athenische Geschichtsschreiber Thukydides (ca. 455–400) berichtet ausführlich über die Kriege zwischen diesen Kontrahenten. Offensichtlich erreichten die Illyrer zunächst unter König Bardylis einen ersten Höhepunkt ihrer Schlagkraft (Siewert 2004, 84). Sehr wahrscheinlich regierte er zunächst über die Encheleer (Pajakowski 2000, 136). Es gelang ihm kurz nach 400 einige Stämme unter seine Herrschaft zu bringen, die Makedonen mehrmals zu besiegen und auch siegreich gegen die Molosser im Epirus vorzugehen. Es waren aber auch andere illyrische Stämme erfolgreich. So brachten die illyrischen Taulantier die griechische Kolonie Epidamnos zeitweise in eine gewisse Abhängigkeit (Thuk. 12.30.2-3).

Eine feste staatliche Ordnung ist für die Illyrer des 6. und 5. Jhs. nicht vorauszusetzen. Echte Dynastiebildungen wie etwa im benachbarten Makedonien oder Epirus fehlten. Die in den Quellen erscheinenden illyrischen Könige gehörten verschiedenen Stämmen an. Sie waren vermutlich Herrscher einzelner Stämme, die durch ihre Siege die Gefolgschaft anderer Stämme erreichten (Siewert 2004, 84). Über die Organisation der Herrschaft schreibt Thukydides, dass „bei den Illyrern wenige über viele regieren und die Macht haben." (Thuk. 3.62.3). Ihm fiel natürlich der Unterschied zu der in den griechischen Poleis üblichen Selbstverwaltung der Bürger auf.

Nach mehreren vernichtenden Niederlagen der Makedonen gegen Bardylis gelang es Philipp II., dem Vater Alexanders des Großen, im Jahr 358 den Illyrerkönig entscheidend zu schlagen und in einer Reihe von Feldzügen Makedonien vom Druck der Illyrer zu befreien. 356 schloss der illyrische König Grabos mit Athen und zwei an Makedonien angrenzenden Königreichen ein Bündnis gegen den gemeinsamen Feind Philipp (erwähnt in einem Athener Edikt: „Bündnis der Athener [...] mit Grabos, dem Illyrer", siehe IG II² 127). Es ist nicht überliefert, welchem Einzelstamm er angehörte. Dieses Bündnis brachte jedoch gegen die überlegene Strategie und Diplomatie von Philipp keine Ergebnisse. Illyrien wurde seit den Erfolgen Philipps rund ein Jahrhundert lang zum Schauplatz zahlreicher Kämpfe, an denen benachbarte Makedonen unter den Königen Alexander dem Großen und Kassander, sowie Epiroten unter dem König Pyrrhos beteiligt waren. Vor allem spielte Glaukias (ca. 335–305), König der Taulantier, in der Abwehr der Makedonen eine führende und erfolgreiche Rolle (Siewert 2004, 85–86).

Ob die nordillyrischen Autariaten in die Auseinandersetzungen mit den Makedonen verwickelt waren, geht aus den Quellen nicht hervor. Bei diesen handelt es sich um einen größeren Stammesverband. Über sie berichtet etwa

Strabon für das 4. Jh. v. Chr.: „Die Autariatae waren das größte und tüchtigste unter den illyrischen Völkern, das früher mit den Ardiai ständig Krieg wegen Salz führte. Als einmal die Autariatae die Triballi bezwungen hatten, welche sich von den Angriani bis zum Ister 15 Tagesreisen weit erstreckten, beherrschten sie auch die übrigen Thraci und Illyrii. Sie wurden zuerst von den (keltischen) Scordisci, später von den Römern überwunden." (Strab. 7.5.11).

Arrian (2. Jh. n. Chr.) erzählt, dass Alexander der Große auf dem Rückweg von seinem Feldzug gegen die Triballi im Jahr 335 v. Chr. von den Autariatae bedroht wurde (Arr. an. I, 5. 1–5, A 10). Auch dieses Detail zeigt, dass die Autariaten eine ernst zu nehmende Gefahr für die Makedonen sein konnten. Auch könnte der Flussname Tara, der rechte Oberlauf der Drina im nördlichen Montenegro, an die dort einst siedelnden Autariatae erinnern. Im Allgemeinen geht die Forschung allerdings davon aus, dass die Autariaten ursprünglich im Gebiet der Westlichen Morava sowie der Ober- und Mittelläufe der Drina, Bosna und Vrbas wohnten, wo sie im Bereich der oberen Neretva an die Ardiäer grenzten (Papazoglu 1978, 89).

A.3 Die Hellenisierung

Das 4. Jahrhundert war eine Zeit der politischen Schwäche der Illyrer. Gleichzeitig nahm aber der griechische Einfluss enorm zu (vgl. auch Pająkowski 2000, 277–289). Es ist anzunehmen, dass griechische Schrift und Sprache im südlichen Illyrien Grundlage der Verwaltung wurden. Reflex des Gebrauchs der griechischen Schrift sind einerseits Inschriften auf den Grabstelen (▶ Kap. B.5.2), andererseits auch die Münzlegenden. Denn Könige wie Monounios und Mytilos prägten im frühen 3. Jh. bereits Münzen mit ihrem Namen und Titel. Vorbild waren makedonische und epirotische Prägungen. Diese eigene Münzprägung leitete allmählich einen Übergang von der Tausch- zur Geldwirtschaft ein und führte zu einer modernen Finanzpolitik der illyrischen Herrscher (Siewert 2004, 86).

Außerdem entstanden in Südillyrien auch Städte nach griechischem Modell. In diesen sehr umfangreichen, mit mächtigen Umfassungsmauern befestigten Zentralsiedlungen illyrischer Stämme, entstanden Versammlungsplätze, Markthallen, Theater und Sportstätten. Auch Tempel für griechische Gottheiten, wie Zeus, Hera oder Aphrodite wurden errichtet (Pavić 2018, 43–59). Illyrische Götter fehlten anscheinend. Vermutlich wurden die einheimischen Gottheiten mit den griechischen gleichgesetzt (Siewert 2004, 86–87).

A.4 Das südillyrische Reich von Scodra

Pleuratos vom illyrischen Stamm der Ardiäer gelang es um die Mitte des 3. Jhs., die illyrischen Nachbarstämme, vor allem die Labeaten, im Gebiet um Scodra (Shkodra) zu unterwerfen. Er begründete, was untypisch für die bisherigen illyrischen Königshäuser war, eine bedeutende und lang andauernde Dynastie. Dieses Königreich hatte nun mit Scodra seine Hauptstadt und in Lissos seinen Haupthafen (Siewert 2004, 88).

Pleuratos' Sohn Agron (ca. 250–230) besaß, wie Polybios (geb. um 200 v. Chr.) erzählt, von allen bisherigen illyrischen Herrschern die größten Land- und Seestreitkräfte (Pol. II, 2). Nach seinem Tod übernahm seine erste Frau Teuta für Pinnes, den unmündigen Sohn einer jüngeren Frau des Königs, die Regierung (Pajakowski 2000, 205–216). Sie konnte ihre Macht weit nach Süden, sogar über den Epirus hinaus, sowie auch nach Norden bis zu den griechischen Inselkolonien von Issa (heute Vis, Kroatien) und Pharos (heute Hvar, Kroatien) ausdehnen. Obwohl sich die griechischen Kolonien Dyrrhachion und Apollonia zur Wehr setzten, so war doch das Hinterland bis Makedonien im Osten fest in der Hand dieser äußerst tatkräftigen, wenn auch nur kurz regierenden Herrscherin.

Ein bezeichnendes Licht auf Politik und Rechtsverständnis bei Illyrern und Römern wirft eine Episode, über die Polybios (II, 8) berichtet und die den Anlass zum ersten Illyrischen Krieg im Jahr 229 gab (siehe hierzu und zum ersten Illyrischen Krieg auch die Darstellung bei Dzino 2010 a, 47–52). Eine römische Gesandtschaft erschien zur Audienz bei der Regentin und versuchte, bei ihr ein Ende der illyrischen Seeräuberei durchzusetzen. Teutas Antwort war, dass sie dafür Sorge tragen werde, dass römische Bürger keinen Schaden seitens des illyrischen Staates erleiden würden. Was aber Privatpersonen betreffe, so pflegte ihr illyrisches Herrscherhaus bei privaten Beutezügen nicht einzugreifen. Einer der Gesandten antwortete darauf, dass die Römer die vorbildliche Rechtsauffassung hätten, dass man privates Unrecht bestrafen und den Geschädigten helfen müsse. Mit Hilfe der Götter würde man von römischer Seite versuchen, die Regentin zu zwingen, die königlichen Gepflogenheiten bei den Illyrern zu ändern.

Eine große Zahl an römischen Kriegsschiffen wurde nun unter dem Befehl beider Konsuln an die untere Adria geschickt. Teuta musste einlenken und auf ihre Eroberungen verzichten. Auch ihre Flotte wurde konfisziert. Eine weitere Folge des römischen Eingreifens bestand darin, dass Apollonia und Dyrrhachion römische Verbündete wurden und sich damit dem Einfluss des illyrischen Staates entzogen. Sie stellten später wichtige Ausgangspunkte für die Eroberung Griechenlands dar, schon wegen ihrer großen Seehäfen. Teuta wurde überdies zum Rücktritt zugunsten der Mutter von Pinnes und ihrem Verwandten Demetrios von Pharos gezwungen, die bis zur Mündigkeit des Königssohnes im Jahr 221 die Regierung übernahmen. Beide wurden von Rom eingesetzt und waren entsprechend abhängig.

Demetrios war allerdings auf Dauer nicht ausreichend verlässlich, da er mit den Makedonen paktierte. So kam es 219 zum Zweiten Illyrischen Krieg, diesmal gegen ihn (siehe Dzino 2010 a, 52–55). In dieser Zeit geriet aber Rom selbst in Bedrängnis, da der punische König Hannibal in Italien einmarschierte und lange Zeit eine große Gefahr darstellte. Hannibal schloss ein Bündnis mit dem Makedonenkönig Philipp V. Der nunmehrige illyrische König Skerdilaidas wollte sich jedoch nicht auf die Seite Makedoniens und damit Hannibals schlagen. Er verhinderte vielmehr das Eingreifen der Makedonen in den zweiten Punischen Krieg und so kam es 205 zu einem Verständigungsfrieden Roms mit Makedonien. Das illyrische Königreich unter dem neuen Herrscher Pleuratos wurde dabei aber nicht berücksichtigt und von Rom weiterhin als feindliche Macht betrachtet. Sein Sohn Genthios (171–168) bildete nun eine Koalition mit Makedonien gegen Rom, das aber den Sieg davontrug und die illyrische Monarchie auflöste (siehe auch Sasel Kos 2005, 249–290, Sanader 2009, 23–32, Dzino 2010 a, 55–57; eine Kurzfassung der Ereignisse bei de Souza 2013). Genthios war somit der letzte König des illyrischen Staates. Er wurde zusammen mit seinen Angehörigen im Triumphzug in Rom vorgeführt und hingerichtet. Sein Herrschaftsgebiet wurde in drei Teile zerlegt, die keinen Kontakt miteinander haben durften. Ähnlich verfuhr Rom mit den gleichzeitig besiegten Makedonen (Liv. 45.26.15).

A.5 Das römische Illyricum

Die Dreiteilung des illyrischen Königreiches von Scodra im Jahr 168 bildete den Beginn eines langfristigen Planes für das Illyricum (Cavallaro 2004). Zunächst wurden diese Regionen von Vasallenkönigen weiterregiert. Im Jahr 148 kamen sie dann aber unter die Verwaltung eines römischen Statthalters (Siewert 2004, 89). Alle in den Illyrischen Kriegen unterworfenen Stämme und Städte, die sich dezidiert gegen Rom gewendet hatten, mussten jährliche Tribute leisten und waren zunächst von Stadtrechten ausgeschlossen.

Nach und nach eroberte Rom auch die nördlicheren Küstengebiete und das Hinterland Dalmatiens und fügte sie den schon unterworfenen Gebieten im Süden hinzu. Unter den nun besiegten Völkern waren auch andere Ethnien, wie Liburner und Japoden. Auch sie wurden der Verwaltung von Illyricum unterstellt und als ‚illyrische' Einwohner betrachtet. Die antiken Autoren unterschieden in der Zeit der späten römischen Republik und der Kaiserzeit im wesentlichen vier große ethnische Gruppen am Balkan: Die Illyrer im Westen, die Kelten im Nordwesten sowie die Thraker und Daker im Osten (Wilkes 2013, 3410). Strabon kannte Illyrien in einer weiten Erstreckung von der oberen Adria bis zum Golf von Risan im heutigen Montenegro (Strabon 7.7.3 C 314). Auch andere

Autoren wie Appian (Ill. 1), Cassius Dio und Zonaras (Cass. Dio 12, Zon. 8.19.8) sahen das so.

Römische Militäraktionen erfolgten aber immer von der westlichen Adria, also von Italien, aus. Istrien wurde bereits 177 v. Chr. erobert. Unter Augustus gehörten die Gebiete jenseits von Emona und südlich vom Fluß Arsia (Raša) in Istrien zum Portorium, also Zollbezirk Illyricum (Šašel Kos 2005, 242).

Caesar ernannte Vatinius zum ersten Statthalter des vereinigten Illyricum, der dieses zwischen 45 und 43 v. Chr. verwaltete. Caesar selbst war schon 59–49 Prokonsul nicht nur beider Teile Galliens, sondern auch von Illyricum (siehe auch Dzino 2010 a, 79–98). Wahrscheinlich wurde Illyricum bereits nach dem pannonisch-dalmatischen Aufstand (6–9 n. Chr.) in ein Illyricum superius (woraus später die Provinz Dalmatia gebildet wurde, ▶ Kap. A.6) und ein Illyricum inferius (die spätere Provinz Pannonia) aufgeteilt. Der Aufstand wurde von Tiberius, Stiefsohn des Kaisers Augustus, in einem dreijährigen Krieg niedergeschlagen. Sueton spricht vom „schwersten aller auswärtigen Kriege seit jenem mit Karthago" (Sueton, De vita Caesarum, Tiberius 16.1). Spätestens unter Kaiser Vespasian erhielten diese Gebiete sodann die oben erwähnten Bezeichnungen Dalmatia bzw. Pannonia (Šašel Kos 2013 b, 3408).

Insgesamt dauerten die Kriege und die vollständige und endgültige Eroberung Illyriens fast 240 Jahre. Darüber berichtet Velleius Paterculus sehr detailliert (Vell. 2.90). Nach der Unterwerfung von Makedonien kamen die Römer in enge Berührung mit zahlreichen balkanischen Völkern, meist allerdings im feindlichen Zusammenhang. Die militärischen Erfolge Roms basierten im hohen Maß auf dem baldigen Ausbau einer schon bestehenden Route zu einer wagengerechten Straße, die eine Fortsetzung der via publica von Rom nach Brindisi und des Seeweges über die Adria bildete. Sie wurde nach dem Prokonsul Cnaeus Egnatius, der die neu gebildete Provinz Macedonia ab 146 v. Chr. verwaltete, Via Egnatia benannt und führte quer über den südlichen Balkan. Ihren Ausgang hatte sie im adriatischen Seehafen von Dyrrhachion (heute Durrësi, Albanien) und verlief zunächst im Tal des Shkumbin durch südillyrisches Gebiet im heutigen Mittelalbanien, von dort weiter über das nördliche Makedonien nach Thessaloniki an der ägäischen Küste sowie bis zum Hebrus (Mariza) im östlichen Thrakien. Von dieser strategisch wichtigen Straße aus konnten die römischen Truppen nach Norden entlang des Axios (Vardar) nach Dardanien und in den Zentralbalkan operieren. Auch das Tal des Strymon und das Gebiet von hier weiter nach Thrakien und bis zur unteren Donau wurde von der Via Egnatia günstig erreicht. Im Jahr 70 v. Chr. wurde dann tatsächlich ein solcher Vorstoß mit Erfolg unternommen (Wilkes 2013, 3411).

Die römische Politik gegenüber den Illyrern bis zum Fall des Illyrerstaates 168 v. Chr. kann als Unterwerfung eines gefährlichen Gegners am Westbalkan verstanden werden. Es ging dabei natürlich nicht nur um die rein militärische Gefahr, sondern auch und vor allem um einen direkten Zugang zu neuen Absatzmärkten und um die Gewinnung reicher Bodenschätze in Illyrien und den dahinter liegenden Gebieten. Die Romanisierung erfolgte in der späteren Provinz Dalmatia allerdings in recht unterschiedlicher Intensität. Dies hing von der strategischen und wirtschaftlichen Bedeutung der Häfen und Städte ab. Schon zu Caesars Zeiten begann ein umfangreiches Urbanisierungsprogramm (Dzino 2010a, 182–183, Pavić 2018, 93–98). Mit der schrittweisen Eingliederung ostadriatischer Gebiete ins Römische Reich wurden bestimmte Städte in den Rang einer Kolonie oder eines Municipiums erhoben. Während in der römischen Kaiserzeit die Fora um- und ausgebaut wurden, behielten sowohl die griechischen als auch die illyrischen Agorai weitgehend ihre ursprüngliche Form. Die Verehrung vergöttlichter Kaiser in eigenen Gebäuden oder Tempeln findet sich nicht nur in Apollonia, sondern auch in anderen adriatischen Küstenstädten (siehe Pavić 2018, 108).

In der Spätantike kam es unter Kaiser Theodosius zu einer für die weitere Geschichte des Westbalkans bedeutungsvollen Aufteilung des Reichsgebietes. Im Jahr 395 wurde eine Grenzlinie zwischen der romanisierten Provinz Dalmatia und der griechischsprachigen Provinz Macedonia gezogen. Sie stellte die offizielle Verwaltungsgrenze zwischen dem lateinischen Rom und dem griechischen Ostrom dar und zog sich von Westen nach Osten auf der Höhe von Scodra (Siewert 2004, 89). Dalmatia selbst wurde in eine westliche Hälfte (Illyricum occidentale) und eine östliche Hälfte (Illyricum orientale) geteilt. An der Spitze der beiden Verwaltungseinheiten standen Präfekte. Diese regionale Gliederung wurde auch noch beibehalten, als das römische Westreich von den Ostgoten beherrscht war. Damals unterstand die westliche Präfektur dem Ostgotenreich.

Viele ‚Illyrer' erlangten hohe Verwaltungspositionen oder brachten es in der römischen Armee bis zum Offiziersrang. Als die Truppen seit dem 3. Jh. n. Chr. häufig selbst Kaiser ernannten, gelangten auch einige ‚Illyrer' auf den Thron. Zu diesen gehörten Decius (249–251), Claudius II., Gothicus (268–270), Diokletian (284–305) und Konstantin (306–337), die sogenannten ‚illyrischen' Kaiser (▶ Kap. C.2). Diokletian zog sich an seinem Lebensende in seinen Palast bei Salona (nahe Spalatum, heute Split, Kroatien) zurück, also sicher nicht ohne Grund in ein einstmals illyrisches Gebiet.

A.6 Ausklang der illyrischen Ereignis- und Sprachgeschichte

Die Geschichte der illyrischen Territorien unter der römischen Herrschaft nach der Auflösung der lokalen Regentschaft des letzten illyrischen Königs Genthios war mit unterschiedlichen administrativen Organisationsformen verbunden (▶ Kap. A.5 und vgl. z. B. Wilkes 1992, 183–207; eine graphische Darstellung der römischen Provinzentwicklungen auf dem Balkan bietet Wittke u. a. 2012, Karten 185 und 187). Blieb der administrative Terminus *Illyricum* in republikanischer Zeit als Provinzname noch bestehen, so wurde er in imperialer Zeit aufgegeben, da für die westbalkanischen Territorien nördlich von Lissos (Lezha, Albanien) – die kulturell griechisch geprägten Gebiete südlich hiervon gehörten zur Provinz Macedonia – bis hinauf nach Istrien die Provinz Dalmatia mit ihrem Hauptort Salona (heute Solin bei Split, Kroatien) eingerichtet wurde (siehe Sanader 2009, 33-44). Diese Provinz Dalmatia vereinte ganz heterogene Bevölkerungsteile, von den Illyrern im Süden über die Delmaten, Liburner und Japoden bis zu den Istriern im Norden, wo diese Provinz an Italien, und zwar an die seit augusteischer Zeit bestehende Regio X Venetia et Histria grenzte. Unabhängig davon lebte der Begriff *Illyricum* jedoch weiter, und zwar als die Bezeichnung des Zollbezirks (*portorium*) Illyrien, der sich von Rätien bis ans Schwarze Meer ausdehnte. Die seit der römischen Zeit gebräuchliche Verwendung des Terminus *Illyricum*, die als illyrischer Zollbezirk eine enorme geographische Ausdehnung erfuhr, hat die ältere Forschung zunächst fehlgeleitet, als dieser dalmatische Raum (und oft weit darüber hinaus) vor allem im Hinblick auf seine Sprache als eine Einheit aufgefasst wurde. Dieses Konzept wurde von späterer Forschung zu Recht als Panillyrismus kritisiert und zu Fall gebracht (▶ Kap. C.1 und C.2). Denn es hat sich vielmehr gezeigt, dass der Großraum Dalmatia durch drei unterschiedliche Personennamengebiete gekennzeichnet ist (▶ Kap. C.3.4), dem illyrischen, dem dalmato-pannonischen und dem liburnischen Namengebiet.

Die Eingliederung der illyrischen Gebiete unter die Herrschaft Roms in der ersten Hälfte des zweiten vorchristlichen Jahrhunderts ist im weiteren Zeitverlauf im politischen, gesellschaftlich-ökonomischen als auch im sprachlichen Bereich mit Auswirkungen verbunden, die vereinfacht mit dem inzwischen vielfach diskutierten Begriff ‚Romanisierung' benannt werden (siehe dazu Woolf 2001), einem Vorgang, der in der Realität in komplexer Form raum-, zeit- und situationsspezifisch ganz unterschiedlich erfolgt ist (vgl. zum Folgenden u.v.a. Wilkes 1992, 207-218, Ehmig/Haensch 2012, 7-12, Shpuza 2016, Zindel 2018 u. a., 44-48). Eine politische Folge dieser Eingliederung war der Verlust von Selbständigkeit, als illyrische Geschichte nunmehr im Rahmen der allgemeinen römischen Ereignisgeschichte stattfand, so z. B. im Verlauf des Bürgerkriegs am Übergang von der römischen Republik zum Imperium.

Was schließlich die Sprachgeschichte betrifft, dürfte es zweckmäßig erscheinen, zwei Phasen anzunehmen, eine erste Phase nach der Eroberung 168 v. Chr. bis zur Niederschlagung des pannonisch-dalmatischen Aufstands 6-9 n. Chr. sowie eine zweite, anschließende Phase bis an das Ende der weströmischen Herrschaft. Die erste Phase ist der Zeitraum der Sicherung der römischen Herrschaft durch die Einrichtung entsprechender, etwa militärischer Infrastruktur sowie dem Straßenbau, hier besonders die Via Egnatia (▶ Kap. A.5), der Verkehrsweg römischer Soldaten und Kaufleute, an dem seit augusteischer Zeit *mutationes* (Pferdewechselstationen) und *mansiones* (Gasthäuser) die Reisenden

A.6 Ausklang der illyrischen Ereignis- und Sprachgeschichte

versorgten. Es darf vorausgesetzt werden, dass schon in der ersten Phase eine bestimmte Zahl von Lateinsprechern in den illyrischen Territorien, meist in den urbanen Siedlungen, doch auch entlang der Verkehrswege und wohl auch im Hinterland präsent war. Am Ende dieser ersten Phase erfolgten dann auch die Gründungen römischer Kolonien, die weitere Lateinsprecher, vornehmlich italischer Herkunft ins Land brachten und damit ganz zweifellos zur weiteren Verbreitung des Lateinischen beitrugen. Das Lateinische stellt sich in den illyrischen Territorien, so besonders im südlichen Teil, in Konkurrenz zu der althergebrachten Kultursprache Griechisch und es werden bereits in der ersten Phase lokale Bewohner neben ihren jeweils eigenen Sprachen auch das Lateinische erlernt, bzw. sogar als ihre primäre Sprache übernommen haben. Der Beginn der lateinischen Schriftlichkeit im südlichen, der römischen Provinz Macedonia zugehörigen illyrischen Territorium setzt jedenfalls in der zweiten Hälfte des ersten vorchristlichen Jahrhunderts ein. In der zweiten Phase erfolgt dann die Konsolidierung der römischen Herrschaft – es beginnt eine länger andauernde Friedensperiode (siehe Wilkes 1992, 207, der hier von der *Pax Romana* spricht; vgl. dazu auch Zindel, u. a. 2018, 47) – und es kann angenommen werden, dass nicht nur die physische Präsenz von Lateinsprechern eine Verstärkung erfuhr, sondern, dass gerade auch unter der lokalen Bevölkerung die Kenntnis und aktive Verwendung des Lateinischen weitere Verbreitung gewann (besonders den Männern, die Militärdienst in der römischen Armee leisteten). Es ist durchaus vorstellbar, dass sich hier in *Illyricum* (d. h. in der Provinz Dalmatia), wie es Alföldy 2004 vorschlägt, im Gefolge der von ihm als ‚Romanisation' bezeichneten Faktoren (u. a. römisches Gesellschaftssystem, römisches Kultwesen) allmählich ein regionales ‚Identitätsgefühl' herausgebildet hat, wodurch der Begriff ‚illyrisch' eine neue Definition erfahren hat, die nicht als Fortsetzung der vorrömischen ‚Identität(en)' anzusehen ist. Unter welchen Umständen schließlich und wann im Einzelnen sprachliche Übergänge von lokaler Sprache zum Lateinischen verlaufen sind (▶ Kap. C.1; im Hinblick auf die Ausbreitung der lateinischen Sprache kann hier präziser von Latinisierung, der Beeinflussung anderer Sprachen durch das Lateinische, gesprochen werden, wobei ein völliger Sprachwechsel zum Lateinischen schließlich den Endpunkt auf einer Skala von variierend ausgeprägten Sprachkontakten bildet), lässt sich wegen nicht vorhandener Datendokumentation nicht eruieren (siehe auch Katičić 1980, 111). So kann auch nicht festgestellt werden, wann die illyrische Sprache, die entgegen weitläufiger Meinung nicht im modernen Albanischen fortgesetzt ist (▶ Kap. C.6), letztlich definitiv ausgestorben ist. Aus einem Vergleich mit anderen Gebieten, in denen das Lateinische lokale, vorrömische Sprachen ersetzt hat, ist ersichtlich, dass es sich dabei um einen Prozess handelt, der sich territorial verschieden, mit jeweils wechselnder Intensität bzw. Dynamik bisweilen auch über längere Zeiträume hin erstreckt haben kann.

Am Ende ist aber nicht nur auf dem Westbalkan, sondern in ganz Südosteuropa das Lateinische das dominierende Kommunikationsmedium geworden, obschon vorrömische Sprachen dem Ersetzungsprozess durchaus entgehen konnten. So nämlich das prestigereiche Griechische, aber auch die Vorstufe des späteren Albanischen, die beide aber lexikalisch durchaus auch vom Lateinischen beeinflusst worden sind, vor allem das Albanische, das zu einem bestimmten Zeitpunkt in sein historisches Sprachgebiet gekommen sein muss (▶ Kap. C.6). Am Deutlichsten manifestiert sich die balkanische Latinität in den urbanen Küstensiedlungen in Dalmatia sowie im heutigen Nordalbanien, die ihre Romanität zum Teil bis ins Spätmittelalter bewahren konnten, im Fall des vegliotischen Dalmatischen sogar bis ans Ende des 19. Jahrhunderts. Fortgesetzt bis heute ist das Lateinische hingegen im Rumänischen und seinen verwandten Varietäten (▶ Kap. C.1).

Eine weitere Transformation der südosteuropäischen Sprachlandschaft erfolgte schließlich am Ende der Spätantike, als im 6. Jahrhundert slawischsprachige Verbände erschienen und sich letztlich dauerhaft niederließen (siehe zur slawischen Expansion auf dem Balkan u.v.a. Meier 2020, 974–994, Mühle 2020, 135–151). Das ‚slawische Gesellschaftsmodell' war offensichtlich von hoher Attraktivität, so dass es erneut zu einem Sprachwechsel gekommen ist, indem die inzwischen, vom Griechischen und Albanischen abgesehen, lateinsprachigen Bewohner des Westbalkans weitgehend – urbane Küstensiedlungen zunächst ausgenommen – vom Lateinischen zum Slawischen wechselten. Im Humanismus erfolgte aus der Lektüre der wiederentdeckten antiken Schriften eine Wiederbelebung des Illyrerbegriffs, der – gleich wie viele andere antike Ethnonyme anderswo – nunmehr mit der neuzeitlichen, slawischen Bevölkerung des Westbalkans verknüpft wurde und seine Kulmination in der romantischen Bewegung des Illyrismus (serbisch-kroatisch *ilirski pokret*) fand. Auch im Zuge der albanischen Nationalbewegung (albanisch *rilindja*) wurde die bis heute nachwirkende Idee von der illyrischen Herkunft der Albaner und der albanischen Sprache entwickelt. Diese neuzeitlichen Illyrerkonzepte stehen aber in keinem Zusammenhang mit der antiken Geschichte und werden deshalb in den folgenden Darstellungen der Archäologie und Sprache der antiken Illyrer außer Acht bleiben.

B   Archäologie der Illyrer

B.1   Geographie und Klima

Der Westbalkan wird von einem parallel zur östlichen Adria verlaufendem Faltengebirge und Hügelland, den Dinariden, mit einer durchschnittlichen Seehöhe von rund 1000 m durchzogen. Im Süden, schon auf griechischem Boden, setzt sich dieser lange Gebirgszug im Pindos-Gebirge, dessen Höhen bis zu 1500 m und mehr erreichen, fort.

Östlich des Westbalkan gehen die Südkarpaten in das serbische Erzgebirge über, das am ‚Eisernen Tor' von der zum Schwarzen Meer fließenden Donau durchbrochen wird. Die zwischen den Südkarpaten und der Donau liegende Ebene der Walachei kann bereits als Ausläufer des südrussischen Steppenraumes angesehen werden. Genau durch diesen geographischen Korridor gelangten in der Frühzeit immer wieder fremde Bevölkerungsgruppen in den inneren Balkan.

Die Dinariden bilden vielfach die Wasserscheide zwischen Adria einerseits und Save und Donau andererseits. Dies sind kleinere und größere, jahreszeitlich unterschiedlich gefüllte Flüsse. Zu den größeren, nach Norden entwässernden Strömen zählen die Una, Vrbas, Bosna, Drina und Morava. Die Morava besitzt einen westlichen und einen südlichen Zweig. Unweit südlich vom Oberlauf der Morava, in Nordmazedonien, entspringt die Vardar, die im Golf von Saloniki ins Meer mündet. Die Flusstäler der Donau und Save sowie von Morava und Vardar stellten seit jeher wichtige Verkehrsrouten dar. Unter den aus den Dinariden zur Adria hin fließenden Gewässern ist die Neretva der einzige größere, im Altertum im Unterlauf sogar schiffbare Fluss.

Analysen von Ablagerungen von Blütenstaub, den Pollen, ermöglichen eine Rekonstruktion des Klimas im 2. und 1. Jt. v. Chr. In unserem Zusammenhang von Interesse sind Dalmatien und die südliche Adria sowie das dahinter gelegene Bergland. Als Referenzzeit dient die Gegenwart (um 2000).

In den ersten 700 Jahren des 2. Jts. kam es zu einer Erwärmung mit etwas mehr Niederschlag, im letzten Drittel aber wieder zu einer deutlichen Abkühlung. Vom 10. bis 7. Jh. v. Chr. wurde es wieder etwas wärmer, um dann bis Christi Geburt im Rhythmus von jeweils rund 100 Jahren deutlich kälter oder etwas wärmer zu werden (Patzelt 2000, Abb. 2). Grundsätzlich war es im Küstengebiet immer etwas kühler als im Bergland, das gilt sowohl für die Sommer als auch Winter (Mauri u. a. 2015, Fig. 4-7).

B.2 Kurze Forschungsgeschichte

Die prähistorische Forschung war lange durch panillyrische Ideen belastet. So nahm etwa Richard Pittioni an, dass die mitteleuropäische Urnenfelderkultur der späten Bronzezeit von Illyrern getragen und von ihnen im Zuge einer ‚frühillyrischen Wanderung' nach Südosteuropa verbreitet worden war (Pittioni 1961, 280–281). Diese und ähnliche Theorien, auch in Verbindung mit noch viel älteren Kulturen, sollen hier nicht weiterverfolgt werden. Vielmehr sind die moderne Sprachforschung und die Prähistorie heute in der Lage, ein, wenn auch nicht endgültiges, so doch verlässlicheres Bild der frühen Illyrer und ihrer Entwicklung zu entwerfen.

Die antiken Quellen geben immerhin genügend Anhaltspunkte für den Lebensraum illyrischer Stämme zwischen der Save im Norden, der Morava im Osten, der Adria im Westen und Makedonien und Epirus im Süden. Ein wichtiger Ansatz zur Erforschung der frühen Kultur der Nordillyrer bot sich schon früh mit den fast unzähligen Grabhügeln und Wallburgen in der Hochebene des Glasinac zwischen dem Oberlauf der Bosna und dem Mittellauf der Drina in Bosnien. Straßenarbeiten 1890 waren Anlass zur Aufdeckung der ersten Tumuli. Zwischen 1888 und 1897 wurden dann rund 1450 Grabhügel von Truhelka und Fiala, Kustoden am Landesmuseum in Sarajevo freigelegt (Hoernes 1889). In den 50er Jahren des vergangenen Jahrhunderts erfolgten einige Revisionsgrabungen, die neue Einsichten in die Bestattungsweisen und weitere Funde brachten. Schließlich wurden auch ausgewählte Grabinventare, vor allem der späten Bronze- und Eisenzeit, in Katalogform vorgelegt (Benac/Čović 1956 und 1957). Anhand dieses Materials erstellten die Autoren eine Gliederung in zeitliche Stufen, die heute noch weitgehend gültig ist (▶ Abb. 2). Diese und weitere bislang unpublizierte Grabfunde vom Glasinac versuchte Nora Lucentini nochmals relativchronologisch zu ordnen (Lucentini 1981). Bedauerlicherweise sind die bisherigen Kataloge aber noch immer nicht vollständig. Für die zeitliche Durchdringung der eisenzeitlichen Grabfunde in Westserbien und Bosnien trug aber auch Rastko Vasić bei, der reicher ausgestattete Inventare und Hortfunde analysierte (Vasić 1977).

Einen echten Durchbruch für die ethnische Umschreibung illyrischer Kultur in allen ihren Abwandlungen und in einem schon größeren Gebiet gelang schließlich Hermann Parzinger. Dabei war die von ihm angewandte Methode ausschlaggebend. Er erfasste Ausstattungsgruppen vom Glasinac, im Kosovo/Kosova und in Nordalbanien, die er mit solchen aus Gräberfeldern in Nordbosnien und Südostalbanien verglich. Gleichzeitig setzte er sich mit relevanten Erkenntnissen aus der althistorischen und sprachgeschichtlichen Forschung auseinander und kam zum Schluss, dass sich die Ergebnisse nicht nur gegenseitig ergänzen, sondern auch kaum widersprechen (Parzinger 1991).

B.2 Kurze Forschungsgeschichte

	Glasinac	Japoden	Donja Dolina	Hortfunde (Bosnien) Stufen	Theiss/Donau	Griechenland
1400				1	Vatina	SH IIIA
1300	III a		Bezdanjača I		Belegiš I	SH IIIB
1200	III b		Bezdanjača II	2		
1100				3	Belegiš II	SH IIIC
1000	III c1	1 a	Spätbronzezeit I-II	4		Protogeometrisch Submykenisch
900	III c2		Spätbronzezeit III			
800	IV a	1 b	Frühe Eisenzeit	5	Kalakača	Früh- Mittel-
700	IV b	2	Pfahlbau		Bosut IIIb Basarabi	Spät-
600	IV c1	3	2 a	Grapci		Orientalisierende Zeit
500	IV c2	4	2 b		Bosut IIIc	Archaische Zeit
	V a		2 c			
400		5	3 a1			Klassische Zeit
			3 a2			
300	V b		3 b		Kelten Scordisci	Hellenistische Zeit

Abb. 2: Relative Chronologie am Zentral- und Westbalkan sowie in Griechenland.

Die frühen Siedlungen sind bisher nicht ausreichend erforscht worden. Lange war man auch über Grundrissskizzen einiger Wallburgen nicht hinausgekommen. Erstmals näher untersucht wurde die Höhensiedlung von Klausura (Čović 1975 a; Govedarica 1982). Von größerer Bedeutung sind aber die zwischen 1953 und 1983 auf der Terrassensiedlung Pod bei Bugojna an der oberen Vrbas durchgeführten Ausgrabungen (Čović 1975 b).

Einen wichtigen Beitrag zu den Grundlagen und zur Entstehung illyrischer Kultur liefert die systematische Ausgrabung und Auswertung der beiden Riesentumuli Veliki Gruda und Mala Gruda in der Bucht von Kotor in Montenegro. Erschlossen wurden hier Bestattungen von der frühen Bronze- bis zur frühen Eisenzeit (Primas 1996; Della Casa 1996).

Wichtige Einblicke in die sozialen Strukturen, vor allem anhand der ‚Fürstengräber', ermöglichen einige neuere Analysen (zusammenfassend: Babić 2002; Krstić 2004). Handel und Handelsrouten stehen ebenfalls immer öfter im Blickfeld der archäologischen Forschung (Palavestra 1993; 1995; Jašarević 2015 a). Eine große Bereicherung für die Kenntnis illyrischer Bestattungssitten war auch die in den letzten Jahren durchgeführte Ausgrabung eines Riesentumulus in Lofkëndi in Mittelalbanien (Papadopoulos u. a. 2014).

In Albanien hat man in der kommunistischen Ära nationale Interessen mit der Illyrer-Forschung verbunden. Manche albanische Archäologen und Historiker ließen keinen Zweifel darüber aufkommen, dass die frühmittelalterliche Kuman-Kultur illyrisch war. Aus den Trägern dieser Kultur seien dann im 7. Jh. die Arbier und aus diesen im 11. Jh. die Arvanitai und letztlich die Albaner hervorgegangen. Mit dieser Abstammungslehre sollten die Albanier als durch und durch autochthones Volk dargestellt werden (vgl. Zindel u. a. 2018, 20). Natürlich gab es nicht nur unter den Archäologen und Althistorikern, sondern auch in der Sprachwissenschaft meist eine klare Ablehnung dieser These (▶ Kap. C.1).

Einen gewissen Wendepunkt in dieser Frage bildete eine deutsch-albanische Großausstellung zur Geschichte und Kultur Albaniens im Jahr 1988 in Hildesheim. Im zugehörigen Katalog liest man bereits eine vorsichtigere und differenziertere Formulierung der albanischen Archäologen. Auch wurde das südalbanische Gebiet in der Korça-Ebene, in Kolonja und im Epirus nicht mehr unbedingt zum illyrischen Lebensraum gerechnet (Eggebrecht 1988).

Danach erhielt die Illyrer-Forschung auch durch zwei weitere Ausstellungen im Jahr 2004 neue Impulse. Es waren dies die Präsentation der Kulturen keltischen Skordisker und Nordillyrer in Hochdorf an der Enz (Bader 2004) und eine Wanderausstellung, die ihren Ausgang in Asparn an der Zaya nahm (Lippert 2004). In den Begleitbänden dieser Ausstellungen werden neben archäologischen Themen auch die antiken Quellen der Illyrer behandelt.

Die illyrische Kultur stand schon lange im Fokus mehrerer internationaler Symposien in Albanien und im früheren Jugoslawien. Den Anfang machte eine Tagung in Sarajevo, die sich mit dem Lebensraum und der Chronologie befasste (Benac 1964). Es folgte eine Konferenz in Tirana 1972 zu allgemeinen Fragen (Premiére colloque 1976). 1974 widmete man sich dann in Mostar den Siedlungen (Colloque Agglomerations 1975). Im serbischen Zlatibor waren 1976 Kult und Religion Themen des Symposiums (Rites d'inhumations 1979), während in Herzeg Novi 1982 über die geistige Kultur, Kunst und Ornamentik diskutiert wurde (Čović 1982).

B.3 Archäologische Zeugnisse

B.3.1 Kupfer- und frühe Bronzezeit am Balkan (4.–frühes 2. Jt. v. Chr.)

Die neuen Möglichkeiten der Genetik haben erst in den letzten Jahren zu einer brauchbaren Rekonstruktion früher Besiedlungsvorgänge in Südosteuropa geführt (Mathieson u. a. 2018; Krause 2019, 115–134). Im 6. Jt. wanderten anatolische Bauern auf die Balkanhalbinsel ein und verbreiteten sich nach und nach von hier ins Innere Europas. Am Beginn des 3. Jts. erfolgten dann weitere und intensivere Einwanderungsschübe, diesmal aus den südrussischen Steppen. Damit kam es nicht nur in Südosteuropa, sondern auch in weiten Teilen Europas zur Indoeuropäisierung.

B.3 Archäologische Zeugnisse

Die Steppen-DNA setzt sich im Wesentlichen aus anzestralen Nordeurasiern und Zuwanderern aus dem Iran zusammen. Im letzten Drittel des 4. Jts. entstand im Raum zwischen dem Kaspischen und Schwarzen Meer die Jamnaja- oder Grubengrabkultur. Ihr werden die Erfindung von Rad und Wagen, die Domestikation des Pferdes und die Herstellung der ersten Arsenbronzen zugeschrieben. Es war eine hochmobile Rinderhirtengesellschaft, für die die Errichtung riesiger Grabhügel, sogenannter Kurgane, kennzeichnend ist. Die freigelegten Toten waren vorwiegend Männer und wurden in Rückenlage mit angezogenen Beinen, häufig mit Ocker bestreut, in Grabkammern mit Schmuck, Waffen und einem ganzen Wagen bestattet. Neben saisonalen Siedlungsplätzen gab es in den Flusstälern auch dauerhafte, mitunter befestigte Siedlungen, was neben Viehzucht auch auf Ackerbau schließen lässt (Parzinger 2014, 395–397).

Gegen Ende des 4. Jts. gab es einen Klimasturz, der zu einer Austrocknung des südrussischen Steppengürtels führte. Nomadengruppen der Jamnaja-Kultur zogen zunächst in die Ungarische Tiefebene und in das untere Donaugebiet. Bestattungsweise und Ausstattung der Toten sind von einer erstaunlichen Gleichartigkeit geprägt. Erstmals kommen in diesem Gebiet Hügelgräber und als Beigaben Streitäxte und schnurverzierte Tonbecher vor. Die nach Siedlungsfunden am Laibacher Moor benannte Vučedol-Kultur in Pannonien wird als Ableger der steppennomadischen Kurgan-Kultur angesehen. Sie formte sich in mehreren regionalen Varianten aus (Schnurbein 2010, 75). Die DNA-Analysen zeigen übrigens, dass die Einwanderer hauptsächlich Männer waren, die sich vielfach mit den einheimischen Frauen verbanden. Der Anteil der Einwanderer an der Bevölkerung betrug rund 80 % (Krause 2019, 128).

Die mit modernen Methoden vollständig untersuchten Riesengrabhügel in der Bucht von Kotor sind um 2800 v. Chr. errichtet worden (Primas 1996). Im Grabhügel von Mala Gruda lag neben der Hüfte der einzigen Beisetzung eine Schaftlochaxt aus einer Kupfersilberlegierung. Am Kopf trug der Mann fünf kleine Goldringe nordwestgriechischer Form. Er besaß außerdem einen Dolch mit goldener Klinge vom levantinischen Typ (Primas 1996, 17–18). In Velika Gruda sind mehrere Aufschüttungs- und Belegungsphasen nachgewiesen. In der ältesten Periode A besaß der Grabhügel bereits einen Durchmesser von 23 m. Er bedeckte ein in den gewachsenen Boden eingetieftes Steinkistengrab. Dem adulten Mann waren eine Axt und zwei Messer aus Arsenbronze, ein zylindrischer Polierstein und zwei Eberhauer beigegeben worden. Am Kopf trug er acht Goldringe von ähnlicher Form wie in Mala Gruda. Zur Beigabenkeramik zählen eine Griffschale und ein Schöpfer, beide mit tief eingeschnittenen Vučedol-Mustern. Die Griffschale ist aber eine ägäische Form (Primas 1996, 25–112). Die zweischneidigen Messer hingegen kommen in Kurganen im Dnjepr-Gebiet vor (Primas 1996, 93–94, Abb. 7.1) und sind häufig mit ‚Steinquadern', die als Poliersteine benutzt wurden (Primas 1996, 116–117, Abb. 8.3), vergesellschaftet.

Hügelgräber des frühen 3. Jts. sind auch aus Cetina im nördlichen Dalmatien bekannt. Die hier übliche Brandbestattung kennen wir auch aus spätkupferzeitlichen Gräbern an der unteren Donau und im Karpatenbecken (Primas 1996, 133, Abb. 9.3).

In nord- und mittelalbanischen Nekropolen an der unteren Adria sind frühbronzezeitliche Tumuli, die ebenfalls noch Merkmale der Kurgan-Kultur aufweisen, erforscht worden. Die beigegebene Tonware gleicht der Siedlungskeramik in der Korça-Ebene, die dort mittels 14-C-Daten in die Zeit zwischen ca. 2850 und 2400 zu stellen ist (Korkuti 2013, 397). Auch in Shtoj bei Shkodra wurden die auffallend großen Grabhügel 2 und 6 mit mehreren Aufschüttungsphasen in dieser frühen Zeit errichtet. Sie zeichnen sich durch äußere und innere Steinkreise und in den Boden eingetiefte Zentralgräber aus. Den ältesten Kern von Tumulus 6 bildete ein aus Erde und Steinen aufgeschütteter Hügel mit 11 m Durchmesser. Darunter lag das mit Steinen verschalte Zentralgrab 16. Die Hockerbestattung war mit einer Lage von kleinen Steinen sorgfältig abgedeckt und mit Ocker bestreut. Auf ihr befanden sich sechs anthropomorphe Tonfiguren. Mit der Erweiterung des Tumulus wurden die Bestattungen 14 und 15 eingebracht, in denen wie auch in der Hügelfüllung verzierte Keramik der nordadriatischen Variante der Vučedol-Kultur lag (Korkuti 2013, 461–463).

Auch in Pazhoku, knapp südlich vom Shkumbin-Tal, datiert der Riesentumulus I mit einem Durchmesser von 30 m und einem äußeren Steinkreis in die frühe Bronzezeit. Die Zentralbestattung war von einem eigenen Steinkreis eingefasst. Bei dem in rechter Hockerlage Bestatteten lag ein Rinderschädel (Korkuti 2013, 473, T. VIII b).

Im großen Tumulusgräberfeld in Apollonia, das im Wesentlichen der Spätbronze- und Eisenzeit angehört, interessiert hier das Zentralgrab 60 im Grabhügel 10. Der männliche Rückenhocker im spätadulten Alter wurde unter einer kuppelartig gewölbten Steinabdeckung beigesetzt. Das eingetiefte Grab war von einem Steinring umschlossen. Das Skelett eines Schafes, Keramik und eine geigenförmige Tonfigur befanden sich oberhalb der Bestattung. Die Grabfüllung enthielt Siedlungsmaterial, das offenbar bewusst eingestreut worden war. Ein solcher Grabbrauch ist auch von steppennomadischen Kulturen bekannt. Eine 14-C-Datierung ergab eine Grablegung um die Mitte des 3. Jts. (Amore 2016).

Am Glasinac gehört zu den ältesten Gräbern die frühbronzezeitliche Bestattung 2 im Hügel 6 in Kovačev. Unter den Beigaben waren ein langer Bronzedolch mit vier Griffösen und eine Knaufhammeraxt mit leicht gekrümmter Längsachse (Benac/Čović 1956, T. 3/1–2). Das kupferne Vorbild dieser Axtform findet sich in Südrussland und in Ciskaukasien mit einer Zeitstellung am Ende des 4. Jts. (Zápotocký 1992, 196–198, Abb. 54/8). Da das Grab in Kovačev wegen der Dolchform frühestens in das letzte Drittel des 3. Jts. datiert, könnte es sich bei der viel älteren Steinaxt um ein weitervererbtes Würdesymbol, eine ‚Traditionsaxt', des bestatteten Kriegers handeln. Die einzige andere Bestattung im selben Grabhügel stammt aus dem 6. Jh. v. Chr.

B.3 Archäologische Zeugnisse

Alle diese Befunde weisen auf östliche Elemente im Bestattungsbrauch sowie in Form und Verzierung von Keramik und Waffen hin. Doch ist nicht zu übersehen, dass auch andere kulturelle Strömungen, etwa aus der Ägäis, den Westbalkan erreichten.

B.3.2 Mittelbronze- und frühe Spätbronzezeit (ca. 1600–1100 v. Chr.)

Mit der vollständigen Ausgrabung des Riesentumulus Velika Gruda in der Bucht von Kotor besitzt die archäologische Forschung einen soliden Einblick in die Bestattungssitten und Demographie einer spätbronzezeitlichen Gemeinschaft des 14. und 13. Jhs. (Della Casa 1996). Auf den ersten, schon sehr großen kupferzeitlichen Tumulus (Periode A) folgte eine auf dessen Kuppe gesetzte Steinlage mit einer Bestattung, über die eine dünne Brandschicht zog (Periode B). Dann wurde der Grabhügel durch eine Lehmaufschüttung erheblich vergrößert und erreichte einen Durchmesser von 26 m (Periode C). Schließlich wurde eine mächtige Steinpackung über die Hügelmitte gelegt, in der die weitaus meisten Gräber eingesetzt waren (Periode D). In diesem Steinmantel wurde viel später auch eine früheisenzeitliche Bestattung eingetieft (Periode E).

Die Gräber enthielten häufig Kollektivbestattungen mit zwei bis 22 Individuen, die in Hockerlage beigesetzt worden waren. Die Grabschächte besaßen ein Kiesbett, die Wände waren mit großen Steinen oder Platten ausgekleidet. Neben den Körperbestattungen gab es auch ein Bustumgrab. Eine gleichzeitige Einbringung der Toten kann ausgeschlossen werden, da die Grabgruben größenmäßig nur für je ein Individuum konzipiert und nur die Letztbestattungen ungestört waren.

Am Hügelrand lagen mehrere Depots menschlicher Skelettreste. Passscherben bei diesen Knochenvoluten und aus den Gräbern lassen darauf schließen, dass im Zuge der Grabemeuerungen die Gräber sorgfältig ausgeräumt und die Knochen partiell an anderer Stelle eingegraben wurden. Zwischen und über den Gräbern kamen 33 separate Gefäßdepots zum Vorschein.

Die Ausstattung ist im Allgemeinen sehr bescheiden. Sie besteht bei Kindern meist nur aus einem Kleingefäß, bei Erwachsenen gelegentlich aus etwas Bronzeschmuck (Spiralröllchen, kleine Spiralreife am Kopf, Doppelspiralanhänger, runde Faleren mit einem Durchmesser von 10–12 cm und kleine ‚Knöpfe' mit Öse an der Rückseite, siehe Online-Abb. 1) sowie Bernsteinperlen (Della Casa 1996, 29–55).

Kinder und Säuglinge wurden in Pithoi und Großgefäßen bestattet. Ihr Anteil an der Gesamtzahl der Bestatteten ist mit 43 % auffallend hoch. Sonst sind Frauen und Männer jeder Altersgruppe vertreten. Insgesamt gibt es 156 Individuen. Die durchschnittliche Lebenserwartung bei Geburt kann mit rund 20 Jahren errechnet werden. In der etwa 200-jährigen Belegungsdauer während der frühen Spätbronzezeit lebten in der kleinen dörflichen Gemeinschaft nur 5–6 Kernfamilien mit zusammen rund 30 Angehörigen (Harding 2013, 853).

Die Vorlage von ausgewählten Grabinventaren am Glasinac von Benac und Čović ist insgesamt verlässlich, was die Grabzusammenhänge anbelangt. Immerhin werden auch immer wieder Grabfunde ‚ohne Angaben', also ohne bekannter Vergesellschaftung beschrieben und abgebildet. Leider fehlen aus den Grabungen im 19. Jh. neben den anthropologischen Bestimmungen auch Beobachtungen zur Lage der Bestatteten und ihrer Ausstattungsstücke (Benac/Čović 1956; 1957). Diese Publikationen dienen uns nun zur näheren Auswertung.

Für die mittelbronzezeitliche Phase Glasinac II a/b (ca. 1600–1375) gibt es nur wenige Gräber. Sie enthielten u. a. massive Armreife mit Strichdekor, Spiraldrahtarmreife, runde, bisweilen hutförmige Ösenknöpfe, Spiralröllchen sowie eine Stachelscheibe und eine Lochhalsnadel mit erkennbarem Bezug nach Pannonien.

Glasinac III a (ca. 1375–1250) entspricht der frühen Spätbronzezeit. Von 16 wohl vorwiegend weiblichen Bestattungen sind zwei davon Brandbeisetzungen. Es lassen sich drei Hauptausstattungsgruppen erkennen: eine erste mit Halsreif, Kopfschmuckringen, kleinen Ösenknöpfen und Brillenspiralanhängern. Eine weitere Gruppe ist durch Ziernadel, gerippte Armmanschetten und kleine Ösenknöpfe charakterisiert. 8 Grabinventare sind besonders reich mit Brillenspiralanhängern, oft auch mit gerippten Stirnreif, einem Paar massiver Armreife und je einmal mit ritzverzierten Ösenfaleren bzw. Ösenknöpfen ausgestattet.

Im mittelalbanischen Lofkëndi trugen sechs der Phase I (ca. 1400–1200) zugehörigen Toten Schmucknadeln aus Knochen oder Bronze am Gewand des Oberkörpers. In einem weiteren Grab lag ein Spiralröllchen. Zu den Bestatteten zählen Männer, Frauen und ein Kind (Papadopoulos u. a. 2014).

Für die Phase III b (1250–1100) können am Glasinac 13 Bestattungen, darunter ein Brandgrab, ausgewertet werden. Die erste Gruppe kennzeichnet sich durch Spiraldrahtarmreife, von denen ein bis drei Exemplare pro Grab auftreten. Massive strichverzierte Stollenarmreife mit dreieckigem Querschnitt (ein bis fünf Exemplare) sind ebenso charakteristisch. Seltener sind Spiralröllchen und Kopfschmuckringe (siehe Online-Abb. 2). Eine zweite prestigeträchtigere Gruppe besaß ritzverzierte Halsreife und Spiraldrahtarmreife, mitunter auch Brillenspiralanhänger und Violinbogenfibeln.

Für die Phase II in Lofkëndi (ca. 1200–1050) sind die Ausstattungsgruppen wegen der Dürftigkeit der Beigaben nur schwer zu umschreiben. Zwei Bestattungen weisen eine Bronze- bzw. Eisennadel auf. Drei weitere Bestattungen sind zur Oberschicht zu zählen: Sie besaßen glatte Stirnreife, Eisen- und Glasperlen, Bügel- und Kettchenfibeln, Doppelhenkelgefäß und Krug. Eine juvenile Frau trug als Kopfschmuck eine kleine Bronzescheibe, auf der in Punktbuckelmanier ein Speichenrad eingetrieben ist (Papadopoulos u. a. 2104).

B.3 Archäologische Zeugnisse

Im nordalbanischen Mat-Tal können 17 Bestattungen, darunter drei Brandbeisetzungen, aus der Zeit vom 14. bis 12. Jh. zur Betrachtung dienen. 7 Gräber enthielten eine Lanze, drei davon ein Schwert. In einem Grab lag ein Schwert allein. Zwei weitere Männergräber hatten eine Pinzette dabei. Nur jeweils einmal kamen in anderen Bestattungen ein Messer, getreppte Ösenknöpfe und Perlen vor (Islami 2013).

Der Vergleich zwischen frühen Gräbern der Spätbronzezeit in Velika Gruda, Glasinac, Mat-Tal und Lofkëndi fällt nicht leicht, da in Glasinac vorwiegend Frauengräber auftreten, andererseits die Ausstattungen in den anderen Nekropolen eher einseitig ausfallen. Zusätzlich lohnt es sich, einen Blick auch auf frühe Gräber im Riesentumulus von in Rehova im südostalbanischen Kolonja zu werfen (Aliu 2012). Die 37 Bestattungen der Phase I datieren ins 13. und 12. Jh. Ein größerer Teil der Gräber enthielt ein bis drei Bronzenadeln und Glas- und Bernsteinperlen. Eine andere Ausstattungsgruppe ist durch Messerbeigaben und gelegentlich eine Pinzette ausgewiesen. Dann gibt es auch Kriegerbestattungen mit einer Lanze sowie Gräber, die nur Tongefäße, die sonst auch in den anderen Gruppen vorkommen, enthielten, darunter Doppelhenkel- und Mehrfachgefäße, Henkeltassen und Krüge. Im Vergleich zu den besprochenen Grabkomplexen an anderen Orten fällt eigentlich nur jene mit den Messerbeigaben als deutlich abweichende Ausstattungsgruppe auf.

B.3.3 Jüngere Spätbronzezeit: Glasinac III c (1100–920 v. Chr.)

Vereinzelt kommen kleine Schmuckobjekte aus Eisen, wie Perlen oder Ziernadeln, schon gegen Ende des 12. Jhs. in Lofkëndi vor. Im Laufe des 11. Jhs. treten dann gelegentlich auch weiter nördlich Schmuck und Gebrauchsgegenstände aus Eisen, wie etwa Armreife oder Messer auf. Aber erst gegen Ende des 10. Jhs. werden Waffen und Geräte regelmäßig aus Eisen erzeugt, also mit der Gräberphase IV a am Glasinac. Daher ist der Beginn der Eisenzeit am Zentral- und Westbalkan kaum früher anzusetzen (vgl. Gavranović 2011, Abb. 1).

Am Glasinac gibt es nur sehr wenige Grabinventare aus dem 11. Jh. (III c-1). Es sind dies reiche Ausstattungen von Frauen mit großen, spiral- und girlandenverzierten Zierscheiben, Brillenspiralanhängern, Armreifen und bisweilen auch einem tordierten Halsreif sowie Bogenfibel mit rhombischem Bügelquerschnitt, Rillenbändern am Bügel und breiter dreieckiger Fußplatte. Bei der Brandbestattung Taline 19/4 kamen sechs meist geometrisch reich verzierte große Schmuckfaleren, ein Paar massiver Armreifen und ein Spiraldrahtarmreif aus Eisen zutage (Benac/Čović 1956, T. 37–38, 39/1–3; ▶ Abb. 3). Aus der Fibelform ist schließlich in der Stufe IV a die übergroße Fibel mit Bügelknoten vom Typ Golinjevo hervorgegangen. Erstmals, aber selten, kommt Eisenschmuck wie etwa Spiralarmreife vor. Schon mehr Struktur zeigen dann die weiterhin vorwiegend weiblichen Ausstattungen im 10. Jh. (III c–2). Hervorzuheben ist eine Gruppe mit eng tordiertem Halsreif, Spiraldrahtarmreif, Brillenspiralanhänger, Kopfschmuckringen und Ösenknöpfen. Eine weitere, sehr kleine Einheit besteht aus Inventaren mit je einer großen Bogenfibel, Armreifen, Brillenspiralanhängern, Kopfschmuckringen, Spiralröllchen, Ösenknöpfen und einmal mit Eisenmesser (▶ Abb. 4). Das Kind im Taline 20/2 trug neben zwei bronzenen Spiralarmreifen ein Spiralarmreif aus Eisen und 12 Ösenknöpfe.

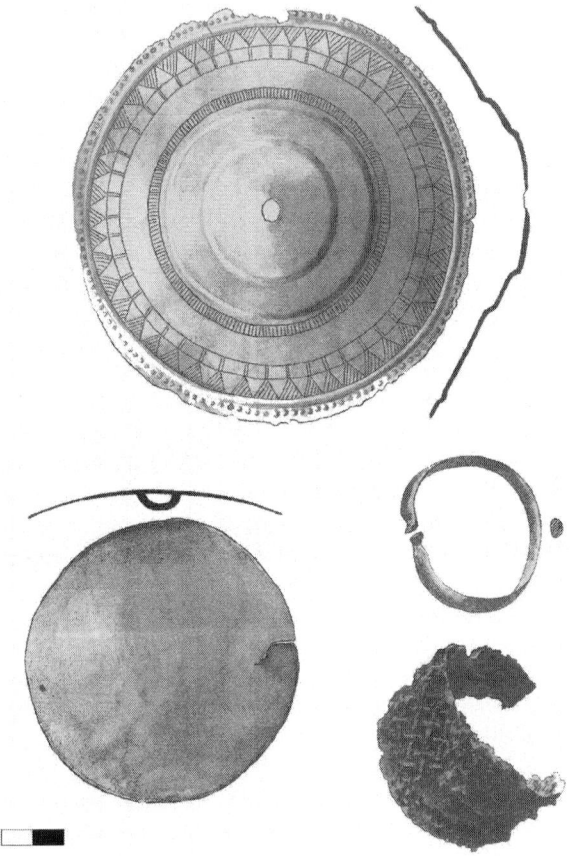

Abb. 3: Taline, Bosnien, Tum. 19/4, Auswahl: Zierscheiben und Armreif aus Bronze, Spiralarmreif aus Eisen (durch Brand beschädigt), Glasinac Übergang III c-1/2.

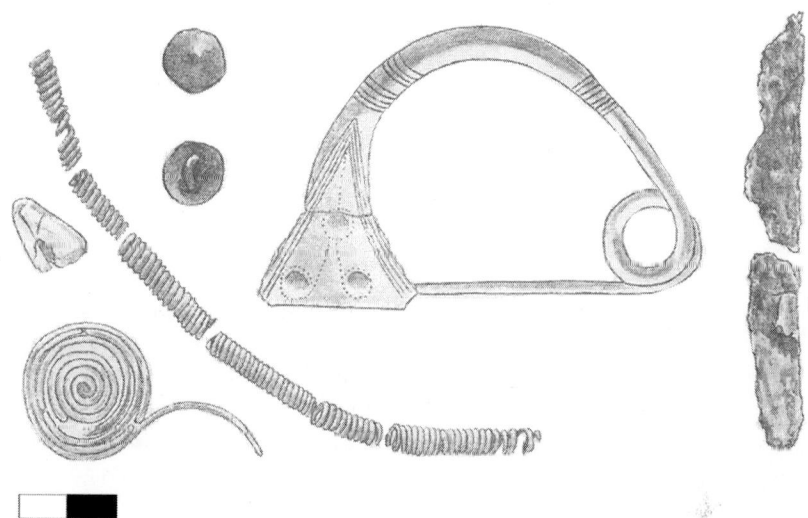

Abb. 4: Vrlazije, Bosnien, Tum. 4/2, Auswahl: Eisenmesser, Bogenfibel, Blechknöpfe, Spiralröllchen, fragmentierter Brillenspiralanhänger aus Bronze, Bernsteinperle, Glasinac III c-2.

In der Phase III von Lofkëndi (ca. 1060–920) sind zwei weibliche Bestattungen mit Schmuckscheiben bemerkenswert: Im Grab 48 lagen getreppte Goldblechscheiben mit einem Durchmesser von 4 cm beiderseits des Schädels. Beim Schädel wurde auch eine eiserne Röhrenperle gefunden. Dazu kommen ein Krug und ein Doppelhenkelgefäß als Beigabenkeramik. Am Oberkörper von Bestattung 53 befanden sich eine konkave gelochte Bronzescheibe mit 4 cm Durchmesser, ein Brillenspiralanhänger und ein Spiralröllchen. Zum Kopfschmuck gehörten kleine Bronzereife. Perlen aus Glas, Stein und Fayence könnten einen Gürtel geziert haben. Auch ein Tonkrug mit kanneliertem Bauch stand in diesem Grab (Papadopoulos u. a. 2014, 72–76).

Unter den 13 in diese Belegungszeit fallenden Gräbern gibt es vier, die in traditioneller Weise Schmucknadeln aus Eisen enthielten. Ansonsten sind die Gräber eher bescheiden ausgestattet. Mit einer Eisenlanze ist nur ein spätmaturer Mann ausgestattet worden. Alles in allem ergeben sich zwischen Glasinac und Lofkëndi kaum Parallelen in dieser Zeit. Vielmehr scheinen die Verbindungen in Lofkëndi nach Südostalbanien enger gewesen zu sein.

Für die Phase II des Tumulus in Rehova lassen sich 48 Bestattungen auswerten (Aliu 2012). Allerdings reicht die nicht weiter unterteilbare Belegungszeit vom 11. bis 9. Jh. schon weit in die frühe Eisenzeit hinein. In acht Gräbern waren die Verstorbenen mit ein, zwei oder vier Nadeln geschmückt. Einmal trug eine bestattete Frau auch einen Stirnreif aus Bronzeblech. Es gibt auch noch zwei weitere Stirnreif-Gräber sowie vier Bestattungen mit Perlenketten bzw. einzelnen Perlen. Sonst enthielten die Gräber nur Doppelhenkelgefäße, Krüge oder Henkeltassen.

Besonders deutlich weicht die Frauentracht in Nordwestbosnien, das später zum Lebensraum der Japoden zählt, von den weiblichen Ausstattungen am Glasinac ab. Wohlhabende erwachsene Frauen trugen zwischen dem 11. und 8. Jh. mittig auf der Kleidung im Brustbereich eine Brillenfibel mit rückseitig gewundener Achterschleife, das ist eine spätbronzezeitlich-pannonische Form, einen Satz von mehreren tordierten Halsreifen, ein oder mehrere Paare von einfachen oder spiralig gewundenen Arm- und Fußreifen, Ösenanhänger am Gürtel und Paare von kleinen Spiraldrahtreifen beiderseits am Kopf. Der Schleier wurde mit einer großen Nadel fixiert. Diese Tracht kann auch auf eine Brillenfibel und Armspiralen reduziert sein (Pabst 2009, 2-3, Abb. 2). Im Übrigen ist diese Tracht seit dem 11./10. Jh. auch in Makedonien mit nahen Varianten der nordwestbalkanischen Brillenfibelform zu finden. Dieselben Brillenfibelvarianten gibt es zur selben Zeit auch in Südalbanien (▶ Abb. 5). Diese Funde und Befunde weiblicher Grabausstattungen stellen ein sehr starkes Indiz für Einwanderungen aus dem nordostadriatischen Raum dar (Pabst 2009, 17-40). Es ist auch zu betonen, dass im gesamten frühillyrischen Gebiet zwischen Bosnien und Nordalbanien Brillenfibeln vor dem 8. Jh. nicht zum Repertoire der Frauentracht gehörten.

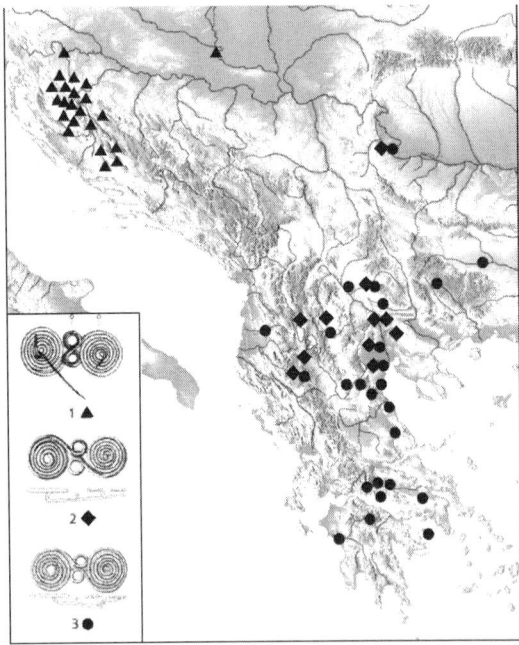

Abb. 5: Verbreitung einteiliger Brillenfibeln mit rückseitig gewundener Achterschleife, Dreieck: Typ Kompolje, 11./10. Jh., Raute: Typ Vergina, 11.-9. Jh., gefüllter Kreis: Typ Galaxidi, 11.-9. Jh.

B.3 Archäologische Zeugnisse

Zur Ausstattung gehobener Krieger gehörten neben Lanzen, Pfeilen und Messer ein Griffzungenschwert vom Typ Naue II. Nicht nur die Formen von Schwert und Brillenfibel, sondern auch Gefäßtypen weisen enge Beziehungen nach Pannonien auf (Pabst 2009, 30).

Vom ausgehenden 11. und bis ins 8. Jh. kommt oft zusätzlich eine eigentümliche Kopfbedeckung für sozial gehobene Mädchen und Frauen hinzu: die sogenannte japodische Kappe. Es handelt sich dabei um eine kalottenförmige Haube aus Stoff oder Leder, auf der flächendeckend fast zahllose Ösenknöpfe aus Bronzeblech befestigt waren. Häufig sind in dieser Zeit auch gerippte Ohrringe mit eingehängter Schmuckplatte (Teßmann 2017, 428–429, Abb. 10–11).

Angesichts der fast ausschließlich weiblichen Bestattungen am Glasinac und in Lofkëndi drängt sich die Frage auf, warum nur äußerst selten typische Männerausstattungen mit Waffen während der Spätbronzezeit vorkommen. Vielleicht liegt die Antwort in den zahlreichen Hortfunden in Bosnien und in der Herzegowina, nördlich der Neretva, aber auch in Albanien. Es zeigt sich dabei eine deutliche Konzentration von Depots aller Zeitgruppen in Zentralbosnien und hier vor allem am Mittel- und Oberlauf der Bosna. Aus den Tälern der Vrbas, Drina und der unteren Bosna hingegen sind Depots weitaus seltener (König 2004, 27, T. 79).

Horte hatten in mehreren Fällen sehr wahrscheinlich die Ersatzfunktion für Grabbeigaben. Dies lässt sich aus der Zusammensetzung der Einzelstücke von reichem Schmuck (von Frauen) und Waffen (von Kriegern) erkennen. Solche Waffenkomplexe enthalten meist Tüllenbeile und Lochäxte. Andererseits sind die schwerpunktmäßig in weiten Teilen Europas verbreiteten Horte sicher nicht einseitig zu erklären, da sie häufig nicht nur Waffen, sondern auch Schmuck oder Gerätschaften kombinieren. Daher waren viele, wenn nicht die meisten Depots sicher als Göttergaben gedacht. Doch schließen die genannten Deutungen einander nicht aus (König 2004, 164–170).

B.3.4 Zur Ausbreitung der Urnenfelderkultur am Balkan

Im 12. Jh. etabliert sich die Belegiš II-Gava-Kultur in der südlichen Vojvodina und in Nordserbien. Im mittleren Morava-Becken und in Ostserbien kommt die Paraćin-Gruppe, im oberen Morava-Tal, also auch im östlichen Kosovo/Kosova, die Brnjica-Gruppe auf. Alle diese Gruppen sind durch Brand- bzw. Urnenbestattung und durch typische Formen der oft kannelierten Keramik und Bronzen der Urnenfelderkultur ausgewiesen und lebten bis ins 10. Jh. fort.

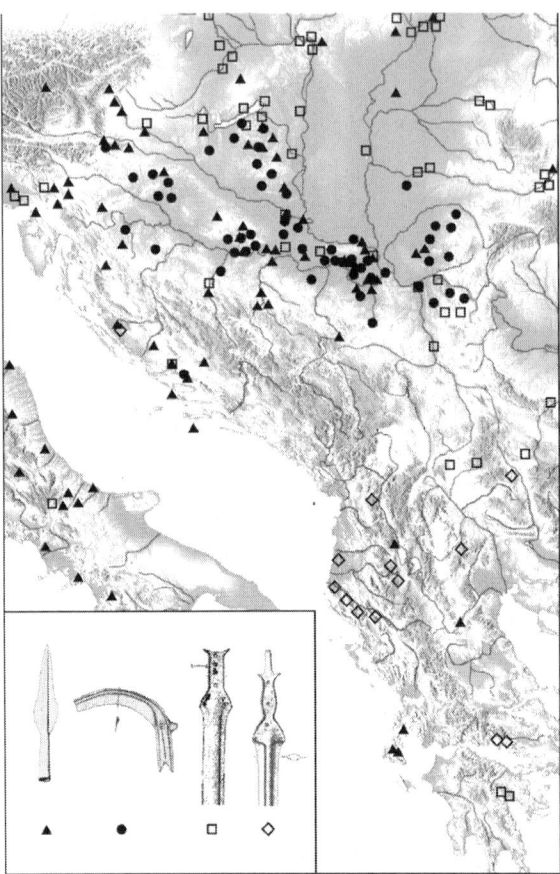

Abb. 6: Verbreitung von Bronzeformen der Urnenfelderkultur zwischen Pannonien und Griechenland: geflammte Lanzenspitze, 13.–10. Jh., Sichel, Typ Uioara 2, 14.–13. Jh., Griffzungenschwert, Typ Naue II (Quadrat), 13./12. Jh., Typ Stätzling (Raute), 12. Jh.

Im westlichen Serbien und in Ost- und Zentralbosnien hingegen hält sich die Glasinac-Gruppe mit Körperbestattung. Sie bleibt von der Urnenfelderkultur fast unberührt. In Nordwestserbien und im östlichen Save-Tal bringen erst der früheisenzeitliche Kalakača-Horizont im 9. und dann der Basarabi-Horizont im 8. Jh. (beide werden zur Bosut-Kultur gezählt) wieder vorwiegend die Körperbestattung, während im Bereich der oberen Morava in Form der Lapotince-Vlaštice-Gruppe weiterhin Brandbestattung vorherrscht (Ljuštona/Dmitrović 2020).

Keramik und Bronzeformen belegen also die Präsenz der mitteleuropäisch-pannonischen Urnenfelderkultur im Donau-, Save- und Morava-Tal (▶ Abb. 6). Freilich sind Waffen, Geräte und sogar bestimmte Schmuckformen der Urnenfelderkultur über ein weitgespanntes Austausch-Netz auch in anderen Teilen des Balkans verbreitet bzw. dort auch imitiert worden, doch in einem erheblich geringeren Ausmaß. Im 10. Jh. klingen die Beziehungen allmählich überhaupt ab: Regionale Abwandlungen der Urnenfelderformen sind allenthalben noch vorhanden (Prendi 1982, 224, Abb. 12, 15; Gavranović 2017, Abb. 1). Es fällt auch auf, dass bestimmte Bronzen, wie etwa Sicheln vom Typ Uioara 2, geflammte Lanzenspitzen oder Griffzungenschwerter vom Typ Naue II von vorneherein nur im Donau- und Save-Tal vorkommen, also im Bereich der Urnenfelderkultur verbleiben. Eine stark veränderte Variante der Griffzungenschwerter, die erst am Ende des 12. Jhs. auf der südlichen Balkanhalbinsel entsteht und eine rapierartige Klinge und zwei Heftnieten besitzt, ist allerdings auch in Albanien verbreitet.

Die Tonware in Zentralbosnien war gewissen Einflüssen der Urnenfelderkultur unterworfen. Es gibt Gefäße mit Zylinder- oder Kegelhals, in der Grab- und Siedlungskeramik überwiegen aber althergebrachte Formen. Es sind dies vor allem Amphoren- und Kantharosgefäße, deren untere Hälfte meist eiförmig oder rundbauchig ist. Ihre Entwicklung lässt sich sehr lange bis in die Eisenzeit verfolgen (Gavranović 2011, 98–102, Tab. 7). Grosso modo finden sich diese Keramikformen auch im weiter südlichen Gebiet und möglicherweise auch in der Grabkeramik von Velika Gruda an der montenegrinischen Adria.

Im 12. Jh. kommt am Südwestbalkan ein keramischer Verzierungsstil auf, der sich aus zahlreichen geometrischen eingeritzten Motiven zusammensetzt (siehe Online-Abb. 3). Es sind dies Zickzack-Muster, Bögen, Rhomben, Würfelaugen oder Reihen von schraffierten Dreiecken. Alle diese Elemente gibt es in verschiedener Kombination (Gavranović 2011, Abb. 127). Ein Teil der geometrischen Ornamente, wie etwa die schraffierten Dreiecke oder auch Spiralen, tritt bereits seit der frühen Spätbronzezeit, also dem 14. Jh., auf schwerem Bronzeschmuck in Gräbern und Horten am Glasinac im weiteren Gebiet auf. Zu beachten ist aber, dass vergleichbare Motive, wie sie für die ritzverzierte Keramik typisch sind, schon auf Metall- und Tongefäßen der mittleren und späten Bronzezeit in Siebenbürgen, Oltenien und Bulgarien vorkommen. Scheinbar wurden viele Motive aus diesen Gebieten von der ritzverzierten Tonware übernommen. Es ist dennoch merkwürdig, dass es an kulturgeographischen Zwischengliedern mangelt. Jedenfalls kommen im Laufe der Zeit auch neue Elemente bei der ritzverzierten Keramik hinzu (Gavranović 2020 a).

B.3.5 Bronze- und eisenzeitliche Siedlungen

Eine systematische Erforschung von Siedlungen der Metallzeiten in Bosnien und der Herzegowina steckt noch in den Anfängen. Borivoj Čović hat schon früh ihre typologische Gliederung am Glasinac, also in der Hochebene zwischen dem Romanija-Gebirge im Westen und dem Mittellauf der Drina im Osten – immerhin einem Gebiet von rund 270 km² – unternommen. Er zählte 27 befestigte Höhensiedlungen, die seit der frühen Bronzezeit nach und nach angelegt wurden. Es sind dies trapezförmige, halbkreisförmige oder andere geometrische Formen, die meist dem Gelände auf Anhöhen angepasst sind. Viele Siedlungen besitzen mehrfache Wallanlagen aus Trockenmauern und neben einfachen Toreingängen nach innen gezogene Torwangen oder Schlauchtore (Čović 1975 a).

Ein vermehrtes Aufkommen von natürlich geschützten oder befestigten Siedlungen an der Bosna und Vrbas lässt sich in der zweiten Hälfte des 12. und im 11. Jh. erkennen. Eine kürzliche Prospektion ergab für die Spätbronze- und frühe Eisenzeit eine Zahl von rund 120 befestigten Höhensiedlungen in dieser Region. Daneben existierten auch Wohnplätze im Flachland. Die befestigten Siedlungen lagen auf abgesetzten Flussterrassen oder auf Hügeln und Bergspornen, aber auch auf Berggipfeln; sie besitzen in der Regel eine Innenfläche von fünf bis 7000 m² (Gavranović/Sejfuli 2018). Die auf rund 900 m Seehöhe auf der Hügelkette Gradišće gelegene Wall- und Grabenanlage Negraja datiert in die späte Bronzezeit (freundliche Mitteilung von M. Gavranović) und ist mit saisonaler Hochweidewirtschaft zu erklären.

Bisher am besten archäologisch erforscht ist die Terrassensiedlung Pod bei Bugojna an der oberen Vrbas (Čović 1975 b). Sie war vom 12. bis zur Mitte des 4. Jhs. bewohnt und lag am Rand einer natürlichen Flussterrasse. Die Siedlungsphase A beginnt bereits in der frühen Bronzezeit. Mitte des 12. Jhs. wurde ein kleiner Teil des Plateaus im Süden durch einen bogenförmigen Graben, den beiderseits Palisaden begleiteten, befestigt. In Pod B (ca. 1050–800) sicherte man den weniger steil abfallenden Nordrand der Terrasse durch einen Erdwall mit Steinkern und einen Graben, womit eine Innenfläche von rund 5500 m² für die Siedlung geschaffen wurde. Entlang gepflasterter, im Rechtwinkelsystem angelegter Haupt- und Nebenwege errichtete man langrechteckige, wahrscheinlich mehrräumige Gebäude auf Stein- oder Lehmsockeln im Ausmaß von ca. 6 x 10 m. Das Innere dieser Häuser besaß einen gestampften Lehmboden. Vor den Längswänden zogen sich Lehmbänke. Zahlreiche Lehmbewurfstücke weisen auf eine Flechtwerkskonstruktion der Hausmauern hin. Die Außenseiten des Lehmverstriches zeigen mitunter geometrische Ornamente. Geheizt und gebacken wurde in Kuppelöfen mit U-förmigem Grundriss und in kleinen Herden (▶ Abb. 7). In der Siedlungsphase C (ca. 800–650) wurden die Befestigungen noch verstärkt und die Gebäude erneuert. Ein abschließender Brandhorizont deutet auf eine Feuerkatastrophe hin. In der Siedlungsphase D erfolgte eine teilweise Neubefestigung der Siedlung mit Neuanlage von etwas größeren Häusern im Ausmaß von 7 x 15 m. Das alte Straßensystem wurde aber beibehalten (Gavranović 2011, 96–98).

Hinweise auf die Entwicklung eines Höhenplatzes zu einer Großsiedlung in der Eisenzeit geben die seit 1984 durchgeführten Ausgrabungen am Gradina auf dem Berg Jelica, 7 km südwestlich von Čačak an der Westlichen Morava. Die kontinuierliche Besiedlung der Anhöhe begann um die Mitte des 3. Jts. und erreichte zwischen dem 11. und 7. Jh. ihren ersten Höhepunkt. Im 6. und 5. Jh. entstand eine befestigte ‚Ober- und Unterstadt'. Allerdings sind die Aufschlüsse dafür sehr

B.3 Archäologische Zeugnisse

dürftig, da die nachfolgende Verbauung in römischer und byzantinischer Zeit fast alle baulichen Strukturen zerstört hat (Milinković 2017, 251–252).

Auch in Albanien sind Siedlungsstrukturen und einige Siedlungen erforscht worden (Karaiskaj 2004, 41–48). Befestigte Höhensiedlungen gab es in Nord- und Mittelalbanien bereits seit der frühen Bronzezeit. Häufiger wurden sie ab der mittleren Bronzezeit. Diese Entwicklung steht im Gegensatz zu Südost- und Südalbanien, wo bis in die mittlere Bronzezeit eher Talsiedlungen bevorzugt wurden. Mit den befestigten Höhensiedlungen in der Spätbronzezeit kamen dort auch Riesentumuli mit Sippenbestattungen auf.

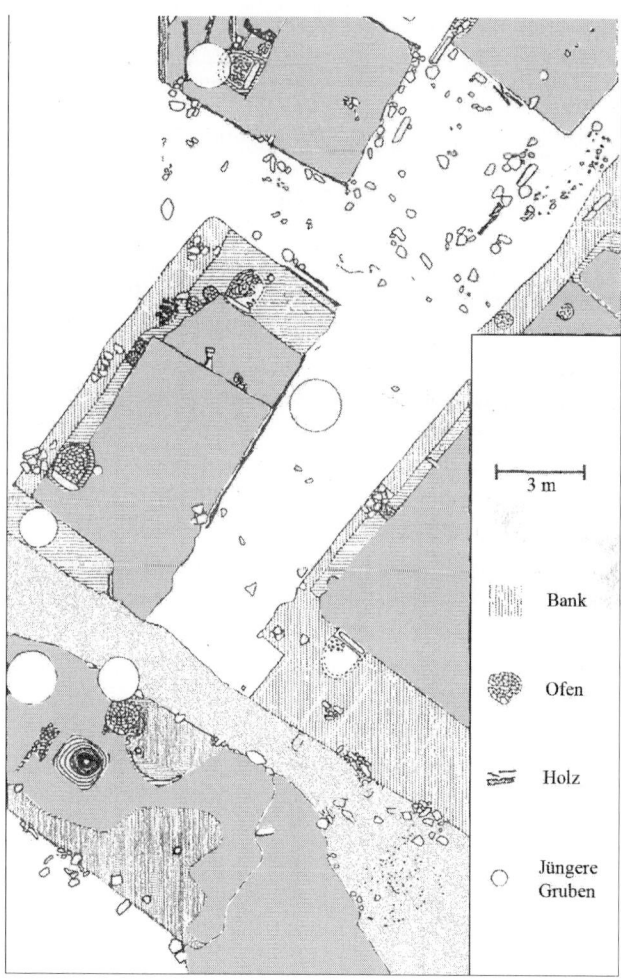

Abb. 7: Ausschnitt der Siedlung am Ostplateau in Pod, Bosnien, Phase B.

Seit dem 12. Jh. sind für Nord- und Mittelalbanien besonders ausgedehnte, mit massiven Schutzmauern befestigte runde oder ovale Höhensiedlungen charakteristisch, die teils eine Erweiterung älterer Siedlungsplätze, teils Neuanlagen bildeten (Kurti, R. 2020 a, 64–65). Eine spätbronzezeitliche Siedlung wurde in Gajtani südlich von Shkodra zum Teil freigelegt. Die 3,5 m starke Befestigungsmauer aus regelmäßig zugeschlagenen Mauersteinen datiert wahrscheinlich erst in die frühe Eisenzeit und umschließt eine Fläche von 5 ha. Die Siedlung war bis zum 5. Jh. v. Chr. bewohnt.

Manche Höhenplätze wurden von mehreren Mauern dort umgeben, wo sie von Natur aus nicht ausreichend geschützt waren. Auf Akrolissos, einer hohen Bergkuppe bei Lezha, zeigt der Verlauf der Befestigungsmauer mehrere rechtwinkelige bastionsartige Einzüge. Diese Höhensiedlung war vielleicht Vorgänger der Stadtsiedlung von Lissos und wurde bereits in der ersten Hälfte des 7. Jhs. angelegt. Insgesamt scheinen derartige Siedlungen nicht unbedingt dauerhaft besiedelt gewesen zu sein und hatten vielmehr die Funktion von Fluchtburgen, auf denen nicht nur die Bevölkerung, sondern auch Viehherden genügend Platz fanden.

Eine erst vor einigen Jahren erforschte Siedlung ist bei Grunasi im nordalbanischen Shala-Tal bekannt. Sie lag auf mehreren befestigten, teils künstlichen Terrassen und wurde vom 8. bis 5. Jh. bewohnt. Möglicherweise ist sie mit saisonaler Hochweidenutzung in Verbindung zu bringen (▶ Kap. B.4.1).

Noch im 7. Jh. entstanden an verkehrsmäßig günstigen Punkten Schwerpunktsiedlungen mit Ober- und Unterburg, in denen sich Werkstätten für Metallwaren und große Töpfereien befanden. Sie waren auch vielfach Lagerplätze für griechische Importkeramik und Amphoren für Olivenöl und Wein. Interessanterweise zeigt die einheimische Tonware in Form, Brand und Verzierung an diesen Orten eine gewisse Anpassung an die griechische Drehscheibenkeramik.

Ein Beispiel für eine derartige protourbane Siedlung ist Mashkjeza. Sie lag auf der Verbindungsstrecke zwischen dem Shkumbin- und Devoll-Tal in Mittelalbanien und im nahen Hinterland von Apollonia. Auf einem stumpfkegelförmigen Hügel gelegen, war sie seit der Spätbronzezeit bewohnt und befestigt. In die frühe Eisenzeit fällt eine stärkere Mauer aus größeren unbehauenen Steinen. Direkt an der Innenseite dieser Mauer entdeckte man zahlreiche korinthische Amphoren aus dem dritten Viertel des 7. Jhs. Die übrige, hauptsächlich griechische Tonware zeigt eine Siedlungskontinuität bis ans Ende des 5. Jhs. (Karaiskaj 2004, 53, Abb. 14).

B.3.6 Bestattungsformen der späten Bronze- und Eisenzeit am Zentral- und Westbalkan

Mit dem Vordringen der Urnenfelderkultur entlang der Donau und – etwas abgeschwächt – der Save kam Ende des 14. und am Beginn des 13. Jhs. die Brandbeisetzung auf. Südlich der Save ist dieser Bestattungsbrauch auch in den Niederungen und an den Unterläufen der Nebenflüsse üblich geworden. Es ist dies das Gebiet der in den späteren Quellen genannten Japoden. Typisch sind hier in der Spätbronze- und Eisenzeit große Flachgräberfelder mit Körper- und Brandbeisetzungen. Zunächst überwiegen Brandbestattungen in Urnen oder mit Gefäßabdeckungen. Es gibt auch den Sonderfall von Brandbeisetzungen in einem Grabhügel wie in Barice an der Vrbas-Mündung. Sie datieren vom Ende des 14. Jhs. bis ins 12. Jh. (Gavranović 2011, 140). Später, vor allem ab der Eisenzeit, setzen sich Körperbestattungen wieder stärker durch. Schon früh erforscht ist die große, vom 8. bis 4. Jh. belegte birituelle Nekropole am Höhenrücken Greda unweit der Pfahlbausiedlung in Donja Dolina am linken Mündungsufer der Vrbas. Von den freigelegten 222 Flachgräbern sind nur etwas mehr als ein Fünftel Brandbeisetzungen, die meist in einer Urne deponiert waren (Gavranović 2011, 126–139).

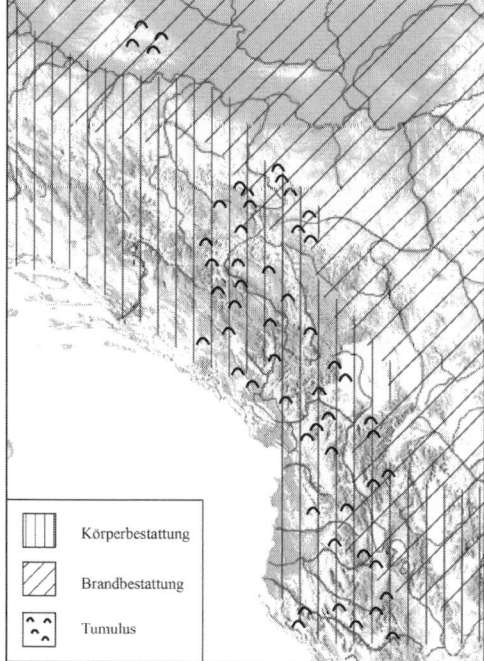

Abb. 8: Verbreitung von Körper- und Brandbestattungen sowie Tumuli am West- und Zentralbalkan im 10. und 9. Jh.

Eine ähnliche Mischzone beider Bestattungsformen ist noch bis ins 9. Jh. in einem breiten Nord-Süd-Streifen zwischen Save und Nordgriechenland zu finden. Diese Zone verläuft zunächst am westlichen Ufer der Drina, dann am rechten Ufer der in diese mündenden Lim und weiter südlich entlang der oberen Morava sowie schließlich im westlichen und südlichen Nordmazedonien.

Südlich und westlich dieser Mischzone, also im Wesentlichen im westlichen Kroatien, in Bosnien, in der Herzegowina, in Montenegro, im westlichen Kosovo/Kosova (Metohija) und in Albanien sind durchwegs Körperbestattungen üblich. Nördlich der Save und östlich der Drina, Morava und Vardar, also im östlichen Kroatien, in Slawonien und in Nord- und Südostserbien sowie im östlichen Nordmazedonien, blieb man noch lange bei der Brandbeisetzung. Bestattungen in Tumuli sind für Westserbien, Bosnien, Herzegowina, Montenegro, die Metohija und Albanien kennzeichnend. Grabhügel wurden aber vereinzelt auch im westlichen Nordmazedonien und im griechischen Epirus errichtet. Tumulusbestattungen scheinen jedenfalls grosso modo dem Hauptverbreitungsgebiet der in den späteren Quellen genannten illyrischen Stämmen zu entsprechen (▶ Abb. 8).

Grundsätzlich sind Grabhügel mit Erde aufgeschüttet worden. Bei steinigen Böden kamen auch Steine mit in die Aufschüttung. In Gegenden, wo karstige Felsböden vorherrschten, also im unteren Dalmatien von Dubrovnik bis Shkodra, wurden Tumuli ganz aus Steinen errichtet (Kurti, R. 2020 a, 63). In der Kernzone der Tumulusbestattungen sind Brandbestattungen ausgesprochen selten. In Lofkëndi beispielsweise enthielt der vom 14.–9. Jh. belegte Grabhügel 129 Bestattungen (siehe Online-Abb. 4), von denen nur zwei – beigabenlose – Brandbeisetzungen eines Kindes und einer adulten Frau waren (Papadopoulos u. a. 2014, Gräber 30 und 38). Das Kinderbrandgrab datiert in das 12. oder 11. Jh., die weibliche Bestattung ins 11. oder 10. Jh.

Kennzeichnend für die Struktur der Grabhügel sind offenbar zwei Optionen. Einmal wurde um ein zentrales ‚Gründergrab' kreisförmig weiter bestattet, wobei mehrere Ringe von Gräbern entstehen konnten. Um das Zentralgrab zieht außerdem manchmal ein Steinkreis, und an der Peripherie des Tumulus ein weiterer Ring aus größeren Steinen. Es gibt aber auch Grabhügel ohne zentrale Bestattung. Hier sind jedoch die Gräber auch wieder ähnlich in konzentrischen Kreisen angeordnet. Immer wieder kann man sehen, dass um einen Ersthügel mit der Zeit weitere Aufschüttungen erfolgten, womit der Tumulus schließlich oft eine beachtliche Größe erreichte.

Noch bis ins 7. Jh. sind die Nekropolen von überschaubarer Größe. Andererseits gibt es auch recht große Tumuli, die im Laufe der Zeit vergrößert wurden, um Platz für weitere Bestattungen zu schaffen. Diese Grabhügel dienten als Grablegen für Dorfgemeinschaften oder auch für Angehörige einer Großfamilie. Genetische Untersuchungen, die dazu Klarheit bringen können, stehen noch aus. Seit der Mitte des 6. Jhs. entstanden neben den kleineren auch größere Gräberfelder mit bis zu rund 100 Tumuli. In dieser Zeit sind neu hinzu gekommene große Grabhügel regionalen Potentaten vorbehalten.

Waffenbeigaben – vor allem Lanzen, seltener Schwerter und Schutzwaffen – kommen in den Gräbern im gesamten Glasinac-Mat-Gebiet erst ab dem ausgehenden 10 Jh. (ab Stufe IV a) vor. Der Anteil der Kriegerbestattungen steigt dann bis zur Mitte des 6. Jhs. (IV c-2) bis auf 30 % an. Mit dem Ende des 6. Jhs. geht die Zahl an waffenführenden Gräbern in den Nekropolen aber wieder deutlich auf 15–10 % zurück.

Neue anthropologische Untersuchungen liegen bisher kaum vor. Eine erste geschlossene Bearbeitung von Skeletten bzw. Leichenbränden aus einem Grabhügel gibt es immerhin vom Riesentumulus in Lofkëndi. Unter den zwischen dem frühen 14. und 9. Jh. hier bestatteten 129 Individuen sind manche Altersgruppen kaum vertreten: Kinder, juvenile weibliche und männliche Personen. Sie sind offenbar anderswo begraben worden. Die Größe der wohl bäuerlichen Bevölkerungsgruppe kann daher nur schwer errechnet werden (Schepartz 2014).

Die älteste Grablege (I bzw. 64) – das Zentralgrab – setzt sich aus Sekundärbestattungen von mindestens drei Individuen zusammen (siehe Online-Abb. 4). Es wurden hier Skelettteile von zwei frühadulten und einem frühmaturen Mann ohne anatomischen Zusammenhang in einem in die erste Hügelaufschüttung bis zum anstehenden Felsen eingetieften Grabschacht niedergelegt. In der Grabfüllung des ausgesprochen tiefen Schachtes befanden sich Knochen von Schwein, Schaf und Ziege (Papadopoulos u. a. 2014, 157, 555–556).

In der Belegungsphase I schließen südöstlich an dieses Zentralgrab weitere Bestattungen an. In den Phasen II–V bildeten die Gräber dann einen meist kreisförmigen Bogen um die Erstbestattungen in der Tumulusmitte (Papadopoulos u. a. 2014, 195). Insgesamt sind es 85 Gräber mit meist mehreren Nachbestattungen.

Die Aufschüttungen des Grabhügels bestanden zum Teil aus ortsfremder Erde, in der Keramik- und Steingerätefragmente lagen. Die plausible Annahme der Ausgräber geht dahin, dass aus einer bestehenden oder auch älteren Siedlung Schutt herbeigeschafft wurde, der auf diese Weise eine Verbindung zwischen den lebenden und verstorbenen Mitgliedern der Gemeinschaft herstellen sollte. Dieser Bestattungsbrauch ist auch in anderen Gräberfeldern zwischen Bosnien und Albanien zu beobachten und findet sich auch schon im steppennomadischen Kurganen. Am Glasinac ist dieses Phänomen wiederholt dokumentiert worden (vgl. etwa Osovo Tum. 5: Benac/Čović 1957, 71, T. 21/7,11–12). In den kürzlich erforschten Tumuli 9–11 in Apollonia befanden sich ebenfalls Gefäßbruchstücke und anderes, das nicht unbedingt Grabopfern, sondern einem eigens gesammelten Siedlungsmaterial entspricht (Amore 2016, 67) John Papadopoulos weist auch auf weitere Beispiele dieses Grabbrauches in Nordalbanien hin (Papadopoulos u. a. 2014, 522).

Die Toten in Lofkëndi wurden meist in Rückenlage mit angewinkelten Armen und ineinander gesteckten Händen bestattet. In einigen Fällen waren die Beine angehockt, was an die schon in der Kupferzeit gebräuchliche Totenlage erinnert. Ansonsten gab es einige Rechts- und Linkshocker mit angewinkelten Armen.

Das Tumulus-Ensemble 9–11 in Apollonia verdient hinsichtlich der Grabbräuche eine kurze Beschreibung. Der älteste Grabhügel 10 liegt zwischen den beiden anderen. Das Zentralgrab 60 in diesem Tumulus gehört der frühen Bronzezeit an. Der frühadulte Mann war in Rückenlage beigesetzt worden. Direkt darüber legte man als Grabopfer ein unzerteiltes Schaf (Grab 74) zusammen mit einem Tongefäß und einer geigenförmigen Tonfigur. Einige weitere Gräber gehören ebenfalls der Mitte des 3. Jts. an. Im 10. Jh. folgen dann weitere Bestattungen. Im 6. Jh. kommen in den Tumuli 9 und 11 neben den Körperbestattungen auch Brandbeisetzungen vor, die an der Stelle der Ustrina lagen. Kinder wurden ab dieser Zeit in Pithoi oder Transportamphoren bestattet. Im 4. Jh. wurden die Toten in Sarkophagen oder kleineren Grabbauten aus Lehmziegeln bestattet. Bemerkenswert sind auch Keramikdepots außerhalb der Gräber, die zwischen dem frühen 6. und dem Ende des 4. Jhs. datieren. In drei Fällen lagen anthropomorphe und zoomorphe Tonfiguren bei diesen Keramikkonvoluten, die als Grabopfer bei Gedächtnisfeiern gedeutet werden.

Besonders die Gräber der Tumuli 9 und 11 enthalten seit dem ausgehenden 6. Jh. korinthische Importkeramik. Das könnte auf eine Vermischung von Einheimischen mit Kolonisten in Apollonia hinweisen, jedenfalls aber auf enge wirtschaftliche Kontakte. Im Tumulus 9 sind darüber hinaus Gräber der ersten Hälfte des 6. Jhs. in kleinen Gruppen innerhalb bogenförmiger Trockenmauern angeordnet, womit offensichtlich Familienverbände fassbar sind.

Grabopfer sind auch anderswo aufgefallen. So im ‚Kriegertumulus' in Romaja bei Prizreni in der südlichen Metohija. Die meist in Steinkisten mit Steinplattenabdeckung bestatteten 38 Toten erhielten scheinbar immer wieder Gefäße mit Speisen und Getränken, die in kleinen, später abgedeckten Gruben an der Oberfläche des Grabhügels niedergelegt wurden. Die Gräber im Tumulus datieren in das 7. und 6. Jh. (Todorović 1979).

An einigen Individuen der Spätbronze- und Eisenzeit der drei Tumuli in Apollonia, die bis zu 50 Bestattungen enthielten, wurden krankhafte Veränderungen festgestellt. Die pathologischen Untersuchungen für Erwachsene jeden Alters ergaben wiederholt Stress-Symptome, altersbedingte Karies und Zahnverluste, porotische Hyperostasis, degenerative Gelenksveränderungen und Osteoarthritis.

B.3.7 Ältere (Frühe) Eisenzeit: Glasinac IV a (920–780 v. Chr.)

In der Belegungsstufe IV a treten am Glasinac erstmals seit der frühen Bronzezeit wieder Männergräber mit Waffenbeigabe, nämlich zwei Lanzen auf. Das gut ausgestattete Kriegergrab 2 im Tumulus 26 in Gosinja Planina enthielt außerdem ein Paar massiver Armreife, ein Paar zweischleifiger Bogenfibeln mit schräggerilltem Bügel und hohem schmalen Fuß, eine Nadel mit doppelkonischem Kopf und eine große Perle aus Bronze. Dazu kommen zwei Eisenmesser.

Das Ausstattungsmuster weiblicher Bestattungen ist traditionell durch Paare von massiven oder Spiraldrahtamreifen sowie Bügelfibeln, brillenförmige Spiralanhänger und Bronzeknöpfen gekennzeichnet (▶ Abb. 9). Es gibt zweischleifige Bogenfibeln mit tordiertem Bügel, aber auch übergroße Fibeln mit einer breitdreieckiger Fußplatte, die eingeritzte konzentrische Kreise und Buckelverzierungen zeigt; der Bügel besitzt zwei Knoten an den Enden und hat einen rhombischen Querschnitt. Dieser Typ Golinjevo ist mit mehreren Werkstattkreisen am Westbalkan zwischen Istrien und Makedonien vertreten (Pabst 2009, 18; Gavranović 2011, Abb. 168, Karte 59). Es gibt auch sonst neue Formen: Zweipass- und Vierpassplattenfibeln mit konzentrischen eingeritzten oder durchbrochenen Kreismustern und Buckeln (Typ Glasinac: Vasić 1999, T. 63). Wahrscheinlich sind diese Scheibenfibelformen von süditalienischen Spiraldraht-Scheibenfibeln des 9. und 8. Jhs. beeinflusst (Pabst 2017, 229). Ebenfalls aus Bronze hergestellt sind runde Gürtelschließen mit seitlichen Klammern vom Typ 2 (Teßmann 2004, Abb. 4).

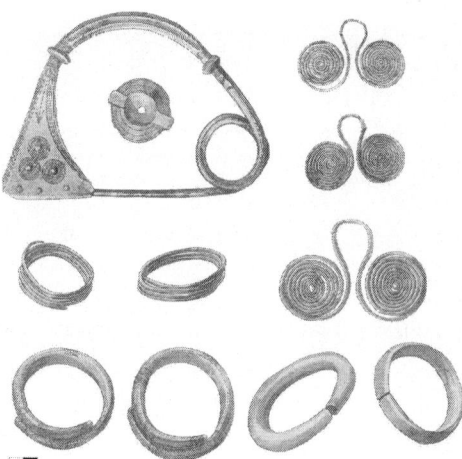

Abb. 9: Gradac-Sokolac, Tum. 3/1, Bosnien, ausgewählte Bronzeobjekte: Bogenfibel Typ Golinjevo, Gürtelschließe, Brillenanhänger, massive Armreife, Glasinac IV.

Die Phasen IV und V in Lofkëndi entsprechen zusammen der Stufe IV a am Glasinac. Unter den insgesamt 17 in diese Zeit fallenden Gräbern gibt es kein einziges Waffengrab. Schmucknadeln, die bis zu drei Exemplaren als Gewandhaften dienten, sind hier – wie schon bisher – kennzeichnend. Unter den sechs Bestattungen mit Nadeln sind vier mit Sicherheit juvenile bis frühmature Frauen, eine möglicherweise weiblich, eine weitere juvenile Bestattung geschlechtlich unbestimmbar.

Eine Besonderheit sind Bogenfibeln aus Eisen mit am Bügel aufgeschobenen kleinen Ringen, sogenannten Kettchenfibeln. Neu sind ebenfalls einteilige Brillenfibeln mit rückseitiger Achterschleife, die dem Typ Santa Lucia nahestehen und sonst vielfach im Epirus und in Makedonien verbreitet sind.

Eine bemerkenswerte Ausstattung besitzt die 17–21-jährige Frau aus dem reichen Grab 70. Sie folgte der Bestattung eines etwa 45-jährigen Mannes. Um den Kopf trug sie einen Stirnreif aus Bronzeblech mit zwei omegaförmigen Bronzebeschlägen. Das Gewand wurde an der linken Schulter mit einer Brillenfibel, an der rechten mit einer Kettchenfibel zusammengehalten. Dazu kommt im Hals-Schulterbereich ein Paar langer bimetallischer Prunknadeln und eine Karneolperle. Neben der linken Hüfte der Toten befand sich außerdem ein Standfußgefäß (Papadopoulos u. a. 2014, 87–88, Fig. 3.242–3.250). Ebenfalls interessant ist die auffallend reiche Bestattung eines etwa 7-jährigen Kindes im Grab 55: zum Halsschmuck gehören vier eiserne Röhrenperlen, die auch bei anderen Bestattungen vorkommen, und eine Glasperle. An der linken Schulter trug das Kind eine bimetallische Doppelscheibenfibel, an der rechten Schulter eine eiserne Bogenfibel. Dazu kommt ein Henkelgefäß (Papadopoulos u. a. 2014, Fig. 3.180–3.186).

Die Beziehungen zum Glasinac sind besonders stark. Immerhin verbinden die beiden Gebiete Doppelscheibenfibeln und Ziernadeln.

B.3.8 Mittlere Eisenzeit: Glasinac IV b (780–660 v. Chr.)

Am Glasinac stehen aus den Vorlagen von Benac und Čović 25 Grabinventare für eine Analyse zur Verfügung. Davon sind 10 Ausstattungen Männern zuzuordnen. Vier davon erhielten ein zweischneidiges Schwert, von diesen wieder drei ein bis zwei Lanzen mit ins Grab. In einem Schwertgrab lagen zwei Äxte. Die Toten hatten in der Regel Gürtelschließen und kalottenförmige, radial geschlitzte Bronzeaufsätze an ihrer Kleidung. Sonst kommen auch Paare von massiven und Spiraldraht-Armreifen, Ziernadeln und Perlenketten vor. Ein Grab enthielt ein einschneidiges Krummschwert, eine Gürtelschließe und einen Schleifstein.

B.3 Archäologische Zeugnisse

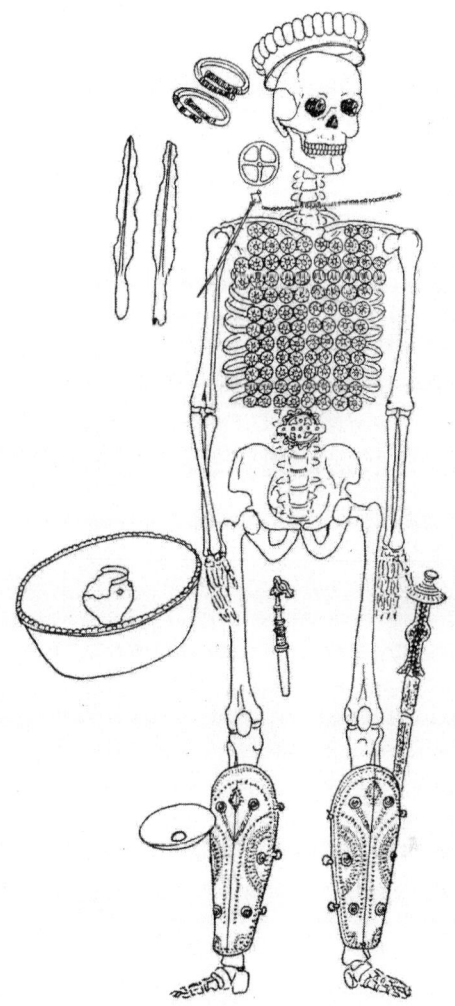

Abb. 10: Ilijak, Bosnien, Tum. 2/1, Glasinac IV b.

Eine weitere Gruppe an Kriegergräbern am Glasinac besaß eine, drei oder vier Lanzen. Grab 20/1 in Ilijak ist eine Brandbestattung mit drei Lanzen, einer Pfeilspitze und einem Schleifstein sowie mit sieben Armreifen und einer Bogenfibel. Schließlich gibt es auch Männergräber mit Bronzepinzetten sowie einer Gürtelschließe oder einer Bogenfibel.

Die Lage der Beigaben im Grab 2/1 in Ilijak wurde vom Ausgräber F. Fiala dokumentiert (Benac/Čović 1957, 70–71, T. 18–20). Das Prunkschwert neben dem linken Bein zeichnet sich durch einen bronzenen Griff und großen konischen Knauf aus, während die Klinge aus Eisen geschmiedet ist. Griffknoten und Knauf sind charakteristisch für diesen Schwerttyp Glasinac. Am Griffknoten ist ein

Symbol in Form eines Malteserkreuzes aus Eisen eingelassen. Darunter und darüber am Griff finden sich eiserne Einlagen in Gestalt eines Leiter- oder Baummotives sowie intarsierte Punkte aus Bronze. Der Krieger besaß außerdem zwei Lanzen und zwei Pfeile mit eisernen Spitzen sowie ein Paar geschnürter Beinschienen aus Bronze mit je drei Ringösen an den Seiten. Sie sind in Punktbuckelmanier verziert und weisen konzentrische, bogenförmige und rhombische Motive auf. Am Gürtel trug der Mann eine Gürtelschließe. 44 doppelte und acht einfache, radial geschlitzte, kalottenförmige Beschläge am Oberkörper lassen auf ein Prunkgewand oder einen Lederkoller in der Art eines Brustpanzers schließen. Vom Gürtel hing ein Schleifstein mit komplexer Bronzefassung (▶ Abb. 10).

Wetzsteine sind seit dem 10. Jh. in reichen Gräbern der waffentragenden Elite der ciskaukasischen Kuban-Kultur besonders typisch. Sie galten dort offensichtlich als Statussymbole. Aber auch in den südrussischen Steppen wurden ab dem 10. Jh. angesehenen Kriegern Schleifsteine beigegeben. Es gibt hier auch anthropomorphe Steinstelen, wahrscheinlich Ahnensteine, auf denen Schleifsteine am Gürtel hängend zusammen mit einem Dolch abgebildet sind. Schleifsteine wurden dann seit dem 8. Jh. von Kriegern in Oltenien, Slawonien und eben auch am Glasinac als Würdezeichen von Kriegern getragen. In Brezje 1/3, Osovo 2/1 und Ilijak 2/1 waren sie von einer durchbrochenen, kunstvoll gestalteten Halterung aus Bronze eingefasst.

Die Kleidung des Toten in Ilijak 2/1 war an den Schultern mithilfe von zwei prunkvollen Bronzenadeln mit elliptischem Kopf mit kleinen Fortsätzen fixiert. Als weitere Gewandhafte wird im Grabungsbericht eine, inzwischen verschollene, eiserne Brillenfibel erwähnt. Neben dem Schädel lag ein Paar massiver Armreife und – wohl als Amulett – ein Radanhänger. Zum reichen Besitz des vornehmen Kriegers gehörten des Weiteren vier griechische Importgefäße aus Bronze: ein halbrundes Becken mit Perlrand und eine Zungenphiale, eine Omphalosschale und ein kleines bauchiges Gefäß mit waagerechtem Henkel. Die Zungenphiale und die Omphalosschale gehören an das Ende des 8. oder Beginn des 7. Jhs. und datieren damit das Grab ungefähr.

Ein weiteres, wahrscheinlich um eine Generation älteres Grab war die ebenfalls sehr reiche Kriegerbestattung 3/9 in Ilijak (Benac/Čović 1957, 69–70, T. 15/12–14; 16–17). Dem Mann wurden gleich zwei Eisenschwerter vom Typ Glasinac mitgegeben, dazu ein Tüllenbeil und ein Ärmchenbeil aus Eisen, ein Paar massiver Armreife, ein Stirnreif aus Bronzeblech mit geometrischer Ritzverzierung und zwei Krüge, einer davon mit Kannelurverzierung. Auch dieser Krieger war durch ein Paar geschnürter Beinschienen mit je drei seitlichen Ringen geschützt.

B.3 Archäologische Zeugnisse

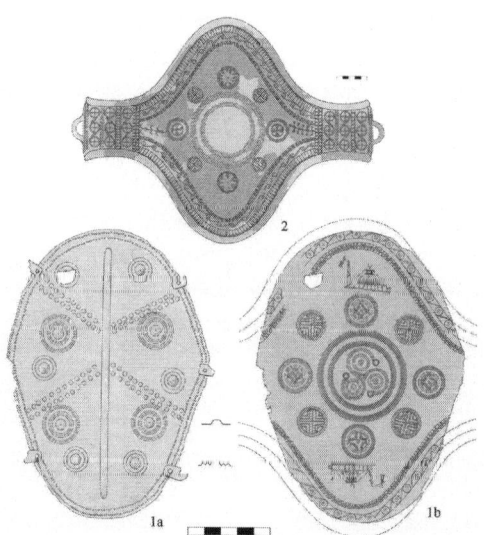

Abb. 11: 1: Ilijak, Bosnien, Tum. 3/9, Beinschiene; 2: Uraka, Nordalbanien, Grab I/5, Panzerplatte, alle Bronze.

Auf beiden Beinschienen finden sich getriebene Verzierungsmuster über und neben älteren Ritzornamenten (▶ Abb. 11). Die Bleche sind aus den ellipsenförmigen Abschnitten von ritzverzierten Panzerplatten ausgeschnitten worden. Zwei gut erhaltene und nahezu gleich verzierte Panzerplatten sind aus Kriegergräbern in Uraka im nordalbanischen Mat-Tal bekannt. Das Zentralgrab im Tumulus II enthielt neben der Panzerplatte auch treibverzierte Beinschienen, während Grab 5 aus Tumulus I eine Panzerplatte, ein eisernes Schwert mit rundem Knauf, zwei Lanzen und ein Pferdezaumzeug aus Eisen enthielt (Islami 2013, T. 37 u. 33). Vielleicht können die Waffenschmieden derartiger Panzerplatten in Nordalbanien verortet werden.

Die konzentrischen Kreismotive und Bänder aus kleinen schraffierten Rhomben auf den Panzerplatten von Uraka kehren in der ursprünglichen Verzierung der Bronzebleche der Beinschienen aus dem Grab 3/9 in Ilijak wieder. Von großem Interesse sind auch die zwei eingeritzten Schiffsdarstellungen am oberen und unteren Ende der primären Panzerplattenbleche. Sie zeigen schematisch Schiffe mit Mast und Segel, hohen Vordersteven und einem Rammsporn am Heck. Die an der Reling gereihten kleinen schraffierten Dreiecke geben vielleicht die Mannschaft wieder (Gavranović 2011, 439). Diese wiederholten Abbildungen von Schiffen deuten wohl eine größere Bedeutung der kaufmännischen Schifffahrt der ostadriatischen Bevölkerung an.

Bei der Herstellung der Beinschienen wurden dann verschiedene Motive wie Punktbuckelreihen, die Tangentenkreise einfassen, und große Bögen sowie konzentrische Kreismuster in Treibtechnik angebracht. Solche Motive in Punktbuckelmanier und andere plastische Treibmuster sind zwischen Bosnien und Albanien im 9. und 8. Jh. geläufig. Ähnlich verzierte Beinschienen kennen wir auch aus Grab 2/1 in Ilijak, aus Dobrac bei Shkodra und sogar von dem Beinschienenfragment Nr. 213 aus einem Heiligtum in Olympia (Kilian 1973 a, 531, Abb. 1–3).

Eiserne Ärmchenbeile der Form wie in Grab 3/9 sind auch aus den Gräbern 1/18 und 1/21 in Klos und 2/1 in Bajza im Mat-Tal aus dem 8. und 7. Jh. bekannt. Sie treten überhaupt mehrmals zwischen Griechenland, Balkanraum, Karpatenbecken und Pannonien auf. Wahrscheinlich gehen sie auf bronzene und dann auch eiserne Ärmchenbeile in Kaukasien und Vorderasien zurück, wo sie eindeutig als Waffen verwendet wurden (Metzner-Nebelsick 2002, 384–385).

Die Gräber 3/9 und 2/1 in Ilijak könnten vielleicht, wenn auch aus anderen Tumuli, die Grablegen von Vater und Sohn oder jedenfalls eines Potentaten und seines Nachfolgers sein.

Im 9. und 8. Jh. treffen östliche Elemente in Form von verzierten Bestandteilen des Pferdegeschirrs und der männlichen Kriegerausrüstung im Karpatenbecken, im Donau- und Savetal und – in geringerem Ausmaß – am Zentral- und Westbalkan ein. Es handelt sich dabei um sehr komplexe Vorgänge aus Einflüssen und Zuwanderungen einer Reiterkriegerkultur aus dem Ciskaukasus und Osteuropa. Deutlich lässt sich ein zeitliches Gefälle in Ost-West-Richtung feststellen. Der Riemenschmuck des sogenannten ‚thrako-kimmerischen' Zaumzeuges spielt eine wichtige Rolle in der Vermittlung dieser östlichen Kulturmerkmale (Metzner-Nebelsick 2002, 449–483).

Malteserkreuzförmige Riemenzierate, aber auch das Malteserkreuz als Ornament, etwa bei Riementeiler mit Durchbruchsverzierung sind kennzeichnende Formen östlicher Herkunft. Aber auch halbmondförmige Riemenschieber oder kalottenförmige Riemenschieber mit Ösensteg gehören hierher. Der bereits erwähnte Schwertgriff des Kriegers im Grab 2/1 in Ilijak trägt eine Einlage aus Eisen in Form eines Malteserkreuzes. Dazu kommt ein Schleifstein mit Bronzehalterung mit Durchbruchsornament.

Insgesamt sind nur relativ wenige östlich beeinflusste Bronzen südlich von Donau und Save zum Vorschein gelangt. Man hat den Eindruck, dass die vereinzelt und fast nie in einem geschlossenen östlichen Ensemble vorkommenden Stücke und Verzierungen nur als modischer Schmuck gelegentlich Eingang am Balkan fanden. In dieses Bild passen auch doppelkonische oder runde Bronze- und Eisenperlen, die schon früh zum Wehrgehänge am nördlichen Schwarzmeer gehörten. Diese Schwert- oder Dolchbommeln treten dann im 9. und 8. Jh. auch zwischen Karpatenbecken und der Ägäis auf, wurden aber eher als Schmuck verwendet (Metzner-Nebelsick 2002, 402–408). Besonders dicht ist ihre Verbreitung am Glasinac, hier zwischen dem 8. und 6. Jh. Sie lagen nicht nur in Männer-, sondern auch in Frauengräbern. Auf jeden Fall enthielt nur die Hälfte aller Bestattungen mit Metallperlen auch Waffen.

B.3 Archäologische Zeugnisse

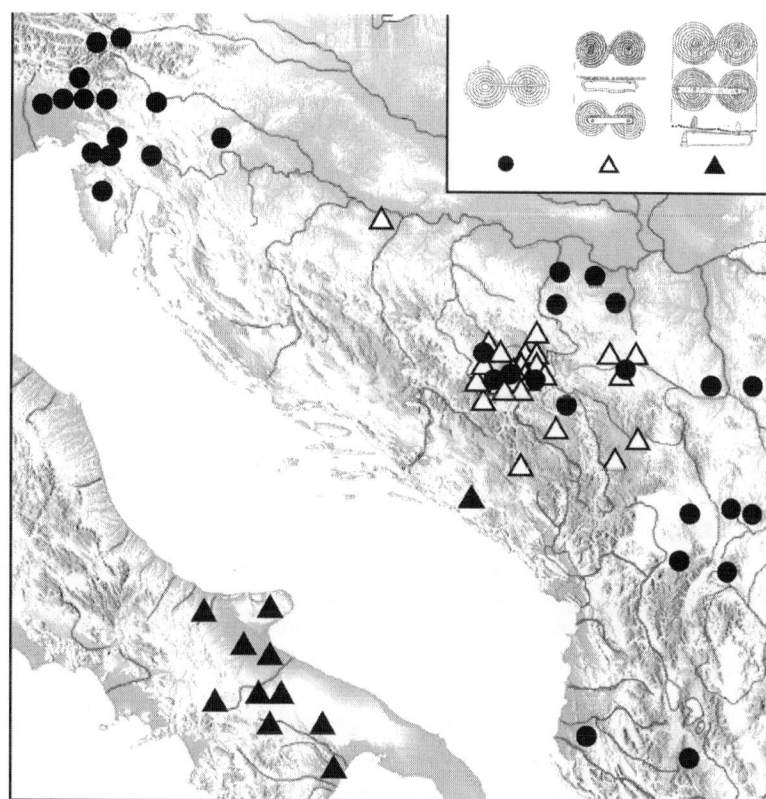

Abb. 12: Verbreitung einteiliger Brillenfibeln vom Typ Santa Lucia (voller Kreis), 9./8. Jh., Typ Glasinac (leeres Dreieck) 7./6. Jh. und mehrteiliger Brillenfibeln der Typen Sarazeno (volles Dreieck), 9./8. Jh.

Nun zu den weiblichen Grabausstattungen der Belegungszeit Glasinac IV b.: Eine größere Gruppe ausstattungskonformer Gräber ist durch Gürtelschließen bzw. Gürtelbeschläge, meist in Form radial geschlitzter Kalottenbuckeln, Perlenketten, eine Brillenfibel, ein Paar von massiven oder Spiraldraht-Armreife sowie einen Stirnreif gekennzeichnet.

Schmucknadeln, Spiraldraht-Kopfschmuck, eine Bogenfibel oder auch ein Messer sind ziemlich selten. Soweit nicht zu stark fragmentiert fällt eine bestimmte Form einer zweiteiligen Brillenfibel aus Bronze auf, die als Typ Glasinac bezeichnet wird (▶ Abb. 12). Sie besitzt eine violinbogenförmige Unterkonstruktion, aber keine Achterschleife. Möglicherweise steht der Fibeltyp in Tradition der von der Mitte des 9. bis ins 8. Jh. auftretenden einteiligen Brillenfibel vom Typ Santa Lucia, die ebenfalls keine Achterschleife besitzt. Diese war in Zentral- und Ostbosnien, aber auch an der Morava, an der Vardar sowie im unteren Donautal verbreitet. Sie kommt außerdem gehäuft an der nördlichen Adria und im östlichen Ostalpenraum bis zur mittleren Donau vor. Der Typ Glasinac tritt erst ab dem Ende der Stufe IV b, nämlich ab dem ausgehenden 8. Jh., vor allem am Glasinac selbst, aber auch in Westserbien und südlich davon in Montenegro in Erscheinung und hatte dann eine Lebensdauer bis ins 6. Jh. Typologisch ist er durch seine eigentümliche Befestigungskonstruktion mit dem Typ Sarazeno in Apulien, der ins 9. und 8. Jh. datiert, verknüpft. Ein Exemplar dieses unteritalischen Typs stammt auch von der montenegrinischen Küstenregion. Es bestanden somit zwischen dem Glasinac, der noch bis ins 9. Jh. frei von Brillenfibeln war, und dem südlichen Italien Beziehungen in der Frauenmode (Pabst 2012, 88–104, 106–108, Karte 25 u. 30).

Im Riesentumulus Velika Gruda in der Bucht von Kotor gibt es zwei Frauengräber aus der ersten Hälfte des 7. Jhs. Im Grab 36 trug die Tote einen Gürtelhaken mit kreuzförmigem Durchbruch. Im anderen Grab 37 lagen sechs kalottenförmige, radial geschlitzte Buckeln mit konzentrischem Rillenmuster. Beide Objektformen bzw. Verzierungsmuster bilden Varianten typischer Glasinac-Elemente (Della Casa 1996, Abb. 63–64, 87–89).

Im Tal der Mat in Nordalbanien enthalten manche Frauengräber der Stufe Glasinac IV b je einen Spiraldrahtarmreif, eine Brillenfibel vom Typ Glasinac, Perlenketten und ein Eisenmesser. Zum Kopfschmuck der weiblichen Bestattung im Grab 11 des Tumulus 2 in Perlat gehören kleine Drahtspiralen und ein Stirnreif aus Bronzeblech mit geometrischer Ritzverzierung. Am Hals trug sie eine Kette aus Eisenperlen.

In den 14 Waffengräbern gibt es zweischneidige Schwerter vom Typ Glasinac, aber auch Krummschwerter vom Typ Donja Dolina mit eingebogenem Griff und leicht gekrümmter Klinge (Guštin 1974, 93, Abb. 1/1) sowie griechische Krummschwerter mit gebogenem Griff und kaum gekrümmter Klinge mit Blutrillen (Teržan 1995, 129, Abb. 12). Ansonsten sind Krieger mit ein oder zwei Lanzen, manchmal auch mit sowohl einer Axt als auch einem Ärmchenbeil kennzeichnend. Ein Paar von Pfeilspitzen lag im Grab 7 von Tumulus 6 in Bajza. Das Zentralgrab im Tumulus 11 in Bajza enthielt einen Bronzedolch, kleine runde Bronzeknöpfe, eine Pinzette und ein Tongefäß (Parzinger 1991, 221–224; Islami 2013).

Die Kombination von Brillenfibel und Spiraldrahtarmreif ist auch für die Frauentracht am Glasinac typisch, wenn dort auch eher Armreifpaare auftreten. Während Lanzengräber in beiden Gebieten vorkommen, sind Männerbestattungen mit Schwertern am Glasinac häufiger.

Zum weiteren Vergleich soll auch ein Blick auf den großen Tumulus in Kuçi i Zi in der Korça-Ebene in Südostalbanien geworfen werden (Parzinger 1991, 226–229). Unter den 43 Bestattungen, die zeitlich der Stufe Glasinac IV b entsprechen, lassen sich 15 Frauengräber erkennen. Besonders charakteristisch für sie sind Paare von bandförmigen Armreifen vom Typ Prilep. Bestimmte Bogenfibelformen und figürlich gestaltete Anhänger aus Bronze finden ihre Parallelen vor allem im südlichen Makedonien und am Epirus. Unter den 28 männlichen Bestattungen besaßen 15 je eine Lanze, sehr häufig zusammen mit einer oder

B.3 Archäologische Zeugnisse

zwei Schmucknadeln und einem Messer. Vier Gräber waren mit einem Schwert, meist gemeinsam mit einer Lanze, einem Messer und Spiralröllchen ausgestattet. Acht Gräber mit einer oder zwei Nadeln, Messer und Tongefäßen werden Männern zugerechnet.

Die Frauentracht in Kuçi i Zi findet sich bei weiblichen Bestattungen im Tumulus III in Rehova im südostalbanischen Kolonja wieder. Sie besteht nämlich sehr häufig aus bronzenen Armbändern vom Typ Prilep, die in ein oder zwei Paaren auftreten. Zusätzlich gibt es auch ein, zwei oder vier Schläfenringe (Aliu 2012). Die in Südostalbanien so zahlreichen Armbänder vom Typ Prilep sind charakteristisch für den nordgriechisch-pelagonischen Raum, wohingegen Armringe mit Stempelenden zwischen Serbien, Makedonien und Nordwestbulgarien streuen (Parzinger 1991, 234, Abb. 12.1).

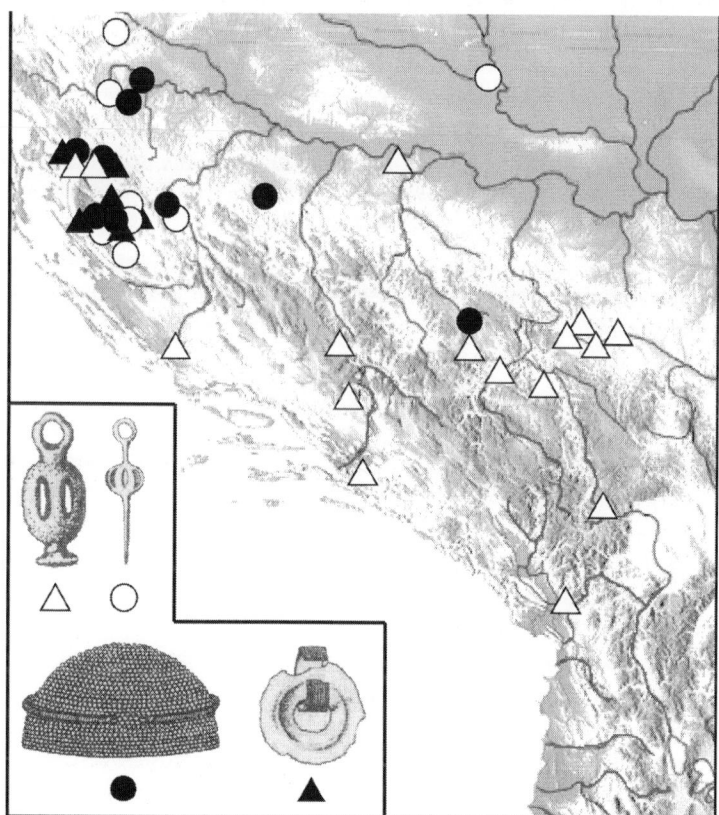

Abb. 13: Trachtelemente der japodischen und illyrischen Frauentracht vom 10.–8. Jh.: leerer Kreis: Schlitzbommel mit Nadelende, volles Dreieck: Ohrschmuck, voller Kreis: „japodische" Haube, leeres Dreieck: Schlitzbommel mit stempelförmigem Ende.

Eine Durchsicht der Grabausstattungen des 8. und frühen 7. Jhs. von Norddalmatien über die kroatische Lika ins südliche Savetal bis etwa zur Mündung der

Bosna, einer Fundzone, die dem japodischen Lebensraum entspricht, zeigt grundsätzliche Unterschiede zum Glasinac-Mat-Gebiet (▶ Abb. 13). Zur Frauentracht gehört hier traditionell ein tordierter Halsreif und ein Ohrschmuck, der aus einem bandförmigen Reif mit eingehängter flacher Bronzescheibe besteht. Dieser Ohr- oder vielleicht eher Schläfenschmuck kommt nicht nur als einfaches Paar, sondern viel häufiger in vier, sechs oder noch mehr Paaren vor. Kennzeichnend sind auch verschiedenste anthropomorphe Anhänger, die oft in großer Stückzahl zu reichen Frauenausstattungen gehören. Dazu kommen Bronzebommeln vom Typ Prozor, Sanguisugafibeln und sogenannten japodische Kappen. Diese waren wahrscheinlich Leder- oder Stoffhauben, auf denen zahllose kleinere, aber auch einige größere Bronzepailletten flächendeckend angebracht waren. Am Rand der Haube können auch Kettchengehänge fixiert sein (Teßmann 2017). Waffengräber sind im japodischen Gebiet in dieser Zeit kaum bekannt.

Die Verbreitung der beschriebenen Frauentracht der Japoden umfasst – wie schon angedeutet – nicht den dalmatinischen Küstenstreifen nördlich von der Neretva. Die japodische Trachtprovinz ist erst ab der Höhe des Flusses Cetina zu fassen.

In aller Kürze ist noch auf die Stirnbänder aus Bronzeblech einzugehen, die selten im japodischen Raum, sehr häufig im Glasinac-Mat-Gebiet, aber auch in Mittel- und Südalbanien fast ausschließlich von Mädchen und Frauen getragen wurden. Im Tumulus von Lofkëndi wurden vier Bestattungen mit bronzenen Stirnbändern freigelegt. Neben dem schon erwähnten Grab 70 einer frühadulten Frau, die im frühen 8. Jh. begraben wurde, waren es drei weitere Bestattungen von Kindern bzw. juvenilen Individuen, die einen Stirnreif besaßen. Der Ausgräber datiert diese Gräber bereits in das späte 12. bzw. 11. Jh. (Papadopoulos u. a. 2014, 42–44, Fig. 8). Der mit einem Kreuzmotiv verzierte runde Bronzeblechknopf im Grab 18 des zwei- bis vierjährigen Kindes sollte jedoch wegen der klaren Analogie zum Gürtelschließentyp 3 (nach Teßmann 2004) erst ab dem Ende des 9. Jhs. datiert werden.

Am Glasinac gibt es aus der Phase IV b sechs höchstwahrscheinlich weibliche Bestattungen mit Stirnbändern (Ilijak 3/2; 3/3; 4/1; Mlad 10/9; Rusanovići 25/2; Kovačev Do 6/1). Ein Stirnreif, dessen Lage im Grab nicht dokumentiert ist, befand sich bei dem Krieger 3/9 in Ilijak. Es ist aber nicht auszuschließen, dass es sich dabei um die Totengabe einer Ehefrau handelt.

Eine Frauenbestattung mit einem Stirnreif in Osovo I/1897 gehört bereits der zweiten Hälfte des 6. Jhs. (IV c-2) an. Möglicherweise war dieser Kopfschmuck aber ein altes Erbstück (Lucentini 1981, 139–140, T. 2/9).

Die meisten Stirnbänder zeigen eine Ritzverzierung aus schraffierten Rhomben, schraffierten leeren oder mit X-Zeichen gefüllten Kästchen, dann auch Reihen von schraffierten Malteserkreuzen. Die Reife können entweder geschlossen oder – das ist meistens der Fall – offen sein und eingerollte Enden aufweisen.

Ritzverzierte Stirnreife sind am ehesten im Glasinac-Mat-Gebiet und Mittelalbanien anzutreffen, also auch in Gräbern der Tumuli in Lofkëndi und Patosi. In der Korça-Ebene und in Kolonja sind Punktbuckelmuster in mehrfachen geraden oder bogenförmigen Reihen kennzeichnend. In Makedonien und Griechenland kommen völlig anders geformte und verzierte Stirnbänder am Übergang von der Bronze- zur Eisenzeit vor.

In Donja Dolina wurde eine reiche Frauenbestattung (Grab 3) mit einem glatten Stirnband aufgedeckt, das an den Enden mit einem Kreuzmotiv in Form von vier kleinen Buckeln verziert ist (Truhelka/Woldrich 1909, T. 40). Es datiert in die zweite Hälfte des 7. Jhs. Auch aus dem Trebižabecken, also dem Gebiet unmittelbar nördlich der Neretva, ist ein ähnlicher Stirnreif bekannt.

B.3.9 Mittlere Eisenzeit: Glasinac IV c-1 (660–600 v. Chr.) und die Gründung griechischer Kolonien an der unteren Adria

Im letzten Viertel des 7. Jhs. wurden an der südadriatischen Küste zwei korinthische Kolonien gegründet, über deren Häfen griechische Waren ins illyrische Gebiet gelangten: An der Stelle des heutigen Durrësi Epidamnos im Jahr 627 und Apollonia bei Pojani in Mittelalbanien kurz vor 600 v. Chr. Die Polis Epidamnos war eine Tochterstadt der Korinther in Korkyra (Korfu) und umfasste eine Fläche von 88 ha (Zindel u. a. 2018, 428–444). Zuerst wurde sie vom Adel regiert. Ende des 6. Jhs. kam es zu inneren Unruhen, die von den illyrischen Taulantiern im Hinterland zur Einmischung und Einflussnahme genutzt wurde. Schließlich erhielt die Stadt eine demokratische Verfassung. Ein intensiver Handel mit den Einheimischen ist gut belegt. Außerdem gab es zahlreiche Zuwanderer, sogenannte Metöken, die der Stadt einen nach außen offenen Charakter verliehen.

Die – wie viele andere griechische Kolonien – nach dem Gott Apollon benannte Polis Apollonia hatte die beachtliche Innenfläche von 130 ha (Zindel u. a. 2018, 246–272). Während Epidamnos, das spätere Dyrrhachion, kosmopolitisch ausgerichtet war und ein bedeutendes wirtschaftliches Zentrum in Südillyrien darstellte, verhielt sich Apollonia gegenüber den umgebenden Illyrern reservierter. Es behielt außerdem die oligarchische Regierungsform auch viel länger bei. Die Stadt profitierte landwirtschaftlich von der zugehörigen fruchtbaren Ebene, in der sie lag. In frührömischer Zeit, im 1. Jh. v. Chr., stellte Apollonia ein Zentrum für Kultur und Wissenschaft dar, das auch prominente Römer, wie Octavian und Agrippa zum Studium anzog.

Die beiden Städte, in denen mehrere tausend Einwohner lebten, waren von mächtigen Stadtmauern mit einem Unterbau aus zugehauenen Steinblöcken und einem Oberbau aus luftgetrockneten Lehmziegeln umschlossen. Auf den Anhöhen befanden sich ummauerte Akropolen, darunter die eigentliche Wohnstadt mit Magistratsgebäuden, wie einem Bouleuterion und einer Bibliothek. Die

Straßen waren gepflastert und es gab eine Kanalisation, einige Zisternen, Brunnenanlagen und ein Theater für Aufführungen und Bürgerversammlungen (Zindel u. a. 2018, 246–269; 429–448).

Somit lernten die südillyrischen Stämme urbane Lebensweise schon sehr früh kennen, trieben Handel mit den griechischen Kolonisten und übernahmen auch gewisse Fertigkeiten im Handwerk, so etwa bei der Schmuckherstellung. Das mittlere und nördliche Illyrien blieb vorerst davon noch unberührt. Trotzdem fanden schon bald Bronzegeschirr als Importe oder wohl häufiger als Kemeilia, als Gastgeschenke, den Weg zu den Höfen illyrischer Potentaten.

Am Glasinac entsteht in der zweiten Hälfte des 7. Jhs. eine zunehmend reiche Schicht an Kriegern und Frauen. Zu den Beigabenwaffen zählen Krummschwerter vom Typ Donja Dolina oder zweischneidige Langschwerter vom Typ Glasinac. Meist besaß der Schwertträger auch eine Lanze. Eine charakteristische Ausstattung enthielt das Grab 1 im Tumulus 1 in Brezje: Langschwert, Lanze, zwei Schleifsteine, zwei runde Gürtelschließen mit Rundeln und zentralem Kreuzmotiv sowie zwei bronzene Omphalosschalen griechischer Herkunft (Benac/Čović 1957, T. 23/1–7).

Eine weitere Belegungsgruppe zeichnet sich durch Bogenfibelpaare aus. Diese zweischleifigen Bogenfibeln gehen morphologisch auf den Typ Golinjevo zurück. Sie sind relativ groß, haben Bügelknoten und eine sanduhrförmige Fußplatte. Die Form ist in weiten Teilen des Balkans verbreitet und tritt am Ende des 7. Jhs und in der ersten Hälfte des 6. Jhs. auf (Vasić 1999, T. 66). Nicht selten ist in dieser Gruppe auch eine Brillenfibel, die – soweit erhalten und erkennbar – dem Typ Glasinac angehört. Auch Zwei- und Vierpassscheibenfibeln vom Typ Glasinac, meist paarweise, wurden zusätzlich getragen. Dazu kommt meist auch ein Paar massiver Armreifen. Die Inventare enthalten auch recht oft mehrere geschlitzte Bommeln mit gestielter Ringöse und T-förmigem Ende, radial geschlitzte, kalottenförmige Buckelbeschläge, Gürtelschließen, Bernstein- und Glasperlen, darunter Augenperlen.

Schließlich ist eine eher kleine Ausstattungsgruppe anzuführen, die pro Bestattung durch ein bis zwei massive Armreife, eine einfache und eine Doppelnadel vom U-förmigen Typ sowie eine Bronzepinzette charakterisiert ist. Pinzetten weisen auf männliche Besitzer.

Für den Zeitraum können zahlreiche Grabbefunde im Tal der nordalbanischen Mat zum Vergleich herangezogen werden (Parzinger 1991, 221–224; Islami 2013). Waffengräber sind hier äußerst selten und enthalten dann auch keine Schwerter, sondern je zwei Lanzen und ein Tongefäß. Schon zahlreicher sind Gräber mit ein bis vier Bogenfibeln mit sanduhrförmiger Fußplatte. Ein Anhänger oder Gürtelgehänge aus Bronze bilden nahezu die Regelausstattung. In einem Drittel der Gräber dieser Gruppe lagen je eine oder zwei Schmucknadeln, ein oder zwei massive Armreife, eine Zierscheibe und ein Messer. Ebenso oft bestand das Zubehör der Toten aus Spiralröllchen, Bronzeknöpfen und Zweihenkelgefäßen. Eine Frau trug einen Stirnreif. Insgesamt ist das Ausstattungsmuster

B.3 Archäologische Zeugnisse

jenem vom Glasinac stark angenähert, jedenfalls noch stärker als in der vorangegangenen Zeit.

Im Lebensraum der Japoden, in der Lika, aber auch beispielsweise in der großen Nekropole von Dolna Dolina, kommen nun Waffengräber vor. Zunächst gibt es eine Gruppe von Kriegern mit Krummschwert und zwei Lanzen. Es fehlt also das am Glasinac gewohnte zweischneidige Langschwert. Zum Schmuck dieser Männer gehören meist eine Nadel, ein Anhänger, zwei Bogenfibeln und ein Armreif. Einer der Krieger besaß außerdem eine wertvolle griechische Blütenphiale aus Bronze.

Weitere Krieger verfügten über eine, zwei oder sogar vier Lanzen als einzige Waffen. Auch sie besaßen Gewandhaften in Form von ein bis zwei Bogenfibeln oder zwei bis drei Nadeln. Häufig ist auch die Beigabe eines Messers und eines Tongefäßes. Einmal lagen auch Geschirrteile eines Reitpferdes bei der Bestattung.

Besonders auffällig ist aber der Unterschied zu Glasinac bei den weiblichen Ausstattungen. Vor allem sind es die fast immer mehrere Paare von Schläfen- und Halsreifen, die in Glasinac in dieser Zeit völlig fremd sind. Dazu kommen die in der Lika und an der norddalmatinischen Küste zwischen dem 7. und 5. Jh. besonders beliebten Bronzebommeln mit gestielter Ringöse, geschlitzter Bommel und langem nadelartigen Endstück vom Typ Prozor. Sie unterscheiden sich klar von dem Bommeltyp mit T-förmigen Ende, der am Glasinac üblich ist. Zum weiblichen Accessoire gehören auch Bogenfibeln, die bis zu fünf Exemplaren getragen wurden, ein oder zwei Armreifpaare, Gürtelschließen und – beschläge sowie Perlenketten (Parzinger 1991, 217–221; Teßmann 2001; Gavranović 2011, 2, 126–139).

B.3.10 Mittlere Eisenzeit: Glasinac IV c-2 (600–525 v. Chr.)

Vom Glasinac sind aus dem 6. Jh. besonders viele Grabinventare bekannt. Zweifellos gab es eine wirtschaftliche Blütezeit mit einer stark hierarchisch gegliederten Gesellschaft. Es ragen vier Schwertgräber heraus, die reiche Beigaben enthalten. Die Brandbestattungen von Kriegern in Križevac 1/1 und Rusanovići 94/1 besaßen Schwerter vom Typ Glasinac. Die anderen beiden waren Körperbestattungen und enthielten Krummschwerter vom Typ Donja Dolina.

Für die Tracht und das Zubehör gehobener Krieger in dieser Zeit kann die Grabausstattung von Čitluci 1/5 herhalten: Neben dem Krummschwert wurden dem Mann jeweils drei Lanzen und unterschiedlich große Doppeläxte, dann Klemmbeinschienen, ein Schild mit einem Bronzeblechbuckel mit eingeritzten und getriebenen Ornamenten auf der Krempe, eine ritzverzierte Pinzette und

Teile von Pferdegeschirr mitgegeben. Doppeläxte mit rundem Schaftloch kommen auch im südlichen Illyrien vor und lassen sich typologisch aus dem ägäischen Raum ableiten. Die gegossene, pyramidenförmig-eckige Spitze des Schildbuckels wurde nachträglich angebracht und scheint von einem japodischen Schildbuckel zu stammen (vgl. Donja Dolina, Gräber 37 und 39: Gavranović 2011, 2, Abb. 169/5; 170/13). Der Krieger trug eine Halskette aus teilweise sehr großen, unförmigen Bernsteinperlen, drei Brillenfibeln vom Typ Glasinac und je ein Paar massiver bronzener und eiserner Armreife, einen kleinen Silberring und am Gürtel eine Schließe sowie einen langen und breiten Bronzeblechbeschlag mit zwei großen und sonst zahlreichen kleinen Buckeln. Außerdem lag eine griechische Rippenschale im Grab (Benac/Čović 1957, T. 30/3–10; 31; 32/1–5). Brillenfibeln treten in den Schwertgräbern zwei- oder dreifach auf und können mit einer Bogenfibel kombiniert sein. Bogenfibeln wurden aber unabhängig davon auch ein- oder zweifach getragen.

Eine weitere Einheit unter den Waffengräbern besteht aus Bestattungen mit ein bis fünf Lanzen. Auch sie sind häufig mit Bogenfibeln bis zu drei Exemplaren sowie einer Pinzette ausgestattet. Etwa die Hälfte der Bestatteten besaß ein bis zwei Gewandnadeln.

Schließlich gibt es auch Männergräber mit Pinzette, Schleifstein oder Pferdegeschirrteilen. Dabei befanden sich auch bis zu drei, einmal sogar sieben Bogenfibeln. Brillenfibeln lagen paarweise in mehr als der Hälfte aller Gräber. Aber auch Perlenketten, Spiralröllchen und Nadeln kommen gelegentlich vor.

23 Gräber lassen überwiegend weibliche Ausstattungen vermuten. Fast alle enthielten ein bis sieben Bogenfibeln. In vier Fällen waren Bogenfibeln mit Brillenfibeln und zwar immer in gegenseitiger Ergänzung auf vier oder sechs Exemplare kombiniert. In neun Gräbern lagen ein bis drei Bronzeanhänger. Ansonsten sind Paare von Spiraldrahtarmreifen, einzelne Perlen aus Glas oder Bernstein und Eisenmesser mäßig häufig vertreten. Selten sind Gürtelschließen und -beschläge, Spiralröllchen, kleine Bronzeknöpfe und Wirtel. Ein besonders reiches Grab ist Potpecin 9/2: Die Tote trug ein Paar runder Scheibenfibeln aus Bronzeblech sowie drei Paare von Bogenfibeln, eine Ziernadel mit gitterförmigem Kopf und ein Paar bronzener Spiralarmreife vom Typ Mramorac (Benac/Čović 1957, T. 43). Dieser Armreiftyp, der nach einem Fundort an der unteren Morava benannt ist, besteht aus einem breiten und einem schmalen, bandförmigen Teil. Auf dem breiten Teil sind geometrische Motive, wie Mäander, miteinander verbundene Rhomben und Dreiecke, parallele Linien und Buckel eingeritzt oder eingetrieben. Ähnliche Form und Verzierung zeigen Schläfenreife und Gürtelbleche aus Bronze oder Silber. Dieser Schmuck ist nicht nur am Glasinac, sondern auch an der Südlichen und Westlichen Morava, in Metohija, aber auch in den Tälern der Save und unteren Donau sowie in Slawonien verbreitet (Krstrić 2004, 39–40).

Im älteren Abschnitt von Glasinac IV c–2, also in der ersten Hälfte des 6. Jhs., kommen noch zweischleifige Bogenfibeln mit quadratischer Fußplatte vor, die

B.3 Archäologische Zeugnisse

seitlich sanduhrförmig ausgeschnitten ist. Um die Mitte des 6. Jhs. besitzt die Fußplatte dieser Bogenfibeln kleine kreisförmige Durchlässe. In den letzten beiden Dritteln des 6. und am Beginn des 5. Jhs. tritt eine weitere wichtige Gruppe Bogenfibeln am Westbalkan in Erscheinung. Die Fußplatte dieser Bogenfibeln hat nun eine dreieckige oder trapezoide Form. Der Typ Rusanovići besitzt einen kahnförmigen Bügel, der mit einem kleinen Kamm und seitlich davon mit Rillenbündeln verziert ist. Die trapezförmige Fußplatte endet in einer Öse. Durch einen gerillten Bügel mit drei Knoten und eine trapezförmige Fußplatte mit Schlussknopf ist der Typ Potpećine gekennzeichnet. Eine weitere Fibelvariante, der Typ Arareva, zeigt einen stark gerippten Bügel und eine dreieckige Fußplatte mit Schlussknopf (▶ Abb. 14). Diese und ähnliche Fibeln sind hauptsächlich im nördlichen Illyrien zwischen Save, unterer Adria und der Metohija verbreitet (Vasić 1999, T. 64 B).

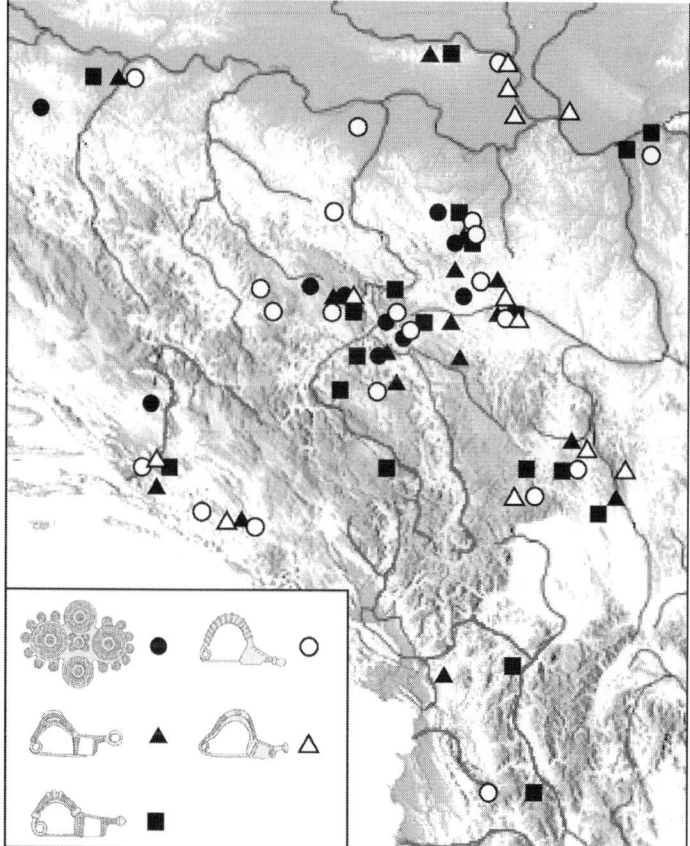

Abb. 14: Verbreitung von Scheibenfibeln vom Typ Glasinac und einschleifiger Bogenfibeln mit dreieckigem oder trapezoidem Fuß, Typ Rusanovići (volles Dreieck), Typ Potpećine (Quadrat), Typ Arareva (leerer Kreis), Typ Boranja (leeres Dreieck), 6. Jh.

Interessant sind auch kalottenförmige Gürtelschließen mit stecknadelartigem Strahlenkranz und zwei oder drei Rippen (vgl. Čitluci 1/5: Benac/Čović 1957, T. 30/10). Diese Variante 1 vom Typ 7 der Gürtelschließen kommt vor allem am Glasinac und – seltener – auf japodischem Gebiet in Nordbosnien im 6. Jh. vor (Teßmann 2004, Abb. 19).

Der Krieger in Arareva Gromila 1 trug einen sogenannten Astragalgürtel (▶ Abb. 20). Hier handelt es sich um einen Gürtel, dessen Ende aus einem herabhängenden Beschlag aus stabförmigen Gliedern mit Endbuckeln besteht (Benac/Čović 1957, T. 40/4). Die Beschläge wurden mithilfe von Schnüren oder Riemchen am Gürtel befestigt. Am anderen Ende des Gürtels befindet sich eine rechteckige Schließe mit Ringösen. Dieser Gürteltyp ist im südlichen Pannonien, vor allem in Syrmien, dann aber auch eben am Glasinac und an der Westlichen Morava aus reichen Krieger- und Frauengräbern bekannt. Er weist eine lange typologische Weiterentwicklung vom Ende des 6. bis in die erste Hälfte des 2. Jhs. auf (Todorović 1964, T. I–II).

Die seit der Mitte des 7. Jhs. geläufigen Doppelnadeln sind Gewandhaften, die in zahlreichen Varianten in Männer- und weniger häufig in Frauengräbern in weiten Teilen der Balkanhalbinsel auftreten. Die Form des Nadelkopfes ist regional und zeitlich recht unterschiedlich (Vasić 1982).

Im 6. Jh. waren viele Krieger beritten. Das zeigen die zahlreichen Teile von Pferdezaumzeug, die in den Gräbern lagen. Bei der Bestattung von Osovo 2/1 befand sich sogar ein vollständiges Pferdegeschirr. Es besteht aus einer Trense und Riementeilern aus Eisen sowie einem Paar rechteckiger Stäbe mit drei Durchlässen und eingehängten Ringen aus Bronze. Zwei an der Basis gelochte und mit eingeschnittenen Würfelaugen verzierte Hirschgeweihsprossen – vielleicht Pferdeknebel – gehören wahrscheinlich zu einem weiteren Zaumzeug (Benac/Čović 1957, T. 26). Die gebogenen Seitenstangen mit Endschlaufen und die eigentliche Trense aus zwei ineinander gehängten Mundstücken, die an den Seitenstangen befestigt sind und dort Ringe für die Zügel besitzen, lassen sich dem skythischen Trensentyp Szentes-Vekerzug zuordnen, der in Pannonien besonders verbreitet war und allgemein ins 6. Jh. datiert wird (Kromer 1986, 54–56, Abb. 51/3).

Unter den Riemenschiebern fallen vier kreuzförmige, hohle Verteiler mit sichelförmigem Aufsatz mit umlaufenden stecknadelartigen Fortsätzen auf. Vielleicht ist darin eine schematische Wiedergabe eines Helmes mit Helmbusch zu sehen (Benac/Čović 1957, T. 26/3). Dreiseitige Kreuzknöpfe mit halbmondförmig erweitertem Ende, die häufig in Oltenien und in Südwestbulgarien sind, zeigen eine gewisse Ähnlichkeit (Metzner-Nebelsick 2002, 334–335, Abb. 156/4). Weitere Vergleiche ergeben sich mit helmförmigen Knöpfen mit Ring- oder Quadratfußkonstruktion, die vor allem im Karpatenbecken im 9. und 8. Jh. vorkommen. Ihren Ursprung haben diese Riementeiler offenbar im nördlichen Kaukasus, wo sie eine Ösenkonstruktion besitzen (Metzner-Nebelsick 2002, 337–339,

Abb. 157). Einen weiteren Riemenschieber der Form wie in Osovo 2/1 gibt es übrigens ebenfalls am Glasinac, im Grab Čitluci 1/5. Der sichelförmige Aufsatz ist dort mit einer Reihe von kleinen Buckeln verziert (Benac/Čović 1957, T. 31/13).

Die Grabfunde in Pilatovići bei Požega am Zusammenfluss der Westlichen Morava und der von Süden einmündenden Moravica, an deren rechtem Ufer und auf der Flur Ravni Lug, stammen aus einer Nekropole mit 17 erhaltenen Grabhügeln (siehe Online-Abb. 5). Sie wurde seit der frühen Bronzezeit belegt. Die meisten Bestattungen – mit Steineinfassungen oder in Steinplattenkisten – datieren aber vom 8. bis 6. Jh. Die Gräber sind meist in mehreren Kreisen um das Zentrum des Tumulus angeordnet. Die Grabfunde erinnern voll und ganz an die Inventare am benachbarten Glasinac. Die Bestattungen 6 und 21 im Tumulus 3 enthielten ein Schwert vom Typ Glasinac bzw. ein Krummschwert vom Typ Donja Dolina sowie je eine Doppelnadel und ein Messer. Im Grab 3/6 befand sich der für gehobene Krieger so typische Schleifstein. Solche Wetzsteine kommen auch in den Gräbern 3/14, 7/1, 7/2, 7/6 mit zwei, vier oder fünf Bogenfibeln vor. Es sind dies zweischleifige Fibeln mit sanduhrförmiger Fußplatte, aber auch die jüngeren einschleifigen Fibeln vom Typ Potpećine. Bei zwei dieser Bestattungen lag zusätzlich auch ein Paar von vierpassförmigen Scheibenfibeln vom Typ Glasinac. Sonst kommen auch eine Gürtelschließe mit kreuzartig angeordneten pilzförmigen Ausnehmungen der Variante 1 vom Typ 4 und ein Paar massiver strichverzierter Armreife mit übereinanderliegenden Enden wie auch so häufig am Glasinac vor. Die Bogenfibelgräber sind wohl Frauen der sozialen Oberschicht zuzuordnen (Zotović 1979).

Dasselbe Bild zeigen Schmuck- und Waffenformen aus Kličevo bei Nikšić in Montenegro. Aus den gestörten Gräbern stammen zweischleifige Bogenfibeln mit quadratischer Fußplatte sowie geschlitzte Bommeln mit einem Ring- und einem T-förmigen Ende. Dazu kommen regional beliebte, profilierte Bronzeanhänger. Elitekrieger besaßen eine wertvolle Schutzausrüstung, die aus sogenannten illyrischen Helmen vom Typ III A und Klemmbeinschienen bestehen (Žižić 1979, Abb. 17).

Ebenfalls ein regional abgewandeltes, aber mit Glasinac eng verbundenes Repertoire bilden Ausstattungen in Karagač am oberen Ibar im Grenzgebiet von Südserbien und Kosovo/Kosova. Unter den 13 Bestattungen befinden sich drei Kriegergräber. So enthielt Grab 4 ein 26 cm langes Haumesser mit rundem Knauf, zwei Lanzen, ferner eine Doppelnadel, eine Pinzette, fünf Spiralröllchen, einen Krug und eine Schale mit Kannelurverzierung. Nadel und Pinzette sind jedenfalls auch in den Lanzengräbern am Glasinac geläufig. Unter den Frauengräbern ist Bestattung 1 exemplarisch. Die reiche Dame war mit zwölf Bogenfibeln vom Typ Rusanovići und Potpećine mit eingehängten Ringen, Gürtelgehänge aus Halbbögen und Ringen, einem durchbrochenen Gürtelbeschlag und einem Messer ausgestattet. Das beschriebene Gehänge ersetzt gewissermaßen das Gehänge aus geschlitzten Bommeln am Glasinac. Andererseits zeigen Rand- und

Bauchkannelur der Tongefäße in Karagač eine besonders starke Tradition urnenfelderzeitlichen Dekors (Srejović 1973; Teržan 1982).

Im sogenannten Kriegertumulus in Romaja im Bereich des weißen Drin im südlichen Kosovo/Kosova lassen sich drei Inventarensembles unterscheiden. Eine erste, wahrscheinlich vorwiegend weibliche Gruppe umfasst vor allem Schmuck aus Perlenketten, Nadeln und gelegentlich zwei- und einschleifigen Bogenfibeln. Die beiden anderen Ausstattungsgruppen setzen sich aus Kriegergräbern zusammen, die auch dem Grabhügel die Bezeichnung geben. Dies sind einmal fünf Gräber mit Langschwert, einmal zusätzlich mit einem westbalkanischen Krummschwert vom Typ Donja Dolina. Vier der Schwertgräber enthielten drei oder mehr Lanzen. Im Grab 9 lagen neun Speere mit kurzer und drei Lanzen mit langer Spitze. Dem Toten waren außerdem ein Dolch und ein Pferdegeschirr beigegeben worden. Schließlich gibt es im Kriegertumulus 11 Bestattungen mit ein bis fünf Lanzen bzw. Speeren. Neben den Waffen waren die Männer mehrmals auch mit Lochäxten bewaffnet. In einem Grab lag außerdem ein Pferdezaumzeug. Sonst sind Zweihenkelgefäße, die wohl ein Getränk enthielten, eine häufige Beigabe (Teržan 1982; Parzinger 1991, 224–228). Möglicherweise war in diesem Grabhügel eine Kriegerschicht mit ihren Angehörigen bestattet worden.

Das Ausstattungsmuster in den Gräberfeldern im Mat-Tal gehört ebenfalls in den größeren Komplex, der mit Glasinac verwandt ist. Daher spricht man mit Recht von einer ‚Glasinac-Mat-Kultur', womit ihre nördliche wie auch die südliche Erstreckung umschrieben wird. Es fällt allerdings auf, dass der überwiegende Teil der Gräber in Nordalbanien in dieser Zeit waffenlos ist, was auf eine offenbar hauptsächlich bäuerliche Bevölkerung hindeutet.

Die wenigen also solche erkennbaren Männergräber enthielten eher selten ein Schwert, wie etwa Grab 4 im Tumulus 1 in Uraka, das auch mit zwei Lanzen, einem Schild mit eisernem Buckel und zwei Messern ausgestattet ist. Mehrere Krieger besaßen ein bis zwei Lanzen, eher ausnahmsweise Schild und Messer. Und einige Männerbestattungen enthielten Teile von Pferdegeschirr oder einen Schleifstein und ein Messer als Grabbeigaben. Eine charakteristische regionale Note zeigt sich bei der Frauentracht: es ist das ein Gürtelgehänge, das aus profilierten kleinen Tüllen, Kugeln und geschlitzten Bommeln vom Typ Glasinac zusammengesetzt ist (▶ Abb. 15). Häufig sind auch Astragalgürtel oder auch nur einzelne Astragalbeschläge. Unter den sehr oft auftretenden Bogenfibeln kommen die älteren zweischleifigen mit sanduhrförmiger oder gelochter Fußplatte ebenso wie die einschleifigen Exemplare mit ritzverziertem Bügel vor. Mehrfach gehören zum Accessoire auch geschlitzte Kalottenbuckel mit einfachem, oder kreuzförmigem Steg. Dazu kommt gelegentlich Schmuck aus Perlenketten, Nadeln und Scheibenfibeln (Teržan 1982; Parzinger 1991, 221–224; Islami 2013; Kurti, R. 2020 b, Fig. 9–15).

B.3 Archäologische Zeugnisse

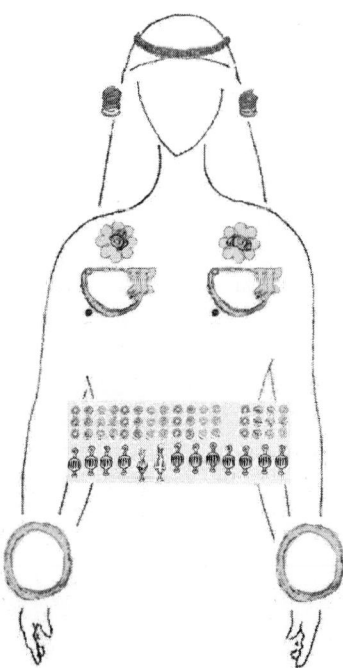

Abb. 15: Rekonstruktion einer illyrischen Frauentracht nach dem Grabinventar von Burrel, Tum. 3/4, Nordalbanien, 6. Jh. v. Chr.

Der Südosten Albaniens weicht in der Männer- und Frauentracht vom Glasinac-Mat-Komplex stark ab. Ein Beispiel dafür gibt der schon früher zum Vergleich herangezogene Tumulus von Rehova in Kolonja. Von etwa der Mitte des 7. bis gegen Ende des 6. Jhs. gibt es nur zwei Waffengräber: das eine mit einer Lanze, das andere mit einer Pfeilspitze. Sonst sind sie beigabenlos. Typisch für die weibliche Ausstattung ist das Bronzearmband mit flachdreieckigem Querschnitt und Stollenenden. Es kommen meist ein bis zu fünf Paaren in den Gräbern vor. Auch spiralig gewundene Schläfenreife, Brillenfibeln mit Achterschleife und Perlenketten oder einzelnen Perlen sind relativ häufig. Messer bis zu drei Exemplaren, Bronzeanhänger und Tonkrüge sind eher selten. Die einzige Bogenfibel besitzt eine rhombische Bügelplatte (Aliu 2012). Somit zeigt sich, dass sowohl Schmuckformen als auch die Zusammensetzung der weiblichen Tracht keine Entsprechung im Glasinac-Mat-Gebiet finden.

Die Tongefäße im Tumulus von Rehova, aber auch in anderen Gräbern in Kolonja und im Korça-Becken gehören meist der sogenannten *mat painted ware*, der mattbemalten Keramik, die auch Devoll-Keramik nach dem in der Korça-Ebene entspringenden Fluss benannt wird, an. Auf einer Fein- oder halbgroben Keramik mit hellbraunem Grundton wurden dunkelbraune Muster, vor allem horizontale Bänder am Gefäßhals und hängende Dreiecke am Gefäßbauch gemalt. Diese Tonware hat eine sehr große Verbreitung mit besonderer Funddichte in Süd- und Südostalbanien sowie in Griechisch-Mazedonien (Hochstetter, A. 1982). Sie strahlt gewissermaßen nach Mittel- und Nordalbanien, ja sogar in den Kosovo/Kosova aus, wenn auch nur mit wenigen Exemplaren. Auch in Süditalien tritt die *mat painted ware* in mehreren Varianten auf. Den Ursprung sieht man zeitlich und kulturgeographisch im mittelhelladischen Griechenland. In Süd- und Südostalbanien kommt sie erstmals im 11. Jh. vor, wie Untersuchungen in den Siedlungen in Sovjani und Maliqi zeigen. Die Lebensdauer dieser Keramik reicht bis in die Mittlere Eisenzeit (Krapf 2018, 416–417, Fig. 4; Papadopoulos u. a. 2014, 240–243).

Nördlich des Glasinac-Raumes, in Donja Dolina beispielsweise, gibt es zwar Gräber mit Waffen, aber nicht mit Schwertern. Ein bis zwei Lanzen und eher selten ein Paar von Schmucknadeln und ein bis zwei Bogenfibeln sind in diesen Kriegerbestattungen zu finden. In den Frauengräbern sind wie schon bisher ein bis sechs Paare von Schläfenreifen und zunächst (in den Belegungsstufen 2-3 der Japoden) auch Mehrkopfnadeln und Halsreife kennzeichnend. Dazu kommen gerippte Fibeln mit langem Fuß, Scheibenfibeln und auch entwickelte Schlangenfibeln, die auf mitteleuropäische Formen zurückgehen. In der zweiten Hälfte des 6. Jhs. – noch in der Belegungstufe 4 – werden gerippte Armreife und auch Perlenketten oder einzelne Perlen als Schmuck beliebt (vgl. Gavranović 2011, 2, 126–139).

B.3.11 Späte (Jüngere) Eisenzeit: Glasinac V a (525–350 v. Chr.)

Vom Glasinac sind bisher nur wenige Bestattungen aus dieser Zeit bekannt. Möglicherweise hängt dies mit einem Bevölkerungsrückgang zusammen. Unter den Kriegergräbern sind solche mit nur einer Lanze, Bogenfibel, Spiralröllchen und kleinen Schmuckringen aus Bronze sowie Eisenmesser anzuführen. Ein relativ reiches Männergrab ist die Bestattung 4/1 in Potpećine mit Schleifstein, drei Bogenfibeln, zwei Doppelnadeln mit omegaförmigen Kopf, einer Kette aus Glas- und Bernsteinperlen und einem Armreif vom Typ Mramorac (Benac/Čović 1957, T. 46/1–9).

Doppelnadeln verschiedener Form vom Typ III und IV und ihrer Varianten sind häufiger Gewandschmuck in besser ausgestatteten Gräbern. Zu den Bogenfibeln zählen kleine Formen mit langem Fuß und Schlussknopf sowie Certosafibeln, manchmal mit Armbrustkonstruktion. Es kommen auch noch traditionelle Fibeln mit tremolierstichverzierter, quadratischer oder gesattelter, Fußplatte vor. Neu sind ab dem zweiten Viertel des 4. Jhs. Latène-B-Fibeln mit zurückgebogenem Fuß und Schlussknopf, also keltische Formen aus dem Donauraum. Als

B.3 Archäologische Zeugnisse

Prunkfibeln können in dieser Zeit auch Scharnierfibeln mit sternförmigen Ziergliedern am Bügel angesehen werden, die aus Bronze oder auch aus Silber hergestellt sind Der Fuß ist als Palmette, das Kopfende als schematisierter Tierkopf gestaltet (vgl. Rusanovići 58/1: Benac/Čovič 1957, T. 46/11). Diese nur wenig variierte Palmettenfibel, die auf ionische Vorbilder in archaischer Zeit zurückgeht, findet auf der gesamten Balkanhalbinsel zwischen Syrmien und Griechisch-Mazedonien, besonders aber an der südadriatischen Küste Eingang (Eggebrecht 1988, 256/125 a, b).

In Nordalbanien können in dieser Zeit zahlreiche Lanzengräber – im Gegensatz zu früher – beobachtet werden. Bis zu drei Lanzen, dann auch ein Messer, seltener eine Bogenfibel, Perlen oder Perlenketten und Tongefäße kommen in diesen Waffengräbern vor. Zur einheimischen Beigabenkeramik zählen Schale, Krug oder Zweihenkelgefäß, die manchmal auch zusammen in einem Grab deponiert wurden. Die Importware ist erstaunlich häufig mit einer Kylix, einem Kantharos, vor allem aber mit einem Skyphos oder eine Amphore vertreten.

Die Grabform bleibt auch jetzt noch dem althergebrachten Brauch verhaftet, wie etwa der Tumulus I in Perlat vor Augen führt (Islami 2013, T. 38-39). Innerhalb eines Steinkreises lagen das Zentralgrab 2, das nur ein Zweihenkelgefäß enthielt, und das beigabenlose Grab 1. Die einzige jüngere Bestattung 3 war im Grabhügel seicht, aber ebenfalls noch innerhalb des Steinkranzes eingebracht worden. Der vornehme Krieger war mit drei Lanzen, einem langen Haumesser und einem sogenannten illyrischen Helm vom Typ III A gerüstet. Für Speise und Trank verfügte er über drei Zweihenkelgefäße mit Bauchkannelur und einen griechischen Kantharos (siehe Online-Abb. 6). Es fällt auf, dass die Gründerbestattung in diesem Grabhügel mit nur einem einheimischen Tongefäß äußerst bescheiden ausgestattet ist. Allerdings kennen wir auch sonst viele Tumuli, deren Zentral- und Gründergrab nicht viele Beigaben enthält.

Kriegergräber mit Krummschwert sind sehr selten, gehören dann aber zu den reich ausgestatteten Beisetzungen mit Importkeramik. Sie können auch zusätzlich mit zwei Lanzen ausgestattet sein.

Der ‚illyrische' Helm ist aus Bronze geschmiedet und besitzt einen rechteckigen Gesichtsausschnitt und zwei parallele Leisten als Buschbahn längs über die Kalotte. Er wurde aus dem griechischen Kegelhelm der Geometrischen Zeit weiterentwickelt. Er hat zunächst dieselbe Verbreitung wie dieser im westlichen Peloponnes. Die ältesten Helme sind gleicherweise noch zweiteilig. Die halbkreisförmige Kalotte hat an den Seiten viertelkreisförmige Wangenschirme. Typ I datiert vom Ende des 8. bis in das dritte Viertel des 7. Jhs.

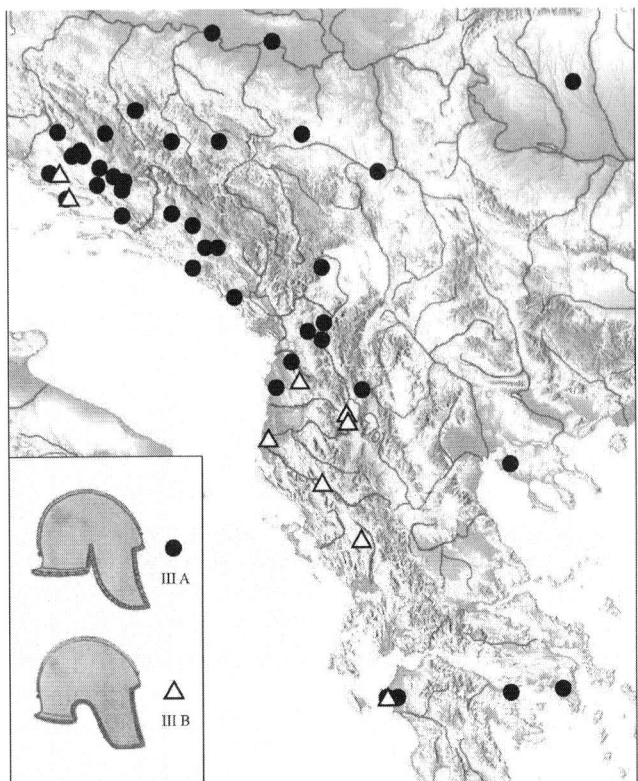

Abb. 16: Verbreitung der illyrischen Helmtypen III A und III B (6.–4. Jh. v. Chr.).

Das Erscheinen des jüngeren Helmtyps II lässt sich aufgrund von Darstellungen auf griechischen Vasen in Korinth auf das letzte Viertel des 7. Jhs. festlegen. Die Helmkalotte ist nun im hinteren Unterteil als Nackenschutz eingezogen. Die Wangenschirme haben dreieckige Form, der Winkel zum Nackenteil ist stumpf. Wenn auch hauptsächlich in Griechenland und Mazedonien verbreitet, so kennt man bislang auch drei Exemplare außerhalb davon: In Donja Dolina am rechten Saveufer und in Kaptol in Westslawonien. Diese Helmform wurde noch bis zur Mitte des 6. Jhs. getragen.

Die meisten bekannten Helme gehören dem Typ III an, der seit der Mitte des 6. Jhs. bis mindestens zum 4. Jh. in Verwendung stand (▶ Abb. 16). Charakteristisch ist sein schmaler, krempenförmiger Nackenschutz, von dem sich in der älteren Form III A die langdreieckigen Wangenteile in einem spitzen Winkel absetzen. Die jüngere Form III B zeigt dann auch runde Ausschnitte für die Ohren. Die zahlreichen Varianten der beiden Formen und ihre Verbreitungsdichte entlang der südwestbalkanischen Mittelmeerküste führt zur Annahme, dass sie in spezialisierten regionalen Waffenschmieden im illyrischen und im makedonischen Lebensraum hergestellt wurden (Pflug 1988). Möglich wäre allerdings auch, dass Varianten des Helmtyps III in griechisch-korinthischen Werkstätten, etwa auch in den beiden Kolonien Dyrrhachion und Apollonia, erzeugt wurden, um den regionalen Geschmack bestimmter Volksstämme bzw. deren oberen Kriegerschicht zu entsprechen (Teržan 1995, 87–88). So treten die Formen Typ III A 1 und III A 2, die mit Punzborten und Pfeilmotiven verziert sind, überwiegend in Dalmatien auf. Die formmäßig etwas abweichenden Typen III B und III A 3 sind wiederum hauptsächlich in Albanien bzw. Makedonien vertreten. Aufschlüsse von Waffenschmieden, in denen ‚illyrische' Helme produziert wurden, fehlen aber bislang.

Vergleichen wir nun die Kulturräume südlich und nördlich des Glasinac-Mat-Komplexes. Vom Tumulus Kuçi i Zi im Korçabecken gehören nur sieben Bestattungen dem späten 6. und 5. Jh. an (Parzinger 1991, 226–229). Davon ist nur eine mit Lanze und einem kleinen Bronzering ausgestattet. Die anderen enthielten eins, drei oder vier bis sechs Exemplare der traditionellen Blecharmbänder, zwei davon ein Paar Ohrringe. Diese Tracht ist im Glasinac-Mat-Gebiet fremd.

Etwas anders steht es mit dem im ostjapodischen Gebiet liegenden Donja Dolina in der Belegungsstufe 5. Gewöhnlich trugen die Frauen ein oder mehrere Paare von Plattenfibeln oder Bogenfibeln mit langem Fuß. Einzelne feste Perlen oder ganze Perlenketten, seltener ein Armband oder ein bis zwei massive Armreife und einfache Kopfschmuckringe gehören zum übrigen Schmuck. Hier zeigt sich also eine gewisse Annäherung an die Frauentracht am Glasinac. Die Männer waren mit ein oder zwei Lanzen, gelegentlich zusätzlich mit einem Krummschwert bewaffnet und trugen sonst ähnlichen Schmuck wie die Frauen.

B.3.12 Das archäologische Bild vom illyrischen Ethnos

In den vorangegangenen Kapiteln wurden bronze- und eisenzeitliche Siedlungen, Hortfunde und vor allem Grabausstattungen am südwestlichen Balkan in einem Überblick betrachtet. Natürlich taucht hier in Verbindung mit dem Grundthema die Frage auf, ob, ab wann und wo man von Illyrern sprechen kann. Dazu kann nicht nur die Sprachforschung, sondern auch die Prähistorie Antworten geben.

Zunächst ist klar zu erkennen, dass die steppennomadische Kurgan-Kultur, die in Teile des Zentral- und Westbalkans am Beginn des 3. Jts. eingedrungen ist, deutliche Spuren hinterlassen hat: im Grabbrauch, aber auch in Form typischer Waffen, wie etwa der Streitaxt. An der Bestattung in Grabhügeln, die über ein Gründergrab errichtet wurden, hat man weiter festgehalten. Die materielle Kultur entwickelte sich auf breiter Grundlage und relativ gleichförmig während der Bronzezeit. Es ist aber bemerkenswert, dass am Glasinac Frauengräber überwiegen und Waffenbeigaben fehlen, anders als etwa in Nordalbanien, wo überwiegend Kriegergräber auftreten.

Das gesamte Gebiet zwischen dem Hügel- und Bergland südlich der Save und dem Epirus scheint von der an Drau und Save bis zur Theissmündung vorstoßenden Urnenfelderkultur weitgehend unberührt gewesen zu sein. Importe oder Imitationen von Bronzeobjekten kommen anfangs, im 12. und 11. Jh., vor, sind aber zahlenmäßig überschaubar.

Im 11. und 10. Jh. sind am Glasinac immer noch Halsreif und gelegentlich große Schmuckscheiben in den Frauengräbern üblich. Es treten aber nun auch einzelne, große Bogenfibeln auf. Mit Lofkëndi in Mittelalbanien verbunden sind in dieser Zeit weder Schmuckformen noch Ausstattungskombinationen. Am ehesten ist es das Zentralgrab-Prinzip in dem hier allerdings ungewöhnlich großen Tumulus. Die vor allem bei den weiblichen Bestattungen häufigen Schmucknadeln finden ihre Parallele in Südostalbanien, wo sie die typische Frauentracht darstellen. Nordwestbosnien und die kroatische Lika, der spätere Lebensraum der Japoden, setzt sich vom Glasinac-Gebiet zunächst durch Halsreife-Sätze und einzelne große Brillenfibeln, später auch durch späturnenfelderzeitliche Schwerter ab.

Am Ende des 10. Jhs., also mit der Stufe Glasinac IV a, kommen zu den bisher sehr seltenen Armreifen und Messern aus Eisen regelmäßig Waffen aus Eisen hinzu. Damit beginnt die Frühe Eisenzeit. Am Glasinac treten nun auch erstmals Männergräber mit Lanzen und manchmal mit reichem Schmuck auf. Zum Schmuck von Männern und Frauen gehören zweischleifige Bogenfibeln, Zwei- und Vierpassplattenfibeln und gelegentlich Ziernadeln. In Lofkëndi fehlen Waffengräber, aber Nadeln und Doppelscheibenfibeln stellen eine Brücke zu der Männer- und Frauentracht am Glasinac dar. Hier gibt es auch Stirnreife als weiblichen Schmuck, der dann auch in Glasinac ab dem 8. Jh. kennzeichnend wird. In Lofkëndi sind zwei Gruppen von Keramik etwa gleich vertreten: die ritzverzierte graue Keramik, die es im gesamten Glasinac-Mat-Raum charakteristisch ist, und die matt bemalte Tonware, die eine direkte Verbindung nach Südostalbanien, Makedonien und Epirus anzeigt.

Die am Glasinac typischen Ausstattungsmuster aus bestimmten Waffentypen sowie Nadel-, Fibel-, Armreif- und Gürtelblechformen zeigen von nun an eine klare Kontinuität bis weit in die Späte Eisenzeit hinein. Das gilt auch für ein weiteres Gebiet, nämlich Westserbien, den westlichen Kosovo/Kosova, Montenegro sowie Nord- und Mittelalbanien. Die in diesem Gebiet feststellbaren Gruppen, die von der Urnenfelderkultur kaum beeinflusst sind, sind wahrscheinlich mit einer frühillyrischen Kultur zu verbinden. Zur Verfestigung zu einer – wenn auch, wie gesagt, regional keineswegs homogenen – illyrischen Zivilisation haben auch die seit dem fortgeschrittenen 10. Jh. nun allgemein übliche Herstellung eiserner Waffen sowie die Entstehung einer sozial gegliederten Kriegerschicht beigetragen.

Im 8. und 7. Jh. treten dann am Glasinac auffallend viele Kriegergräber mit Schwert, mit Schwert und Lanze oder Lanzen allein auf. Die Kombination von

Krummschwert und Lanze wie im japodischen Gebiet, gibt es hier nicht. Geschlitzte Kalottenbuckel, Gürtelschließen und -beschläge sind für Frauen und Männer Allgemeingut, während die neuartige zweiteilige Brillenfibel ohne Achterschleife und der Stirnreif reich ausgestatteten Frauengräbern vorbehalten sind. Diesen Schmuck findet man auch in Velika Gruda in Montenegro und im Tal der Mat in Nordalbanien. Im japodischen Kulturraum sind nun Halsreif und häufig zahlreiche Schläfenreife typisch, während die Frauen der südlichen Nachbarn des Glasinac-Mat-Komplexes im Epirus, im Korçabecken und in Kolonja Paare von bandförmigen Armbändern und figürliche Anhänger tragen. Für die Tracht der Männer sind Schmucknadeln besonders charakteristisch.

Es ist hervorzuheben, dass Kontakte oder Einflüsse aus dem ‚thrako-kimmerischen Formenkreis' am Südwestbalkan sehr gering sind. Vielleicht können am ehesten noch Schleifsteine, die in gehobenen Kriegerbestattungen auch mit prunkvoller Bronzehalterung versehen sind, als vom Osten übernommene Würdezeichen gelten.

Zwischen der Mitte des 6. und dem Ende des 5. Jhs. setzen sich die gewohnten Waffen- und Schmuckbeigaben, zu denen vermehrt Pinzetten bei den Männern und Nadeln bzw. Doppelnadeln bei den Frauen kommen, am Glasinac wie auch in Nordalbanien fort. Von regionalen Besonderheiten beim Schmuck abgesehen sind ähnliche Schmuckformen und Schmuckkombinationen auch im Kosovo/Kosova und in Montenegro zu finden. In Donja Dolina sind Krieger mit Lanzen, gelegentlich zusammen mit einem Krummschwert, ausgestattet, die Frauen mit Fibelpaaren und Armreifen. Die illyrischen Träger der Glasinac-Kultur scheinen sich nach Norden ausgebreitet zu haben. Hingegen klar vom Glasinac abgesetzt erscheint die Tracht in Südostalbanien, wo Blecharmbänder mit Schläfenschmuck kombiniert ist.

Schließlich ist zu erwähnen, dass im 5. und 4. Jh. die Ausstattungen im inneren und nördlichen Illyrien zwar selten so reich wie in früherer Zeit sind, sonst aber in der Fibel- und Armreiftracht fortbestehen. Waffengräber sind auch nur mehr mit einer Lanze am Glasinac und mit bis zu drei Lanzen im Tal der Mat ausgestattet, der Schleifstein ist aber weiterhin Teil der Ausrüstung.

Um Etappen einer Entwicklung einer vorillyrischen und dann illyrischen Kultur auf einen Blick zu erfassen, kann eine Zusammenstellung wichtiger Objektarten am Glasinac helfen (▶ Abb. 17). Es zeigt sich, dass Halsreife und große Schmuckscheiben erstmals in der Stufe III a (14./13. Jh.) auftreten und bis ins 10. Jh. von Frauen der Oberschicht getragen wurden. Gleichzeitig gibt es nun auch Schmuckelemente, wie etwa Spiralröllchen, Paillettenknöpfe, Spiraldrahtamreife u.a.m., die bis in die Späte Eisenzeit Bestand haben.

Glasinac	1350–1250 IIIa	1250–1100 IIIb	1100–1000 IIIc1	1000–920 IIIc2	920–780 IVa	780–660 IVb	660–600 IVc1	600–525 IVc2	525–450 Va
Gräberzahl	15	14	4	7	9	26	14	37	15
Brandbestattung	2	1		1		1	1	11	3
Halsreif	5	1	2	2					
Große Zierscheibe	1		3	1					
Doppelspiralanhänger	10	1	1	2	3				
Massiver Armreif	3	4	1	1	3	4	6	3	3
Spiralröllchen	1	4		5	1	1	1	5	1
Ziernadel	3	1			2	4	4	12	6
Spiraldrahtarmreif	1	8	2	2	2	7		6	
Pailette	6	2	2	3	1	2	1	2	
Stirnreif	3					7			
Bogenfibel		2	1	2	6	5	7	32	11
Perle(nkette)		1			1	2, 5	1	18, 6	5, 1
Eisenmesser				1	1	2	2	10	4
Scheibenfibel						1	2	3	2
Brillenfibel						1	5	3	11
Gürtelschließe					1	17	2	17	1
Gürtelbeschlag						5	2	6	
Lanze					2	5	3	6	2
Anhänger						2	3	14	2
Pinzette						2	2	6	
Schleifstein						3	2	5	1
Pfeil						1			
Krummschwert						2	2		
Schwert						4	2	3	
Axt						1		2	
Beinschienen						2	1		
Bronzegefäße						1	3	14	2
Pferdegeschirr								3	
Schildbuckel								1	
Helm								1	

Abb. 17:   Objektformen aus Grabausstattungen am Glasinac, Bosnien in den Phasen III a–V a.

Aber erst ab der Stufe IV a (Ende 10. Jh.), die man als formative Phase sehen kann, setzen auch erstmals Waffen und spezifische Fibelformen, Gürtelbeschläge und Gehänge bzw. Anhänger ein, die völlig neuartig sind und auch im weiteren Raum des Südwestbalkans mindestens bis zum 6. Jh. vorkommen. Messer und Spiraldrahtarmreife aus Eisen treten sporadisch schon in III c-2 (in den ersten drei Vierteln des 10. Jhs.) auf, während darauf alle Angriffswaffen aus Eisen geschmiedet wurden – eine Entwicklung, die allerdings auch aus anderen balkanischen Gebieten gut bekannt ist. Man kann jedenfalls ab dem fortgeschrittenen 10. Jh. die Herausbildung der illyrischen Kultur als weitgehend abgeschlossen betrachten. Natürlich gab es eine ständige Weiterentwicklung, wie bei vielen anderen prähistorischen Kulturen auch, aber vor dem Hintergrund gemeinsamer Wurzeln und Merkmale.

Aus der Sicht der Bodenfunde umfasst der illyrische Lebensraum das Gebiet südlich der Neretva und der unteren Save, einen breiten Landstreifen zwischen Adria und Westlicher Morava, dem Weißen und Schwarzen Drin sowie dem Ohrid- und Prespasee bis zur Vjosa im Süden. Unsicher bleibt, ob die Zone nördlich der Neretva bis zur Lika und zum Fluß Cetina auch illyrisch war, obwohl vieles darauf hindeutet, so etwa die Verbreitung charakteristischer Objektformen und der Münzen der illyrischen Daorsi (▶ Kap. B.4.5) oder eine Altarinschrift in Bigeste (siehe Online-Abb. 11; vgl. auch die enzyklopädische Beschreibung der Illyrer, Liburner, Japoden und Histrier bei Teržan 2015). Die archäologische Evidenz der Verbreitung illyrischer Kultur entspricht durchaus dem illyrischen Personennamengebiet (▶ Kap. C.3.4).

B.3.13 Die keltischen Nachbarn der Illyrer im Norden

Arrian berichtet vom Feldzug Alexanders des Großen, den er von Makedonien aus 335 v. Chr. gegen die nördlichen Stämme am Balkan führte (Arr. an. I. 4). An der unteren Donau traf er keltische Gesandte, die damit prahlten, vor keinem Gegner Furcht zu haben. Kurz davor waren keltische Krieger mit ihren Familien aus dem Karpatenraum in das Zwischenstromland von Donau und Save (Slawonien und Syrmien) gezogen und hatten sich dort dauerhaft niedergelassen. Aus der zweiten Hälfte des 4. Jhs. kennen wir bereits keltische Grabfunde in Pečine bei Kostolac, knapp südlich des Donautales.

Von ihrem neuen Siedlungsland aus brachen keltische Heerscharen im Jahr 279 nach Makedonien und Griechenland auf, erlitten aber eine schwere Niederlage bei Delphi, von wo sie sich in verschiedene Richtungen zerstreuten. Ein Teil von ihnen zog wieder in das Gebiet zwischen Donau und Save zurück. Sie nannten sich Scordisci. Im 3. Jh. entstanden dort mehrere zum Teil befestigte Dauersiedlungen und große Gräberfelder. Südlich der Save gibt es aber keine keltischen Ansiedlungen oder Bestattungen, sondern nur vereinzelt Exportstücke (Jovanović/Popović 1991).

Schon in der Mitte des 4. Jhs. sind bei den Kelten an der unteren Donau Münzen der makedonischen Herrscher im Umlauf (siehe Online-Abb. 7). Kurz danach gibt es eigene Prägungen, die die makedonischen Münzbilder imitieren. Allerdings sind diese bald stark entstellt, die Aufschrift des Königs Philipp II. verschwindet allmählich und wird zum bloßen Ornament. Mit den Skordiskern erscheinen dann verschiedene Emissionen, vor allem Nachprägungen der silbernen Tetradrachmen von Philipp II. Wir kennen sie aus zahlreichen Hortfunden.

Insgesamt ergibt die Verbreitung dieser einheimischen Münzen genau das Siedlungsgebiet der Skordisker im Zwischenstromland von Donau und Save (Popović 2004).

B.4 Wirtschaft und Gesellschaft

B.4.1 Land- und Viehwirtschaft

Einen soliden, methodisch und interdisziplinär gut gesicherten Einblick in dieses Thema haben die von 2005 bis 2008 in Grunasi durchgeführten Forschungen ergeben. Grunasi liegt in dem über 1000 m Seehöhe gelegenen Trogtal der Shalla, einem nördlichen Seitental des Drin in den nordalbanischen Alpen. Hier queren von alters her wichtige Passwege nach Montenegro und in den Kosovo/Kosova, deren Kontrolle bis in die Neuzeit sehr einträglich war. Außerdem war und ist Grunasi eine Basisstation für die Hochweidewirtschaft.

Die Geländeaufnahmen und Ausgrabungen des Shalla Valley Project galten einem System von künstlichen Terrassen und den in Zyklopenbauweise errichteten Befestigungsmauern. Die Terrassen entstanden im 10. und 9. Jh. v. Chr. Auf den westlichen Geländestufen stand ein größeres Gebäude, sonst gab es hier kleinere Holzhäuser auf Steinfundamenten. Zwischen dem 8. und 5. Jh. wurden weitere bzw. erneuerte Hütten gebaut. Die östlichen Terrassen dienten der Viehhaltung, wie Phosphatanalysen zeigen. Da Getreideanbau nicht anzunehmen ist, stammten Getreide und Hülsenfrüchte, von denen verkohlte Reste im Siedlungsbereich gefunden wurden, wohl von auswärts. Es ließen sich auch Strauchbeeren, Wildapfel und Basilikum nachweisen.

Auf der Keramik der beiden Siedlungsphasen fanden sich Speisereste, deren Analyse vor allem Tierfett belegte. Dies lässt auf vorwiegende Fleischkost schließen. Die archäozoologischen Bestimmungen der Tierknochenabfälle zeigen überdies, dass hauptsächlich Schafe und Ziegen gehalten wurden. Es wurden aber auch Wildtiere, wie Rotwild und Wildschweine gejagt.

Die Ergebnisse aller Forschungen lassen den Schluss zu, dass sich in Grunasi in der warmen Jahreszeit Gruppen von Hirten aufhielten. Möglicherweise gehörten sie zu einer bäuerlichen Bevölkerung im weiter südlich gelegenen Hügelland (Galaty u. a. 2013).

Eine eher bäuerliche Siedlung der Eisenzeit bestand auf dem Hügel Klisura-Kadića Brdo am Glasinac. Von Interesse sind Untersuchungen von Tierknochen aus dem letzten großen Siedlungsabschnitt vom 9. bis 5. Jh. (Greenfield/Arnold 2005). Die Ergebnisse aus den entsprechenden vier eisenzeitlichen Kulturschichten belegen eine Zusammensetzung des Viehbestandes aus Schwein, Schaf und Rind zu annähernd gleichen Anteilen. Die hauptsächlichen Schlachtalter von *Sus*

B.4 Wirtschaft und Gesellschaft

scrofa liegt zwischen zwei und sieben bzw. 21 und 27 Monate. Eher selten wurden Schweine im Alter bis zu zwei Monaten und zwischen sieben und 14 Monaten geschlachtet. All dies lässt nicht auf einen saisonalen Ortswechsel schließen.

Ovis Aries wurde eher selten im Alter bis zu sechs Monaten geschlachtet, sondern überwiegend im Alter von sechs bis zwölf Monaten. Dann sinkt die Zahl der Schlachtungen allmählich bis zum zehnten Lebensjahr. Offenbar spielte also die Milchproduktion, aber auch die Gewinnung von Wolle die ausschlaggebende Rolle für die Haltung älterer Tiere. Dafür sprechen auch die vielen Funde von Tonsieben für Käseherstellung und von Spinnwirtel.

Capra hircus wurde nur in sehr geringem Ausmaß gehalten. Das Hauptschlachtalter liegt zwischen einem halben und zwei Jahren. Wie Untersuchungen am Zahnschmelz von Ziegen zeigen, wurden sie in der warmen Jahreszeit geschlachtet. Es deutet also einiges darauf hin, dass es eine Transhumanz mit Ziegen gab, die während des Winters in tieferen Lagen bzw. weiter südlich geweidet wurden.

Bos taurus wurde bis zum achten Monat kaum geschlachtet. Das Hauptschlachtalter war hier zwischen 18 und 30 Monaten, also noch im jungen Alter. Unter den ausgewachsenen Tieren überwiegen dann die weiblichen mit 83 %. Dies bedeutet, dass vor allem die männlichen Rinder wegen der Fleischgewinnung geschlachtet, während die Kühe wegen der Milch gehalten wurden. Obwohl Kälber unter den geschlachteten Tieren weitgehend fehlen, ist Transhumanz mit Rindern nicht wahrscheinlich.

Aus der am linken Ufer der Bosna gelegenen Höhensiedlung auf der Anhöhe Vis im Tal der Modrenka in der Gemeinde Derventa in der nordbosnischen Savenniederung, die allerdings nur sehr kleinflächig untersucht wurde, konnten 81 Tierknochen aus dem 11. bis 9. Jh. bestimmt werden: Hausschwein, Rind sowie das Jagdtier Hirsch machen bereits 84 % aus, der Rest kann Schaf, Ziege und Wildschwein zugewiesen werden. Es kommen auch Schneid- und Stichgeräte aus Tierknochen in der Siedlung vor (Jašarević u. a. 2015 b).

Von der Flussterrassensiedlung Pod bei Bugojna an der oberen Vrbas gibt es ältere Tierknochenuntersuchungen, deren Hauptergebnisse besprochen werden sollen. In der Phase B (11.–9. Jh.) wurden hauptsächlich Schaf und Ziege (46 %), dann Schwein (36 %) und Rind (11 %) gehalten. Sehr selten sind Pferd (1,4 %) und Hund (2,5 %). Die Zahlen bleiben für Pod C und D 1 (8.–7. Jh.) fast gleich: Schaf und Ziege mit 43 %, Schwein mit 34 % und Rind mit 20 %. Den Rest machen hauptsächlich Wildtiere aus. Für Pod D 2–D 4 (6.–3. Jh.) erkennt man eine gestiegene Zahl an Schaf und Ziege (56 %) und fallende Zahlen für Schwein und Rind (24 % bzw. 17 %). Alle anderen Tierknochen stammen von Wildtieren (Palavestra, M. 1984).

Die Tierknochenbelege in Klisura-Kadića Brdo und Vis deuten eine bäuerliche und sesshafte Lebensweise der Siedler an. Schaf und Ziege sind relativ spärlich vertreten. Anders sieht es in Pod aus, wo Schaf und Ziege zahlenmäßig überrepräsentiert sind. Da nähere und moderne Untersuchungen aber fehlen, sind

Schlüsse auf saisonales Abwandern mit diesen Tieren nicht möglich. Das Kernstück der Tierhaltung bilden jedenfalls Rinder, vor allem schon wegen ihrer großen Fleischmenge. Wahrscheinlich sind diese Rinder Vorfahren des sogenannten Busa-Rindes, das noch im 19. Jh. balkantypisch war und eher als kümmerlich galt (freundliche Mitteilung von E. Pucher, NHM Wien).

Sicherlich gab es aber während der Eisenzeit im innerbalkanischen Raum Transhumanz. Aus der Antike sind saisonale Hirtenwanderungen im Epirus und in Thessalien überliefert. Auch heute kennt man Hirtenzüge der Vlachen, die am Ostrand des Pindos in einfachen Flechtwerkhütten leben, die sie jeweils im Sommer zu höher gelegenen Weideplätzen verlassen (Kilian 1973 b, 434, Anm. 17; vgl. auch den Überblicksartikel von Adanır 2016).

Ein für die Eisenzeit aufschlussreicher Fundplatz in Verbindung mit Transhumanz ist Valanida in der Bergzone nordöstlich der Ebene von Larissa. In den Gräbern fanden sich Objekte, die in Thessalien sonst unbekannt sind: halbmondförmige Zieraufsätze, radial geschlitzte Kalottenbuckel mit kreuzförmigen Riemenstegen, bestimmte massive Armreife und anderer Schmuck, der im Glasinac-Mat-Gebiet geläufig ist (Kilian 1973 b, 434, Abb. 2). Dazu kommen westbalkanische Weihegaben in spätgeometrischen und archaischen Heiligtümer Griechenlands, wie etwa Schwerter vom Typ Glasinac, Gürtelschließen und Ringanhänger (Kilian 1973 b, 431, T. 86, 88). Vielleicht sind also diese in Griechenland völlig fremden Fundstücke noch die besten Argumente für ein Wanderhirtentum in einem sonst überwiegend bäuerlichen Milieu des westbalkanischen Raumes (vgl. auch Garašanin 1990).

B.4.2 Rohstoffe und Metallhandwerk

Ausreichende Rohstoffvorkommen ermöglichen einer Bevölkerung Unabhängigkeit und Wohlstand. Das gilt im besonderen Maß auch für den illyrischen Lebensraum.

Kleine Lagerstätten von gediegenem Kupfer gibt es zwischen Višegrad und Priboj an der Drina, im Gebiet Vareš an der Bosna und zwischen den Mittelläufen der Bosna und Vrbas. Primäre Kupfererze, also Antimon- und Arsenkupferkiese, sind in größeren Vorkommen aus dem Gebiet Vranica-Koman am Mittellauf der Bosna und von der Zone am Mittel- und Oberlauf der Vrbas bekannt, wo auch kleine Anteile von Silber auftreten. In Mračaj in diesem Erzrevier ist auch prähistorischer Bergbau belegt. Es handelt sich dabei um einen Schacht, in dem Feuerspuren, Schlagsteine und Fragmente von Tongefäßen des 12.–10. Jhs. entdeckt wurden (Gavranović 2011, I, 7–8, Karten 3–4). Kupfererzlagerstätten kommen außerdem auch in Mirdita und Gjegjasi in Mittel- und Nordalbanien vor (Breu 1982).

Für Zinnerze sind nur sehr kleine Lagerstätten am Oberlauf der Drina und zwischen den Oberläufen von Bosna und Vrbas belegt (Gavranović 2011, I, 8,

B.4 Wirtschaft und Gesellschaft

Karte 4). Gold kommt in aluvialer Form in der Vrbas und ihren Seitenflüssen, in Form von Quarzgold am Oberlauf der Drina sowie zwischen den Oberläufen von Bosna und Vrbas vor (Gavranović 2011, I, 9, Karte 6).

Silber, das für Schmuck vor allem im 6. und 5. Jh. verwendet wurde, ist sehr wahrscheinlich genau zu dieser Zeit im Kosovo/Kosova abgebaut worden. Eine Lagerstätte von Silbererz befindet sich im Berg Kopaonik rund 40 km nördlich von Pristina und nur rund 15 km nordöstlich des Fürstengrabes in Novi Pazar. Möglicherweise besteht also zwischen einem – heute noch nicht bekannten – Fürstensitz des 6. und 5. Jhs. bei Novi Pazar und einem Silberabbau ein enger Zusammenhang. Ein zweites Silbererzvorkommen befindet sich rund 20 km östlich von Pristina im Bezirk Novobërda. Auch Strabon erwähnt einen Silberbergbau im südlichen Illyrien:

> „Denn über Epidamnos und Apollonia wohnen bis zu den Keraunischen Bergen, dem nördlichen Grenzgebirge des Epirus, die Byllioni, Taulantii, Parthini und Brygi. Irgendwo in der Nähe sind auch die Silbergruben von Damastion, um welche her die Dyesti und die Enchelei, die auch Sesarethi heißen, ihre Herrschaft gründeten." (Strab. 7.7.8).

Damastion war bereits seit dem 4. Jh. eine wichtige Münzprägestätte und lag in der Nähe von Silberbergwerken. Nun wurden die meisten Silberprägungen mit der Aufschrift ΔΑΜΑΣΤΙΟΝ (▶ Abb. 18) etwas nordöstlich von Janjevo im Bezirk Novobërda gefunden (Mirdita 1975). Da Strabon die Dyesti und Enchelei, nicht aber die Dardani in Verbindung mit Damastion bringt, scheint Damastion im illyrischen Herrschaftsgebiet gelegen zu haben.

Abb. 18: Silberne Tetradrachme aus Damastion, Kosovo/Kosova, 4. Jh. v. Chr., 1 : 1.

Natürlich war Eisengewinnung für die Erzeugung alltäglicher Geräte, aber auch von Waffen sehr wichtig. Und gerade im illyrischen Gebiet befinden sich nennenswerte Eisenvorkommen. Magnetitlager sind von Suva Rudiške und Suva Ruda am unteren Ibar, von Boranj am rechten Ufer der oberen Drina und von Tavornica am rechten Ufer der oberen Neretva bekannt. Hämatite und Eisenkarbonate treten hingegen im Raum Vareš und bei Sozina zwischen dem Westufer des Shkodrasees und der Adria auf. Eisenhydroxite wieder kommen in Nordostalbanien und am Westufer des Ohridsees vor. Schließlich sind auch Eisensilikate in Mokra Gora am rechten Ufer der oberen Drina anzuführen. In Boranj und im Gebiet von Vareš wurden römerzeitliche Abbauspuren gefunden (Hansen 2019; Pašalić 1965). Wahrscheinlich geht die Eisengewinnung an diesen Orten schon auf viel älteren Abbau zurück.

In einem 2015/16 ausgeführten Forschungsprojekt wurden 76 Bronzeobjekte der späten Bronzezeit aus Zentral- und Westbosnien metallurgisch untersucht. Eine eigene Herstellung von Bronzegegenständen, wie Gussformen von Tüllenbeilen und Ambossen kennt man von der Höhensiedlung Crkvina an der mittleren Bosna und aus Horten. Sie datieren ab dem 14. Jh. Metallarbeiten wurden allgemein seit dem 11. Jh. besonders intensiviert. Hinweise darauf geben etwa 30 Gussformen und einige Schmelztiegel von der Höhensiedlung in Varvara an der oberen Vrbas. Die Gussformen dienten zur Fertigung von halbmondförmigen Rasiermessern, Nadeln mit kleinem Vasenkopf und unverzierten Tüllenbeilen, meist nach Vorbildern von Bronzen der Urnenfelderkultur.

Die Beprobung der vom 13. bis 11. Jh. datierenden Bronzen erwies ein sehr breites Spektrum innerhalb der Spurenelemente Zinn und Blei. Das Kupfer stammt durchgehend von Kupferkiesen. Ein engeres Spektrum und damit eine auffallend geschlossene Gruppe zeigen einige Bronzeobjekte aus dem 10. und 9. Jh., was vielleicht auf eine verstärkte Kupfergewinnung in Bosnien oder aber auf einen fast ausschließlichen Bezug von Kupfer aus anderen Gebieten schließen lässt. Die Tüllenbeile von Grapska aus dem 11./10. Jh. können aufgrund ihrer spezifischen Form und Verzierung jedenfalls nur aus Transsylvanien eingehandelt worden sein. Bisher ist eine spurenanalytische Zuweisung der untersuchten Bronzen zu bestimmten Erzlagerstätten nicht gelungen. Dazu sind weitere Forschungen, besonders im Bereich der bekannten Lagerstätten notwendig (Gavranović/Mehofer 2016, Fig. 1).

Ein sehr deutliches, wenn auch indirektes Indiz für eigene Bronzewerkstätten, ergeben Funde eines spätbronzezeitlichen Axttyps, der albano-dalmatinischen Lochaxt (▶ Abb. 19). Seine Verbreitung ist auf das illyrische Gebiet beschränkt. Charakteristisch ist der gedrungene Körper mit seitlichen Längsrippen, der Dorn an der Unterseite des Schaftloches und ein verbreiterter Nacken. Diese Axtform datiert vom 11. bis 9. Jh. Bei der ins 10. Jh. gehörenden Variante Debelo Brdo fehlen Dorn und Längsrippen, dafür zieht um das Schaftloch ein ringförmiger Wulst. Ein Exportstück der Variante ist von Reinzano in Apulien

B.4 Wirtschaft und Gesellschaft

bekannt. Denkbar ist die Ableitung der Hauptform von syrischen und palästinensischen Vorbildern der späten Bronzezeit (Žeravica 1993, 32–44, T. 9–11).

Bisher sind die Äxte nur durch Einzel- und Hortfunde überliefert. Das bisher größte Depot wurde in Torovica bei Lezha in Nordalbanien entdeckt. Es enthielt 32 Äxte vom albano-dalmatinischen Typ und 91 zum Teil verzierte Tüllenbeile mit kleiner Öse vom Typ Manduria, der hauptsächlich im Salento und am Golf von Tarent verbreitet ist. In diesen Importstücken spiegelt sich ein Handel zur südwestlichen Adria wider. Die albano-dalmatinischen Äxte besitzen meist keine Gussnaht. Sie dienten also wahrscheinlich als Zahlungsmittel.

Eine interessante Fundgattung sind kleine bronzene Anhänger in Form von Doppeläxten, sichtlich Amulette. Sie kommen im 7. und 6. Jh. sowohl bei weiblichen als auch männlichen Bestattungen nur am Glasinac vor. Etwa gleichzeitig sind in Männergräbern gelegentlich auch Doppeläxte aus Eisen zu finden. Einmal gibt es in einem Grab in Podlaze am Glasinac auch zwei tüllenbeilförmige Anhänger (Žeravica 1993, Nr. 743–780, T. 49).

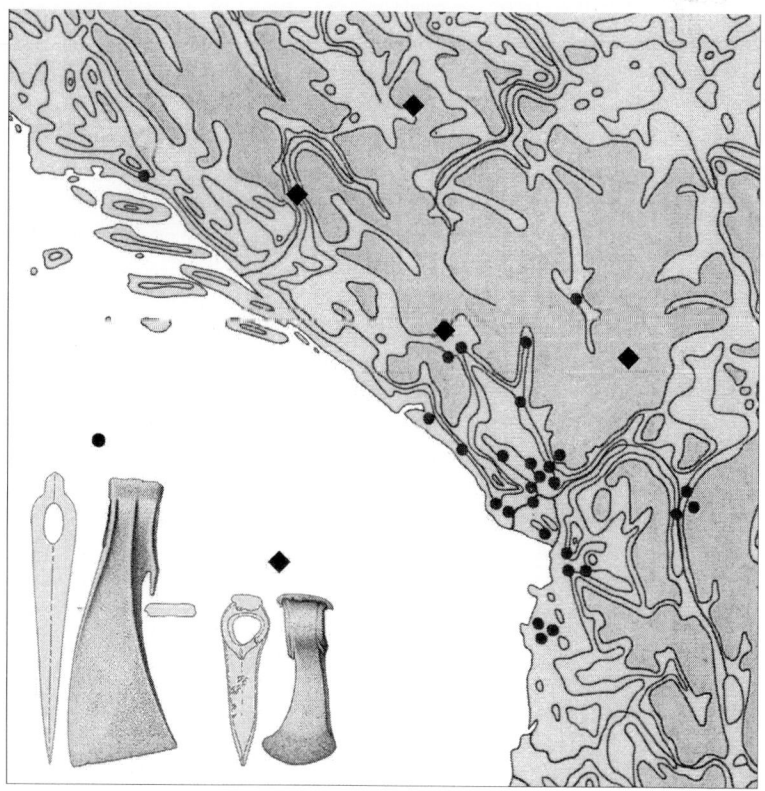

Abb. 19: Verbreitung der albano-dalmatinischen Lochaxt (Punkt), 11.–9. Jh., und ihrer Variante Debelo Brdo (Raute), 10. Jh.

Für eine Gesellschaft wie die Illyrer, die wirtschaftlich stark auf Viehzucht orientiert war, hatte Salz eine enorme Bedeutung. Die Haustiere, allen voran Rind, Schaf und Ziege, benötigen zum Futter immer wieder Salzzugaben. Dazu kommt, dass Salz zur Konservierung von Lebensmitteln, besonders von Fleisch notwendig war. Insofern überrascht es nicht, dass es zwischen den illyrischen Stämmen der Autariatae und Ardiai über die in ihrem Grenzgebiet vorkommenden Salzquellen zum Streit kam, wie Strabon für das 5. oder 4. Jh. berichtet:

> „Die Autariatae waren das größte und tüchtigste unter den illyrischen Völkern, das früher mit den Ardiai ständig Krieg führte des Salzes wegen, das sich auf der Grenze (der beiden) aus einem im Frühling einem Tal entfließenden Wasser absetzt." (Strabon 7.5.11).

Die Autariatae lebten nach allgemeiner althistorischer Auffassung in Ost- und Zentralbosnien, die Ardiai waren ihre westlichen Nachbarn. Die von Strabon erwähnte Salzquelle muss sich daher im Hinterland der Adria befunden haben. Tatsächlich gibt es heute zwischen oberem Vrbas und oberer Neretva mehrere Salzquellen: bei Slatina und etwas südlich von Konjica. Im Raum Tuzla (zwischen unterer Bosna und Drina), wahrscheinlich noch im Siedlungsgebiet der Autariatae, gibt es außerdem reiche Steinsalzvorkommen sowie Salzquellen. Durch Erhitzen und Verdampfen von salzhaltigem Quellwasser noch in osmanischer Zeit erzielte man kristallines Salz (Rücker 1893).

In der Antike wird Bitumen, das in Südillyrien abgebaut wurde, mehrfach erwähnt. Es diente als Pech zur Abdichtung im Schiffbau oder als Klebemittel, etwa bei der Reparatur von Tongefäßen. In besonders reiner Form tritt Bitumen vor allem bei Selenica am Südrand des Vjosatales auf (Morris 2006). Vielleicht besteht ein gewisser Zusammenhang mit der Gründung der illyrischen Stadt Byllis im 4. Jh. am gegenüber liegenden Talrand.

B.4.3 Der Handel

Weitreichender Handel ist bereits in der frühen Spätbronzezeit bezeugt. So wurde beispielsweise in der Höhensiedlung Debelo Brdo im Gebiet des Ursprungs der Bosna im westlichen Miljakabecken mykenische Keramik von Späthelladisch III A 2 Spät (Anfang 14. Jh.) gefunden. Sehr wahrscheinlich kommt für die Handelsroute am ehesten der Seeweg in Frage, über die Adria, dann über das Tal der Neretva bis zum großen Flussknie aufwärts, von wo man über die dinarischen Höhenzüge zur oberen Bosna gelangen konnte (Sakellarakis/Morić 1975). Vielleicht etwas früher datiert eine langdreieckige mykenische Dolchklinge mit abgerundetem Heft aus Gnojnice bei Mostar in der Herzegowina. Die Klinge besitzt eine breite, dachförmige Mittelrippe und zwei halbkugelige Nietköpfe (Čurčić 1909, 95, Nr. 20, T. 18/4).

B.4 Wirtschaft und Gesellschaft

Nach einer Unterbrechung vom 11. bis 10. Jh. erreichen dann italische Erzeugnisse, vor allem Feingeschirr, die ostadriatische Küste (siehe Online-Abb. 8). Der Schwerpunkt des Handels verlagert sich schließlich auffallend stark in das innerbosnische Gebiet. So kommen schon seit etwa 700 v. Chr. Teile von bronzenen Geschirrsets aus süditalisch-griechischen und mittelitalisch-etruskischen, aber auch griechisch-ionischen Werkstätten den Glasinac (Jašarević 2015 a). Dieser ‚Boom' an kostbaren Bronzegefäßen, die der Oberschicht mit ins Jenseits gegeben wurden, hält dann bis in das 5. Jh. an. Bemerkenswert ist, dass dieses Geschirr erstmals bereits lange vor der Gründung der griechischen Kolonien an der unteren östlichen Adria im illyrischen Gebiet eintrifft. Frühestens ab dem ausgehenden 7. Jh. waren Epidamnos und Apollonia dann aber wichtige Ausgangspunkte oder Vermittler von kostbarem Tafelgeschirr aus schwarz-, später rotfiguriger Keramik und Bronzegefäßen. Ob diese Luxuswaren von den illyrischen Potentaten eingehandelt oder ihnen als diplomatische Gastgeschenke, als Keimelia, gebracht wurden, ist nicht geklärt. Genauso wenig wissen wir, ob die griechisch-ionischen Erzeugnisse eher auf dem Landweg – etwa über die Täler des Vardar und der Morava – oder über den Seeweg über die Adria und dann weiter ins Landesinnere transportiert wurden. Wahrscheinlich wurden beide Optionen genutzt. Die Seeweg-Route ist jedenfalls durch die Darstellungen von Segelschiffen auf den Beinschienen des Kriegers in Ilijak 3/9 gut belegt (▶ Abb. 11/1 b).

Neben dem Importgeschirr aus Ton und Bronze erhielten oder beschafften sich die vornehmen illyrischen Krieger auch Schutzwaffen aus Griechenland (siehe Online-Abb. 8). Dazu gehören Klemmbeinschienen und Schildbuckel sowie sogenannte illyrische Helme aus Bronze, die aber in der Folge wahrscheinlich in einheimischen Waffenschmieden selbst hergestellt wurden. Korinthische Helme erreichten den Glasinac und Kaptol in Slawonien im 6. Jh. (Teržan 1995). Insgesamt zeigt sich, dass das illyrische Gebiet besonders empfänglich für griechische Luxuswaren und Waffen war.

Zum kostbaren Schmuck zählten auch Perlen, aber auch Anhänger und Beschläge aus Bernstein (Palavestra, A., 1993). Erste Bernsteinfunde auf der Balkanhalbinsel datieren ins 16. Jh. Wie Spektralanalysen an 35 Bernsteinobjekten aus Kroatien und Bosnien-Herzegowina zeigen, stammt der Bernstein aus dem Baltikum (Todd u. a. 1976). Es gibt ganz klare Verbreitungsschwerpunkte nicht nur für die frühesten, sondern auch die späteren Bernsteinfunde, die die Handelsrouten, aber auch die Gebiete der Abnehmer aufzeigen. Eine besondere Dichte von Bernstein findet sich in Istrien. Damit wird eine Transitroute über Italien bzw. Ägäis über die Adria und von dort ins Innere des Balkans sehr wahrscheinlich. Andererseits kommen Bernsteinobjekte entlang der Drina und am Glasinac gehäuft vor, was auf einen Bernsteinhandel über Pannonien zur unteren Donau und von dort weiter nach Süden schließen lässt. Seit der Mitte des 11. Jhs. sind diese Handelswege weitgehend unterbrochen, was offensichtlich mit der Ausbreitung der Urnenfelderkultur im unteren Donauraum zusammenhängt. Diese deutliche Abnahme von Bernsteinobjekten betrifft gleicherweise auch den mykenischen und frühgriechischen Raum.

Erst im 8. Jh. setzt wieder ein zunächst bescheidener Bernsteinhandel ein, der scheinbar in der Linie von der oberen Adria und dem westlichen Pannonien ausgeht. In dieser Zeit konnte sich nur die soziale Oberschicht am Westbalkan den wertvollen Bernstein und die daraus hergestellten Perlen leisten. Etwa 100 Jahre später erreichte ein intensivierter Handel mit Bernstein schon weitere illyrische Gebiete bis nach Albanien im Süden (Kurti, R. 2012), aber auch das nordöstliche Makedonien. Der Höhepunkt für das Vorkommen von Bernsteinschmuck fällt in die zweite Hälfte des 6. Jhs., die Zeit der Fürstengräber. Gerade bei diesen Prunkbestattungen kommen nun auch figürliche oder geometrisch geformte Bernsteinobjekte vor, die aus italischen Werkstätten stammen.

Bereits in der ersten Hälfte des 5. Jhs. geht die Zahl und Qualität von Bernsteinperlen im illyrischen Gebiet allmählich zurück. Während im japodischen Lebensraum in der kroatischen Lika und im nordwestbosnischen Una-Tal weiterhin viele Bernsteinfunde auftreten, wird der Bernsteinschmuck am Glasinac und südlich davon immer seltener. Mitte des 3. Jhs. sind hier Bernsteinperlen bereits eine Rarität.

Möglicherweise wurde Bernstein nicht direkt von Kaufleuten oder Wanderhandwerkern aus dem Norden zum Balkan gebracht. Vielmehr könnten auch andere Verteilungsmechanismen eine Rolle gespielt haben. In den gebirgigen Gebieten des Balkans war, wie schon oben erwähnt, Transhumanz eine gängige Wirtschaftsform. Vermutlich gab es damit in Verbindung einen regen Handel, der von Wanderhirten ausgeführt wurde. Zumindest im 6. und 5. Jh. scheint die Elite eine starke Kontrolle auf diesen Handel ausgeübt zu haben; sie behielt einen Teil der Waren ein oder legte Zölle darauf (Palavestra, A. 1993, 292–293). Es wird davon ausgegangen, dass es ähnlich wie in der Antike, im Mittelalter und sogar noch in der Neuzeit einen Karawanen-Handel gegeben hat. Die einheimischen Potentaten, darunter auch die nomadischen Clanführer, rüsteten Karawanen aus und gaben ihnen bewaffnete Begleitungen mit.

Die Karawanen transportierten sicher nicht nur auswärtige Handelsware, sondern auch eigene Waren, wie Überschussgüter und Rohstoffe, so bergmännisch gewonnenes Silber, Eisen und Salz. Im Mittelalter waren dies Leder, Wolle, Felle, Vieh, Wachs, Honig, Harz und sogar Holz (für den Schiffsbau), ferner seltene Pflanzen, Farbstoffe und – nicht selten – auch Sklaven. Zur Besiegelung von Handelsverträgen, aber auch politischen Bündnissen gab es wertvolle Geschenke. In prähistorischer und antiker Zeit könnte das auch Bernstein gewesen sein (Palavestra, A. 1993, 296).

In diesem Zusammenhang ist auch die Verbreitung von Münzen des 4. Jhs. aus den griechischen Kolonien Apollonia und Dyrrhachion interessant. Im Hinblick auf das nordillyrische Gebiet zeigt sich eine relativ dichte Fundsituation beiderseits der Neretva, etwa von der Bucht von Kotor im Süden bis Split im

B.4 Wirtschaft und Gesellschaft

Nordwesten einschließlich der davor liegenden Inseln in der Adria. Die Zone der Verbreitung reicht dann nördlich bis zum Oberlauf der Bosna. Die Münzen kommen also vorwiegend im Gebiet der illyrischen Ardiai und Autariatae als Hort-, Einzel- und Siedlungsfunde vor. Eine weitere Verbreitung zeigt sich an der südlichen Morava und am Ibar (Popović 1987, Fig. 29). Was eigentlich mit dem Geld eingekauft wurde, ist unklar, wenn auch in dieser Zeit ein Handel mit Bernstein oder sogar Sklaven denkbar ist. Nicht zu übersehen ist auch eine sehr dichte Verbreitung in Slawonien und Syrmien, sowie im Mündungsgebiet der Morava.

Seit dem Ende des 7. Jhs. wurde auch Olivenöl und Wein in das binnenillyrische Gebiet gehandelt. Das zeigen Amphoren griechischer, später römischer Herkunft (Ceka 1986; Lahi 2019). Amphoren mit lateinischen Stempeln erreichen allerdings nur wenige Plätze, wie Selca e Poshtme oder Pogradeci. Offenbar war der Weinhandel nur auf bestimmte Regionen begrenzt. 88 % von den in einheimischen, aber vor allem griechischen und römischen Siedlungen belegten lateinischen Amphoren waren für den Transport von Wein, nur 12 % für Olivenöl bestimmt. Vom Ende des 4. bis in die erste Hälfte des 3. Jhs. sowie von der zweiten Hälfte des 3. bis in die erste Hälfte des 2. Jhs. stammen je 3 % der Amphoren, von der zweiten Hälfte des 2. bis Anfang des 1. Jhs. 8,3 %, und vom 1. Jh. v. Chr. 85 % der Amphoren. Bis zum Ende des 2. Jhs. wurde Wein hauptsächlich aus Süditalien importiert, später aus Mittel- und Norditalien. Olivenöl hingegen bezog man die gesamte Zeit hauptsächlich aus Süditalien.

Münzen der epirotischen Liga aus der zweiten Hälfte des 4. und ersten Hälfte des 3. Jhs., die in Albanien auffallend dicht vom Tal der Vjosa nach Süden und Südosten reichen, zeigen nicht nur die politischen Verhältnisse, sondern auch recht deutlich die wirtschaftlichen Beziehungen der im Hinterland von Apollonia lebenden illyrischen Stämme mit den Molossern und anderen Stämmen im Epirus in dieser Zeit (Meta 2006, Fig. 1). In Mittel- und Nordalbanien, also in Siedlungsgebieten weiter nördlich lebender illyrischer Stämme, wurde mit dem Epirus kaum gehandelt.

Interessant sind auch Überlegungen zum Handel der nördlichen Nachbarn der Illyrer. Barbara Teßmann hält es für möglich, dass die Japoden Leder, Dörrfleisch, Käse, Honig und – vor allem – Wolle und daraus gewebte Stoffe ausführten. Die Autorin erinnert dabei an frühe Überlieferung im Hethiterreich, die unter den wichtigsten Handelswaren neben Metallen auch Wolltextilien anführen (Teßmann 2018).

B.4.4 Soziale Strukturen

Tatsächlich hat die Prähistorie nur wenige überzeugende Möglichkeiten, eine gesellschaftliche Schichtung in einer archäologischen Kultur zu erkennen. Abstufungen in Qualität und Quantität von Beigaben und Ausstattungsmuster in illyrischen Gräbern lassen sich natürlich aufzeigen (vgl. Abschnitte IV. 1–4 und

IV. 7–11). Auch die Lage einer Bestattung im Grabhügel – etwa in der Mitte, an der Peripherie, in großer oder in geringer Tiefe – kann Hinweise auf den sozialen Status geben. Zu den Schwierigkeiten zählt aber, dass sicher nicht alle Mitglieder einer Gemeinschaft in einem Tumulus bestattet worden sind. Ob diese nun in kleineren, heute schwer auffindbaren Grabhügeln oder in Flachgräbern zu finden sind, bleibt offen.

„Einige der illyrischen Stämme sind von benachbarten Königen unterworfen worden, andere unterstehen einheimischen Herrschern, wieder andere regieren sich selbst" überliefert Pseudo-Skymnos um 130 v. Chr. (Vers 420–422). Tatsächlich lassen überreich ausgestattete Gräber eine Vorstellung von mächtigen, mitunter herrschenden Personen zu. Hier gibt es auf den ersten Blick zwei Deutungsoptionen: Es waren Personen, die über größeren materiellen Besitz verfügten, wie etwa Großbauern oder erfolgreiche Händler, oder aber Angehörige einer herrschenden Oberschicht, die sich nicht nur durch Wohlstand, sondern auch durch Macht auszeichneten. Als nächstes muss die Frage nach Kriterien gestellt werden, nach denen graduell elitäre Persönlichkeiten – und deren Familien – wie etwa Dorfvorsteher, Clan- oder Stammeschef oder auch ‚Fürst' bestimmt werden können. Dazu sollen einige klar erkennbare Merkmale vorgeschlagen werden:

– Besondere Größe, aufwendige Struktur und isolierte Lage eines Grabhügels bzw. in einer kleinen Nekropole.
– Eindeutigkeit einer Hauptbestattung, eventuell mit anderen, eventuell zuordenbaren Neben- und Nachbestattungen (enge Verwandte, Waffenträger, Dienerschaft). Dazu ein exklusiver Grabritus.
– Brand- statt Körperbestattungen während der Eisenzeit.
– Wertvoller Gewand- und Körperschmuck.
– Schwert auch Schutzwaffen.
– Pferdezaumzeug.
– Insignien, wie etwa große Schleifsteine in prunkvoller Bronzehalterung.
– Luxuriöses Importgeschirr aus Bronze oder Ton.
– Schwert und/oder Schutzwaffen

Behält man diese Charakteristika im Blick, so zeigt sich am Glasinac seit dem 8. Jh. eine auffällige Entwicklung, die an ausgewählten Beispielen belegbar ist. Der Tumulus 3 in Ilijak enthielt neun Körperbestattungen. Im Grab 9, das in das zweite Drittel des 8. Jhs. datiert, lagen zwei Langschwerter, ein Tüllen- und ein Ärmchenbeil sowie Beinschienen (▶ Abb. 11). Der Mann trug einen Gürtel mit Bronzeschließe und ein Paar massiver Armreife. Der ritzverzierte Stirnreif könnte eine Totengabe einer Ehefrau sein. Zu den beiden Henkelgefäßen kommt eine große Zahl an Tonscherben, die wahrscheinlich von Keramik stammt, die die Teilnehmer an der Bestattungszeremonie für ein Totenmahl benützt und dann zerbrochen hatten (Benac/Čović 1957, 70, T. 15/12–14; T. 16–17).

B.4 Wirtschaft und Gesellschaft

Die um etwa eine Generation spätere Einzelbestattung 1 im Tumulus 2 in Ilijak lag auf einer Plattform aus Steinen (▶ Abb. 10). Der Grabhügel 2 ist der größte in der Nekropole, von der 22 Tumuli erforscht wurden. Der hochgestellte Krieger war mit einem Prunkschwert und jeweils einem Paar von Lanzen und Pfeilen bewaffnet sowie mit Beinschienen gepanzert. Sein Oberkörpergewand war mit reichem Bronzeschmuck versehen, es könnte sich aber auch um eine Panzerung eines Lederkollers gehandelt haben. Als Rangzeichen kann ein bronzegefasster Schleifstein gelten. Dazu kommt ein großer Radanhänger mit vier Speichen, der Amulett oder ebenfalls Insignie gewesen sein kann. Zum Schmuck zahlen je ein Paar Armreife und Nadeln sowie eine lange Halskette aus Bernsteinperlen. Das wertvolle Tafelgeschirr besteht aus mehreren Bronzegefäßen, die aus Griechenland bzw. Etrurien importiert waren. Eine Zungenphiale trug der Tote wie ein besonderes Statussymbol (▶ Abb. 10). am Kopf. In der Grabfüllung lagen – ähnlich wie Grab 3/9 in Ilijak – zahlreiche Tonscherben, offenbar von absichtlich zerbrochener Keramik (Benac/Čović 1957, 70–71, T. 18–20).

Die Reiterbestattung Grab 5 in Čituluci Tumulus 1 datiert bereits in die erste Hälfte des 6. Jhs. Sie enthielt neben Pferdegeschirr und Trense, eine Pinzette, ein Krummschwert, je drei Doppeläxte und Lanzen, Klemmbeinschienen und einen Schild mit verziertem Bronzebuckel. Am Gürtel waren ein langer Beschlag und eine Schließe aus Bronze befestigt. Der reiche Schmuck setzt sich aus drei Brillenfibeln, Kopfschmuck aus Bronze und Silber, einem Paar massiver Armreife und einer Halskette aus Bronze-, Bernstein- und Glasperlen zusammen (Benac/Čović 1957, 75, T. 30/5–10; T. 31; T. 32/1–6).

Auch der Krieger im Grab 1 im Tumulus 2 in Osovo verfügte über ein Reitpferd, wie das beigegebene Zaumzeug belegt. Interessanterweise befinden sich unter der Bewaffnung nur ein Paar Lanzen. Neben einer Pinzette, zwei Eisenmessern mit verzierten Scheiden aus Bein und einem bronzegefassten Schleifstein verfügte der Mann über reichlich Schmuck aus zahlreichen Bronzebeschlägen, Spiraldrahtarmreif, Anhängern und Ziernadeln. Zum Tafelgeschirr gehören ein italisches Perlrandbecken und eine wahrscheinlich phrygische Lotusphiale, die in das zweite Drittel des 6. Jhs. datieren. Einheimische Erzeugnisse sind ein Doppelhenkelgefäß und ein Krug aus Ton (Benac/Čović 1957, 73–74, T. 26–27, T. 28/1–4).

Schon in das letzte Drittel des 6. Jhs. sind die beiden Gräber im Arareva Gromila zu stellen. Der alleinstehende, weithin sichtbare Riesentumulus – in illyrischer Zeit sicher Denkmal und Landmarke zugleich – liegt zwischen Kusače und Cavarina am Westrand der Hochebene des Glasinac und besitzt einen Durchmesser von 22 m mit einer erhaltenen Höhe von 1,80 m. Wegen seiner auffälligen Ausmaße wird er im Volksmund ‚Grabhügel des Arar' genannt. Er wurde 1890 von Truhelka freigelegt. Nach seinem Grabungsbericht lässt sich der Aufbau rekonstruieren. Zunächst errichtete man eine Plattform aus Steinen, auf der ein vornehmer Toter verbrannt wurde. Um seinen Leichenbrand deponierte man seinen korinthischen Helm und Schmuck. Dazu gehören ein komplexer Astragalgürtel mit Schließe, insgesamt zehn Fibeln verschiedener Form, Anhänger, ein Paar Armreife vom Typ Mramorac, vier weitere Arm- oder Fußreife, fünf prunkvolle, zum Teil bimetallische Nadeln und eine Halskette aus übergroßen Bernsteinperlen. Ferner sind zwei einheimische Henkelgefäße aus Ton unter den Beigaben (▶ Abb. 20).

Im zweiten Grab, das neben der Plattform wahrscheinlich gleichzeitig angelegt wurde, lag eine Körperbestattung. Zu ihr gehören drei Lanzen und eine Doppelaxt. Zum Schmuck zählen mehrere Beschläge und Anhänger, Kopfschmuckringe und vier größere Bronzeperlen (▶ Abb. 21). Der Ausgräber erwähnt auch – inzwischen verschollene – Glas-, Stein- und Tonperlen sowie eine Pinzette. Über beide Bestattungen befand sich eine mächtige Steinaufschüttung (Benac/Čović 1957, 79–80, T. 40–41). Der Mann im Grab 2 könnte vielleicht der Waffenträger des im Hügelzentrum bestatteten Herrn gewesen sein.

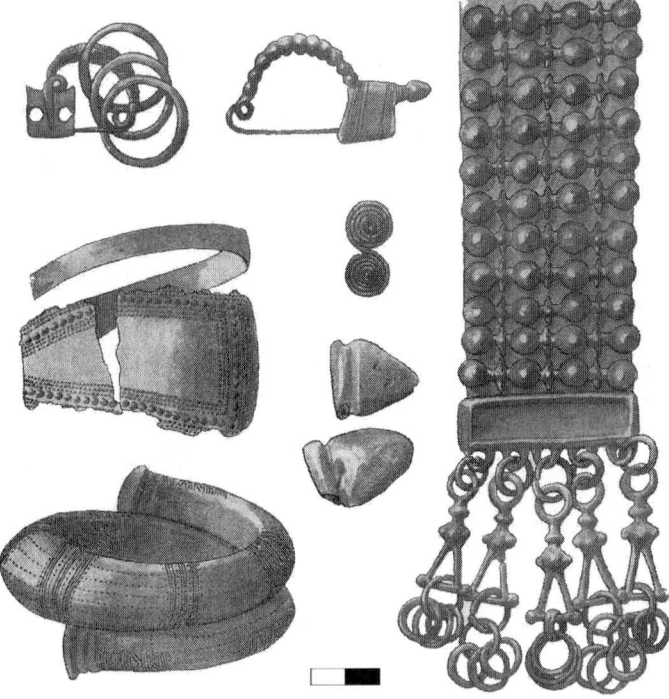

Abb. 20: Arareva Gromila, Bosnien, Tum. 1/1 (Zentralbestattung), Auswahl: Fibeln, massiver und Armreif vom Typ Mramorac, Brillenfibel ohne Achterschleife, Astragalgürtelbeschlag aus Bronze, Bernsteinperlen, 2. Hälfte 6. Jh.

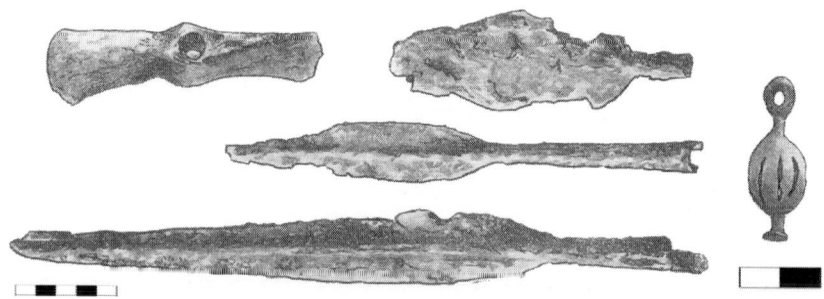

Abb. 21: Arareva Gromila, Bosnien, Tum. 1/2 (Peripheriebestattung): Auswahl: geschlitzte Bronzebommel, 1 : 1, Axt und Lanzenspitzen aus Eisen.

Die hier beschriebenen, herausragenden Bestattungen am Glasinac zeigen in ihrer zeitlichen Abfolge einen immer aufwendigeren Grabbau, eine betonte Anordnung von Haupt- und Neben- bzw. Nachbestattungen und eine zunehmend üppigere Ausstattung. Die beiden Gräber Ilijak 3/9 und 2/1 aus der zweiten Hälfte des 8. Jhs. lagen noch in Tumuli einer größeren Nekropole. In Verbindung mit den Gräbern Čitluzi 1/5 und Osovo 2/1, die in das 6. Jh. datieren, sind die Hügelgruppen mit acht oder zehn Tumuli bereits kleiner. Völlig frei steht aber der Monumentaltumulus von Arareva Gromila vom Ende des 6. Jhs., in dem ein Herrn und seine mitbestatteten Waffenträger lagen. Es ist bemerkenswert, dass zur Hauptbestattung als Angriffswaffen nur zwei Lanzen gehören. Wahrscheinlich handelte es sich um einen regionalen Potentaten, dessen Macht über die eines Clanchefs hinausging.

Am Glasinac entstand also seit dem ausgehenden 8. Jh. allmählich ein immer mächtigerer berittener Kriegeradel. Den Höhepunkt dieser Entwicklung bilden die sogenannten Fürstengräber in Westserbien und im westlichen Kosovo/Kosova, aber auch in Nordmakedonien (▶ Abb. 22). Wie erwähnt, gehörte das Gebiet an der Westlichen Morava während der mittleren und jüngeren Eisenzeit zum Kulturraum des Glasinac. Rund 500 m von der Tumulusnekropole in Pilatovići auf der Flur Trnjaci entfernt steht ein einzelner Riesentumulus, der das bisher älteste Fürstengrab ist. Obwohl noch nicht im Detail veröffentlicht, können einige wesentliche Angaben gemacht werden. Unter der Aufschüttung verlaufen drei unterschiedlich breite Steinringe, in deren Zentrum sich ein Bustuarium in Form eines ovalen, aus großen Bruchsteinen eingefassten Grabes befindet. Es enthielt die Brandbestattung eines Kriegers mit Langschwert und Schild mit Metallbuckel. Außerhalb des Grabes wurden Tongefäße griechischer Herkunft, Fragmente eines archaischen Bronzegefäßes mit Löwenfigur-Aufsatz und ein Skarabäus, der in Ägypten die Sonne symbolisierte und aus der Zeit der 20.-22. Dynastie (1190-720) stammt, deponiert. Die Skarabäus-Beigabe findet in Etrurien Parallelen.

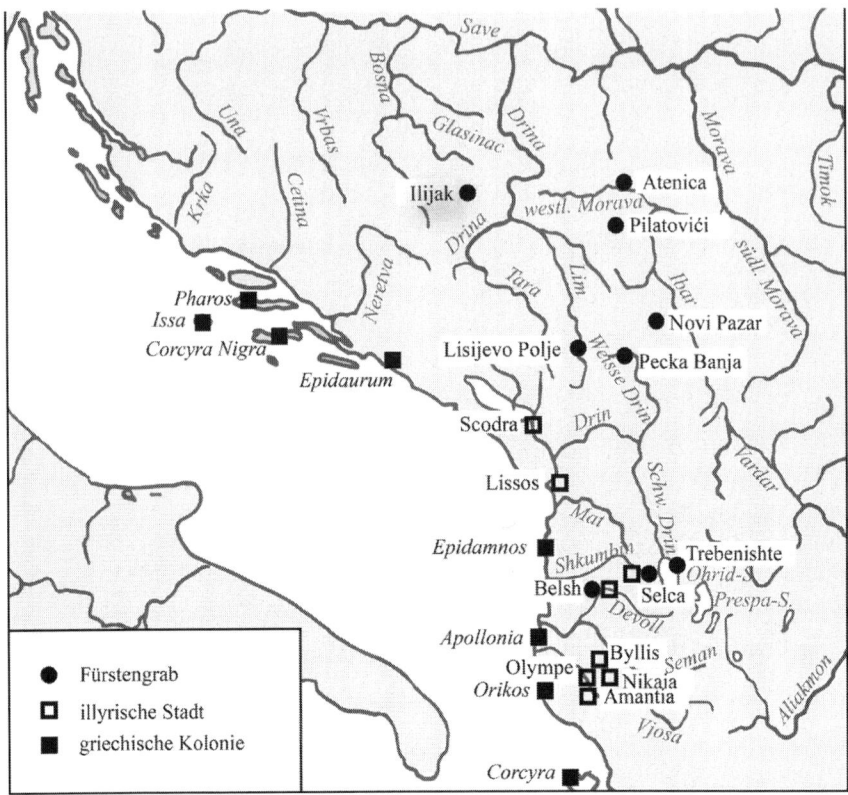

Abb. 22: Illyrische "Fürstengräber" und die Fürstennekropole in Trebenishte, Nordmazedonien, 7.-5. Jh. sowie griechische Kolonien seit 7. Jh. und illyrische Städte seit Ende 5. Jh. v. Chr.

In der Nähe der Zentralbestattung lag das Grab eines Mädchens, wie aus den Beigaben hervorgeht. Ein drittes, aus kleinen Bruchsteinen gebautes Grab diente der Aufnahme einer weiblichen Körperbestattung. Es war im Vergleich mit dem Hauptgrab viel reicher ausgestattet und enthielt goldene Armreife, Bronzegefäße vom griechisch-illyrischen Typ, Bernsteinperlen und einen Astragalgürtel. Dazu kommen einheimische Tongefäße.

Im Innern der Steinkreise zeigten sicher mehrere runde, mit Kies ausgelegte Flächen, auf denen Holzkohle und Tonscherben lagen. Sie lassen komplexe Grabopferriten vermuten. Alle Gräber datieren um die Mitte des 6. Jhs. (Krstić 2004, 45-46).

In Atenica am rechten Ufer der Westlichen Morava, südwestlich von Čačak wurden zwei weitere, isoliert stehende, aber beieinander liegende Riesentumuli (▶ Abb. 23) erforscht und ausreichend veröffentlicht (Djuknić/Jovanović 1965). Der jüngere Grabhügel I hat einen Durchmesser von 35 m und eine erhaltene Höhe von 1,2 m. Er ist von einer Mauer aus teils behauenen großen Steinen auf einem breiten Sockel eingefasst. Im nordöstlichen Sektor, direkt neben der

B.4 Wirtschaft und Gesellschaft

Mauer, befand sich eine Ustrine. Im Zentrum lag über der Brandbestattung einer Frau und ihrem Zubehör eine kuppelförmige Steinschüttung. Zu der überaus reichen Ausstattung gehört Gold- und Silberschmuck von der Kleidung: zahlreiche rhombische, trapez-, pfeil-, palmetten-, eber- und bienenförmige Besatzplättchen, die aus dem Piceno stammen, sowie doppelkonische und röhrenförmige Perlen (▶ Abb. 24). Aus Silber besteht eine Bogenfibel mit rechteckigem Fuß und Schlussknopf. Von besonderem Interesse sind Halsketten aus Glas- und Bernsteinperlen, von denen viele figürlich oder mit Einkerbungen verziert und wahrscheinlich picentische Arbeiten sind, weiters ein wahrscheinlich etruskisches Beinkästchen mit figürlichen Darstellungen im Halbrelief und einem liegenden vollplastischem Löwen am Deckel sowie griechische Bronzegefäße. Beim Grab wurden auch die Beschläge eines zweirädrigen Wagens und Pferdezaumzeug gefunden.

Nordöstlich dieser Hauptbestattung lag das Körpergrab eines Knaben mit ähnlichem Gewandbesatz und einer Halskette aus Glas- und Bernsteinperlen. Zwei dreiflügelige skythische Tüllenpfeilspitzen aus Bronze, eine eiserne Lanzenspitze und die Reste eines griechischen Bronzekraters zeigen starke Feuereinwirkung. Diese Objekte wurden wahrscheinlich mit der Hauptbestattung verbrannt.

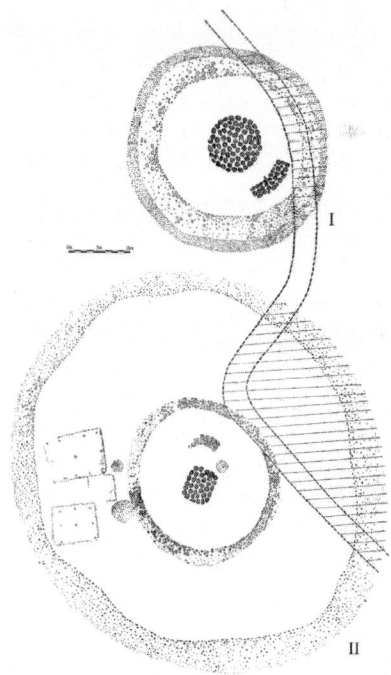

Abb. 23: Fürstengrabhügel I und II in Atenica, Westserbien, Bodenniveau.

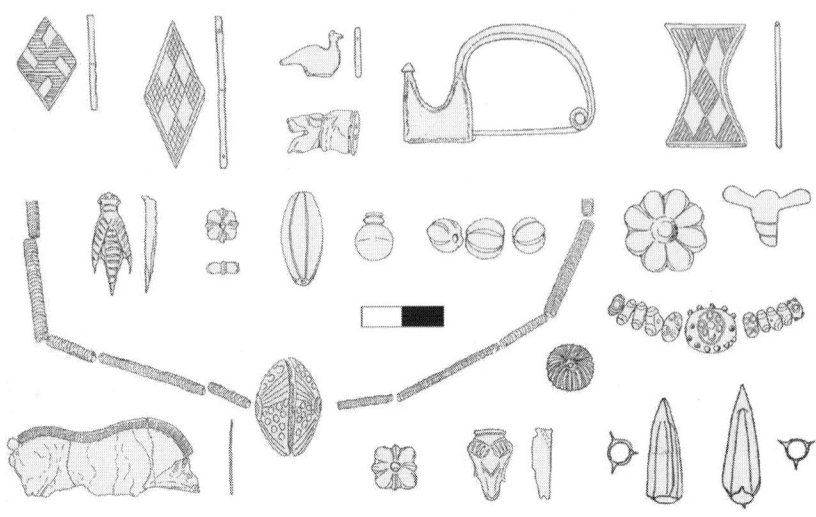

Abb. 24: Atenica, Westserbien, Tum. I, Zentral- und Peripheriegrab. Auswahl: Schmuck aus Gold, Bronze, Bernstein und Glas.

Tumulus II wurde vor dem Grabhügel I errichtet, wie stratigraphische Beobachtungen erwiesen. Er hatte einen Durchmesser von 70 m und war nur sehr niedrig erhalten. Vor oder während der Aufschüttung wurden Tiere geschlachtet und verspeist, wie die darin enthaltenen Knochen von drei Auerochsen und zwei Schweinen zeigen. Auch ein Hund wurde geopfert. Im Zentrum des Tumulus befand sich ein rechteckiger Aufbau aus Lehm und Steinen, auf dem der Leichenbrand eines Mannes und seine mitverbrannten Beigaben lagen. Um den Aufbau zog ein Steinkranz mit ca. 27 m Durchmesser. Die Ustrine und eine halbkreisförmige Steinlage lagen zwischen dem Zentralgrab und dem Steinring. Dazu kommen im südlichen Zwischenraum des Steinringes und dem Hügelrand vier rechteckige, durch Kiesböden markierte Flächen, die im Inneren Reihen von kleinen, von Steinen eingefassten Opfergruben besaßen. In ihnen lagen Holzkohle, verbrannte Knochen und Keramik. Die Ausstattung des Mannes bestand aus Schmuck aus Gold, Silber und Bernstein, griechischen Bronzegefäßen, einem griechischen Hiebschwert, Lanzen, zwei Schilden mit Metallbuckeln, bronzenen dreiflügeligen Tüllenpfeilspitzen und einem Würdezeichen in Form eines bronzegefassten Wetzsteines vom Typ Glasinac. Zur Ausstattung des vornehmen Mannes gehörte außerdem ein vierrädriger Wagen samt dem Geschirr der Zugpferde (▶ Abb. 25). Eisenzeitliche Bestattungen mit vierrädrigen Wagen sind im nördlichen Mitteleuropa für die soziale Oberschicht charakteristisch, während Kriegergräber mit zweirädrigen Wagen in der Art vorderasiatischer Streit- bzw. Rennwagen in Etrurien und Picenum zwischen 750 und 450 v. Chr. gehäuft vorkommen (Pare 1987, 217, Abb. 13). Die beiden Hauptbestattungen in Atenica sind

B.4 Wirtschaft und Gesellschaft

die einzigen Wagengräber am Westbalkan. Sie datieren an das Ende des 6. oder den Beginn des 5. Jhs.

Eine besondere Stellung unter den Fürstengräbern nimmt der Fundkomplex von Novi Pazar ein. Der Fundplatz befindet sich etwas westlich der oberen Ibar im südwestserbischen Sandžak. Als man 1957 die auf einem Hügel gelegene Kirche St. Peter und Paul aus dem 12. Jh. restaurierte, stieß man unter den Fundamenten und zwischen den Kirchenmauern auf die Reste einer zentralen, aus großen Steinen gebauten Grabanlage, eine kreisförmige Einfassung aus Steinplatten und eine dazwischen liegende Ustrine. Neben dieser stand ein Holzkasten, in dem und um den herum zahlreiche Fundstücke lagen (Mano-Zisi/Popović 1969; Krstić 2004, 40–44).

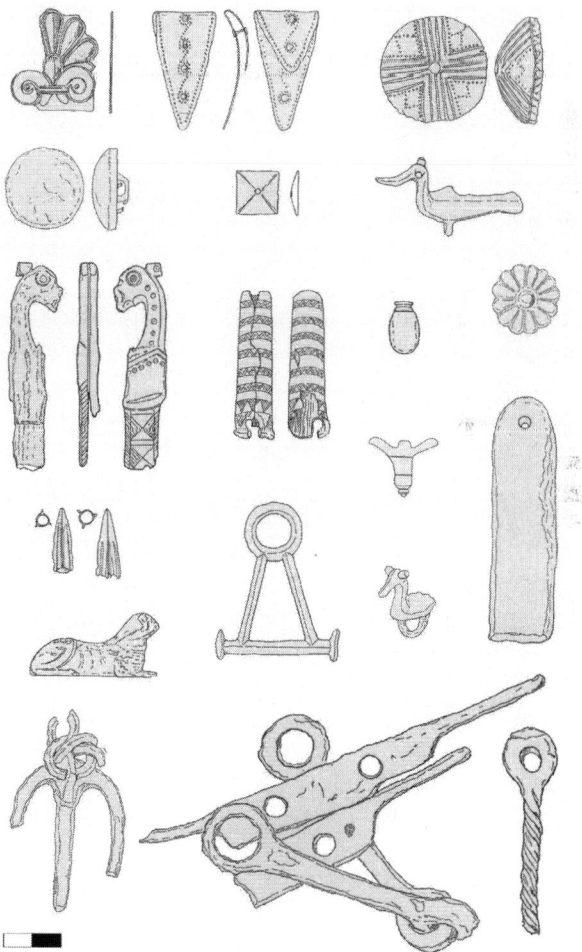

Abb. 25: Atenica, Westserbien, Tum. II. Auswahl: Schmuck aus Gold, Bronze, Bernstein und Glas, Pferdetrense und Bratspieß aus Eisen.

Neben der Kiste standen ein Olpe und eine Kylix, die mit schwarzfigurigen Darstellungen bedeckt waren. Dazu kommen eine Miniaturoinochoe mit einem Trichter aus Bronze, zwei Dreifußgefäße, eine Hydria mit plastischen Tierfiguren und Gorgonen, ein *infundibulum*, das trotz typologischer Ähnlichkeit mit süditalischen Sieben wegen seiner geometrischen Ritzverzierung und dem Widderkopfende eine einheimische Arbeit ist, und eine Silberphiale mit innen aufgesetztem Goldblattkreuz und getriebenem Lotusornament, das sicher aus einer griechischen Werkstätte in Unteritalien stammt.

Im Kasten befand sich prunkvoller Schmuck: eine zweischleifige Goldnadel, eine silberne Doppelnadel mit M-förmigem Kopf, silberne Bogenfibeln mit rechteckiger Fußplatte und Schlussknopf und Bronzefibeln mit dickem Bügel, je ein Paar silberner Armreife mit doppelten Schlangenkopfenden, mit Filigran und Granulation verzierte Goldperlen, Röhrchen aus Goldblech, eine Halskette aus Glasperlen, vier goldene Fingerringe sowie über 1500 Besatzstücke vom Gewand aus Gold in recht- und dreieckiger, rhombischer, Pfeil-, Röhrchen- und Swastika-Form. Außerdem 106 gepresste Knopfbeschläge sowie je drei runde und halbkreisförmige Brustplatten aus Goldblech von rund 22 cm Durchmesser. Sie sind ganz fein getriebenen geometrischen Mustern, darunter Tangentenspiralen, verziert.

Staunenswert sind auch die über 8000 Bernsteinobjekte. Darunter sind kleine, gewandete Mädchenfiguren (Koren oder Priesterinnen), Masken mit archaischem Lächeln und dreieckige Plättchen mit eingeritzten mythologischen Szenen. Es handelt sich um griechische Arbeiten aus Süditalien.

Obwohl das Fundgebiet nicht vollständig freigelegt werden konnte und Reste einer Bestattung fehlen, ist durchaus an die Tumulusbestattung einer fürstlichen Dame zu denken. Die Fundstücke datieren die Anlage an den Beginn des 5. Jhs.

Wenn auch bei weitem nicht so großzügig ausgestattet, können die in Lisijevo Polje im Tal der Lim südlich von Beran im Südosten Montenegros entdeckten reichen Grabfunde einer herrschenden Gesellschaftsschicht zugeordnet werden. Sie stammen aus einem eher kleinen Tumulus mit einem Durchmesser von nur 5 m und einer erhaltenen Höhe von 0,80 m innerhalb einer Nekropole mit gleichgroßen Grabhügeln. Der Tumulus wurde von Landwirten eingeebnet, das Fundensemble nur mehr tumultuös geborgen. Die Skelettreste zweier Individuen stammen wahrscheinlich von einer Frau und einem Mann. Bei der männlichen Bestattung lagen zwei Lanzenspitzen, ein Paar massiver Armreife mit Strich- und Punktornamenten und zweischleifige Bogenfibeln sowie Teile eines Pferdegeschirrs. Zum Frauengrab gehören ein Par kunstvoll verzierter Armreife, mehrere Paare von zweischleifigen Bogenfibeln mit sanduhrförmiger Fußplatte, je ein Paar Kahnfibeln, Bogenfibeln mit tordiertem bzw. gekerbtem Bügel und fragmentierter Brillenfibeln mit Violinbogen-Unterkonstruktion, eine Halskette aus quadratischen, dreieckigen, rosettenförmigen, doppelkonischen Bernstein-

B.4 Wirtschaft und Gesellschaft

und runden Glasperlen sowie ein Gehänge aus geschlitzten Bommeln mit T-förmigen Ende.

Einige Fundstücke lassen sich nicht der einen oder anderen Bestattung zuweisen: Spiralröllchen, weitere Bogenfibeln, große Anhänger aus Bernsteinplatten mit Strich-, aber auch figürlichen Motiven, wie etwa Eber, Hase oder einer menschliche Maske. Form und Verzierung der Bernsteinanhänger finden ihre Parallelen in Atenica I und Novi Pazar. Zur Grabkeramik sind eine griechische Oinochoe und ein Doppelhenkelgefäß zu zählen. Im Tumulus wurden also ein Elitekrieger und seine Frau um 500 v. Chr. bestattet (Marković 1982).

Weitere, noch nicht veröffentlichte Bestattungen in Pećka Banja bei Peć können ebenfalls als ‚fürstlich' bezeichnet werden (Krstić 2004, 39–40). Sie wurden 1979 bei einem Hotelbau entdeckt. Es ist nicht klar, ob es Brand- oder Körperbestattungen waren. Die geborgenen Funde sollen aber bei zwei Bestattungen auf einer gepflasterten, von einem Steinkreis umgebenen Fläche gelegen haben. Dem Charakter nach lassen sie sich einer Männer- und Frauenbestattung zuweisen. Demnach stammen aus dem Männergrab ein Fingerring vom Typ Mramorac, Spiralröllchen aus Silber, drei Bogenfibeln aus Bronze, eine Halskette aus Bernstein- und Glasperlen, bronzene Beschlagscheiben mit Silberblechverkleidung, die Bronzehalterung eines Schleifsteines, drei illyrische Helme vom Typ III, die allerdings außerhalb des Grabes lagen, und völlig zerfallene Eisenwaffen, vielleicht Lanzenspitzen.

Das Frauengrab enthielt mehrere hundert Bernsteinperlen, zwei Omega-Doppelnadeln und ein Fibelpaar mit gesattelter, rechteckiger Fußplatte und Schlussknopf, einen Fingerring mit aufgerollten Enden, stäbchenförmige Anhänger, zwei Spiralröllchen und zwei Paare Armreife – eines davon mit Schlangenkopfenden, das andere vom Typ Mramorac – aus Silber, außerdem Bronzepfeilspitzen von skythischer Form. Die Keramik beider Gräber setzt sich aus einheimischer und griechischer Tonware zusammen (▶ Abb. 26). Die Gräber datieren in das ausgehende 6. Jh.

Zwischen den im Glasinac-Mat-Gebiet beschriebenen Fürstengräbern bestehen deutliche Analogien. Dies betrifft die überreiche Ausstattung mit Importstücken, die Grabbauweise, Plattformen für die Zentralbestattung, Steinkreise, Grabopferflächen sowie die Größe der meist isoliert errichteten Grabhügel. Brandbestattung ist in mehreren Fällen für die Hauptbestattung belegt bzw. anzunehmen. Dazu kommt die Totenfolge mit Zusatzbestattungen von Dienern oder Waffenträgern. Zu den typisch männlichen Insignien zählt der bronzegefasste Schleifstein, wie in Arareva Gromila, Atenica II und Pećka Banja. Pferdezaumzeug kommt immerhin in den beiden fürstlichen Gräbern in Atenica – hier auch zusammen mit Wägen – sowie in Lisijevo Polje vor.

Abb. 26: Pećka Banja, Kosovo/Kosova, Fürstengrab, ausgewählte Ausstattungsobjekte: Armreife, darunter ein Paar vom Typ Mramorac, Fibeln, Nadeln, stabförmige Anhänger, Fingerring aus Silber, große Eisenscheiben mit Silberblechmantel, ca. 1 : 2.

Von diesem Konzept weichen die Fürstengräber in Trebeništa bei Gorenci in der Nähe von Ohrid sehr deutlich ab (Stibbe 2003). Sie wurden im späten 6. und im frühen 5. Jh. angelegt. Es waren Flachgräber mit Körperbestattungen ohne besondere Grabkonstruktion. Die überreichen Beigaben und Ausstattungen bestehen überwiegend aus griechischem und südmakedonischem Import bzw. Prunkobjekten, die nach griechischen Vorbildern hergestellt wurden. Eine besondere Note in einigen Gräbern sind punzierte Masken, Handschuhe und Sandalen aus Goldblech. Die Schwerter besitzen einen kreuzförmigen Griff. Auch im illyrischen Gebiet weitgehend fremde Trinkhörner und Silberbecher wurden den Toten beigegeben.

Im Übrigen lassen die beiden illyrischen Tumuli in Atenica eine dynastische Erbfolge erkennen. Der Grabhügel II des Fürsten wird von dem nicht minder imposanten Tumulus I der Fürstin überlagert. Dieses unmittelbare zeitliche Hinter- und topographische Nebeneinander von zwei Riesentumuli, die in größerer Entfernung von der Nekropole der Bevölkerung liegen, zeigt dies recht klar.

Werfen wir einen Blick auf die illyrische Gesellschaft im Ganzen. Vom 13. bis zum 8. Jh. haben die in der Balkanhalbinsel vordringende Urnenfelderkultur und dann östliche Reitervölker unruhige Zeiten verursacht. Zu einer Konsolidierung

B.4 Wirtschaft und Gesellschaft

kam es dann erst im ausgehenden 8. Jh. Govedarica hat für die soziale Entwicklung am Westbalkan ein einfaches, aber plausibles Modell vorgeschlagen, eine Entwicklung, die schließlich in eine Schichtung der Bevölkerung in Bauern und Hirten, eine wohlhabende, angesehene Kriegerkaste und einen Fürstendynasten an der Spitze mündete. Er sieht in dieser sich allmählich herausbildenden Gesellschaftsstruktur einen autochthonen Prozess. Die Beziehungen zur Mittelmeerwelt entstanden erst mit der vergrößerten Macht der Eliten. Gegen Ende des 7. Jhs. wurde der Luxusbedarf der Potentaten durch feines Geschirr, vielleicht auch schon durch Olivenöl und Wein, über bzw. von den beiden südadriatischen griechischen Kolonien gedeckt. Am Ende des 6. Jhs. suchten griechische Kaufleute wegen der Blockierung der östlichen Handelswege durch die Perser neue Absatzmärkte. Sie fanden diese ganz besonders im inneren Balkan (Govedarica 2002, 321–326). In der ersten Hälfte des 5. Jhs. kam es bereits wieder zum Zerfall einiger regionaler Herrschaftszentren in Nordillyrien, möglicherweise im Zusammenhang mit inneren sozialen Spannungen.

An den Höfen der illyrischen Machthaber arbeiteten wahrscheinlich schon seit dem 7. Jh. griechische und makedonische Handwerker. Darauf lassen technische und dekorative Details an Gürtelblechen, Arm- und Schläfenreifen, so etwa an den Schmuckobjekten vom Typ Mramorac schließen (Vasić 2004, Abb. 11–12). Wie man sich die illyrischen Machtgebiete veranschaulichen kann, veranschaulicht A. Palavestra in einem Thiessen-Polygonmodell. Die Verteilung der Fürstengräber – die frühen Fürstensitze kennt man bislang nicht – zeigt, dass eine Lage oberhalb von Flusstälern, die wichtige Verkehrslinien bildeten, bevorzugt wurde. Die weithin sichtbaren Riesengrabhügel der Fürsten waren gleichzeitig auch Landmarken für die Territorien der bäuerlich-pastoralen Gemeinschaften (Palavestra, A. 1995).

Wieweit traditionelle Hirtengesellschaften, etwa in Albanien, zum Vergleich für die Struktur der eisenzeitlichen Bevölkerung am Zentral- und Westbalkan herangezogen werden können, ist eher fraglich. Zum einen gab es in der Eisenzeit ganz andere Voraussetzungen, zum anderen waren die Illyrer sicher zu einem wesentlichen Teil Bauern und nicht Hirten. Trotzdem soll kurz auf die wertvollen Feldforschungen des österreichischen Ethnologen Franz Seiner im Jahr 1918 eingegangen werden (Pichler 2003, 104–109). In Nordalbanien allein gab es damals 65 Stämme mit rund 160.000 Personen. In Südalbanien hingegen beherrschten nur vier Clans das Land. Ein sehr starkes Gefühl der Zusammengehörigkeit, Loyalität und Solidarität spielte bei beiden Strukturen eine enorme Rolle. Die Geschlechterverbände waren ebenso wie die Stämme exogame Gemeinschaften. Nach der Eheschließung blieben die Paare im väterlichen Haushalt. Das entspricht dem patrilinearen Prinzip der sogenannten Balkanfamilie. Es gab einen kollektiven Besitz pro Haushalt. Die Frauen erhielten grundsätzlich kein Erbe, es wurde immer an den ältesten Sohn weitergegeben.

Nun gibt es tatsächlich Hinweise auf exogame Eheschließungen in der frühen Eisenzeit am Glasinac, sogar außerhalb des eigenen Ethnos. Im Frauengrab

Ilijak 3/2 befanden sich unter der reichen Ausstattung ein geschlitzter Bommelanhänger mit Dreiecksöse vom japodischen Typ, ein geschlossenes Blechband und 160 runde Pailetten, sogenannte Ösenknöpfe, aus Bronze (Benac/Čović 1957, 69, T. 13/6–7, T. 14/2). Offenbar gehörten Stirnreif und Knöpfe zu einer japodischen Kappe vom Typ 1 A (vgl. Teßmann 2018, Abb. 2/8). Ähnliches gilt für die weibliche Bestattung von Rusanovići 30/4, wo ein ‚Diadem' bzw. Stirnreif mit 120 Bronzeknöpfen im Kopfbereich lagen. Dazu kommen vier Bommeln und ein tierförmiger Anhänger, alles japodische Formen. (Teßmann 2004, T. 1/4–8). Beide Bestattungen datieren ins 8. bzw. frühe 7. Jh.

Bei vielen Tumuli fällt auf, dass die Zahl der bestatteten Frauen, Männer und Kinder, die gewöhnlich etwa je einem Drittel entsprechen sollte, nicht gegeben ist (Schepartz 2014, 154). Offenbar wurde nicht die gesamte Familie in einem bestimmten Grabhügel beigesetzt. Ein Grund dafür war sicher die frühe Verheiratung junger Frauen zu anderen Gemeinschaften, ein anderer der häufige Tod in der Fremde oder im Krieg. Auch begegnen in den Grabhügeln immer wieder beigabenarme oder beigabenlose Bestattungen, Personen, die wahrscheinlich in der sozialen Hierarchie zuunterst standen, etwa Knechte und Mägde, die aber dennoch zur Sippe gehörten. Nur anthropologische und genetische Untersuchungen werden in der Zukunft mehr Klarheit über die demographischen Verhältnisse bringen. Natürlich könnten auch pathologische Erkenntnisse hilfreich sein, um über die Aufteilung der alltäglichen Arbeit etwas zu erfahren.

B.4.5 Glaube und Kult

Hinweise auf die Religion der Illyrer sind bruchstückhaft. Sicher ist aber, dass Traditionen aus vorillyrischer Zeit eine Rolle spielten. Mit Einwanderungen und Einflüssen der Steppennomaden aus Südrussland nach Ost- und Südosteuropa gegen Ende des 4. Jts. wurden ältere matriarchalische Strukturen allmählich aufgegeben und durch patriarchalische ersetzt. Das lässt sich etwa am Verschwinden weiblicher Idolfiguren erkennen. Eine Ausnahme bildeten die ägäischen Inseln und Kreta. In manchen Regionen blieben überdies ältere Vorstellungen, die mit Fruchtbarkeit und Geburt verknüpft waren, erhalten. Sie wurden in der neuen indoeuropäischen Ideologie aufgenommen, aber umgedeutet. Zum Beispiel wurde Zeus, Gott des Himmels und der Naturgewalten, häufig in Stiergestalt gedacht, was offenbar darauf zurückging, dass die Gebärmutter dem Stiergehörn ähnlichsah. Die symbolische Bedeutung der Gebärmutter für weibliche Fruchtbarkeit wurde damit zum Symbol der männlichen Kraft verändert (Gimbutas 1991, 318).

Innerhalb der Balkanhalbinsel kam es in Griechenland schon sehr früh zu einer Personifizierung der Gottheiten. Auf Tontafeln mykenischer Burgen, wie etwa in Pylos und Knossos, tauchen in Linear B-Texten die Namen der später dargestellten Götter Zeus, Hera, Poseidon, Artemis, Hermes, Dionysos und wahrscheinlich auch Apollon, Ares und Athena erstmals auf. Prinzipiell sind in weiten Teilen Europas ähnliche Glaubensformen zu vermuten, wenn auch die Numina noch lange in Symbolzeichen und -bildern wiedergegeben werden. Einen wichtigen Platz im Kanon bronzezeitlicher Ornamente auf Metallobjekten und Tongefäßen nehmen Kreis und Speichenrad als dynamisches Verständnis der Sonnengottheit, der wohl ursprünglichen Bedeutung von Zeus, ein. Bögen standen wahrscheinlich für das Firmament, Zickzackfelder für den Lauf der Sonne. Seit dem 13. Jh. wurde die Sonne auf einem Boot mit wasservogelförmigen Steven, einer Vogelbarke auf ihrer Reise über den Himmel dargestellt (Hänsel 2000, 333–335).

In einem etwas verändertem Zusammenhang ist der in Mittel- und Südeuropa häufige vogel- oder tierförmige Gefäßwagen aus Grab- und Depotfunden zu sehen. Er gehört zu den variantenreichen kultischen Modellwagen aus dem 9. bis 6. Jh., die meist einen Kessel, ein Becken oder eben auch einen Behälter in Form von Wasservögeln aufweisen. Offensichtlich gab es rituelle Umzüge mit einem Wagen mit heilbringendem Wasser oder Rauschgetränk, bei denen Fürbitten um Fruchtbarkeit von Mensch, Tier und Feldern an eine regional zuständige weibliche oder männliche Gottheit, wie Apollon, gerichtet wurden (vgl. Bitte um Regen mithilfe eines Kesselwagens bei Antigonos, Hist. Mirabil. 15). Die zum Modell verkleinerte Form dieser Votivwagen wurde hochgestellten Persönlichkeiten mit ins Grab gegeben und sollte hier wohl eine Art Lebenswasser für die Seele sein, also ihrer Unsterblichkeit dienen. Ein wahrscheinlich in die zweite Hälfte des 7. Jhs. datierendes bronzenes Wagenmodell mit kesselförmigen Vogelfiguren (▶ Abb. 27.1) wurde schon 1880 aus dem Zentrum eines Tumulus mit rund 28 m Durchmesser bei der Ortschaft Glasinac auf der Glasinac-Hochebene zusammen mit einer griechischen Olpe, einem massiven Armreifen und zwei Lanzenspitzen geborgen. Ein Schläfenspiralreif, Gürtelbeschläge, ein Paar zweischleifiger Bogenfibeln mit sanduhrförmiger Fußplatte, eine Brillenfibel ohne Achterschleife, eine Gürtelschließe und ein Rhyton aus Bronze (▶ Abb. 27.2) sowie eine eiserne Pfeilspitze stammen aus demselben oder einem weiteren Tumulus. Kessel und Deckel des Wagens sind als Vogelmischwesen mit dem Schnabel eines Wasservogels, Ohren eines Rindes und dem Kamm eines Hahnes oder der Mähne eines Pferdes gestaltet. Auf den Querbalken der Wagenachsen sowie auf seitlichen Gehängen kommen weitere kleine Vögel vor (Hochstetter, F. v. 1880/81; Seewald 1939). Konzeptuell eng verwandt mit dem Glasinac-Fund sind die Kesselwagen mit stark stilisierten Wasservogelprotomen aus Bojoru an der unteren Donau und Orăştie im südlichen Siebenbürgen sowie aus Delphi. Dazu kommen noch entsprechende Münzbilder der thessalischen Stadt Krannon aus dem 4. Jh. v. Chr. (Pare 1987, 223–226, Abb. 27/1 u. 28; T. 1/2). Weitere Vogelwagen sind aus Etrurien, Salerno und Apulien bekannt (Woytowitsch 1978, Nr. 134–135, 138–140). Zum abgewinkelten Rhyton gibt es zahlreiche Parallelen aus der älteren Hallstattzeit in der Zone zwischen Save, mittlerer Donau und oberer Weichsel (Metzner-Nebelsick 2002, 151–153, Abb. 59; 60/9).

Ein althergebrachter, besonders am Westbalkan geübter Kultbrauch erlebt in der späten Bronzezeit einen Höhepunkt. Es sind dies die schon erwähnten Versteckfunde aus wertvollen Bronzen. Sie sind jedenfalls zum überwiegenden Teil als Opferdepots in den Boden oder in Gewässer gekommen. Sehr oft lässt sich aus der Zusammensetzung auf bestimmte göttliche Empfänger schließen. So galten etwa Waffendepots aus Angriffs- oder Schutzwaffen sicher einem Kriegsgott, Depots von Äxten und Beilen dem Donner- und Blitzgott Zeus und Wasseropfer Flussgöttern und Nymphen. Die Hortsitte erlischt in Griechenland und am südlichen Balkan grosso modo bereits am Ende der Bronzezeit, in entfernteren Gebieten Europas etwas später. Nach und nach kommen nun ortsgebundene Opferpraktiken auf, meist in festen Heiligtümern (Hänsel 2000, 342).

Nicht zu übersehen sind auch Amulette im eisenzeitlichen Illyrien. Im Kriegergrab 2/1 in Ilijak (um 700 v. Chr.) lag neben dem Kopf des Toten ein kleines Speichenrad als Symbol der Sonne. Recht häufig sind auch winzige Doppelaxtanhänger in den Gräbern am Glasinac, die Zeichen des Himmelsgottes waren. Ganz anders geformte Heilsbringer gab es in den nördlich und südlich benachbarten Gebieten der Japoden und Makedonen, nämlich scheiben- und hornförmige sowie vor allem gefäß- und tiergestaltige Anhänger. Einige stehen ebenfalls mit der Sonne, andere mit einer Fruchtbarkeits- und Tiergöttin, ähnlich der griechischen Artemis in Verbindung (Mitrewski 2007, Teßmann 2008).

Abb. 27: Bjelosavljevići am Glasinac, Bosnien, Vogelwagen und Rhyton, Bronze, 6. Jh.

B.4 Wirtschaft und Gesellschaft

Abb. 28: Siedlung in Pod, Bosnien, Phase B, reliefierte Tonpfeiler

Ein festes Heiligtum in Illyrien kennen wir aus Pod bei Bugojna an der oberen Vrbas. Es handelt sich um ein kleines Gebäude von 6 m Länge und 5 m Breite, das in zwei Räume unterteilt war. Im größeren Raum fehlen die in Wohnhäusern üblichen Herdstellen und Lehmbänke. Der kleinere Raum enthielt die runde Pflasterung einer Feuerstelle. An einer Schmalseite befand sich eine Lehmplattform. Darauf lag Lehmbewurf der Wände, die Verzierungen aufwiesen, sowie die Reste von viereckigen Lehmsäulen von 30 bis 100 cm Höhe (▶ Abb. 28). Auf der Vorderseite sind die Pfeiler mit eingerissenen schraffierten Rhomben bedeckt. Oben enden sie in kreisrunden, stilisierten Köpfen bzw. Scheiben mit konzentrischem Rillen- und Wellenmuster, somit wohl einem Sonnensymbol (Gavranović 2011, 104, Abb. 138).

Ein ganz anderer Sakralort wurde in der westlich vor Apollonia gelegenen Ebene aufgedeckt. In einem kleinen Tempel erfolgten vom ausgehenden 7. bis zum 2. Jh. v. Chr. Opferhandlungen. Geopfert wurden im älteren Bau kleine Tonfiguren, darunter eine handgefertigte weibliche Figur mit Schleier, Teile von Bronzegefäßen, lange Schmucknadeln, Hirsekuchen und zugeschliffene Astragali. Außerdem zeugen Tierknochen von Kultmahlzeiten. Später bestanden die Opfergaben aus korinthischer Feinware und Miniaturgefäßen. Offenbar haben neben den griechischen Kolonisten auch einheimische Illyrer im Heiligtum geopfert (Davis u. a. 2008).

Händler, Krieger und – wie bereits erwähnt – Hirten haben vor griechischen Heiligtümern und Tempeln immer wieder Opfergaben dargebracht. Dabei verehrte man griechische Gottheiten, die aufgrund gemeinsamer indoeuropäischer Wurzeln ähnliche oder gleiche Rollen wie die illyrischen Numina erfüllten. So trifft man seit der zweiten Hälfte des 7. Jhs. in griechischen Heiligtümern wiederholt auf illyrische Opfergaben. Dazu einige Beispiele: Vor der Ostfassade des Apollontempels in Delphi wurde ein dort niedergelegtes prunkvolles Eisenschwert vom Typ Glasinac gefunden. Der Pilzknauf ist mit intarsierten Bronzefäden, die Griffstange mit darüber geschlagenem Bronzeblech geschmückt. Aus Olympia stammt eine geschnürte Beinschiene vom Typ Ilijak 2/1. Geschlitzte Kalottenbuckel, die so typisch für eisenzeitliche Gürtelbeschläge in Bosnien und der Herzegowina sind, tauchten bei Heiligtümern in Philia, Delphi, Perachora, Lindos, Samos und Selinunt auf. Auch andere Waffen- und Trachtbestandteile westbalkanischer Herkunft, wie etwa Gürtelbleche und Stirnreifen, sind besonders aus den thessalischen Tempelbereichen von Olympia und Delphi bekannt und spiegeln die engen Beziehungen zum illyrischen Raum wider. Klaus Kilian führt alle diese Votivobjekte auf transhumante Wanderungen von Hirten zurück (Furtwängler 1892, 45–49, T. 18–20; Kilian 1973 b).

Die Gleichstellung einiger griechischer und später römischer mit den einheimischen Gottheiten stellen illyrische Münzprägungen deutlich vor Augen. So findet sich Zeus Dodona auf dem Avers von Münzen in Amantia oder Diana auf römerzeitlichen Münzen in Südillyrien (Ceka, H. 2001). Die Silber- und Bronzeprägungen von König Ballaios (268/67–135) zeigen vorne das Königsporträt, auf der Rückseite aber eine Göttin in kurzer Tunika mit zwei Fackeln. Wahrscheinlich war also Artemis-Diana die Hauptgottheit des restillyrischen Reiches. In römischer Zeit befand sich ein Tempel der Diana in Doclea, das als Docleatae früher zum Königreich des Ballaios gehörte. In Rhisinium (heute Risan in der Bucht von Kotor) wurde der als Reiterkrieger dargestellte Gott Medaurus verehrt. In den epigraphischen Nennungen und in den schriftlichen Quellen wird er als Heilgott angeführt (Cambi 2013, 85–86). Schließlich ist auch eine Inschrift auf einem Altarfragment aus der frühkaiserzeitlichen Veteranensiedlung in Bigeste (heute Himac bei Ljubuški nordwestlich der Neretva-Mündung) interessant: sie nennt neben Jupiter die illyrische Landesgottheit TERRA HYLLIRICA (Cambi 2013, 74; ▶ Kap. C.2, Online-Abb. 11).

B.5 Die späten Illyrer

B.5.1 Illyrische Städte

In diesem Rahmen können die nach griechischem Vorbild seit dem 5. Jh. aufgekommenen urbanen Stammeszentren im südlichen Illyrien nicht ausführlich und detailliert beschrieben werden. Dies ist kürzlich an anderer Stelle erfolgt (Zindel u. a. 2018 mit älterer Literatur). Hier soll es vielmehr um die Entstehung und die wesentlichen Merkmale der illyrischen Städte, den Mittelpunkten von Handwerk, Handel und Verwaltung gehen.

Die Gründung von Epidamnos und Apollonia an der südadriatischen Küste im letzten Drittel des 7. Jhs. führte zu wachsenden Handelskontakten mit der einheimischen Bevölkerung. Zunächst waren es kleine befestigte Höhensiedlungen im unmittelbaren Hinterland, die als Umschlagplätze griechischer Waren dienten und einen protourbanen Charakter annahmen. Damit ging eine allmähliche Akkulteration an griechische Lebensweise vor sich, die zuerst die Elite erfasste. Darunter fiel der Weingenuss und die Benutzung des zugehörigen Geschirrs, Architektur und Festungsbauweise, Waffen und schlussendlich eine Angleichung an die ägäische Götterwelt.

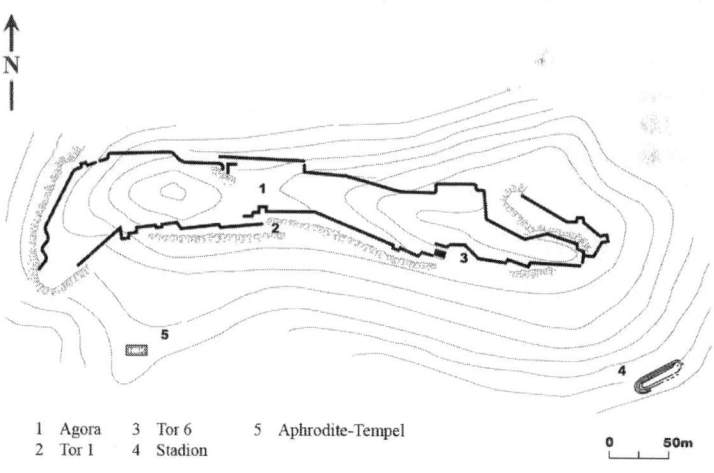

| 1 | Agora | 3 | Tor 6 | 5 | Aphrodite-Tempel |
| 2 | Tor 1 | 4 | Stadion | | |

Abb. 29: Amantia, Südalbanien.

Die Stadt Amantia wurde um 450 v. Chr. auf einem Vorberg am linken Ufer der Vjosa in einer Entfernung von 45 km südöstlich von Apollonia an der Stelle einer protourbanen Siedlung gegründet (▶ Abb. 29). Sie besaß von Anfang an eine befestigte Akropolis, die von einer 2,1 km langen Umfassungsmauer umschlossen war, und eine Unterstadt. Die Mauern aus unregelmäßig zugeschlagenen Kalksteinen wurden im 4. Jh. mit isodomen Quaderlagen erneuert. Die Mauern hatten eine Breite von 3 m, mehrere Zugänge, darunter Schlauchtore sowie bastionsartige Vorsprünge. In der zweiten Hälfte des 3. Jhs. wurden in der Unterstadt ein Stadion von 60 m Länge für 3000 Zuschauer und ein Tempel errichtet, der aufgrund einer in Amantia gefundenen Inschrift wahrscheinlich der Aphrodite Pandemos geweiht war. Eine große Nekropole aus hellenistischer Zeit befand sich am Südhang. Sie bestand aus einfachen oder aneinander gebauten Steinplattengräber, wovon einige in ältere Tumuli eingesetzt waren (Buzo 2017). Amantia war Hauptsitz des illyrischen Stammes der Amantier, aber – wie auch die anderen illyrischen Städte – keine Polis griechischer Art. Die eigene Münzprägung setzte 268 v. Chr. mit Bronzeprägungen ein, die die Umschrift ΑΜΑΝΤΩΝ tragen. Am Avers findet sich der Kopf des Zeus Dodona, am Revers das Blitzbündel des Gottes. Symbole und Gewicht der Münzen waren den epirotischen Prägungen angeglichen, was auf die enge wirtschaftliche Verflechtung der beiden Regionen hinweist. Im Dritten Illyrischen Krieg stellte sich Amantia auf die Seite der Römer und war 148 v. Chr. bereits eine autonome Stadt der Provinz Macedonia. Sie hatte noch bis in das 6. Jh. Bestand und war dann Sitz eines Bischofs.

Die nächstgrößere Stadt der Amantier war Olympe. Sie lag auf einem Hügel beim heutigen Dorf Mavrava am linken Ufer der Vjosa zwischen Amantia und Apollonia. Auch hier begann die Besiedlung mit einem befestigten Höhenplatz am Ende des 6. Jhs. Im 4. Jh. wurde die Siedlung nach Osten vergrößert und erhielt eine 1,3 km lange Befestigungsmauer aus sorgfältig zugeschlagenen Tuffsteinen. Ihre Blütezeit erlebte die Stadt im 3. und frühen 2. Jh., als sie laut einer Inschrift auf der Akropolis eigene Institutionen besaß und unabhängig wurde. Die zwischen 229 und 148 v. Chr. geprägten Bronzemünzen stehen unter der Patronanz griechischer Gottheiten. Die Hauptprägung zeigt Zeus von Dodona am Avers sowie seinen Blitz und die Umschrift ΟΛΥΜΠΑΣΤΑΝ am Revers. Auf einer zweiten Prägung ist vorne der Kopf von Apollon Agyiens, auf der Rückseite sein Attribut, der Obelisk, zu sehen. Diese Münze lässt eine Ausrichtung nach Apollonia erkennen, wo diese Münzsymbole verwendet wurden. Schließlich gab es auch Münzen aus Olympe, die vorne Athena und auf der Rückseite eine sich um einen Stab windende Schlange zeigen, womit eine Anlehnung der Münzsymbolik an jene von Byllis zum Ausdruck kommt. Seit der römischen Eroberung Südillyriens verlor Olympe rasch an Bedeutung.

Am rechten Ufer der Vjosa, beim Dorf Klosi und rund 35 km östlich von Apollonia entstand auf zwei Hügeln mit dazwischen liegendem Sattel schon im 6. Jh. eine Siedlung, aus der korinthische Keramik stammt. In der zweiten Hälfte des

5. Jhs. wurde dann die als Nikaia überlieferte Stadt von Byllionen mit 18 ha Gesamtfläche gegründet (Pavić 2018, 257–260). Die 1,85 km lange Umfassungsmauer besaß zuerst unregelmäßig zugeschlagene Kalksteine, wurde aber um 350 v. Chr. mit Quadersteinen erneuert. Ihre Breite erreichte bis zu 3,5 m. Sie war mit drei Türmen und mehreren Bastionen bewehrt und hatte im Nordwesten ein schlauchförmiges Tor. Etwas unterhalb des Südgipfels befand sich die Agora und im 3. Jh. ein zum Teil in den Felsen gehauenes Theater für mehr als 1000 Zuschauer. Die anschließende zweistöckige Stoa aus dem 2. Jh. besaß zwei Stockwerke. 167 v. Chr. wurde Nikaia von römischen Truppen zerstört.

Das Koinon der Byllionen hatte ihren Hauptsitz in Byllis rund 5 km nordöstlich von Nikaia und ebenfalls am rechten Ufer der Vjosa (▶ Abb. 30). Die Stadt wurde um 350 v. Chr. auf einem steilen Hügel angelegt und umfasste eine Fläche von 30 ha. Die 2,25 km lange äußere Stadtmauer war bis zu 3,5 m breit und im isodomen Verband aus Kalkquadern gebaut. Vor dem südöstlichen Felsabbruch setzte sie aus. Im Norden gab es mehrere Türme sowie Schlauchtore. Im höchstgelegenen Stadtteil, auf der Akropolis, befanden sich Stoa, Theater, Stadion, Gymnasion und Prytaneion. Gegen Ende des 3. Jhs. entstand ein rechtwinkeliges Straßennetz mit Wohnblöcken in den Insulae (Pavić 2018, 253–257). Die in Byllis von 230 bis 148 v. Chr. geprägten Bronzemünzen zeigen die Umschrift ΒΥΛΛΙΟΝΩΝ. Eine Prägung zeigt vorne den Zeuskopf von Melichios und mit Eichenkranz, auf der Rückseite eine um einen Stab gewundene Schlange und ein Füllhorn. Auf einer anderen Bronzemünze sind am Avers ein Jünglingskopf mit korinthischem Helm und ein Adler über den Blitz des Zeus am Revers zu erkennen. Eine weitere Prägung zeigt den Kopf einer Nymphe und das Feuer des Nymphäums. Laut Inschriften im Stadtgebiet gab es Tempel für Artemis, Poseidon und Asklepios. 168 v. Chr. nahmen die Byllionen auf römischer Seite am Krieg gegen den Illyrerkönig Genthios teil. Doch führte das darauffolgende Bündnis der Stadt mit Molossern und Makedonen zur Plünderung und Zerstörung durch die Römer.

Nach einem längeren Niedergang wurde die Stadt 30 v. Chr. römische Kolonie, was nicht nur eine Inschrift, sondern auch eine Überlieferung bezeugt (Plinius, Nat. Hist. 4.10). Augustus stattete die neue Kolonie mit viel Land aus und siedelte dort Veteranen an. Das war die Grundlage für einen neuerlichen Aufstieg der Stadt, die in der Spätantike auch Bischofssitz wurde.

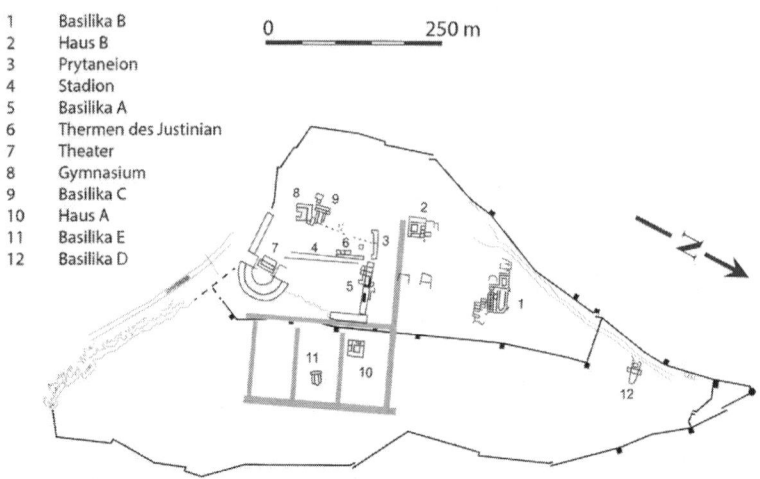

Abb. 30: Byllis, Südalbanien.

Eine archäologisch noch kaum erforschte, spätestens im 4. Jh. errichtete, ummauerte Stadt lag bei Belshi an der von Apollonia entlang des Seman (Apsos) zum Shkumbin führenden Straße, wo sie sich mit der aus Dyrrhachion kommenden Strecke vereinigte. Es sind dies jene Routen, die als Via Egnatia seit der Mitte des 2. Jhs. von der unteren Adria nach Thessaloniki führten. Die Stadt entwickelte sich aus einer seit dem 7. Jh. bestehenden Höhensiedlung auf dem Höhenplateau Gradishta. Obwohl der antike Name der Stadt unbekannt ist, kann in ihr der Hauptsitz der illyrischen Parthiner vermutet werden. Sie existierte bis in die Spätantike, als sie durch Slaweneinfälle zerstört wurde.

Unterhalb des Hügels befindet sich eine eisenzeitliche Nekropole. Am Hang darüber – zwischen ihr und der Stadtmauer – auf einer weithin sichtbaren Stelle, wurde 1975 ein überaus reiches Grab aus der Mitte des 4. Jhs. angefahren. Die auffallend tiefe, wohl einst unter einem Tumulus gelegene tiefe Grabgrube enthielt einen Holzsarg mit der Bestattung und den Beigaben (Eggebrecht 1988, 244–259). Zum Trinkgeschirr zählen ein griechisches Set aus Simpulum, Oinochoe, Kylices und Trinkschalen aus Bronze sowie ein bemalter Volutenkrater aus Ton und rotfigurige Gefäße wie Askoi, Skyphoi und ein Lekythos. Auch einheimische Bronzegefäße fehlen nicht. Der einheimische Schmuck aus jeweils einem Paar von Fibeln, Nadeln, Ohrringen und Armbändern aus Silber verrät griechischen und thrakischen Einfluss. Unter den geborgenen Schutzwaffen waren ein Paar griechischer Klemmbeinschienen und ein illyrischer Helm vom Typ III A 2, möglicherweise ein älteres Erbstück. In dem Grab war wohl ein regionaler Herrscher bestattet, der über eine Hofwerkstätte für Bronzegeschirr und Silberschmuck verfügte.

B.5 Die späten Illyrer

Aus Nordalbanien sind drei illyrische Städte besser bekannt. Eine befand sich auf dem Felshügel knapp südlich von Shkodra. Die Umfassungsmauer aus polygonalen, gut zugeschlagenen großen Steinen datiert an das Ende des 4. Jhs. Ein Jahrhundert später wurde die Stadt auf die östlichen Hänge erweitert und besaß eine Innenfläche von 15 ha. Die Unterstadt, in der ein Neptuntempel stand, erstreckte sich entlang des Drinufers. Da die antike Stadt fast vollständig von einer mittelalterlichen Burg überbaut wurde, lassen sich die Gebäude der illyrischen Zeit nicht mehr rekonstruieren (Shpuza 2017, 45–46, Abb. 2). Eine eigene Münzprägung gab es in Scodra zwischen dem späten 3. und der Mitte des 2. Jhs. Die Bronzemünzen weisen die Aufschrift ΛΑΒΙΑΤΑΝ auf, womit Scodra als Hauptsitz der Labeatae angenommen werden kann. Ein Münztyp zeigt vorne den Kopf von König Genthios mit der typischen Kopfbedeckung der Kausia. Auf der Rückseite ist eine Liburne, ein Ruderschiff mit Segeln, und ein Delphin und Legende abgebildet (▶ Abb. 31.3. siehe Online-Abb. 24). Eine spätere Münze präsentiert am Avers, wie auf den Münzen in Dyrrhachion, den Zeuskopf, am Revers wieder eine Liburne, hier mit der Aufschrift ΣΚΟΔΡΙΝΩΝ (▶ Kap. C.3.3). Eine Rekonstruktion einer Liburne ist aus den Münzdarstellungen möglich. Sie waren zwischen 10–15 m lang, hatten eine Kapazität von 10–18 Tonnen und eine Geschwindigkeit von acht Knoten (Dragićević 2016, 113).

Die Geschichte von Lissos, nur 30 km südlich der illyrischen Königsstadt Scodra, ist eng mit ihr verbunden. Sie lag auf einem steilen Felshügel an einer in der Antike hier noch vorhandenen Meeresbucht, die später versandete. König Genthios zog sich 168 v. Chr. vor den römischen Angriffen in diese wichtige Hafenstadt zurück. Nach seiner Niederlage wurde die Stadt gebrandschatzt und zerstört, dann wiederaufgebaut und nach einer Zeit sogar als Municipium eingerichtet. Im 5. Jh. war sie Bischofssitz und hatte als byzantinische Festung noch bis in das hohe Mittelalter Bedeutung.

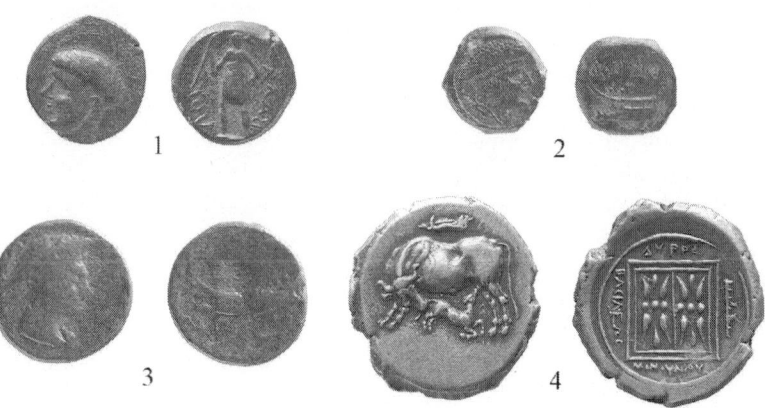

Abb. 31: Silber und Bronzemünzen der Daorsi (1) sowie der Könige Ballaios (2), Genthios (3) und Monunios (4), 1 : 1.

Die ersten Siedlungsspuren gehen auf die frühe Eisenzeit zurück. Seit dem 6. Jh. gab es am Gipfel eine protourbane Siedlung, die gegen Ende des 4. Jhs. mit einer Erweiterung auf den gesamten Westhang städtische Strukturen erhielt. Die mehrfachen Mauerringe um Akropolis und Unterstadt bestanden aus schönen Quadern. In römischer Zeit kam ein Stadtteil im Süden hinzu. Münzen wurden in Lissos zwischen 213 und 181 v. Chr. geprägt. Eine Bronzemünze hat am Avers den Kopf des Zeus, am Revers einen illyrischen Helm und einen mit Halb- und konzentrischen Kreisen verzierten, makedonischen Schild mit der Umschrift ΛΙΣΣΙΤΑΝ. Die kleinere Bronzeprägung, ein Unterwert der ersten, zeigt vorne den Kopf der Artemis mit Diadem und auf der Rückseite den Blitz des Zeus mit Legende. Im ersten Drittel des 2. Jhs. wurde die Legende auf beiden Münztypen auf ΓΕΝΘΙΟΣ abgeändert, was die Aufhebung der Autonomie der Stadt Lissos zum Ausdruck bringt.

Eine weitere Stadt mit mächtigen Umfassungsmauern, Toranlagen und Türmen ist in den letzten Jahren bei Bushati bzw. Vau i Dejës erst teilweise erforscht worden. Auf einem steilen Felshügel südöstlich von Shkodra gelegen umfasste sie 20 ha Innenfläche. Sie entstand um 300 v. Chr. an einem seit der späten Bronzezeit besiedelten Platz und bestand noch bis in römische Zeit (Shpuza/Dyczek 2018).

Großes Interesse verdienen die antike Stadt und die monumentalen Felsgräber in Selca e Poshtme. Die vom Ende des 4. bis zum 1. Jh. existierende Stadt lag auf dem großen Gipfelplateau einer niedrigen Erhebung am Oberlauf des Schwarzen Drin unweit vom Westufer des Ohridsees. Der antike Name der bisher kaum freigelegten Stadt ist noch unbekannt. Ausgrabungen brachten einige Wohnhäuser an der Nordostseite und Werkstätten und Läden im Südosten zutage. Die Befestigungsmauer ist aus Quadern gebaut. Neben einheimischer Keramik wurde auffallend viel griechische und makedonische Tonware gefunden (Zindel u. a. 2018, 401–403).

Auf einer natürlichen Terrasse an der Westflanke des Hügels befinden sich fünf große, in den Felsen geschlagene Grabkomplexe mit Tempelfassaden, Vorhallen und Grabkammern, die flache Decken oder Tonnengewölbe besitzen. Die Grabanlagen haben makedonische Kammergräber zum Vorbild, etwa in Palatitsa und Pydna. In den beraubten Kammern lagen jeweils mehrere Körper- und Brandbestattungen aus dem späten 4. und 3. Jh. Unter den noch vorhandenen Beigaben finden sich Waffen, Goldschmuck sowie einheimische und griechische Importkeramik. Die Felsgräber in Selca sind einer herrschenden Familie zuzuordnen. Vielleicht kann die Frage nach dem Dynasten und seiner Familie durch eine Inschrift auf einem Helm beantwortet werden, dessen Herkunft allerdings nur allgemein mit ‚Ohridregion' angegeben wird. Die Form des reliefierten Bronzehelms hat bisher keine Parallele. Sie ähnelt einer phrygischen Mütze und ist nur grob ins 3. Jh. datierbar. Auf der Nackenseite sind die beiden Worte ΒΑΣΙΛΕΩΣ ΜΟΝΟΥΝΙΟΥ eingepunzt (Waurick 1988, K 51; ▶ Kap. C.8). Der Helm könnte also entweder König Monounios oder einem seiner Offiziere gehört haben (siehe Online-Abb. 25). Monounios regierte etwa zwischen 290 und 270 v. Chr. und wahrscheinlich über die illyrischen Labeatae. Er unterwarf die griechische Kolonie Dyrrhachion (Pompeius Trogus, Prolog 24) und ließ als erster in einem illyrischen Staat silberne Königsmünzen mit seinem Namen prägen (▶ Abb. 31.4). Die Symbole und die Aufschrift ‚Dyrrhachion' zeigen, dass er diese griechische Kolonie in sein Staatsgebiet eingegliedert hatte (Frommer 1997, 23).

In späthellenistischer Zeit kamen weitere Städte, auch in Nordillyrien, hinzu, die sich durch breite Umfassungsmauern aus Quadern und Wohnterrassen auszeichnen. Als Beispiele lassen sich Rhizon, heute Risan (Pavić 2018, 236–239) in der Bucht von Kotor, Doclea (Pavić 2018, 239–243) nördlich des Shkodrasees und Daorson (Pavić 2018, 232–236) auf der linken Talseite der Neretva bei Ošanići nennen. In diesen drei Städten treten gehäuft Ballaios-Münzen (▶ Abb. 31.2) auf, die meisten aber in Rhizon und auf Pharos (Insel Hvar). Wahrscheinlich war Rhizon die Residenzstadt des illyrischen Reststaates, wo Münzen geprägt wurden (Govedarica 2007). Der illyrische Stamm der Daorsi prägte nach dem Frieden mit Rom im Jahr 168/67 eigene Münzen, was auf ein eigenes, wenn auch kurzlebiges Königreich, das mit jenem von König Ballaios im Süden verbündet war, schließen lässt. Vorne ist der Königskopf mit Kausia, auf der Rückseite eine Liburne mit der Legende ΔΑΟΡΣΩΝ zu sehen. Daorsi-Münzen (▶ Abb. 31.1) wurden beiderseits der unteren Neretva und auf Hvar gefunden (Dragićević 2016, 112–113).

Neuerdings wurden vom Archäologischen Institut in Tirana aufschlussreiche Feldstudien in Nordalbanien durchgeführt. Die Ergebnisse zeigen, dass es seit hellenistischer Zeit Türme, aber vor allem auch unbefestigte Signalstationen auf Anhöhen gab, die in Sichtweite zueinander angelegt waren und der Verteidigung eines Stammesgebietes, möglicherweise jenes der Labeaten dienten. Ähnliche Warn- und Befestigungssysteme sind auch von den Japoden und Pannoniern in dieser Zeit bekannt (Shpuza 2017, 59–60).

B.5.2 Spätillyrische Bestattungen und Grabstelen

In Südillyrien war – wie auch das Städtewesen zeigt – der hellenistische und dann der römische Einfluss auf das einheimische Leben groß. Einen Eindruck davon gibt das ausgedehnte Flachgräberfeld in Vele Ledine bei Gostilj (Montenegro) an der unteren Zeta, wenige Kilometer vom nordwestlichen Ufer des Shkodrasees entfernt. Obwohl der mittlere Teil der Nekropole durch Erdabbau nicht mehr vorhanden war, konnten rund 130 Bestattungen aufgedeckt werden, deren soweit vorhandenen Skelette anthropologisch bestimmt wurden (Basler 1972). Nur drei davon sind Brandgräber. Die Toten wurden in gestreckter Rückenlage und in Gruppen mit gleicher Orientierung beigesetzt. 23 Gräber enthielten nur Beigaben, es könnte sich um Kenotaphe handeln. Bei den weiblichen

Bestattungen lag nur je eine einfache Nadel. Außerdem kommen 45 waffenführende Gräber mit ein bis zwei Lanzen und häufig einem Messer vor. Typisch für den Schmuck der Männer sind zwei Doppelnadeln vom Omega-Typ am Gewand des Oberkörpers, Doppelnadeln dieser Art waren seit dem Ende des 6. Jhs. zuerst am Glasinac, im 5. Jh. bereits in Slawonien und donauabwärts bis zum Eisernen Tor verbreitet. Erst im 3. und 2. Jh. wurden sie auch in Ostbosnien, Südwestserbien, in der Herzegowina, in Montenegro und Nord- und Mittelalbanien getragen (Typ III d: Vasić 1982, 240–241, T. 68). Ebenfalls kennzeichnend für die Männertracht sind Bogenfibeln in Herzform. Ansonsten wurden von Männern und Frauen gleicherweise Fibeln im Mittellatène-Schema verwendet.

Die Formen der einheimischen Tonware sind stark dem griechischen Geschirr angeglichen. Außerdem gibt es zahlreiche Importgefäße aus dem großgriechischen Süditalien. 32 % der Keramik bilden bauchige Fläschchen (Balsamgefäße). 23 % sind Weinkrüge verschiedener Größe, 25 % Skyphoi und 10 % Pelikes oder Zweihenkelgefäße, der Rest andere Gefäßtypen. Die Gefäße befanden sich neben dem Kopf oder am Fußende der Verstorbenen und waren häufig absichtlich zerbrochen worden. Die Beigaben erweisen eine Belegungszeit der Nekropole im 3. und 2. Jh., was auch durch die Grabmünzen bestätigt wird. Bis zum Ende des 3. Jhs. sind der makedonische Typ, ab dem 2. Jh. Münzen von König Genthios und Ballaios, letztere mit der Aufschrift ΣΚΟΔΡΙΝΩΝ statt dem Namen des Königs, üblich. Die Bevölkerung im Raum Gostilj wird demnach den Labeatae angehört haben, die im früheren Siedlungsgebiet der Enchelei wohnten.

Die südillyrischen Städte bewahrten ihre Strukturen vielfach bis weit in die Kaiserzeit hinein. Allerdings kamen mit der römischen Besetzung seit der Mitte des 2. Jhs. auch Neuerungen hinzu. Das Ackerland um die Städte wurde durch einen Kataster erfasst, es wurden Kanäle für Be- und Entwässerung angelegt und Dämme entlang der Gefahrenzone der Flüsse aufgeschüttet (Shpuza 2018). Die offizielle Sprache südlich von Scodra war Griechisch, nördlich davon Latein. Trotzdem wurde Illyrisch noch lange gesprochen. Selbst im äußersten Süden Illyriens, so etwa entlang der Via Egnatia, im Gebiet des Shkumbin, sprach man neben Makedonisch-Griechisch weiterhin Illyrisch. Strabon erzählt, dass die Bewohner dort zwar im Haarschnitt und in der Manteltracht den Makedonen ähnelten, aber beide Sprachen beherrschten (Strab. 7.7.8).

Die Vermischung griechischer und illyrischer Tradition lässt sich besonders gut an den Grabsäulchen, den Konisken, in Dyrrhachion und Apollonia, aber auch in den späten Nekropolen der südillyrischen Städte erkennen. Neben einer einfachen Trauerformel, oft in ungelenker griechischer Schrift eingemeißelt, finden sich illyrische Eigennamen. Neben den Grabstelen kommen auch größere Grabsteine vor, auf denen der Verstorbene halb- oder ganzplastisch dargestellt ist. Die Inschriften enthalten meist nicht nur den Namen, sondern auch den des Vaters und den griechischen Abschiedsgruß χαῖρε /kháire/ (▶ Kap. C.3.4).

B.5 Die späten Illyrer   107

Die illyrischen Stadtbewohner von Apollonia gehörten allen Bevölkerungsschichten, auch der Oberschicht, an. Grabtexte bezeugen beispielsweise, dass Illyrer gelegentlich auch das Amt des Prytonen, des Bürgermeisters, bekleideten. Scheinbar passten sich illyrische Männer in den Städten rascher an die griechische Tracht an als ihre Frauen. Zwar ist im Schmuck – Perlenketten und Ohrgehänge – kaum ein Unterschied zum Griechischen zu erkennen. Die Kleidung blieb aber zumindest in den beiden letzten Jahrhunderten v. Chr. traditionell. Die Unterkleidung zeigt waagrechte Falten, das Oberteil war ärmellos und besaß einen rechteckigen Halsausschnitt. Dazu kommt häufig ein Schleier (vgl. Titelbild einer Grabstele der Kleitia in Dyrrhachion in: Lippert 2004). Der Tote wurde nach griechischem und römischem Brauch eingeäschert, der Leichenbrand in einer Urne oder in einem Steinbehälter im Grab deponiert.

B.5.3 Mythen der Illyrer

Die im südlichen Dalmatien, wahrscheinlich im Gebiet des Shkodrasees, in früher Zeit ansässigen illyrischen Enchelei sollen nach der von Euripides im 5. Jh. v. Chr. überlieferten Legende einst den thebanischen Helden Kadmos und seine Frau Harmonia aufgenommen haben (Bacch. 133–1339). Die Enchelei hätten sie im Kampf gegen ihre Feinde zu Anführern gemacht. Später verwandelten sie sich in Schlangen und wurden vergöttlicht. Ihr Sohn Illyrios galt, wie uns Apollodoros von Athen (geb. um 180 v. Chr.) erzählt, als Gründungsvater der Illyrer (3,39,5). Viele weitere antike Sagen ranken sich um diesen Gründermythos (Šašel Kos 1991, 183–185).

Es ist interessant, dass die griechische Bezeichnung ἡ ἔγχελυς Wasserschlange bzw. Aal bedeutete. Beim Stammesnamen der Enchelei handelt es sich also um die griechische Übersetzung, das Exonym, des einheimischen Namens. Wahrscheinlich hatten die Enchelei also ihren Namen vom Aal, der in dem mit dem Meer durch den Fluss Buna verbundenen Shkodrasee noch heute lebt. Pseudo-Skylax (um 350 v. Chr.) erzählt, dass sie von Rhizon (Risan an der montenegrinischen Küste) nach Süden (wohl bis zum Shkodrasee) angesiedelt waren (25). Aus dem Mythos, der die Ankunft von Kadmos und Harmonia mit den Enchelei verband, könnte sich auch ein betonter Schlangenkult entwickelt haben, wenn auch die zugehörige Kultsymbolik sicher nicht nur auf die Illyrer beschränkt war. So treten Armreifen mit einem oder doppeltem Schlangenkopf während der mittleren Eisenzeit im gesamten West-, Inner- und Südbalkan und somit nicht nur im illyrischen Raum auf. Für die Griechen war die Schlange eine chthonische Gottheit mit Schutzfunktion für Wasserquellen, aber auch für Gesundheit und Fruchtbarkeit. Šašel-Kos spricht – schon wegen der mythischen Überlieferung – von der „principal deity of the Illyrians and their guardian spirit" und versucht die mystische Bedeutung der Schlange als Schutz gebendes

Tier bis heute in Metohija und Albanien mit dieser Tradition zu verknüpfen. Allerdings räumt sie ein, dass der Schlangenkult nahezu weltweit verbreitet ist (Šašel Kos 1991, 183, 191–192; ▶ Kap. C.2).

Die Schlange spielt im Mythos der Illyrer insgesamt eine wichtige Rolle. Dies belegen Darstellungen auf kleinen Schmuckbeschlägen ihrer Spätzeit in Selca e Poshtme und Gostilj. Aus der Grabanlage 3 von Selca stammt eine eiserne Riemenzunge mit einer Silberblechauflage, die eine in detailreicher Treibarbeit geschaffene, wahrscheinlich mythische Szene wiedergibt (▶ Abb. 32.4). Sie zeigt den Kampf zwischen zwei Reiterkriegern und einem Fußkrieger. Alle tragen illyrische Helme mit übergroßem Helmbusch. Die runden Schilde sind mit konzentrischen Kreisen verziert. Ein vierter Krieger, ebenfalls mit Helm, liegt bereits gefallen am Boden. Links taucht eine riesige Schlange aus dem Wasser, das durch Wellenzeichen und einen Fisch angedeutet wird. Auf dem anderen Ende ist ein großer Greif zu sehen, während auf der Kruppe des davor befindlichen Pferdes ein Vogel sitzt. Die Schlange wird als Kadmos gedeutet, der illyrischen Kriegern im Kampf beisteht. Der Gürtelbeschlag wird in die zweite Hälfte des 3. Jhs. datiert (Eggebrecht 1988, 372–373).

Ein Vergleichsstück aus derselben Zeit lag im Grab 126 in Gostilj (▶ Abb. 32.1). Der fragmentierte rechteckige Beschlag aus Bronze zeigt links wieder eine aufgerichtete Schlange, die offensichtlich einen Reiterkrieger beschützt, dessen Pferd kleine Flügel besitzt. In der erhobenen rechten Hand hält er einen (mond)sichelförmigen Gegenstand. Ihm tritt ein Fußkrieger mit Lanze und rundem, mit konzentrischen Kreisen verziertem Schild entgegen. Unter dem Pferd liegt ein gefallener Krieger mit Schild. Zwischen Reiter- und Fußkrieger schwebt ein Vogel, der sich aggressiv gegen den Fußkrieger richtet (Basler 1972, 9–10, T. 25/3).

Der Streufund eines Beschlages aus Grab 119 ist aus Silber hergestellt und weist ähnliche Motive auf (▶ Abb. 32.3). Ganz rechts befindet sich in der Längsachse der rechteckigen Beschläge ein Kopf mit strahlenförmig angeordnetem Haar, das in Blättern endet. Daneben hält eine sitzende weibliche Gestalt einen Vogel in der Rechten und ein (mond)sichelförmiges Objekt in der Linken. Dann folgen ein Reiterkrieger mit keltischem Knaufhelm und spitzovalem Schild sowie ein Fußkrieger mit einem gleichen Schild (Basler 1972, 10, T. 30/6). Hier scheint also das seitliche große Haupt und die sitzende Person den Kampf zu beeinflussen.

B.5 Die späten Illyrer

Abb. 32: Gürtelbeschläge aus Silber, Bronze und Eisen von Gostilj (1–3), Montenegro und Selca e Poshtme (4), Ostalbanien.

Schließlich ist noch ein trapezförmiger Silberbeschlag aus Grab 30 vom Ende des 3. oder dem Beginn des 2. Jhs. interessant (▶ Abb. 32.2). Er zeigt in der Mitte eine geflügelte Maske, eine Medusa, zwischen zwei stehenden Vögeln. Aus dem Kinn der Maske fällt eine Lanze auf die Erde, die mit Halbkreisen, möglicherweise Hügeln, und zwei Bäumen angedeutet zu sein scheint. Der Schaft der Lanze ist tordiert, je zwei Strahlenpaare, Wellenbänder und Delphine begleiten ihren Flug. Über der Maske steht heraldisch ein doppelköpfiges Ungeheuer, wohl als Drache gedacht, auf beiden Seiten sieht man einen Helm und in der Achse ein Gewächs, das einem herzförmigen Kelch entsprießt und mit ihm endet, darüber einen ovalen Buckel, der mit einem Sonnenzeichen verbunden ist und von zwei vogelköpfigen Flügelrossen flankiert wird. Auf der Breitseite der Platte entlässt ein Palmettenband sieben geschäftete, wohl aus Lotusknospen umgebildete Speere. Die Motive treten in verschiedener Kombination im nordillyrischen und japodischen Gebiet auf. Das Medusenhaupt, aus dem ein Speer ragt, zeigt eine ideelle Verbindung mit dem blitzschleudernden Haupt des Zeus (Kossack 1992, 63–64, Abb. 1/8).

Insgesamt scheinen hier einerseits eine Schlangengottheit, andererseits ein weibliches Numen, etwa eine Wetter- und Vegetationsgöttin, auf den Beschlägen von Selca e Poshtme und Gostilj gemeint zu sein. Wenn man von dem Gorgonenhaupt, den Flügelpferden und Delphinen absieht, gibt es keine Übereinstimmungen mit der griechischen Mythologie. Manche Darstellungen, wie jene auf der Riemenzunge von Selca, könnten mythische Überlieferungen von Heldentaten wiedergeben. Auch die Mythen haben zu dieser Zeit zur Selbstfindung der Illyrer beigetragen.

Die Kontinuität der illyrischen Kultur ging schon in den ersten nachchristlichen Jahrhunderten verloren. Die Romanisierung am Westbalkan hat die Spuren einer kulturell eigenständigen Bevölkerung bald überdeckt. Die Illyrer sind in der römischen und noch in der Kaiserzeit nachfolgenden albanischen Zivilisation aufgegangen.

C   Sprache der Illyrer

C.1   *Der antike Balkan und der illyrische Sprachraum*

Der altbalkanische Raum ist grundsätzlich durch indogermanische Sprachlichkeit gekennzeichnet. Da der Balkan nach allgemeiner Auffassung allerdings nicht als Ursprungsgebiet der urindogermanischen Grundsprache und ihrer Sprecher aufzufassen ist (siehe dazu allgemein Hajnal 2004, 130–135, Fortson 2010, 39–49, Fritz/Meier-Brügger 2021, 78–84), folgt daraus, dass diese indogermanische Sprachlichkeit erst hierher verbracht worden sein muss. Hierbei ist aber unklar, ob dieser vorhistorische Vorgang durch Migration, möglicherweise migratorische Eroberungszüge von indogermanischen Sprechergruppen oder aber durch kontinuierliche Akkulturationsprozesse im Rahmen von Kulturtransfer oder einer Mischung aus beiden Faktoren erfolgte. Diese Fragestellung ist und bleibt auch in Zukunft noch Gegenstand von Diskussionen, die fachintern, aber auch interdisziplinär von der Linguistik, der Archäologie wie auch der Archäogenetik zu führen sind. Diese indogermanische Sprachlichkeit hat jedenfalls eine vorangehende vorindogermanische Sprachlichkeit ersetzt. Mögliche Spuren bzw. vielmehr Relikte einer solchen vorindogermanischen Sprachlichkeit können mit Vorbehalt in manchen im Griechischen erscheinenden vorgriechischen Appellativen und Toponymen vermutet werden, im Besonderen bei Bildungen, die mit spezifischen Suffixen wie -νθ- /-nth-/ oder -ττ-/-σσ- /-tt-/ -ss-/ abgeleitet sind (z. B. ἀσάμινθος /asáminthos/ ‚Badewanne', Ortsname Κόρινθος /Kórinthos/, Bergname Παρνασσός /Parnassós/ usw.). Eine gründliche Untersuchung solcher vorgriechischen Elemente offenbart, dass mit mehreren, neben lokal vor allem auch chronologisch unterschiedlichen Sprachschichten zu rechnen ist. Auch liegt neben einer nichtindogermanischen Komponente, die vereinfacht oft Pelasgisch genannt wird, eine indogermanisch-vorgriechische Sprachlichkeit im Bereich des Möglichen, die wohl in Beziehung zu den indogermanischen anatolischen Sprachen Kleinasiens stehen dürfte. Jedoch lässt sich aus diesen vorgriechischen Einzelbelegen kein vorgriechisches Sprachsystem erkennen, das erlauben würde, Typologie oder Grammatik dieser nichtindogermanischen Sprachlichkeit auch nur in Ansätzen zu erahnen (siehe allgemeine Darstellungen zur vorgriechischen Sprachlichkeit bei García-Ramón 2003, zu den Ortsnamen Lindner 1995, 691–699; ein Überblick zur Forschungsgeschichte bei Katičić 1976, 16–97).

Unter den indogermanischen Sprachen des altbalkanischen Raums ist schließlich das Griechische die erste in Textzeugnissen überlieferte Sprache. Seine Überlieferung beginnt in Form des mykenischen Dialekts, dessen Dokumente (zumeist Tontafeln), geschrieben in der Linear B genannten Silbschrift, zwischen dem Ende des 15. und dem Ende des 13. Jhs. v. Chr. bezeugt sind (zu einer Bezeugung aus dem 17.–16. Jh. v. Chr., der Steininschrift von Kafkania, siehe Hajnal 2005, 191–192). Als um ca. 1200 v. Chr. die mykenische Palastkultur im Rahmen jener Transitionsprozesse unterging, die vereinfacht und wenig zutreffend als ‚Dunkle Jahrhunderte' bezeichnet werden, verlor sich u. a. auch die kulturelle Errungenschaft der Schrift. Erst als um ca. 800 v. Chr. die Griechen die Alphabetschrift von den Phöniziern übernehmen und an ihre Sprache anpassen (siehe Wachter 2013), wird das Griechische wiederum geschrieben. Einige Zeit danach setzt die Kolonisierungsbewegung ein, welche die Griechen nach Italien und in das westliche Mittelmeer aber auch in den Adriaraum bringt, wo es zur Gründung von griechischen (korinthisch-korkyräischen) Kolonien kommt (darunter *Epidamnos/Dyrrhachion* um 627 v. Chr. oder *Apollonia* um ca. 600 v. Chr.; siehe im Detail bei Cabanes 2008), die als Diffusionszentren griechischer Kultur und ihrer Errungenschaften für die im Westbalkan ansässigen lokalen Bevölkerungsteile, darunter auch die Illyrer, fungieren. Eine dieser kulturellen Errungenschaften war schließlich das griechische Alphabet und in den Fällen, wo die lokale balkanische Bevölkerung auch schriftliche Zeugnisse hinterlassen hat, erfolgte dies mit Hilfe des griechischen Alphabets, so wie im Fall der thrakischen Inschriften (▶ Kap. C.3.1). Die Illyrer dagegen haben die griechische Schrift für ihre eigene Sprache offensichtlich nicht übernommen und sind schriftlos geblieben, denn eine in älterer Forschung für Illyrisch gehaltene Ringinschrift aus Nordalbanien hat sich bei korrekter Interpretation als byzantinische Inschrift herausgestellt (▶ Kap. C.3.1). Mit den griechischen Historikern beginnt schließlich die literarische Auseinandersetzung mit dem Westbalkanraum (▶ Kap. C.2). Aus den griechischen Quellen ergeben sich für die spätere Forschung nicht nur die zahlreichen Benennungen für die lokalen Bevölkerungsteile, sondern auch die Leitlinie für eine Einteilung Südosteuropas in größere Kultur- und Sprachräume, die noch heute von der Forschung als Ausgangspunkt für weitere Analysen zu Grunde gelegt wird.

In Weiterführung dieses antiken Konzepts wird der Balkanraum nämlich, vom Griechischen im Süden des Festlands sowie auf den vorgelagerten Inseln der Ägäis abgesehen, in einen illyrischen Westen und einen thrakischen Osten eingeteilt, dem auch das Getische und das Dakische zugerechnet wird, die beide nach antiker Auffassung mit dem Thrakischen identisch sind. Im Nordwesten befinden sich Siedlungsgebiete keltischer Bevölkerungsteile, unter denen z. B. die Skordisker zu nennen sind (siehe u. a. Papazoglu 1978, 271–389, Anreiter 2001, 171–176, Šašel Kos 2005, 136–154, Džino 2007, Falileyev 2013 sowie Strobel 2019, 153–168; ▶ Kap. B.3.13).

C.1 Der antike Balkan und der illyrische Sprachraum

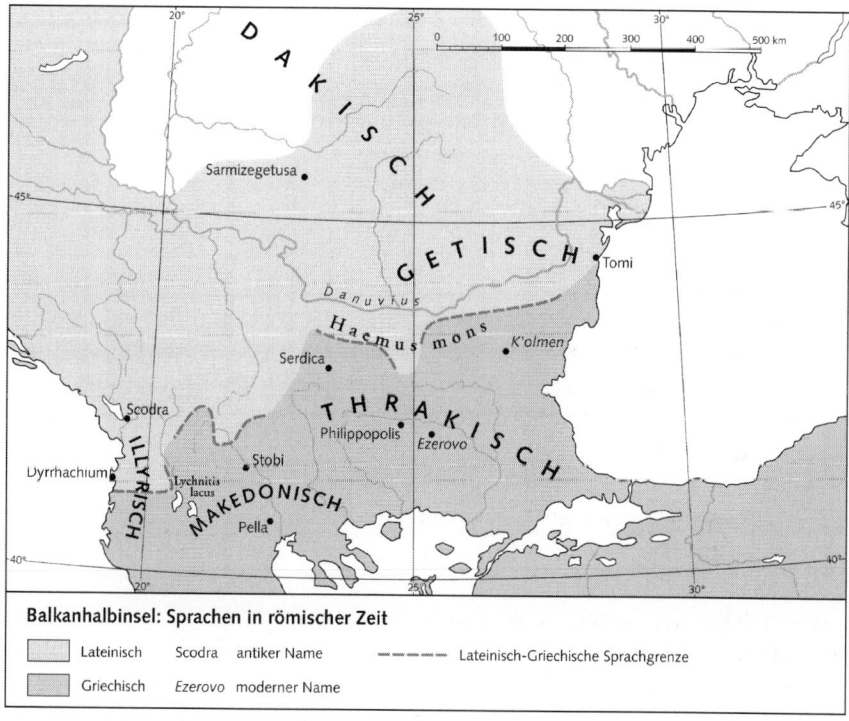

Abb. 33: Der altbalkanische Sprachraum.

Auch die Makedonen, die in einem Randgebiet Griechenlands siedelten, das nicht direkt an der Ausbildung des hellenischen Kulturkreises beteiligt war, wurden in der Antike mitunter zur lokalen Bevölkerung, die von den Griechen verallgemeinernd ‚Barbaren' genannt wurde, gezählt. Nach dem Fund einer Bleitafel aus dem 4. Jh. v. Chr. in Pella, der alten Hauptstadt des makedonischen Königreichs, dürfte inzwischen aber gewährleistet sein, dass das Makedonische vielmehr dem nordwestgriechisch-dorischen Dialektkontinuum zuzurechnen ist (siehe u. a. Hajnal 2003, 123–124, Méndez Dosuna 2012).

Die sprachliche Situation des antiken Balkanraums veränderte sich schließlich, als Rom nach einem längeren konfliktreichen Vorlauf mit lokalen Bevölkerungsteilen und dem makedonischen Königreich seinen Machtbereich auf den Westbalkan ausdehnte. Als Zäsur kann hier die Niederlage des letzten illyrischen Königs Genthios sowie des makedonischen Königs Perseus 168 v. Chr. gesehen werden, die zur Einrichtung eines römischen Protektorats führte, das in der Folge in eine römische Provinz umgewandelt wurde, die im weiteren geschichtlichen Verlauf wiederholt administrativ-territorial neugestaltet wurde (zu diesen historischen Ereignissen siehe u.v.a. Kronasser 1965, 171–175, Cabanes 1988, 255–334, Wilkes 1992, 183–218, Šašel Kos 2005, 238–245, Dzino 2010 a, Wilkes 2013 Džino, Domić Kunić 2018, Strobel 2019, 210–266). Die römische Eroberung brachte die lateinische Sprache nach Südosteuropa, die damit in Konkurrenz zur etablierten Kultursprache Griechisch trat. Auf Basis der geographischen Verteilung der griechischen und lateinischen Inschriften lässt sich schließlich eine den Balkan horizontal durchquerende Kulturscheide ausmachen, wobei nördlich einer ideellen Linie zwischen *Dyrrhachion* (heute Durrësi, Albanien) sowie *Apollonia* im Westen bis an das Schwarze Meer im Osten lateinische Inschriften überwiegen, südlich davon dagegen griechische. Die nach dem Forscher Constantin Jireček auch als Jireček-Linie bekannte Kulturscheide, die keinesfalls als (scharfe) Sprachgrenze betrachtet werden darf, ist in ihrem Verlauf auf Grundlage steter Inschriftenneufunde kontinuierlich in den Details ihres Verlaufs modifiziert worden (die Online-Abb. 9 gibt den Forschungsstand um ca. 1980 wieder, vgl. auch Kramer 1992, 59–60, Banfi 2003, 623–624). Sie bewährt sich als ein valider Orientierungspunkt für die Verortung der zwei großen antiken Kulturräume Südosteuropas.

Die Ausbreitung des Lateinischen in Südosteuropa wird in zeitlich verschiedenen Etappen erfolgt sein. So ist anzunehmen, dass zu Beginn der römischen Herrschaft das Lateinische zunächst nur auf bestimmte Personengruppen beschränkt war (Militär und Verwaltung, Händler, besonders entlang der schon im 2. vorchristlichen Jh. errichteten Via Egnatia; siehe Budinszky 1881, 185–190, Alföldy/Mocsy 1965, 166–195, Ursini 2003). Durch Einrichtung von römischen Kolonien und die Festigung der römischen Herrschaft wird das Lateinische sodann nicht nur im Küstenbereich, sondern auch im Hinterland weitergehende Verbreitung erfahren haben und am Ende zum vorherrschenden Kommunikationsmedium geworden sein. Als Reichssprache und besonders als Sprache der römischen Bürger kam dem Lateinischen zu einem bestimmten Zeitpunkt ein derart hohes Prestige zu, dass zahlreiche lokale Bevölkerungsteile den Sprachwechsel von ihrer eigenen Sprache zum Lateinischen vollzogen haben. Als Konsequenz hiervon wurde der Balkan mit Ausnahme des Südens, wo sich das prestigereiche Griechische behaupten konnte (siehe hierzu auch Rizakis 1995), und mit Ausnahme jenes in geographischer Hinsicht nicht bzw. nur spekulativ fassbaren Bevölkerungsteils, der eine Vorstufe des späteren Albanischen sprach, ein umfassend lateinischsprachiger Raum. Erst mit dem Erscheinen slawischsprachiger Verbände im 6. nachchristlichen Jh. und ihrer dauerhaften Siedlung wurde ein großer Teil Südosteuropas slawischsprachig. In den Randzonen des Balkans haben sich im Westen aus dem Lateinischen, das klassifikatorisch auch als Balkanlateinisch oder Ostromanisch bezeichnet wird, die ausgestorbenen dalmatischen Varietäten entwickelt (siehe Becker 2010), im Osten dagegen das Rumänische wie auch die süddanubischen Varietäten Aromunisch, Meglenorumänisch sowie das durch mittelalterliche Wanderungen nach Norden verbrachte Istrorumänisch (siehe z. B. Dahmen 2003, 736).

Die sprachliche und damit oftmals auch implizierte ethnische Dreiteilung des antiken Balkanraums in einen griechischen Süden, einen thrakischen Osten und einen illyrischen Westen ist jedoch nicht unproblematisch. Tatsächlich ist,

C.1 Der antike Balkan und der illyrische Sprachraum

vom Griechischen abgesehen, die Beleglage aller altbalkanischen Sprachen überaus defektiv und aus den Belegen, die sich in der Hauptsache aus Namenmaterial (Anthroponymen und Toponymen) konstituieren, ist es schwer, wenn nicht gar unmöglich Dialekt- bzw. Varietätenunterschiede unter den zahlreichen in der antiken Literatur genannten Bevölkerungsteilen auszumachen. So zeigt z. B. die Personen- und Ortsnamengebung, dass zwischen dem eigentlichen thrakischen Sprachraum und jenem Gebiet, das nach den antiken Berichten von den Dakern bewohnt war, Unterschiede in der jeweiligen Namengebung existieren (siehe Dana 2014, LXVII–LXXV, Dana/Nemeti 2019, 274–277). Ob diese onomastischen Unterschiede gleichsam auch als Hinweis auf verschiedene Sprachen zu werten sind, muss letztlich offenbleiben. Dazu existieren auch Räume in Südosteuropa, über deren Sprachlichkeit entweder Unsicherheit herrscht (Epirus, Päonien, Mösien) oder wo eine gemischte Onomastik belegt ist wie Dardanien mit einer illyrisch-thrakischen Anthroponomastik. Daraus folgt, dass Bezeichnungen wie ‚Illyrisch', ‚Thrakisch', ‚Dakisch' usw. primär als klassifikatorische Benennungen, d. h. als Sammelbegriffe zu verstehen sind, die dazu fungieren, bestimmte Diskursobjekte zu bezeichnen. Tatsächlich dürfte die gesellschaftliche wie auch sprachliche Diversität des antiken Balkanraums sehr viel differenzierter gewesen sein, als es die zur Verfügung stehende Überlieferung der epichorischen Zeugnisse wie auch der antiken Autoren zu erkennen gestattet (zu den sprachlichen Verhältnissen des Altbalkans siehe u. a. Alföldy 1972, Katičić 1976, 9–15, Papazoglu 1979, Katičić 1980, 103–120, Solta 1980, 11–63, Parzinger 1991, 247–249, Haebler 1997, Hajnal 2003).

Auch ‚Illyrisch' ist schließlich ein solcher Sammelbegriff, unter dem eine Vielzahl von lokalen Bevölkerungsteilen im Westbalkan zusammengefasst wird. Dabei erscheinen in der antiken Literatur gewisse Bevölkerungsteile, deren Zuschreibung zu den Illyrern allgemein von den antiken Autoren anerkannt ist, aber auch solche, bei denen Unsicherheit herrscht, ob sie zu den Illyrer gehören, eigenständig sind, oder aber anderen Bevölkerungsteilen angehören (siehe u. a. Katičić 1991). Was aber den Ansatz eines spezifischen Raums im Westbalkan möglich, vielmehr sogar nötig macht, ist eine grundsätzlich eigene Personen- und Ortsnamengebung, die von den Verhältnissen im Ostbalkan deutlich verschieden ist. Dieser Raum umfasst schließlich den gesamten Westbalkan von der nördlichen Adriaküste bis nach Epirus im Süden. Da dieses Territorium in antiker Diktion auch Ἰλλυρίς /Illyrís/, bzw. *Illyria* oder *Illyricum* hieß (siehe etwa Forbiger 1877, 552–553), wurde in älterer Forschung daraus der Schluss gezogen, dass das ganze Gebiet ein sowohl im Hinblick auf Bevölkerung wie auch Sprache einheitliches illyrisches Territorium repräsentiert, wobei sowohl der Begriff als auch das Konzept des Illyrischen in einer methodisch unsauberen Verzahnung mit der älteren Althistorik und Archäologie viel zu weit ausgedehnt wurde (▶ Kap. B.2). Vom Westbalkan ausgehend hat die ältere Forschung dann in idealistischer Weise diesen Illyrerbegriff weithin in Europa gespannt und damit jenes verfehlte Illyrerkonzept geschaffen, das in einer späteren Korrektur völlig zu Recht als Panillyrismus kritisiert und auf Grundlage von methodisch modernen philologischen Untersuchungen nichtgriechischer und nichtlateinischer Anthroponymie definitiv zu Fall gebracht wurde (▶ Kap. C.1). Es hat sich nämlich herausgestellt, dass der antike Westbalkan eine nicht unerhebliche Diversität der Personennamengebiete aufweist und das illyrische Personennamengebiet schließlich nur eines von mehreren lokalen Personennamengebieten darstellt, das sich im Übrigen geographisch auch weitgehend gut eingrenzen lässt. Denn es zeigt sich, dass eine eigene spezifische Personennamengebung gerade in jenen südlichen Räumen des Westbalkans auftritt, die mit den ältesten griechischen Nachrichten über Siedlungsgebiete der Illyrer in Einklang gebracht werden kann. Und eben nur auf diese Territorien, die in grobem Umriss die dalmatinische Küste südlich von Split, große Teile der Herzegowina und Montenegros sowie Nord- und Mittelalbanien umfassen, kann und darf sodann der Sammelbegriff Illyrer angewendet werden. Ausschließlich diese Territorien werden hier somit als der illyrische Raum bezeichnet und es wird als Arbeitshypothese auch vorausgesetzt, dass es gleichfalls der Raum ist, wo eine indogermanische Sprache gesprochen wurde, für die in moderner Terminologie dann der Begriff illyrische Sprache verwendet werden kann (▶ Kap. C.3.4). Unklar muss schließlich bleiben, ob die als Illyrisch bezeichnete indogermanische Sprache sich gerade erst in diesem Raum herausgebildet hat, oder ob sie im Zuge der vorgeschichtlichen Ausbreitung indogermanischer Sprachlichkeit nach Südosteuropa (siehe oben) in ihren geschichtlichen Sprachraum gekommen ist. Für den Zeithorizont, an dem sich die illyrische Sprache, unabhängig von der Frage nach dem geographischen Raum, durch Ausprägung charakteristischer phonologischer und morphologischer Merkmale aus der indogermanischen Sprache herausgebildet hat, kann im Vergleich mit anderen indogermanischen Sprachen wohl an das zweite vorchristliche Jahrtausend gedacht werden. Im Hinblick auf die folgende Darstellung ist zu beachten, dass überwiegend nur solches Sprachmaterial für Analysen berücksichtigt wird, das aus dem soeben definierten illyrischen Raum stammt.

Als eine nur marginal durch onomastische Belege überlieferte indogermanische Sprache wird das Illyrische nach der Überwindung des panillyrischen Konzepts in der seither erschienenen linguistischen Fachliteratur nur beiläufig und meist recht kurzgefasst behandelt. In chronologisch aufsteigender Ordnung können hier die folgenden Informationsquellen zur illyrischen Sprache in moderner Sichtweise genannt werden: Katičić 1976, 154–184, Neumann 1979, Solta 1980, 27–35, Parzinger 1991, 247–249, Haebler 1997, 422, Schmitt 2000, Eichner 2004, Hajnal 2004, passim, Šašel Kos 2005, 228–231, Fortson 2010, 464–465, de Simone 2018, Falileyev 2020, 896–914.

C.2 Forschungsgeschichte und Illyrerbegriffe

Ausgehend von den Nachrichten bei den antiken griechischen und römischen Historikern und Geographen hat sich aufbauend auf dem in Kapitel 12. erwähnten Illyrerkonzept, das den ganzen Westbalkan (und darüber hinaus) vereinnahmte, in der älteren historischen Linguistik (besonders im Zeitraum zwischen den Zwanziger- und den Sechzigerjahren des 20. Jhs.) gleichsam eine eigene Forschungsrichtung etabliert, die auch als Illyristik bezeichnet werden kann. Dabei wurde in einer methodisch oberflächlichen Be- und Auswertung antiker literarischer Quellen ein sich stetig vergrößernder illyrischsprachiger Raum konstruiert. Der historischen Linguistik hat sich auch die damalige vorgeschichtliche Archäologie in ihrer Zuschreibung einiger kultureller Ausdrucksformen Europas zu den Illyrern zur Seite gestellt und so wurde in einer heute nur als unglücklich zu nennenden Symbiose der beiden Disziplinen der illyrische Raum im Verlauf der Zeit zu einem vermeintlich sprachlich homogenen Großraum ausgeweitet, der weit über den Westbalkan hinausgriff und sich über die Adria nach Italien, Mittel-, Ost- und sogar bis nach Nordeuropa spannte. Innerhalb dieses Forschungsparadigmas des Panillyrismus galt dabei in der historischen Linguistik der Grundsatz, dass alles Sprachmaterial, das nicht den bekannten sprachlichen Größen wie Lateinisch, Griechisch, Keltisch oder Germanisch zugeordnet werden konnte, dann eben als illyrische Bezeugung zu bewerten sei. Auf diese Weise vergrößerte sich auch schlagartig das vermeintliche Sprachmaterial der illyrischen Sprache, da unter dieses großräumige Illyrische auch andere nur epigraphisch bezeugte antike, vorlateinische indogermanische Sprachen subsumiert wurden. So galt etwa unter dieser panillyrischen Prämisse das antike Venetische, das hauptsächlich im norditalienischen Adriaraum (Venetien) inschriftlich vom 6. Jh. v. Chr. bis zum 1. Jh. n. Chr. belegt ist, als mit dem Illyrischen verwandt (bisweilen auch als Nordillyrisch tituliert), wobei hier die bei Herodot 1.196.1 erwähnten Ἰλλυριῶν Ἐνετοί /Illyriōn Enetoí/ eine gewisse Rolle gespielt haben (siehe zur Bewertung dieses Eintrags Krahe 1939, zum Namen der Veneter siehe Weiss 2018, 350). Die verwandtschaftliche Stellung des Venetischen wird zwar nach wie vor diskutiert, jedoch ist Zugehörigkeit zu den italischen Sprachen, d. h. eine Verwandtschaft mit dem Latino-Faliskischen und den sabellischen Sprachen, am wahrscheinlichsten (siehe zum Venetischen z. B. Wallace 2018, zur Frage der sprachlichen Stellung Weiss 2020, 499–500). Auch das in der antiken italischen *Regio II Apulia et Calabria*, heute die süditalienische administrative Region Apulien, in ca. 600 Inschriften bezeugte Messapische wurde häufig dem Illyrischen zugerechnet, ja sogar als illyrischer Dialekt tituliert. Diese Annahme lässt sich jedoch nicht rechtfertigen (▶ Kap. C.5).

Diese ehemals weiträumige Konzeptionierung des Illyrerbegriffs ergibt sich letztlich aus der Beleglage der Begriffe Ἰλλυριοί /Illyrioí/, *Illyrii*, Ἰλλυρίς /Illyrís/, *Illyricum* usw. in den antiken Quellen und deren mitunter divergierender neuzeitlicher Interpretation. In der modernen Forschung ist inzwischen klar, dass bei Untersuchung und Interpretation dieser Begriffe zwei zeitlich aufeinanderfolgende antike Überlieferungsstränge auseinandergehalten werden müssen, und zwar die griechischen Quellen seit dem 6. vorchristlichen Jh. und in Folge die römischen Quellen seit dem 2. Jh. v. Chr., als Rom den Illyrern unter König Genthios 168 v. Chr. eine politisch vernichtende Niederlage zufügte (▶ Kap. C.1) und illyrische Territorien unter römische Herrschaft kamen, womit auch eine neue Phase in der Begriffsverwendung ‚Illyrer' bzw. ‚Illyricum' einsetzte. Vor allem auf diese römerzeitliche Terminologie hat die ältere Forschung ihre Schlüsse aufgebaut und das großräumige Illyrerkonzept entwickelt sowie gerechtfertigt (vgl. weiterführende Details für die folgenden Ausführungen bei Kronasser 1962, Katičić 1964 c, Kronasser 1965, Papazoglou 1965, Katičić 1966, Lochner von Hüttenbach 1970, Ölberg 1971, Solta 1980, 27–29, Parzinger 1991, 237–246, Wilkes 1992, 89–280, Lochner von Hüttenbach 1998, Šašel Kos 1998, Pajakowski 2000, 41–89, Alföldy 2004, Eichner 2004, 96–104, Šašel Kos 2005, 231–247, Dzino 2010 a, 1–17, Matijašić 2011, Dzino 2014, Koder 2017).

Die griechischen Quellen zum Westbalkan und damit auch zu der dort ansässigen Bevölkerung setzen im 6. vorchristlichen Jh. mit Hekataios von Milet ein (ca. 560–480). In den erhaltenen Fragmenten seines Werks werden etwa die Chelidonier, Sesarethier, Taulantier sowie die Encheleer erwähnt. Aus dem 5. vorchristlichen Jh. datieren Erwähnungen bei Herodot (ca. 485–424), wo erneut die Encheleer genannt werden sowie viermal der Illyrerbegriff zu finden ist und bei Thukydides (ca. 460/455–400), der Lynkester, Atintaner und Taulantier nennt. Auch in der Komödiendichtung finden Illyrer im 5. vorchristlichen Jh. ihren Niederschlag, so wenn z. B. in Aristophanes Werk ‚Die Vögel' von 414 gesagt wird (1520–1522):

„οἱ δὲ βάρβαροι θεοὶ πεινῶντες ὥσπερ Ἰλλυριοὶ κεκριγότες ἐπιστρατεύσειν φάσ'ἄνωθεν τῷ Διί /hoi dè bárbaroi theoì peinõntes hósper Illyrioì kekrigótes epistrateúsein phás'ánōthen tõ Díí/" (‚Die barbarischen Götter sterben vor Hunger und schreien wie die Illyrer und drohen, mit Waffengewalt gegen Zeus vorzugehen')

Um 414/413 v. Chr. finden sich sodann erste epigraphische Nennungen von Illyrern, so z. B. die Anführung zweier illyrischer Sklaven (hιλλυριός) in einem Auktionsdokument aus Athen (vgl. zu den epigraphischen Belegen Kronasser 1962, 14, Dzino 2014, 50). Ab dem 4. vorchristlichen Jh. vermehrt sich dann die Zahl der Quellen, die über die Illyrer berichten, wobei hier besonders auf den Periplus des Pseudo-Skylax (um 330) und auf die Periegesis des Pseudo-Skymnos aus dem späten 2. vorchristlichen Jh. hinzuweisen ist (vgl. zu beiden die Ausführungen bei Dzino 2014, 55–56).

In den griechischen Quellen, die von der späteren römischen administrativen Verwendung des Illyrerbegriffs noch unbeeinflusst sind, zeigt sich schließlich ein fortschreitendes Anwachsen der Kenntnis über jene Bewohner, die

C.2 Forschungsgeschichte und Illyrerbegriffe

nördlich von Makedonien und Epirus ihre Wohnsitze hatten. Hierbei werden jeweils aber nur einzelne Ethnonyme genannt, ohne dass eine klare Definition des Siedlungsgebiets erfolgt. Exemplarisch heißt es z. B. bei Pseudo-Skymnos, Zeile 415–416:

> Ἡ δ' Ἰλλυρὶς ταῦτα παρατείνουσα γῆ ἔθνη περιέχει πολλά /hē d'Illyrìs taũta parateínusa gẽ éthnē periékhei pollá/ ‚Das illyrische Land erstreckt sich über diese [sc. Hylleis und Issa] und umfasst viele Völker'

Aber es ergibt sich aus diesen Quellen auch, dass der Illyrerbegriff bei den griechischen Autoren eben ein Sammelbegriff ist (wie z. B. auch der Begriff ‚Thraker' für den Ostbalkan), der eine Reihe lokaler Bevölkerungsteile zusammenfasst, wobei aber die Kriterien, nach denen eine solche Zusammenfassung von nichtgriechischen, mit dem Topos ‚Barbaren' bezeichneten Personen erfolgte, unklar bleiben (es dürften hier wohl gemeinsame Kultur- und Kulteigenschaften eine Rolle gespielt haben, in Bezug auf die Sprache(n) der lokalen Bevölkerungsteile bleiben die antiken Quellen jedoch stumm; zur griechischen Sicht, speziell in Bezug auf Strabon vgl. etwa Šašel Kos 2011).

Griechische Quellen geben auch Auskunft über die antiken mythologischen Vorstellungen von der Herkunft der Illyrer (▶ Kap. B.5.3). Wie Appian 10.2 berichtet dürfte es wohl mehrere Mythologeme gegeben haben. Weit verbreitet ist hierbei der Mythos vom thebanischen Herrscherpaar Kadmos und Harmonia und deren Sohn Ἰλλυριός /Illyriós/, der nach dem in den Vergilscholien zur Aeneis 1.243 enthaltenen Bericht von einer Schlange aufgezogen später zum eponymen Stammvater der Illyrer wurde. Auch seine Eltern wurden an ihrem Lebensende in Schlangen verwandelt und nach Pseudo-Skylax soll sich ein ihnen geweihtes Heiligtum am Fluss Rhizon befunden haben (24: καὶ Κάδμου καὶ Ἁρμονίας οἱ λίθοι εἰσὶν ἐνταῦτα καὶ ἱερόν ἄπωθεν τοῦ Ῥιζοῦντος ποταμοῦ /kaì Kádmou kaì Harmonías hoi líthoi eisin entaũta kaì hierón ápothen toũ Rhizoũntos potamoũ/ ‚Und Kadmos' und Harmonias Grabsteine befinden sich hier und ein Heiligtum oberhalb des Flusses Rhizon').

Natürlich handelt es sich bei diesen Überlieferungen um Mythologie und chronologisch heterogenes Sagengut, die ein wichtiges Element in der antiken Perzeption der Welt und der Einordnung der geschichtlichen Verläufe waren, aber es lassen sich aus Mythologie und Sagen durchaus auch manche historische Schlüsse und Erkenntnisse ziehen. So werden manche Ikonographien und Weihinschriften des illyrischen Raums als Hinweis auf einen Schlangenkult interpretiert (siehe zur lokalen Mythologie und der Frage des Schlangenkults bei den Illyrern u.v.a. Katičić 1977, Ceka 1988 a, Šašel Kos 1991, Wilkes 1992, 244–245, Šašel Kos 1993, Eichner 2004, 104–108, Rossignoli 2004, 103–124, Šašel Kos 2004, Šašel Kos 2005, 115–132, Castiglioni 2010, Ogden 2013, 48–54).

Im Hinblick auf mögliche Kulte und religiöse Vorstellungen der Illyrer (▶ Kap. B.5.3), über die keine aus den Quellen überzeugend verwertbaren Hinweise vorliegen, kann zumindest auf den Umstand hingewiesen werden, dass manche illyrische Bevölkerungsteile Bezeichnungen (Ethnonyme) tragen, die, wenn die vorgeschlagenen Etymologien zutreffen, von Tierbenennungen abgeleitet sind. Neben den Encheleern, deren Bezeichnung vom Aal stammt, tragen etwa die Taulantier ein Ethnonym, welches mit einer Bezeichnung für ‚Schwalbe' verbunden werden kann, wie sie z. B. in alban. *dallëndyshe* vorliegt. Vgl. dazu auch die Chelidonier, deren Ethnonym von griech. χελιδών /khelidṓn/ ‚Schwalbe' stammt. Für den Illyrernamen selbst ist schließlich auf die Bezeichnung des illyrischen Bevölkerungsteils der Hylli (griech. Ὑλλοι /Hýlloi/ und Varianten siehe Krahe 1925, 24–25, Mayer 1957, 158) hinzuweisen. Aus sprachlicher Sicht könnte hier die folgende Erklärung gegeben werden (vgl. Solta 1980, 55 sowie Eichner 2004, 105–106): (a) Ὑλλοι /Hýlloi/ < Grundform *ud-lo- ‚mit Wasser verbunden' (> *ullo- mit Assimilation; eine Ableitung vom idg. Lexem für ‚Wasser' *u̯ed-/u̯od-, siehe ausführlich NIL, 706–715; vgl. hierzu die Ableitung *ud-ro- als die Grundlage von griech. ὕδρος /hýdros/ ‚Wasserschlange' und dt. *Otter*). Eine Bildung *ud-lo- wird auch beim Lexem griech. ὕλλος /hýllos/ vermutet, welches sowohl ein Fischname wie auch die Bezeichnung des ägypt. Ichneumons ist, wenngleich hier alternativ auch ein Lehnwort unbekannter Herkunft vermutet wird; (b) der Illyrername könnte auf einer suffixalen Weiterbildung dieses *ud-lo- (> *ullo-; siehe oben) als **hull-ur(i̯)o- beruhen, das in Dissimilation zu *hill-ur(i̯)o- (→ griech. (h)ιλλυριο- /(h)illyrio-/) wurde. In der Literatur wurde unter Heranziehung auch weiterer Ethnonyme die Hypothese ausgesprochen, dass bei solchen Benennungsmotiven vielleicht totemistische Bezeichnungen widergespiegelt sein könnten (siehe u.v.a. Mayer 1959, 45–46, 112, Stipčević 1977, 196–197, Wilkes 1992, 244; zu den sprachwissenschaftlichen Analysen siehe im Detail Eichner 2004, 105–108). Diese Hypothese mag zutreffen, sie lässt sich aber nicht mit letzter Stringenz verifizieren.

In diesem Zusammenhang sei die sehr spekulative Frage gestattet, ob in dem im illyrischen (und dalmatischen) Raum belegten maskulinen Personennamen Τριτος /Tritos/ (▶ Kap. C.8, Nr. (37); auch im Kompositum m. *Ettritus*, Nr. (14 a–c) bezeugt) eine Reminiszenz an ältere mythologische Vorstellungen reflektiert sein könnte, da hier an die aus der indoiranischen Mythologie bekannte Figur des im altindischen Rigveda *Tritá- Āptyá-* und im altiranischen Awesta *Θraētaona-* genannten Heros gedacht werden könnte, der u. a. auch als Drachenbezwinger fungiert (vgl. dazu etwa West 2007, 260). Doch wird sich dieser Personenname gleich wie in der keltischen, d. h. der gallischen Personennamengebung wohl ganz einfach nur auf die Geburtsumstände des Namenträgers beziehen (etwa ‚Drittgeborener').

Die ältesten Erwähnungen des Illyrerbegriffs bei den römischen Autoren finden sich wiederum einerseits in der Komödie Trinummus des Titus Maccius Plautus vom Beginn des zweiten vorchristlichen Jhs. (852: *hilurica facies videtur hominis* ‚er scheint ein Illyrer zu sein') und andererseits gemäß den Hinweisen des Aulus Gellius (Attische Nächte 11.3.2) in der nicht erhaltenen Schrift *Origines* von Cato dem Älteren, die gleichfalls aus dem zweiten vorchristlichen Jh. datiert

C.2 Forschungsgeschichte und Illyrerbegriffe

(dort: *pro agro Illyrio*, siehe hierfür wie auch zu den frühen epigraphischen Belegen Dzino 2014, 57–58). Von den späteren römischen Historikern und Geographen, die ihre Werke entweder auf Lateinisch oder aber auf Griechisch verfasst haben, können hier u. a. Strabon (ca. 62 v. Chr.–ca. 24 n. Chr.), Livius (49 v. Chr.–17 n. Chr.), Plinius der Ältere (23/24 v. Chr.–79 n. Chr.), Pomponius Mela (1. Jh. n. Chr.), Appian (vor 100 n. Chr.–nach 160 n. Chr.), Arrian (85/90 n. Chr.–145/146 n. Chr.), Ptolemaios (2. Jh. n. Chr.) und Cassius Dio (ca. 164 n. Chr.–ca. 229 n. Chr.) genannt werden, die für *Illyricum* zahlreiche Bevölkerungsteile (griech. γένη /génē/, latein. *gentes*; oft als dt. „Stamm" wiedergegeben) nennen, deren Zahl sich nach Kronasser 1965, 159 auf ca. 100 beläuft.

Unter den römischen Nachrichten hat in der Forschung besonders eine Formulierung zu kontroversiellen Diskussionen geführt, nämlich die von den ‚eigentlichen Illyrern' (auf Lateinisch *proprie dicti Illyrii*), die in der Naturgeschichte bei Plinius dem Älteren sowie auch in der Kosmographie des Pomponius Mela belegt ist (Plinius 3.144: [...] *eo namque tractu fuere Labeatae, Endirudini, Sasaei, Grabaei proprieque dicti Illyrii et Taulanti et Pyraei* ‚in diesem Landstrich wohnten die Labeaten, Endirudiner, Sasäer, Grabäer und die eigentlichen Illyrer und die Taulantier und die Pyräer'; Mela 2.55–56: *Dein sunt quos proprie Illyrios vocant* ‚Danach kommen die, die man die eigentlichen Illyrer nennt'). Hierbei bewegt sich die Fachdiskussion darum, wie diese eigentlichen Illyrer zu interpretieren sind, wobei es zwei Erklärungsmodelle gibt. In älterer Forschung wurde diese Stelle so interpretiert, dass damit ein individueller Bevölkerungsteil namens Illyrer gemeint ist, der namengebend für die Gesamtheit all jener Bevölkerungsteile geworden sein soll, die für antike Geo- bzw. Historiographen auf Grund bestimmter Kriterien ein zusammengehörendes Ganzes gebildet haben und dann kollektiv als Illyrer bezeichnet wurden. Eine solche Namensübertragung von einer Teilmenge auf eine größere Einheit einer Bevölkerungsgruppe ist keineswegs ungewöhnlich und kann immer wieder beobachtet werden (so vgl. französ. *Allemands* ‚Deutsche' vom Allemannennamen oder finn. *saksalainen* ‚Deutsche(r)' vom Sachsennamen). In neuerer Forschung ist hingegen eine alternative Interpretation ausgearbeitet worden, wonach die Formulierung von den *proprie dicti Illyrii*, also den eigentlichen Illyrern, vielmehr als eine geographisch-historische Reminiszenz an die einstigen illyrischen Königsherrschaften seit Agron und Teuta im 3. vorchristlichen Jh. aufzufassen ist, deren letzte unter dem König Genthios 168 v. Chr. vom römischen Heer unter dem Befehl des Praetors L. Anicius Gallus besiegt wurde. Das Territorium dieser illyrischen Herrschaftsbildung wurde zunächst ein römisches Protektorat und später eine römische Provinz und führte als solche auch die Bezeichnung *Illyricum* weiter (siehe sogleich im Folgenden). Was für diese zweite Interpretation sprechen könnte, sind vielleicht zwei Aspekte. So lässt sich aus den älteren griechischen Quellen wie oben erwähnt erkennen, dass der Illyrerbegriff als Sammelbegriff verwendet wird, indem lokale Bevölkerungsteile als illyrisch bezeichnet werden, ohne dass dieser Begriff selbst je auf eine individuelle Ethnie Bezug nehmen würde. Ferner ist daran zu erinnern, dass, so wie auch bei den Emissionen anderswo, auf den Münzprägungen von Regenten, Ethnien bzw. Kommunen des illyrischen Raums jeweils nur der entsprechende Regentenname bzw. der Lokalname (d. h. der Einwohnername im Genitiv Plural) genannt wird, nie aber der/ein Illyrerbegriff selbst. Es wäre deshalb auch zu überdenken, ob hierbei vielleicht sogar ein Exonym (Fremdbenennung) vorliegen könnte, das bei den lokalen Bevölkerungsteilen selbst nicht verwendet wurde (zur Fachdiskussion siehe u. a. Katičić 1964 c, Papazoglou 1965, 177–179, Katičić 1966, Katičić 1976, 154–165, Suić 1976, Pajakowski 1980, Katičić 1991, Eichner 2004, 102, Dzino 2014, 46–47). Wenn die vorhin erwähnte etymologische Herleitung des Illyrerbegriffs das Richtige treffen sollte, dann könnte der Illyrerbegriff vielleicht doch ein Endonym (Eigenbezeichnung) gewesen sein, das von den Griechen als Sammelname für nach bestimmten Kriterien als zusammengehörend aufgefasste Bevölkerungsteile verwendet wurde. Hier bleibt letzten Endes zu überlegen, ob ein solches von den Griechen übernommenes Endonym ursprünglich einen lokalen Bevölkerungsteil bezeichnet haben könnte, der als erster in den Gesichtskreis der Griechen gelangt ist, oder ob sich der Illyrerbegriff vielmehr auf eine soziale Gruppe, vielleicht auch auf eine Kultgemeinschaft bezogen haben könnte. Am Ende bleibt jedoch völlig unbekannt, ob die lokalen Bevölkerungsteile des illyrischen Raums überhaupt ein übergreifendes Endonym kannten.

Ungeachtet der vorangehenden Fragestellungen hat sich der Begriff *Illyricum* ursprünglich nur auf das Territorium bezogen, das die Römer nach der Niederlage des Genthios 168 v. Chr. unter ihre Herrschaft gebracht haben und das im 1. vorchristlichen Jh., das eigentliche Datum ist nicht bekannt, von einem Protektorat zur römischen Provinz *Illyricum* transformiert wurde. Seit augusteischer Zeit wird in Folge von fortgeführten römischen Gebietseroberungen entlang des Westbalkanraums die Bezeichnung *Illyricum* als administrativer Terminus konsequent weiter nach Norden ausgedehnt und umfasst auf diese Weise auch ganz heterogene Territorien. Auf eben diese großflächige territorial-administrative Gliederung bezieht sich im Übrigen dann auch die in Inschriften aus römischer Zeit belegte Herkunftsangabe von Personen als *Illyricus, -a*, was ebenso auf die römischen Kaiser (sog. ‚illyrische' Kaiser) zutrifft, die aus dem ganzen Westbalkan stammen. Territorial noch viel größer gefasst war der administrative Zollsprengel *Illyricum* (*portorium Illyricum*), der sich von Rätien bis ans Schwarze Meer erstreckte. Im Zusammenhang mit der administrativen Gestaltung und Terminologie des römischen Illyricums steht auch das Aufkommen eines *Genius loci*, d. h. einer Vergöttlichung ‚Illyriens', die als die *Terra Illyrica* in einer nur fragmentarisch erhaltenen Altarinschrift aus dem antiken *Bigeste* (Dalmatien) erscheint (siehe ILIug 1986, 1915, Šašel Kos 1999, 67, Alföldy 2004, 218–219, Dzino 2010 b, 65, Cambi 2013, 74):

Auf diese Weise kommt es zu jenem großflächigen Illyrien, das als Konzept und Raumvorstellung über viele Jahrhunderte weiter Bestand hatte und in ganz unterschiedlichen Kontexten der frühen Neuzeit und der Moderne namengebend wurde, so z. B. wenn die slawische Sprache Kroatisch seit dem Humanismus und bis ins 19. Jh. als illyrische Sprache (kroatisch *ilirski jezik*) bezeichnet wurde oder sich kroatische Humanisten auch als Illyrer titulierten, wie etwa der lutheranische Theologe Matija Vlačić (1520–1575), der sich latinisiert Flacius Illyricus nannte. Von der schöngeistigen Literatur abgesehen, wo der Begriff Illyriens weiter lebendig blieb (vgl. u. a. William Shakespeares Komödie ‚Twelfth Night or What you Will' aus dem Jahr 1602), kam dem Begriff Illyrien eine besondere Bedeutung in der kroatischen Nationalbewegung der sogenannten Illyristen in der ersten Hälfte des 19. Jhs. zu, als deren Hauptvertreter Ljudevit Gaj (1809–1872) gilt. Im Rahmen der Bewegung des kroatischen Illyrismus (*ilirski pokret*) wurden die Grundlagen für den kroatischen Nationalgedanken bereitet, wie auch der Weg hin zu einer genormten kroatischen Literatursprache geformt. Auch im politisch-administrativen Bereich fand der Begriff Illyrien in der Moderne seine Verwendung, so wenn etwa nach dem Frieden von Schönbrunn 1809 durch den französischen Kaiser Napoleon Bonaparte die illyrischen Provinzen eingerichtet wurden, die nach dem Wiener Kongress 1815 Österreich zugesprochen und administrativ in das Königreich Illyrien umgewandelt wurden, welches im Folgejahr der Revolution von 1848 zwar aufgelöst wurde, dessen Herrschertitulatur (‚König von Illyrien') jedoch bis 1918 bestehen blieb (zu den historischen Ereignissen siehe u.v.a. Lauer 2010).

Auch und gerade in der modernen albanischen Geschichte und Geschichtsschreibung nehmen die antiken Illyrer eine wichtige Rolle ein, so dass man hier durchaus auch von einem albanischen Illyrismus sprechen kann. Innerhalb der im 19. Jh. aufkommenden albanischen Nationalbewegung (auf Albanisch *rilindja* genannt) kam es durch albanische Intellektuelle auch zu einem argumentativen Rückgriff auf die antiken Verhältnisse im Westbalkan. Diese stützten sich hierbei auch auf die Aussagen von nichtalbanischen Gelehrten wie etwa Johann Thunmann, der 1774 in seiner Schrift ‚Über die Geschichte und Sprache der Albaner und der Wlachen' auf Seite 240 über die Albaner bemerkt: „*Sie sind Nachkömmlinge der alten Illyrer*". Diese Gleichsetzung der antiken Illyrer mit den modernen Albanern ist ihrem Wesen nach ein einfaches Rückschlussverfahren, indem die moderne Population eines bestimmten Raums, nämlich das Gebiet, auf dem Albanisch gesprochen wird, mit jener Population in ein Abstammungsverhältnis, bzw. ein Kontinuitätsverhältnis gestellt wird, die für diesen Raum in der Antike nachgewiesen ist, eben die Illyrer. Diese These war zur Zeit, als die albanischsprachigen Gebiete ein Teil des osmanischen Reichs waren, ein fundamentales Argument nicht nur im Hinblick auf eine eigene albanische Identitätsfindung, sondern auch zur Rechtfertigung einer Unabhängigkeit vom osmanischen Reich und zugleich auch ein Argument, um Griechenland und den südslawischen Staaten mit ihren Gebietsansprüchen auf albanische Territorien entgegenzutreten. Der Anspruch auf Autochthonie, bzw. auf eine ungebrochene Kontinuität der albanischen Bevölkerung diente aber auch dem Zweck, die eigene albanische

Staatsgründung innerhalb des damals dominierenden Ideologems des Nationalstaats Albanien zu fördern, der 1912 gegründet, weder damals noch heute ein Nationalstaat war und ist. Diese Kontinuitätshypothese, die durchaus auch bei Forschern außerhalb Albaniens vielfach Akzeptanz fand, wurde kontinuierlich ausgebaut und erlangte schließlich identitätsstiftende Funktion, die besonders in der Zeit des kommunistischen Regimes in Albanien zwischen 1944 bis 1991 zu einer Staatsdoktrin ausgebaut und implementiert wurde. Dem Diktum der albanischen Autochthonie sowie der Herkunft der Albaner von den Illyrern hatten sich auch die einzelnen Forschungsdisziplinen (Geschichte, Archäologie, Sprachwissenschaft) bedingungslos unterzuordnen, die hier zur Beweisführung verpflichtet wurden (aus der umfangreichen Literatur zu dieser Fragestellung siehe etwa Tönnes 1980, 227–242, Matzinger 2009, Schmitt 2012, 37–44). In einer Rückschau zeigt sich, dass diese Implementierung erfolgreich war, alle gesellschaftlichen Gruppen durchdrungen hat und noch heute weitgehend diskursbeherrschend ist. Dennoch ist zu beobachten, dass außerhalb seriöser akademischer Forschung wieder die schon im 19. Jh. vorgeschlagene Herkunft der Albaner von den mythischen Pelasgern (▶ Kap. C.1) populär geworden ist, die eine noch viel größere Zeittiefe der Albaner als westbalkanische Population gewährleisten soll. Aus fundierter wissenschaftlicher Sicht sind solche Argumentationen vorbehaltlos abzulehnen. Im gesellschaftlich-sprachlichen Bereich hat die vermeintlich illyrische Vergangenheit der Albaner ihren sichtbaren Niederschlag darin gefunden, dass vor allem in der Zeit des kommunistischen Regimes in der Personennamengebung ein starker Rückgriff auf die bei den antiken Autoren bezeugten lokalen illyrischen und insgesamt westbalkanischen Namen erfolgte.

C.3 Quellen des Illyrischen und onomastische Zeugnisse

Das folgende Kapitel präsentiert die Dokumentation der illyrischen Sprache, die exklusiv aus onomastischen, und hier in der Hauptsache anthroponomastischen Belegen (d. h. Personenennamen) besteht. Alle Belege sind nur in Sekundärüberlieferung bezeugt, da es keine epichorischen Zeugnisse gibt. Dieser Problematik muss bei der Interpretation dieser Belege Rechnung getragen werden, gleich wie dem Umstand, dass die Belege chronologisch uneinheitlich sind, da sie aus ganz verschiedenen Zeitstufen stammen. In einer künftigen Untersuchung müssen die illyrischen onomastischen Belege im Hinblick auf ihre Beleghorizonte noch gesondert klassifiziert werden.

C.3.1 Fehlen von epigraphischen Zeugnissen

Vom Griechischen abgesehen haben die indogermanischen Sprachen des Balkans nur spärliche epichorische Zeugnisse hinterlassen. Vom Thrakischen, das im Osten der Balkanhalbinsel (▶ Kap. C.1) beheimatet war, existieren nur wenige längere Inschriften, die bisher aber noch nicht überzeugend interpretiert worden sind, und eine nicht unerhebliche Menge sehr kurzer Weihinschriften aus Zone und Samothrake (siehe Dana 2015, 244–245 sowie allgemein Sowa 2020). Vom Dakischen, dessen sprachliche Beziehung zum Thrakischen nicht eindeutig geklärt ist, existiert im Gegensatz hierzu keine epichorische Inschrift, denn der Stempelaufdruck *Decebalus per Scorilo*, der manchmal für die einzige dakische Inschrift gehalten wird, ist vielmehr als fehlerhafte lateinische Markeninschrift zu interpretieren (‚Decebalus [fertigte an] für Scorilus'). Für das Illyrische wieder hat die ältere Forschung eine Ringinschrift aus den Objektfunden von Kalaja e Dalmacës (bei Komani, Albanien) als einzige epichorische illyrische Inschrift angenommen. Diese Ringinschrift wurde als Ανα Οηθη ιερ /Ana Oēthē iser/ gelesen und als ‚der Göttin Oēthē geweiht' interpretiert, wobei aber eine weibliche Gottheit Oēthē sonst aus keinem anderen epigraphischen oder literarischen Kontext belegbar war. Diesen älteren Forschungsstand fasst z. B. Krahe (1955 a, 12) zusammen.

Es hat sich in der Folge, auch auf Grundlage anderer vergleichbarer Ringinschriften, herausgestellt, dass es sich hierbei um ein Artefakt byzantinischer Prägung mit einer griechischen Inschrift christlichen Inhalts aus dem 6.–7. nachchristlichen Jh. handelt. Diese Inschrift ist nämlich als Κ(ύρι)ε βοήθη Άνα /K(ýri)e voēthē Ána/ ‚Herr, hilf Anna' zu interpretieren. Als Fazit ergibt sich, dass vom Illyrischen keine einzige epichorische Inschrift überliefert ist und es letztlich auch offenbleiben muss, ob die Illyrer überhaupt jemals Schrift verwendet haben, jedenfalls zur Niederschrift ihrer eigenen Sprache. Der aktuelle Forschungsstand zu Fundstück und Inschrift ist nachzulesen bei Ognenova 1957, Kronasser 1962, 7, Çabej 1963, Spahiu 1971, 246–249, Katičić 1976, 169–170, Spahiu 1985, Eichner 2004, 92, Cabanes u. a. 2016, 297.

C.3.2 Glossenwörter bei antiken Autoren

Bei antiken Autoren (zumeist grammatische oder rhetorische Werke bzw. auch Historiker) finden sich Glossen, d. h. Fremdwörter bzw. Dialektwörter, die von den Autoren erklärt und bisweilen im Hinblick auf ihre Herkunft oder sprachliche Zuschreibung besonders gekennzeichnet werden. Im Fall des Illyrischen ist nur eine Glosse in der antiken Literatur bezeugt, die explizit den Illyrern zugeschrieben wird. Dabei handelt es sich um den im Lexikon des Grammatikers Hesych von Alexandria genannten Eintrag:

δ 713 Δευάδαι • οἱ Σάτοι, παρὰ Ἰλλυρίων /Deuádai • hoi Sátoi, parà Illyríōn/ (siehe Latte/Cunningham 2018, 564) ‚Δευάδαι • die Σάτοι bei den Illyrern'

Die Form Σάτοι ist korrupt überliefert. Entweder muss sie zu σάτυροι /sátyroi/ (‚Satyrn') oder zu Σάτραι /Sátrai/ (nach Herodot ein thrakischer Bevölkerungsteil) emendiert werden. Falls eine Verbindung mit der auch bei Hesych zu findenden Glosse δ 2473 Δύαλος • ὁ Διόνυσος, παρὰ Παίωσιν /Dýalos • ho Diónysos parà Paíōsin/ ‚Δύαλος • der Dionysos bei den Päoniern' (siehe Latte/Cunningham 2018, 646) gezogen werden kann, könnte, wie es von der Literatur vorgeschlagen wurde, das Glossenwort Δευάδαι von der idg. Verbalwurzel *$d^heu̯H$- ‚rasch hin und her bewegen, schütteln', vgl. dazu ved. *dhūnóti* ‚schüttelt' sowie griech. θυίω /thyíō/ ‚in Bewegung sein, toben' (siehe hier LIV², 149–150) hergeleitet werden, jedoch bleibt dies nur eine höchst spekulative Möglichkeit.

In den Scholien zu Homers Odyssee 5.281 wird die Information gegeben, dass οἱ δὲ λέγουσιν Ἰλλυριοὺς ῥινὸν λέγειν τὴν ἀχλύν /hoi dè légousin Illyrìs rhinòn légein tēn achlýn/ (‚man sagt, dass die Illyrer den Nebel ῥινὸς nennen'). Eine andere Information dazu lautet wiederum, dass ἔνιοι δὲ ῥινὸν κατὰ Οἰνωτροὺς τὸ νέφος /énioi dè rhinòn katà Oinōtroùs tò néphos/ (‚einige [sagen], Wolke bei den Önotriern'; siehe zu beiden Einträgen bei Pontani 2015, 84–85). Wie immer der Status dieser Glosse zu bewerten ist (die Zuschreibung zum Illyrischen ist nach Kronasser 1962, 9 spät wie auch unzuverlässig), es könnte möglicherweise eine sprachliche Verbindung mit dem albanischen Lexem geg. *rê*, tosk. *re* ‚Wolke' ins Auge gefasst werden (siehe dazu im Detail Matzinger 2005, 36–38).

Zuschreibung von Glossen an die Illyrer bei lateinischen Autoren erfolgen erst spät, wobei hier auch zu bedenken ist, dass zur Zeit der Niederschrift dieser Belege der Begriff *Illyricum* in geographisch-administrativer Hinsicht bereits weit ausgedehnt war (▶ Kap. C.2). So überliefert zum einen Ammianus Marcellinus (zweite Hälfte des 4. Jh. n. Chr.) 26.8.2 den folgenden Hinweis: *Est autem sabaia ex ordeo frumento, in liquorem conversis, paupertinus in Illyrico potus* (‚Sabaia ist ein aus Gerste oder Getreide verflüssigter Armeleutetrank in Illyrien'). In Ergänzung dazu wird auch bei Hieronymus (ca. erstes Drittel des 4. Jhs.–419/420 n. Chr.) der Begriff *sabaium* für Dalmatien und Pannonien als Bezeichnung eines Gerstengebräus erwähnt. Paulus Diaconus schließlich überliefert im 8. Jh. n. Chr. das Lexikon des S. Pompeius Festus, das aus dem 2. nachchristlichen Jh. datiert und das selbst wiederum ein Exzerpt des augusteischen Autors M. Verrius Flaccus darstellt, in dem die Eintragung *Sybinam appellant Illyri telum venabuli simile* ‚Sybina nennen die Illyrer eine Art Jagdspeer' erscheint, die selbst auf dem bei Quintus Ennius überlieferten Vers *Illyri restant sicis sybinisque fodentes* ‚Die Illyrer leisten Widerstand, indem sie mit Krummdolchen und Spießen zustechen' beruhen dürfte. Doch das Lexem *sybina* zur Bezeichnung eines Speers hat eine recht weite geographische Verbreitung in der antiken Welt und dürfte aus diesem Grund eher als ein sogenanntes Wanderwort aufzufassen sein, dessen eigentliche Herkunft letztlich unklar bleibt.

Aus der hier kurz skizzierten Übersicht der Belege von Glossenwörtern, die in der antiken Literatur dem Illyrischen zugeschrieben wurden, ergibt sich deutlich, dass aus diesen Glossenwörtern für das Illyrische selbst kein entscheidender Aussagewert zu gewinnen ist (vgl. schon Katičić 1976, 171: „*Whatever the value of these glosses and of the etymological equations they invite, it is clear that on their basis no comprehensive study of Illyrian historical phonology is possible*"). Das Belegmaterial ist abgesehen davon, dass es so gering ist, auch auf Grund seiner spezifischen Bezeugung als Glossenwörter viel zu unsicher. In der Literatur wurden diese Belege in den folgenden Darstellungen behandelt: Krahe 1955 a, 38, Mayer 1957, jeweils s. v., Kronasser 1962, 7–9, Kronasser 1965, 176, Katičić 1976, 170–171, Eichner 2004, 93–94, Matzinger 2005, 36–38, Tzitzilis 2007, 746–747, Tzitzilis 2014.

C.3.3 Toponyme und Hydronmye

Grundsätzlich ist festzustellen, dass die Toponymie (Orts-, Fluss- und Bergnamen) des illyrischen Raums (gemäß der im Kapitel 12 gegebenen Definition) indogermanischer Herkunft ist, die Ermittlung von vorindogermanischen geographischen Toponymen erweist sich dagegen als höchst spekulativ. Ob die indogermanische Toponymie des illyrischen Raums in Bezug auf ihre Prägung letztlich als illyrisch zu verstehen ist, muss jedoch offenbleiben, da sie theoretisch bereits vorillyrisch-indogermanischer Herkunft sein könnte. Der Begriff der illyrischen Toponymie sollte deshalb primär als geographischer Terminus verwendet werden, der die im illyrischen Raum dokumentierte, geographische Namengebung bezeichnet. Im illyrischen Raum lässt sich jedoch, anders als die ältere panillyrische Forschung annahm, keine spezifisch illyrische geographisch-toponymische Namengebung feststellen, d. h. typisch illyrische Ableitungsgrundlagen (Lexeme) oder aber Suffixe. Die in der älteren Literatur als typisch illyrisch gefassten Suffixe wie etwa das *st*-Suffix, das sogar als illyrisches ‚Leitsuffix' tituliert wurde (siehe etwa bei Krahe 1925, 68–71, Krahe 1955 a, 108, Mayer 1959, 249–253; vgl. dazu Anreiter 2001, 73–75) sind vielmehr Suffixe bzw. Ableitungsmittel, die auch in der geographischen Namengebung anderer antiker Räume mit indogermanischer Sprachlichkeit Verwendung finden. Dies betrifft schließlich auch solche Toponyme, die historisch mit einem Suffix -īn(i)i̯o- gebildet sind, das zwar tatsächlich gehäuft von Dalmatien bis in den illyrischen Raum erscheint, aber letztlich auch anderswo nachweisbar ist (z. B. *Leusinium, Rhizinium, Birziminium, Olcinium*, etc.; siehe Krahe 1925, 46, Krahe 1955 a, 107–108, Mayer 1959, 220–221, Ölberg 1963, 188–191, 220–222, Anreiter 2001, 18).

Eine Sammlung der Toponyme des antiken Westbalkans erfolgte in den Arbeiten von Krahe 1925, Mayer 1957 und Russu 1969, wobei jedoch alle diese Werke nach dem veralteten Illyrerkonzept gestaltet sind und auf diese Weise viel heterogenes Sprachmaterial registrieren. Die panillyrische Sichtweise und das dadurch überaus reichhaltig zusammengetragene Sprachmaterial liegt auch den in diesen Werken vorgenommenen sprachhistorischen Analysen der Toponymie zu Grunde, die aus heutiger Sicht schließlich zu relativieren sind, wenn auch die eine oder andere Erkenntnis durchaus richtig sein mag. Anders als es bei den Personennamen erfolgte (▶ Kap. C.3.4), liegt für die Toponyme des antiken Westbalkans noch keine systematische Aufarbeitung nach moderner historisch-sprachwissenschaftlicher Methode vor, die möglicherweise spezifische, d. h. geographisch lokalisierbare Ortsnamengebiete erkennen lassen würde. Hier hat künftige Forschung noch aufklärend zu wirken, indem in einem ersten Schritt aus dem Sprachmaterial des antiken Westbalkans jene Toponyme (Orts-, Fluss- und Bergnamen) ausgesondert werden müssen, die den bekannten antiken Sprachen zugeordnet werden können (Griechisch, Lateinisch, Keltisch usw.). Das verbleibende Sprachmaterial muss sodann geprüft werden, ob es anhand der Grundelemente und der jeweiligen Bildeweisen (Suffixe) unterschiedliche Ortsnamengebiete zu eruieren gestattet, die sich vielleicht auch geographisch lokalisieren und damit in Kern- und Streugebiete einordnen lassen. Erst auf dieser Stufe wird es in Folgeschritten möglich sein zu erkennen, wie es sich mit der Toponymie im illyrischen Raum verhält und ob diese vielleicht mit dem System der Anthroponymie in Zusammenhang gebracht werden kann.

In Ergänzung zu den oben genannten Sammlungen sind bei Fragen zur Toponymie des antiken Westbalkans noch Forbiger 1877, Šašel 1976, Schramm 1981 sowie Talbert 2000 (die Karten 20, 21, 49) zu berücksichtigen. Weitere Informationsquellen sind hier auch die in Kapitel 14.4 genannten diversen Sammlungen griechischer sowie lateinischer Inschriften. Bei der Ermittlung von epigraphischen Belegen antiker Toponyme unverzichtbar ist schließlich die Epigraphische Datenbank der Heidelberger Akademie der Wissenschaften unter dem Link https://edh-www.adw.uni-heidelberg.de/home.

In der Toponymie des illyrischen Raums lassen sich schließlich drei im Bezug auf Herkunft und Chronologie aufeinanderfolgende Schichten erkennen, und zwar vorgriechische Toponyme, griechische Toponyme und lateinische Toponyme, vgl. dazu die folgende Auswahl:

Vorgriechische Toponyme

• ON Ναρῶνα /Narōna/, Lateinisch *Narona* (heute Vid, Kroatien), literarisch und epigraphisch belegt (Krahe 1925, 29, Mayer 1957, 238, Schramm 1981, 302–303, Anreiter 2001, 17, 65, https://www.tabula-peutingeriana.de/list.html?alfa=n#N, s. v.). Auf dem nördlichen und mittleren Westbalkan belegte Ortsnamen mit Suffix -ωνα /-ōna/, *-ona* stehen häufig in einem Ableitungsverhältnis zu Flussnamen (Hydronymen) auf -ων /-ōn/, *-o*, *-ōnis* (siehe dazu bei Krahe 1956), wie auch im gegebenen Fall, da die Stadt Ναρῶνα, *Narona* am Fluss Νάρων /Nárōn/, *Naro* (heute Neretva, Bosnien-Herzegowina und Kroatien) gelegen ist. Der Flussname

C.3 Quellen des Illyrischen und onomastische Zeugnisse 129

kann von der idg. Wurzel *nerH- ‚eintauchen' (siehe zu Wurzelansatz und Semantik LIV², 454, vgl. litau. nérti ‚tauchen', siehe Hock 2015, 697) abgeleitet werden (siehe Krahe 1964, 59, Anreiter 2001, 17 und passim). Diese etymologische Erklärung als Gewässer, das sich ins Gelände eingräbt (*‚eintaucht'), passt in der Tat sehr gut zum canyonartigen Oberlauf dieses Flusses.

• ON Δόκλεα /Dóklea/, Lateinisch D(i)oclea (heute bei Podgorica, Montenegro), literarisch und epigraphisch belegt (Einwohnername; die Stadt ist das Zentrum der lokalen Bevölkerung der Δοκλεᾶται /Dokleãtai/, Docleates; Krahe 1925, 22, Mayer 1957, 127–128, Šašel 1976, 44, Schramm 1981, 239–240, Martinović 2016, 119–124). Als ältere Namensform gilt Δόκλεα, Doclea, die später belegte Namensform Διόκλεια /Dióklea/, Dioclea resultiert aus volksetymologischer Verknüpfung mit dem Namen des aus Dalmatien gebürtigen Kaisers Diokletian (siehe Šašel Kos 2013 a, 296–298). Eine überzeugende Etymologie für den Ortsnamen – der Einwohnername (Ethnikon) ist vom Ortsnamen abgeleitet (siehe Krahe 1925, 62) – liegt bislang nicht vor, in der Literatur genannte Vorschläge (vgl. Mayer 1959, 41, Russu 1968, 206, Novaković 2007, 121–122) sind nicht überzeugend und meist auch nicht mit den Prinzipien der modernen historischen Linguistik vereinbar.

• ON Οὐλκίνιον /Oulkínion/, Lateinisch Olcinium (heute Ulcinj, Ocinj, alban. Ulqini, Montenegro), literarisch belegt (Krahe 1925, 30, Mayer 1957, 347–348, Šašel 1976, 93, Schramm 1981, 410, Anreiter 2001, 140, passim, Martinović 2016, 37, https://www.tabula-peutingeriana.de/list.html?alfa=n#V, s. v. Vicinium). Für die etymologische Erklärung des Ortsnamens stehen theoretisch zwei Möglichkeiten zur Verfügung. Trennt man das Suffix *-īn(i)i̯o- ab (vgl. oben), so könnte die verbleibende Struktur *ulk- einerseits als Schwundstufe einer idg. Wurzel *u̯elk- ‚feucht, nass' aufgefasst werden (vgl. dazu z. B. litau. vìlgyti ‚befeuchten, benetzen', siehe Hock 2015, 1242–1243), die wahrscheinlich auch dem bei Cassius Dio für Pannonia Inferior bezeugten Sumpfnamen *Οὔλκαιος /Oúlkaios/ zu Grunde liegt (Details dazu in Anreiter 2001, 139, 258), andererseits aber auch mit der Tierbezeichnung idg. *u̯l̥kʷo- ‚Wolf' (vgl. griech. λύκος /lýkos/, latein. lupus) in Verbindung gebracht werden, die für das römische Kastell Ulcisia castra (in der Nähe des heutigen Szentendre, Ungarn) namengebend ist (siehe Szemerényi 1954, 199–205, Anreiter 2001, 140–141). Welches Etymon zutrifft ist aus der Grundform ulk- nicht unmittelbar ersichtlich und auch die Funktion des Suffixes *-īn(i)i̯o-, die von Anreiter 2001, 188 als Adessivität und Adjazenz bestimmt wird (vlt. auch Grundlage des im Albanischen erscheinenden Suffixes -inj einiger Plurale und von Kollektivbildungen, vgl. Ölberg 1963, 191 mit Literatur) gibt keinen sicheren Hinweis (theoretisch möglich sind somit *‚Ort bei den Feuchtgebieten, Gewässern' sowie auch *‚Ort bei den Wölfen').

• ON Σκόδρα /Skódra/, Lateinisch Scodra (heute Shkodra, Albanien), literarisch und epigraphisch (Einwohnername auf Münzlegenden, Personenname) belegt (Krahe 1925, 36, Mayer 1957, 315–316, Šašel 1976, 112, Schramm 1981, 362–363, Cabanes u. a. 2016, 298–302, https://www.tabula-peutingeriana.de/list.htm

l?alfa=n#S, s. v. Scobre). Eine überzeugende Etymologie dieses Ortsnamens ist bislang noch nicht gegeben worden. Eine Denkmöglichkeit bestünde etwa in der Annahme, dass die Siedlung in der Ebene (siehe Zindel u. a. 2018, 533) nach der benachbarten Erhebung benannt sein könnte, auf der sich die seit dem 4./3. vorchristlichen Jh. archäologisch nachgewiesene Befestigungsanlage befindet, die heute *Rozafa* genannt wird (zu den archäologischen Daten siehe Zindel u. a. 2018, 539; Besiedlungsspuren reichen in die frühe Bronzezeit, 2100–1800 v. Chr.). In diesem Fall wäre zu überlegen, ob sich eine Verbindung mit litau. *skardùs* ‚steil, schroff, abschüssig' und litau. *skar̃dis* usw. ‚steiler Abhang, steiles Ufer' ergäbe (< Grundlage idg. **(s)kerd*, ▶ Kap. C.5). Dass eine Siedlungsstruktur in der Ebene ihren Namen von einer Höhensiedlung übernommen hat, ist ein geläufiger Vorgang innerhalb der Ortsnamengebung. Jedoch stellen sich dieser Annahme morphologische und phonologische Probleme in den Weg. Denn, falls der ON mit den vorhin genannten balt. Adjektiven zu verbinden wäre, müsste vorausgesetzt werden, dass eine Bildung ***skodro/ā-* mit Dissimilation aus einer (adjektivischen) Vorform ***skordro/ā-* ‚steil, schroff' (oder so ähnlich) entstanden ist, deren idg. Morphologie und Wortbildung aber viele morphologisch-semantische Fragen aufwirft. Von diesen abgesehen ist aber auch die historische Phonologie nicht frei von Problemen, denn wie noch in Kapitel 16. dargelegt wird, hat sich der idg. Kurzvokal **ŏ* zu illyr. *á* entwickelt, wofür es recht solide Etymologien bei anderen Ortsnamen im illyrischen Raum gibt. Die griechischen Belegformen, vor allem der Epigraphik lassen aber keinen Zweifel daran, dass der Ortsname Σκόδρα phonologisch als /ˈskŏdrā/ zu werten ist, d. h. mit (betontem) Kurzvokal /ŏ/. Das ergibt sich auch aus der Übernahme dieses Ortsnamens ins Slawische, wo die Substitution dieses Kurzvokals mit slaw. ъ /ă/ erfolgte (im Altserb. ist der ON in der Form Skъdъrъ belegt), woraus die moderne slawische Namensform *Skadar* resultiert (siehe Schramm 1981, 362, Klotz 2013, 102; zur albanischen Namensform *Shkodra* ▶ Kap. C.6). Daher folgt, dass die Etymologie dieses Toponyms als nicht geklärt gelten muss.

Von Interesse ist im Hinblick auf die epigraphische Bezeugung dieses Ortsnamens auch die aus Shkodra stammende lateinische Grabinschrift aus dem 1. nachchristlichen Jh., in der neben mehreren Personen auch eine Frau mit Cognomen *Scodrina* genannt wird, die Ehefrau eines zuvor genannten *Lucius Novellius Lucifer*, der das Amt eines öffentlichen Ausrufers (*praeco*) bekleidete. Das Cognomen ist mit dem Suffix latein. *-īnus* gebildet, das u. a. auch Ethnika ableitet. Zur Inschrift siehe Anamali u. a. 2009, 76–77, Ehmig/Haensch 2012, 258–260 sowie den Eintrag unter https://edh-www.adw.uni-heidelberg.de/edh/inschrift/HD0 04915.

• ON Ἀλβανόπολις /Albanópolis/, Lateinisch *Albanopolis* (moderne Lokalisierung unbekannt, häufig entweder bei Zgërdheshi oder bei Kruja, Albanien, verortet; siehe Zindel u. a. 2018, 487), literarisch und epigraphisch belegt, siehe Krahe 1925, 12, Mayer 1957, 36, Dragojević-Josifovska 1971, Šašel 1976, 13,

C.3 Quellen des Illyrischen und onomastische Zeugnisse   131

Schramm 1981, 191 und Cabanes u. a. 2016, 303–306. In diesem mit dem Kompositionszweitglied griech. πόλις /pólis/ ‚Burg, Befestigung; Stadt' zusammengesetzten Ortsnamen liegt im Erstglied der Name des illyrischen Bevölkerungsteils der Ἀλβανοί /Albanoí/ vor, welcher bei Ptolemaios 3.13.23 Erwähnung findet. Beim nachantiken Prozess der Ethnogenese der historischen Albaner kam diesem antiken Ethnonym eine besondere Gewichtung zu, da es unter nicht mehr erkennbaren Umständen zum Endoynm (d. h. Eigenbezeichnung) dieser Population wurde, (▶ Kap. C.6).

• ON Διμάλη /Dimálē/, Lateinisch *Dimallum* (heute die Ruinen von Kalaja e Krotinës, Albanien), literarisch und epigraphisch (Einwohnername auf Ziegeln; vgl. dazu auch IG 7.282: Πλάτορα Ἐπικάδου Διμαλλίτην πρόξενον εἶναι) belegt (Krahe 1925, 22, Krahe 1929, 136, Mayer 1957, 123, Šašel 1976, 42–43, Dautaj 1994, Anreiter 2001, 18, 84, Falileyev 2008, Cabanes u. a. 2016, 256–265, Zindel u. a. 2018, 310–313). Der Ortsname, dessen Bedeutung etwa als ‚(Siedlung zwischen) zwei Bergen' zu bestimmen ist, kann mühelos etymologisiert werden. Während im Erstglied die idg. Kompositionsform *$d(u̯)i$- ‚zwei' (vgl. ai. *dvi-*, griech. δ(ϝ)ι- /d(w)i-/ in Komposita und beim Multiplikativ) vorliegt, ist das Kompositionszweitglied ein Lexem für ‚Erhebung, Berg', das in mehreren idg. Sprachen, darunter alban. *mal* ‚Berg' (▶ Kap. C.5), bezeugt ist.

• FlN Δρίλων /Drílōn/, Lateinisch *Drinus* (heute Drini, Albanien; quasi gleichlautend ist Δρεῖνος /Dreînos/, rechter Nebenfluss der Save, heute Drina, Bosnien-Herzegowina, Serbien), nur literarisch belegt (Krahe 1925, 23, Mayer 1957, 129, Krahe 1963, 3–4, Šašel 1976, 48, Schramm 1981, 235–237, Elsie 1993, 10, Anreiter 2001, 243). Nach Anreiter a. a. O. wäre zu überlegen, ob das zu ermittelnde Grundelement *$dr\bar{\imath}$- aus idg. *$driH$- herzuleiten ist, wobei die hierfür postulierte Wurzelform **$dr\text{-}ei̯H$- eine Variante neben anderen Wurzelformen wie *$dr\text{-}em$-, *$dr\text{-}eh_2$- sowie *$dr\text{-}eu̯$-, alle der Bedeutung ‚laufen', darstellen würde (vgl. hierzu LIV², 127–129), wobei besonders die Variante *$dr\text{-}eu̯$- aus diversen Gewässernamen bekannt ist, so beim Flussnamen Drau, slawisch Drava (siehe Anreiter 2001, 241–242, Bichlmeier 2011 b, 4–78). Für den Wechsel *l/n* denkt Šašel Kos 1997 b, dass der Δρίλων /Drílōn/ von den Römern irrtümlich, d. h. in Verwechslung mit dem Fluss Δρεῖνος /Dreînos/ als *Drinus* bezeichnet wurde.

• FlN Γενουσός /Genusós/, Lateinisch *Genusus* (heute Shkumbini, Albanien; der Fluss bildet in etwa die Scheidelinie zwischen den beiden albanischen Großdialekten, dem Toskischen im Süden und dem Gegischen im Norden des Landes), nur literarisch belegt (Krahe 1925, 24, Mayer 1957, 149, Krahe 1963, 4, Šašel 1976, 55–56, Schramm 1981, 354–355, Elsie 1993, 29, https://www.tabula-peutingeriana.de/list.html?alfa=n#G, s. v. Genesis). Die albanische Namensform *Shkumbini* ist aus der slaw. Vorform des Flussnamens *skǫpínъ entlehnt (siehe Matzinger 2009, 26–27), die auf einer Bildung *Scampīnus* beruht, die wiederum Ableitung vom ON *Scampis* (siehe Anreiter 2001, 42; heute Elbasani, Albanien) ist. Die Namensform *Scampīnus* hat den älteren Namen Γενουσός /Genusós/, *Genusus* ersetzt, siehe Schramm 1981, 354, Anreiter 2001, 42, Zindel u. a. 2018, 362–363. Nach einem

Vorschlag von Krahe 1946, 91 ist diese ältere Flussnamensform etymologisch vom idg. Lexem *ĝonu-/*ĝenu- ‚Knie' (vgl. griech. γόνυ /góny/, latein. *genu*) abgeleitet („*mit Ecken, Biegungen versehen*", so Krahe a. a. O.). Diese Herleitung verträgt sich gut mit dem Realbefund dieses in seinem Unterlauf mäandernden Flusses. Nicht überzeugend ist hingegen die bei Mayer 1959, 50 vorgeschlagene Herleitung von einer im Übrigen nur recht unsicher zu rekonstruierenden idg. Wurzel **$g^{uh}en$- ‚schwellen'. Auch wird dabei die zu Grunde liegende Morphologie einer solchen Bildung als Partizip Perfekt bestimmt. Eine solche morphologische Bildung ist bei Flussnamen semantisch eher unplausibel (vgl. deshalb auch die Kritik bei Krahe 1962, 111: „*Man wird zugeben, daß ein solches Part. Perf. als Grundlage eines ON. nicht gerade besonders nahe liegt.*"; in der Tat wird ein aus den Bergen fließender Fluss regelmäßig und nicht nur einmal anschwellen, was ein Partizip Perfekt als Ausdruck eines einmalig stattgefundenen Ereignisses ja implizieren würde) und daher ist ein Partizip Perfekt als Grundwort innerhalb der idg. Gewässernamengebung auch morphologisch nicht unzweifelhaft nachzuweisen.

Griechische Toponyme

• ON Λισσός /Lissós/, Lateinisch *Lissus* (heute Lezha, Albanien), literarisch und epigraphisch auf Münzlegenden (Einwohnername ΛΙΣΣΙΤΑΝ) belegt (Krahe 1925, 2, Mayer 1957, 211–212, Šašel 1976, 79, Schramm 1981, 284–285, Zindel u. a. 2018, 507, https://www.tabula-peutingeriana.de/list.html?alfa=n#L, s. v.). Etymologisch durchsichtig ist der Ortsname aus dem griech. Appellativ λισσός /lissós/ ‚glatt, glatter Fels; schroff' herleitbar.

• ON Δυρράχιον /Dyrráchion/, Lateinisch *Dyrrhachium* (heute Durrësi, Albanien), literarisch und epigraphisch (Einwohnername und Münzlegenden, ΔΥΡΡΑΧΙΝΩΝ, doch häufig als ΔΥΡ abgekürzt; siehe Ceka 2008, 110–114) belegt (Krahe 1925, 2, Mayer 1957, 131–132, Šašel 1976, 50, Schramm 1981, 241–243, Ehmig/Haensch 2012, 218, Zindel u. a. 2018, 428–429 sowie unter dem Link https://www.tabula-peutingeriana.de/list.html?alfa=n#D, s. v. Dyrratio). Dieser Ortsname beruht etymologisch auf einem Kompositum griech. δυς+ῥαχία /dys+rhakhía/ ‚widrige Brandung' und hat eine ältere Namensform Ἐπίδαμνος /Epídamnos/, *Epidamnus* ersetzt (siehe Krahe 1925, 23–24, Mayer 1957, 131; zu den Namensformen in der antiken Literatur siehe auch Cabanes/Drini 1995, 19–24). Der in der Tabula Peutingeriana erscheinende Namensbeleg *Dyrratio* reflektiert eine nachklassische lateinische Lautentwicklung der Verbindung -k̑i- > -t̂s- (oder ähnlich), die graphisch als -ti- umgesetzt ist (siehe zur Austauschbarkeit der Graphien -ci- und -ti- bei einer Lautfolge -t̂s- im späteren Lateinischen u. a. Stotz 1996, 187–189). Auf dieser nachklassischen Entwicklungsform *durrat̂so*- beruhen schließlich die modernen Namensformen wie italien. *Durazzo*, slaw. *Drač*, aber auch alban. *Dúrrësi* (siehe im Detail bei Matzinger 2009, 24–26).

Lateinische und keltische Toponyme

Im Rahmen der römischen Herrschaft über den illyrischen Raum kam es auch zu Benennungen von Örtlichkeiten mit lateinischen Bezeichnungen, die Siedlungen, Befestigungsanlagen (Kastelle) sowie Rast- bzw. Pferdewechselstationen (*mansiones* bzw. *mutationes*) betreffen, diese besonders entlang der Via Egnatia (vgl. etwa die Örtlichkeiten *Clodiana* oder *Ad Dianam*). Zur lateinischen Toponymie siehe Krahe 1925, 5–6, Lafe 1973, Hammond 1974, de Matteis 2015, Zindel u. a. 2018, 412–414.

Im Hinblick auf keltische Toponyme ist festzustellen, dass sich im illyrischen Raum keine gesicherten geographisch-toponymischen Benennungen keltischer Herkunft eindeutig nachweisen lassen, wie schon in der älteren Literatur festgestellt wurde, siehe etwa Krahe 1925, 7–9. Keltische Toponymie des Balkans (auch mit einem Ausblick auf Osteuropa) ist Gegenstand der Arbeiten von Falileyev 2013 und Falileyev 2014. Anders verhält es sich mit keltischen Personennamen, die durchaus im illyrischen Raum zu belegen sind (▶ Kap. C.8).

Ergebnisse aus der Toponymie

Was die Toponymie des illyrischen Raums betrifft, ergibt sich schließlich, dass nur wenig Gewinnbringendes für eine Erkenntnis über die illyrische Sprache angeführt werden kann. Abgesehen vom Suffix *-īn(i)i̯o-*, das typischerweise in einer Reihe von Ortsnamen auch des illyrischen Raums vorliegt, wozu auch noch auf das im Ortsnamen ON Βουθόη /Buthóē/, *Butua* (heute Budva, Montenegro) erscheinende Suffix *u(u̯)ā-* hingewiesen werden kann, das auch in einigen Ortsnamen am Randgebiet des illyrischen Raums zu finden ist (siehe Krahe 1925, 74–75, Mayer 1959, 215), lässt sich im Bereich der Toponymie des illyrischen Raums sonst keine spezifische Systematik im Bereich der Bildung von Ortsnamen nachweisen, ganz im Gegensatz zu anderen Spracharealen, wo Reihenbildungen bei Ortsnamen mit jeweils charakteristischen Suffixen bzw. Wortelementen vorliegen, wie etwa bei antiken keltischen Ortsnamenbildungen auf *-durum*, *-dūnum* (vgl. etwa *Singidūnum*, heute Belgrad, Serbien), *-mago-*, *-āko-* usw., den griechischen Ortsnamen auf -ια /-ia/, -πολις /-polis/ usw., oder den Ortsnamenbildungen des Deutschen auf *-ing*, oder *-heim* usw. Die Ortsnamen im illyrischen Raum erscheinen in der Regel als individuelle Einzelbildungen. Die Toponyme des illyrischen Raums können aber dennoch auf zwei Weisen gewinnbringend ausgewertet werden. Zum einen in Verbindung mit der Anthroponymie bei der tentativen Ermittlung des illyrischen Phonemsystems und zum anderen, in weitaus entscheidender Hinsicht, bei der Untersuchung der Herkunft des Albanischen sowie der Hypothese der illyrisch-albanischen Kontinuität, worüber in Kapitel 17 noch im Detail gehandelt wird.

C.3.4 Anthroponyme

In den griechischen und lateinischen Inschriften des Westbalkans ist eine Vielzahl von lokalen, d. h. nicht-griechischen und nicht-lateinischen Personennamen überliefert. Zu diesen epigraphischen Belegen stellen sich die bei griechischen und lateinischen Autoren überlieferten lokalen Personennamen. In manchen Fällen sind die lokalen Personennamen sowohl epigraphisch als auch literarisch bezeugt. Eine Sammlung dieser Personennamen erfolgte in den Arbeiten von Krahe 1929, Mayer 1957, Russu 1969 und Alföldy 1969, wobei aber daran zu erinnern ist, dass alle Sammlungen das Material des gesamten Westbalkans und darüber hinaus erfassen (inklusive venetischer und messapischer Personennamen) und dabei vor allem die Sammlungen von Krahe, Mayer und Russu dem überholten panillyrischen Konzept folgen, das heterogene Anthroponymie vermengt. Für die seit dem Ende der Siebzigerjahre des letzten Jhs. erfolgten epigraphischen Neufunde liegt noch keine zusammenfassende Sammlung vor, lokale Sammlungen und Bearbeitungen der Anthroponymie des Westbalkans und vor allem auch des illyrischen Raums sind in diversen Einzelbeiträgen verstreut publiziert. Eine Bereicherung des Namenmaterials stellen schließlich die seit den Sechzigerjahren des vergangenen Jhs. gemachten Neufunde aus Dyrrhachion (Durrësi) und aus Apollonia (heute bei Pojani, Albanien) dar, für die auf Toçi 1969, Toçi 1972, de Simone 1977, Toçi 1986, Masson 1993 und de Simone 1993 zu verweisen ist. Die Personennamen des illyrischen Raums sind neben den oben zitierten Darstellungen auch über verschiedene Inschriftensammlungen zu ermitteln. Zu nennen sind hier das Corpus Inscriptionum Latinarum (CIL Band 3.2 und zwei Supplementbände), Sammlungen für Ex-Jugoslawien (ILIug 1963-1986), Cabanes/Drini 1995, Cabanes/Ceka 1997, Cabanes u. a. 2007, Cabanes u. a. 2016 und Martinović 2016. Weitere Hilfsmittel sind die Personennamenlexika OPEL und LGPN 3 A sowie LGPN 4 (inklusive der alle bislang gedruckten Bände umfassenden Suchfunktionen auf der Homepage des Lexicon of Greek Personal Names https://www.lgpn.ox.ac.uk, die es gestatten, die Belegsituation in einem größerem Umfang zu erkennen). Ein unverzichtbares Arbeitsinstrument ist sodann die ‚Epigraphische Datenbank Heidelberg' der Heidelberger Akademie der Wissenschaften, die unter dem Link https://edh-www.adw.uni-heidelberg.de/home konsultiert werden kann.

Die systematische Aufarbeitung des Personennamenmaterials des Westbalkans begann in den 1950er Jahren mit den Untersuchungen von Duje Rendić-Miočević (die einschlägigen Arbeiten sind wieder abgedruckt in Rendić-Miočević 1989, 621-842), Géza Alföldy (Alföldy 1964, Alföldy 1969) und Radoslav Katičić (von seinen zahlreichen Arbeiten siehe besonders Katičić 1962 a, Katičić 1962 b und seine Synthese in Katičić 1976, 178-184; eine Überblicksdarstellung auch bei Wilkes 1992, 74-87). Die Analyse der Personennamen konzentrierte sich hierbei auf folgende drei Aspekte: (1) welche Grund- und Ableitungselemente

C.3 Quellen des Illyrischen und onomastische Zeugnisse

(d. h. Suffixe) erscheinen in diesen Personennamen, (2) wie sind diese Grund- und Ableitungselemente geographisch verteilt, wobei Kerngebiete ermittelt werden (siehe Katičić 1962 a, 34–38, de Simone 1993, 36–37, de Simone 2018, 1868–1869) und (3) wie ist die jeweilige Namensformel (d. h. die Filiationsangabe) aufgebaut. Die von diesen Forschern durchgeführten Untersuchungen weisen schließlich in den drei Punkten regionale Unterschiede auf, die es ermöglichen, auf dem Westbalkan drei unterschiedliche Personennamengebiete zu scheiden. Bei diesen handelt es sich in geographischer Folge von Norden nach Süden um das nordadriatisch-liburnische Namengebiet, das mitteldalmatisch-pannonische Namengebiet und das südostdalmatisch-illyrische Namengebiet.

Diese drei Personennamengebiete des Westbalkans können im Hinblick auf die oben erwähnten Unterschiede wie folgt charakterisiert werden:

• Das nordadriatische oder auch liburnische Personennamengebiet (siehe Rendić Miočević 1955, Alföldy 1964, 66–75, Katičić 1964 a, 48–50, Katičić 1964 b, 27–28, Katičić 1976, 179, Šašel 1977, 375–376, Križman 1990, Kurilić 2002). Typisch sind hier PN wie m. *Aetor*, m. *O(e)plus*, f. *Suioca* oder auch der komponierte Name m. *Vescleves*[(?)] (Belege im Gen. *Vesclevesis* sowie Dat. *Vesclevesi*; siehe dazu Kurilić 2002, 133), für den eine plausible idg. Etymologie als *$h_1\mu es(u)$-$\hat{k}le\mu es$-* ‚guten Ruhm habend' vorgeschlagen wurde (siehe NIL, 426). Beziehungen zum nördlich angrenzenden sog. venetisch-istrischen Personennamengebiet sind nicht eindeutig geklärt, Namensgleichheiten können letztlich auch auf Namenstransfer beruhen (siehe u. a. Untermann 1970, Neumann 2001, 344). In diesem Namensgebiet sind unterschiedliche Namensformeln in Gebrauch (so u. a. Individualname + Gentilname + Vatersname [Gen. ± f(ilius/a)]; siehe Rendić-Miočević 1956, 46–47, Alföldy 1964, 74, Šašel 1977, 370, Križman 1990, 118), wobei gerade für Frauen eine ganz spezifisch liburnische Namensformel erscheint, die sich aus Gentilname + Vatersname [Gen. ± f(ilia)] + Individualname zusammensetzt (siehe dazu Rendić-Miočević 1956, 48, Katičić 1964 b, 28, Križman 1990, 118).

Ein eigenes Personennamen- und möglicherweise auch eigenes Sprachgebiet zeigt die Epigraphik von Ig (antiker Name unbekannt, südlich von Ljubljana, Slowenien). Hier liegt ein mit lateinischen und nordadriatischen Belegen gemischtes Personennamengebiet vor, in dem spezifisch lokale Personennamen wie z. B. m. *Voltrex* bezeugt sind (siehe zu diesem Namengebiet Lochner von Hüttenbach 1965, Katičić 1968, Stifter 2012 a, Stifter 2012 b).

• Das mitteldalmatisch-pannonische Personennamengebiet (siehe Rendić-Miočević 1956, Katičić 1962 b, Alföldy 1964, 76–86, Katičić 1965, Rendič-Miočević 1971 b, Katičić 1964 a, 41–45, Katičić 1964 b, 29–32, Katičić 1976, 180–181, Šašel 1977, 372, Radman-Livaja/Ivezić 2012). Spezifische Personennamen in diesem Raum sind z. B. m. *Andes*, m. *Aplis*, f. *Aplo*, m. *Pladomenus* oder f. *Vendo*. Die für diesen Raum charakteristischen Personennamen erstrecken sich auch auf das nördlich und nordöstlich angrenzende Pannonien (siehe Alföldy 1964, 92–96, Katičić 1964 a, 44, Katičić 1965, 69–73, Šašel 1977, 372, Meid 2005, 26–30; Pannonien ist ein Gebiet, in dem neben lokalen und lateinischen Namen im Übrigen auch altkeltische Anthroponymie gut bezeugt ist, siehe Meid 2005), so dass das dalmatische und das pannonische Namengebiet als zusammenhängend betrachtet werden. Eine Besonderheit dieses mitteldalmatischen Namengebietes sind die mit Nom. -o, Gen. -onis gebildeten Frauennamen, die meist von einem Männernamen abgeleitet sind, wie z. B. m. *Aplis* : f. *Aplo*, m. *Ditus* : f. *Dito*, m. *Turus* : f. *Turo* usw. (siehe die Gegenüberstellung bei Katičić 1962 b, 281–282 und 282–283 für Frauennamen ohne entsprechenden Männernamen). Die in diesem Namensgebiet typische Namensformel ist aus Individualname + Vatersname [Gen. ± f(ilius/a)] zusammengesetzt, während in Rider (heute Danilo bei Šibenik, Kroatien) dagegen unter Einfluss der liburnischen Namengebung die Namenformel Individualname + Gentilname + Vatersname [Gen. ± f(ilius/a)] erscheint (siehe Katičić 1962 b, 290–292, Katičić 1964 a, 43, Katičić 1964 b, 31, Rendić-Miočević 1971 b, 160–161, Rendić-Miočević 1993, 121–123).

• Das südostdalmatische oder illyrische Personennamengebiet (siehe Katičić 1962 a, Alföldy 1964, 86–92, Katičić 1964 a, 39–41, Katičić 1964 b, 28–29, Katičić 1976, 179–180, Šašel 1977, 371–372). In diesem Gebiet, das hier auch als illyrischer Raum bezeichnet wird, findet sich eine Reihe von spezifischen Personennamen wie z. B. m. *Bardylis*, m. *Epicadus*, f. *Etleva*, m. *Gentius*, f. *Temus* usw. Wie bei den beiden anderen Namengebieten, so ist auch die illyrische Personennamengebung dadurch gekennzeichnet, dass die Personennamen hauptsächlich eingliedrig sind (siehe Krahe 1929, 152), zweigliedrige, d. h. komponierte Personennamen, wie sie in der älteren idg. Personennamengebung außerhalb Italiens geläufig sind (z. B. griech. Εὐκλέης /Eukléēs/, altind. *Suśrávas-*, mit denen auch der oben genannte liburnische Name m. *Vescleves*[(?)] verglichen werden kann), liegen nur im Fall von m. *Epicadus*, m. *Ettritus*, m. *Scerdilaedus* und f. Τεμιτευτα /Temiteuta/, f. Τριτεύτα /Triteúta/ vor. Genetisch werden unter diesen eingliedrigen Personennamen neben den sog. Lallnamen (z. B. f. *Anna*, f. *Tata*), wie schon erkannt, bzw. in manchen Fällen vermutet wurde, auch Hypokoristika (d. h. Kurznamen) zu finden sein, d. h. aus ursprünglich zusammengesetzten Bildungen (sog. Vollnamen) verkürzte Personennamen (so z. B. m. *Scerdis* neben m. *Scerdilaedus* oder f. *Teuta* mit Ableitungen neben f. Τεμιτευτα, f. Τριτεύτα).

Im Hinblick auf die geographische Verbreitung der südostdalmatischen oder illyrischen Namen hat Katičić 1964 a, 97–98 und in noch detaillierter Darstellung 114–117 mit Vorbehalt die Umrisse dieses Personennamengebiets zu ermitteln versucht, das er a. a. O. 97 kurz gefasst im folgenden Zitat charakterisiert hat:

„Diese Gebiete umfassen die Nordwestecke des heutigen Albaniens, den Großteil des Gebietes der jugoslawischen Republik Montenegro (Crna Gora) [Anm.: der heute autonome Staat Montenegro], die Herzegowina und das südöstliche Ende der Republik Kroatien, deren Gebiet hier nur den Küstenstreifen und das nahe Hinterland umfaßt."

C.3 Quellen des Illyrischen und onomastische Zeugnisse

Während eine ‚Abgrenzung' im Nordwesten gegen das mitteldalmatische Namengebiet und im Süden gegen die griechische Personennamengebung von Epirus und Makedonien klar hervortritt, ist die Frage nach der Erstreckung des illyrischen Personennamengebiets nach Osten, bzw. Nordosten, d. h. in das balkanische Hinterland (antikes Pelagonien, Päonien sowie Dardanien), nicht ganz so sicher zu bestimmen, auch wenn Katičić 1964 a, 115 bemerkt:

> „Die nördlichsten Landschaften von Philipps Königreich: Lychnidos [Anm.: die Gegend um den Ochridsee], Pelagonien und Päonien scheinen auch dazuzugehören. Auch Dardanien muß, nach dem hier bearbeiteten Material, wenigstens zum Teil miteinbezogen werden."

Der von Katičić umrissene Geltungsbereich der illyrischen Anthroponymie ist in Abb. 34 versuchsweise nachgezeichnet worden:

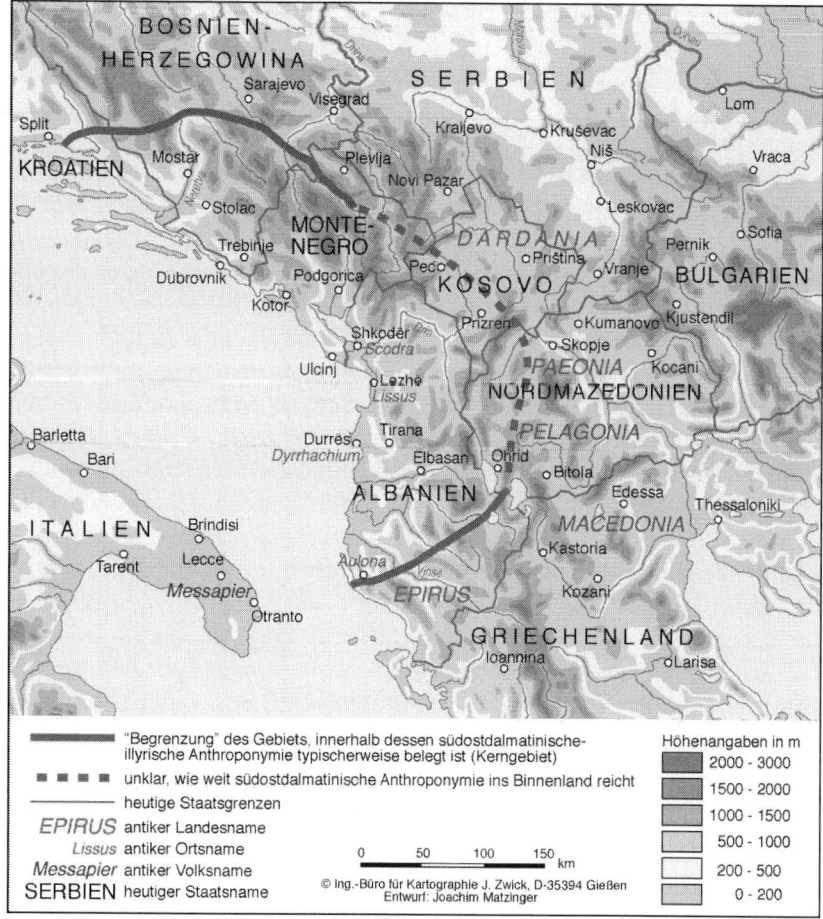

Abb. 34: Geltungsbereich der südostdalmatischen-illyrischen Anthroponymie (J. Matzinger nach den Recherchen von R. Katičić).

In der Tat stellt das antike Dardanien einen Sonderfall der Personennamengebung dar, als in den östlichen Landesteilen thrakische Personennamengebung belegt ist (siehe Dana 2014, LXXXII–LXXXIII), während im Westen der Region die Personennamengebung charakteristischerweise illyrisch ist, jedoch mit deutlichen Einflüssen auch der mitteldalmatischen Personennamengebung (spezifisch zu den onomastischen Verhältnissen im antiken Dardanien siehe Katičić 1964 a, 45–48, Papazoglu 1964, Katičić 1976, 181, Šašel 1977, 374, Papazoglu 1978, 219–245, Mirdita 1981, Wilkes 1992, 85–86, Mirković 2007).

Die im illyrischen Personennamengebiet typische Namensformel besteht aus Individualname + Vatersname [Gen. ± f(ilius/a)] im Fall von lateinischer Epigraphik bzw. Individualname + Vatersname [Gen.] in griechischen Inschriften (siehe dazu Rendič-Miočević 1956, 42–45, Katičić 1962 a, 111–113, Alföldy 1964, 91, Katičić 1964 b, 29, Šašel 1977, 369–370, de Simone 1993, 40–42, Grbić 2016, 61–63). Daneben ist aber auch, wie in den anderen Personennamengebieten, durchaus Einnamigkeit bei Personennamenbelegen zu finden. Zur zweigliedrigen illyrischen Namensformel vgl. etwa in einer lateinischen Inschrift die Angabe Caius Epicadi f(ilius) (siehe Online-Abb. 21), aus einer griechischen Inschrift die Angabe Επικαδος Λυκου χαιρε (siehe Online-Abb. 22).

Zur Präzisierung muss schließlich noch die Frage geklärt werden, was eigentlich illyrische Personennamen sind, bzw. wie diese zu definieren sind. Zunächst ist festzuhalten, dass im illyrischen Raum gemäß der hier gegebenen Definition eine je nach ihrer Herkunft unterschiedliche Personennamengebung belegt ist. So ist der illyrische Raum einerseits ein Kerngebiet, in dem in Abgrenzung zu den anderen Räumen eine spezifische Anthroponymie in Epigraphik wie auch in literarischer Dokumentation konzentriert ist. Andererseits finden sich neben dieser spezifischen Personennamengebung auf Grund der Mobilität von Personen unter verschiedenen sozialen bzw. geopolitischen Umständen auch Personennamen, die anderen Personennamengebieten entstammen. Deshalb sind im illyrischen Raum auch griechische und lateinische Personennamen belegt wie auch Personennamen aus den anderen westbalkanischen Personennamengebieten und letztlich auch Namen aus verschiedenen anderen lokalen Personennamengebieten der antiken Welt, so z. B. aus dem geographisch gegenüberliegenden südostitalischen Raum (apulisch-messapisches Personennamengebiet, dem häufig belegte Personennamen wie m. Πλατωρ /Platōr/ oder auch m. Δαζ(ι)ος /Daz(i)os/ entstammen, siehe ausführlich de Simone 1993, 38–39). Zusätzlich lässt sich erkennen, dass bestimmte Personennamen eine über den gesamten Westbalkan reichende Verbreitung haben (wie z. B. der Männername *Bato*, siehe Mayer 1953 und Katičić 1962 a, 111), so dass auch der Faktor von Modenamen bzw. von Importnamen in Betracht gezogen werden muss, so wie im Übrigen durch Mobilität von Personen die illyrischen Personennamen durchaus auch außerhalb ihres eigentlichen Kerngebiets belegt sind. Zieht man die griechischen, lateinischen, gestreute westbalkanische und Personennamen anderer Herkunft ab, so bleibt schließlich die für das Kerngebiet spezifische und dieses

C.3 Quellen des Illyrischen und onomastische Zeugnisse

Kerngebiet letztlich konstituierende Anthroponymie über, die als illyrische Personennamengebung bezeichnet werden kann. Inhaltlich und zugleich auch auf terminologischer Ebene ist von der ‚illyrischen Anthroponymie' deshalb die ‚Anthroponymie des illyrischen Raums' zu unterscheiden, die neben den spezifisch lokalen auch alle nichtlokalen bzw. fremden Namen einschließt, die in diese Personennamengebung integriert worden sind (siehe dazu auch de Simone 1993, 39). Dabei ist es manchmal schwierig zu erkennen, bei welchen Personennamen es sich um solche integrierte Namensimporte oder aber um genuin lokales, illyrisches Namenmaterial handelt. Eine Gesamterforschung der Personennamen des illyrischen Raums nach modernen sprachwissenschaftlich-onomastischen Kriterien steht im Wesentlichen noch an ihren Anfängen.

Auf Basis der Erkenntnisse zur Personennamengebung des illyrischen Raums können in der folgenden Auflistung die Belege zusammengestellt werden, die in der Literatur als illyrische Personennamengebung gelten, bzw. als illyrisch vermutet wurden. Diese synoptische Auflistung kombiniert dabei die bei Katičić 1962 a, 100–111, Katičić 1976, 179–180 verbuchten Personennamen (die Wiedergabe der Namenformen folgt in dieser Synopse der in diesen Arbeiten jeweils gegebenen Form als normierter Nominativ, zu den eigentlichen Belegformen, zumeist Genitiv oder Nominativ sind die jeweiligen Belegstellen einzusehen) in Kombination mit den bei de Simone 1993, 51–66 vor allem aus den Neufunden von Dyrrhachion und Apollonia vorgestellten Personennamen. Es ist zu beachten, dass diese auf der angegebenen Literatur beruhende Synopse auch Personennamen umfasst, deren Zuschreibung zur illyrischen Anthroponymie nicht zutrifft, bzw. als zweifelhaft gelten muss. Neben der illyrischen Anthroponymie werden deshalb in einigen Fällen auch Anthroponyme des illyrischen Raums erfasst, worauf im gegebenen Fall besonders hingewiesen wird. Es handelt sich bei dieser Synopse somit nach den gegebenen Ausführungen um eine Arbeitsgrundlage, die im Zuge weiterer Analysen mal zu erweitern, mal auch zu reduzieren sein wird. Die hochgestellten Zahlen hinter den Namen und Namenelementen beziehen sich auf die in Kapitel 19 gegebene Detailbesprechung dieser Anthroponyme.

Katičić 1962 a, 1976	de Simone 1993
	Ab-:[1] f. Αβα /Aba/, f. Αβαια /Abaia/, m. Αβαιος /Abaios/
	Amm-:[2] f. Amma, f. Αμμια /Ammia/, f. Αμμικα /Ammika/, f. Αμμιλα /Ammila/, f. Αμμινα /Ammina/ f. Ανδηνα[3] /Andēna/
m. Annaeus	Ann-:[4] m. Annaius/Ann(a)eus, f. Annaia/Annaea, f. Anna, f. Ανα /Ana/, m. Annus, m. Αννος /Annos/, f. Ανναια /Annaia/, m. Ανναιος /Annaios/, f. Αννικα /Annika/,

	f. Αννω /Annō/, f. *Annula*, f. Ανν(ο)υλα /Annula/Annyla/
m. *Bardylis*⁽⁵⁾	
	f. *Billena*⁽⁶⁾
	f. Βιρκεννα /Birkenna/, f. *Bricena*⁽⁷⁾
m. Καλ(λ)ας⁽⁸⁾ /Kal(l)as/	
m. *Cilles*⁽⁹⁾	
m. *Clevatus*⁽¹⁰⁾	f. Κλεβετα /Kleveta/, m. Κλεβετος /Klevetos/
	f. Κορετα⁽¹¹⁾ /Koreta/
	m. Εορταιος⁽¹²⁾ /Eortaios/
m. *Epicadus*⁽¹³⁾	m. *Epicadus*, m. Επικαδος /Epikados/
f. *Etleva*⁽¹⁴ᵃ⁾	
f. *Etuta*⁽¹⁴ᵇ⁾	
m. *Ettritus*⁽¹⁴ᶜ⁾	
m. *Gentius*⁽¹⁵⁾	m. *Gentius*, m. Γενθιος /Genthios/, f. Γενθ(ε)ις /Genthe(i)s/, m. Γενθεας /Gentheas/, f. Γενθιανη /Genthianē/, m. Γενθιανος /Genthianos/, f. *Gentilla*, (f. *Genthena*?)
m. *Glavus*⁽¹⁶⁾	
m. *Grabos, Grabon*⁽¹⁷⁾	m. Γραβος /Grabos/, m. Γραβων /Grabōn/
	f. Ισθηνα⁽¹⁸⁾ /Isthēna/
	Laid-:⁽¹⁹⁾ m. Λαιδων /Laidōn/, m. Λαιδιας /Laidias/, m. *Laedio*, m. *Laidius*, f. Λαιδα /Laida/; Kompositum: m. *Scerdilaedus*, m. Σκερδιλαϊδας /Skerdilaídas/
	m. Λοβαιος⁽²⁰⁾ /Lobaios/
m. *Longarus*⁽²¹⁾	
	f. Μαδηνα /Madēna/, f. *Madena*⁽²²⁾
	f. Μαλλικα⁽²³⁾ /Mallika/
m. *Monunius*⁽²⁴⁾	m. Μονουνιος /Monunios/
	m. Μυτιλος /Mytilos/, *Mytilus*⁽²⁵⁾
m. *Pinnes*⁽²⁶⁾	
	m. Πλαιος /Plaios/, f. Πλαια /Plaia/, *Plaianus*⁽²⁷⁾
m. *Plassus*⁽²⁸⁾	
m. *Pleuratus*⁽²⁹⁾	m. Πλευρᾶτος /Pleurãtos/, m. Πλευρίας /Pleurías/
	m. Πρευρατ/δος⁽³⁰⁾ /Preuratos/Preurados/
	f. Σκενετα⁽³¹⁾ /Skeneta/
m. *Skerdilaedas*	siehe unter *Laid-*
	m. Σκυρθανας⁽³²⁾ /Skyrthanas/
	Tat-:⁽³³⁾ f. Τατα /Tata/, f. *Tata*, f. Ταταια /Tataia/, f. *Tattaia*, f. Τατω /Tatō/
f. *Temus*⁽³⁴⁾	

C.3 Quellen des Illyrischen und onomastische Zeugnisse

f. *Teutana*[35]	Teut-: f. Τευταια /Teutaia/, f. Τευτεα /Teutea/, f. *Teuta*, f. *Teutana*, m. *Teuticus*, m. Τευτιος /Teutios/; Komposita: f. Τεμιτευτα /Temiteuta/, f. Τριτεύτα /Triteúta/ m. Τραυζος /Trauzos/, f. Τραυζινα[36] /Trauzina/ m. Τριτος /Tritos/, f. Τριτω /Tritō/;[37] Kompositum: *Ettritus*
m. *Verzo*[38]	m. Βερσας /Versas/, m. Fερζαν /Verzan/, m. *Verzo*, m. *Verzaius*
f. *Zanatis*[40]	f. Ζαιμινα /Zaimina/, m. Ζαιμιος[39] /Zaimios/

In de Simone 1993, 66–70 werden in Ergänzung noch die folgenden Namen als möglicherweise südostdalmatisch, d.h. als illyrische Personennamen gelistet (Seite 66: „*Nomi possibilmente ‚sud orientali'*"; siehe zu diesem Namensmaterial auch bei Cabanes/Drini 1995, 51–52): f. Αβοζικα /Abozika/, f. Αδανα /Adana/, f. Αμυρα /Amyra/, m. Αντις /Antis/, m. Βαργος /Bargos/, m. Βιδος /Bidos/, m. Γαιζατος /Gaizatos/, m. Δαρδανος /Dardanos/, m. *Dardanus*, m. Δερδας /Derdas/, m. Καλσος /Kalsos/, m. Κλεβεριος /Kleverios/, f. Κοια /Koia/, f. Κονα /Kona/, m. Λαυδος /Laudos/, f. Λυδρα /Lydra/, m. Μαννικος /Mannikos/, m. Μρογος /Mrogos/, f. Νευνα /Neuna/, m. Οερδιος /Verdios/, m. Ρηδων /Rhēdōn/, m. *Rhedon*, f. Ρηδετα /Rēdeta/, m. *Tadius*, m. Τ(ε)ιτος /T(e)itos/, f. Χακα /Khaka/, m. Χορτας /Khortas/.

Jedoch sind manche der genannten Personennamen auf Grund ihrer Beleglage außerhalb des illyrischen Raums oder wegen zu unsicherer Überlieferung nicht unproblematisch, nämlich m. Αντις (Masson 1987, 116: „*Le nom* Αντις *est probablement grec* Ἄντις"), m. Βαργος (siehe Papazoglu 1978, 247 und Cabanes/Drini 1995, 120), m. Βιδος (zur unsicheren Überlieferung siehe Cabanes/Drini 1995, 95), m. Γαιζατος (ohne Zweifel keltischer Herkunft, vgl. PN m. galatisch Γαιζατόριξ, siehe Masson 1993, 78, Freeman 2001, 56), m. Δαρδανος/*Dardanus*, m. Δερδας (siehe zu den zwei letzten Belegen Papazoglu 1978, 228–229 und die umfangreiche Bibliographie bei de Simone 1993, 68; speziell zum wohl makedon. PN Δερδας siehe auch Hoffmann 1906, 158–160), m. Καλσος (Cabanes/Drini 1995, 88: „*Le patronyme fait penser à* Κέλσος, *Celsus.*"), f. Κοια (Cabanes/Drini 1995, 115: „*Quant au nom de la défunte* Κοια, *il fait penser à celui du géant* Κοιος"; siehe zu ähnlichen PN aus Kleinasien auch Zgusta 1964, 239; zu kleinasiatischem Namengut auf dem Balkan siehe Papazoglu 1979, 168–169), m. Μρογος (Cabanes/Drini 1995, 122: „Μρογος *est un nom obscur.*"), f. Νευνα (Problematische Lesung, siehe Cabanes/Drini 1995, 124; Anklang an das Zahlwort für ‚neun', vgl. dazu etwa latein. *nonus* ‚neunter'), m. Ρηδων, m. *Rhedon*, f. Ρηδετα (das Namenselement Ρηδ- steht im Verdacht keltischer Herkunft zu sein, vgl. hierzu den PN m. Δοβνορηδο in der Inschrift aus Bern oder das Ethnikum, n-Stamm *Rēdones*, welches dem französischen ON *Rennes* zu Grunde liegt; siehe Delamarre 2007, 229; zur Beleglage des PN Ρηδων siehe auch Bousquet 1974, Papazoglu 1974 und vgl. die Überlegungen bei Masson 1987, 117), m. *Tadius* (vlt. italischer Herkunft, siehe Alföldy 1969, 124, de Simone 1977, 223), m. T(ε)ιτος (trotz Anklang an latein. PN *Titus* geht die Fachliteratur davon aus, dass hier ein lokaler dalmatischer PN vorliegt, siehe Mayer 1959, 117–118 und Alföldy 1969, 312–313: „[...] *eine latinisierte Form von illyrischen Personennamen.*"; dann wohl ein Lallname, vgl. ähnliche Namensformen in Kleinasien, siehe Zgusta 1964, 516–517), m. Οερδιος (Cabanes/Drini 1995, 130: „Pour le patronyme, on songe au gentilice latin Veredius.").

Außer den hier besprochenen Personennamen, die aus der Synopse der Präsentationen von Katičić 1962 a, 100–111, Katičić 1976, 179–180 und de Simone 1993, 51–70 gewonnen wurden, sind bei einer noch zu leistenden Detailanalyse auch die in vielen anderen Darstellungen (z. B. bei de Simone 1977, Toçi 1986 und den von Pierre Cabanes geleiteten Editionen der griechischen Inschriften Albaniens) gelisteten Personennamen zu berücksichtigen und im Hinblick auf ihren Aussagewert zu überprüfen. Die in Kapitel 19. gegebene Detailanalyse der hier vorgestellten Personennamen zeigt jedoch, dass nur knapp über 30 Namen in der Tat übrigbleiben, die nicht unmittelbar als Fremdnamen (d. h. griechischer, keltischer oder aber anderer Herkunft) oder als unspezifische Lallnamen zu bestimmen sind und die deshalb mit hoher Wahrscheinlichkeit als die Belege der illyrischen Anthroponymie gelten können. Doch auch hier bleibt noch künftige Forschungsarbeit im Detail.

C.4 Merkmale der illyrischen Sprache

Wie aus den Ausführungen bisher zu erkennen ist, ist das Sprachmaterial, das zur Kenntnis der antiken illyrischen Sprache zur Verfügung steht, überaus eingeschränkt. Da es keine epigraphischen oder gar literarischen Dokumente der illyrischen Sprache gibt, handelt es sich beim Sprachmaterial des Illyrischen ausschließlich um die Belege aus der Onomastik des illyrischen Raums nach der in Kapitel 12 gegebenen Definition. Aus der Evidenz der Toponymie (Ortsnamengebung) sowie der Anthroponymie (Personennamengebung) muss der Versuch unternommen werden, Erkenntnisse über die illyrische Sprache herauszuarbeiten. Zu beachten ist hier aber, dass sich diesem Versuch manche Hindernisse und Problematiken in den Weg stellen, die die Erkenntnisse in Summe relativieren. So gibt es zunächst zwei unüberwindliche Hindernisse. Zum einen die so fragmentarische Überlieferung des Illyrischen, die es zu einer sogenannten Rest- bzw. Trümmersprache macht (zur Begriffsdefinition siehe Untermann 1989). Zum anderen besteht ein großes Hindernis auch darin, dass die fragmentarische Überlieferung nicht authentisch, sondern nur durch den Filter des Griechischen und des Lateinischen vermittelt ist, da illyrisches Sprachmaterial ja nur im Kontext der griechischen und lateinischen Literatur und Epigraphik

C.4 Merkmale der illyrischen Sprache

überliefert wird. Es ist somit eine Überlieferung aus zweiter Hand, die schließlich den Schreib- und Notationspraktiken des Griechischen und des Lateinischen folgt, diesen am Ende unterworfen ist. Fremde, d. h. im Griechischen oder Lateinischen nicht vorhandene Phoneme wurden deshalb mit den zur Verfügung stehenden graphischen Ausdrucksmitteln des griechischen bzw. lateinischen Alphabets wiedergegeben, wobei diese Wiedergabe in gewissen Fällen wohl nur annähernd im Rahmen von Substitutionen erfolgt sein wird. Mögliche besondere Artikulationen der illyrischen Quellsprache werden auf diese Weise verdeckt. Lautsubstitutionen können auf der graphischen Ausdrucksebene aber auch danach variieren, wie illyrische Phoneme jeweils perzipiert wurden.

Ein Problem bei der Interpretation illyrischen Sprachmaterials ergibt sich weiterhin aus der Tatsache, dass es sich bei der Dokumentation um chronologisch recht heterogene Belege handelt. Denn das Namenmaterial stammt aus ganz verschiedenen Zeitstufen und reicht vom 6., bzw. 5. vorchristlichen Jh. bis in die ersten nachchristlichen Jahrhunderte. Dies ist jedoch eine lange Zeitspanne, in der auch eine natürliche Sprachentwicklung in der Phonologie und Morphologie des Illyrischen erfolgt sein wird. Eine der vorrangigsten Aufgaben einer künftigen Neuzusammenstellung und Sichtung des Sprachmaterials aus dem illyrischen Raum wird darum darin bestehen, die erhobenen Daten in eine gemäß ihrer Dokumentationsgeschichte chronologische Ordnung zu bringen. Auf Grundlage einer solchen chronologischen Datenbasis wird es möglich sein, Sprachentwicklungen sowie diachrone Veränderungen innerhalb des illyrischen Datenmaterials zu erkennen und zu kontextualisieren.

Es bleibt noch auf eine weitere Einschränkung des fragmentarischen illyrischen Sprachmaterials hinzuweisen. Da es gleichsam exklusiv aus Belegen der Onomastik (Orts- und Personennamen) besteht, deckt es daher nur einen Teilbereich des Sprachsystems ab, der, abgesehen davon, dass Namen zumeist desemantisiert, d. h. bedeutungsentleert sind/sein können, gleichermaßen konservativ wie innovativ ist. Denn konservativ ist die Onomastik, weil sie zum einen Sprachmaterial bewahren kann, das im nichtonomastischen Sprachgebrauch aufgegeben wurde, aber auch, weil sie in Phonologie und Morphologie ebenso ältere Zustände konservieren kann und sich so dem in den anderen Lexikonbereichen wirkenden phonologischen und morphologischen Sprachwandel mitunter entzieht. Andererseits ist die Onomastik, und zwar ganz speziell die Anthroponymie auch innovativ, da gerade die Personennamengebung Moden und Zeiterscheinungen unterworfen ist, durch die z. B. Fremdnamen ins eigene Namensystem übernommen werden. Auch die Personennamengebung des illyrischen Raums belegt diese Erscheinungen evident, da neben den lokalen illyrischen Personennamen auch Personennamen erscheinen, die anderen westbalkanischen Namengebieten entstammen ebenso wie griechische und lateinische Namen und schließlich auch Personennamen aus anderen Regionen der antiken Welt.

Das Sprachmaterial der Onomastik (bei den Personennamen auch die Fremdnamen) dient schließlich als Grundlage, um Merkmale der Phonologie und der Morphologie des Illyrischen für den Belegzeitraum vom 6., bzw. 5. Jh. v. Chr. bis in die ersten nachchristlichen Jahrhunderte zu eruieren. Eine Grammatik des Illyrischen kann mit dem zur Verfügung stehenden Material nicht geschrieben werden. Das Folgende stellt im Hinblick auf die sich stellenden Schwierigkeiten letztlich nur einen Versuch dar, aus dem marginalen Belegmaterial einige wenige Informationen zu gewinnen, die noch dazu wegen der unterschiedlichen Belegdaten auch ahistorisch verbleiben müssen.

C.4.1 Phonologie

Es kann aus dem Belegmaterial geschlossen werden, dass das Illyrische bei den Kurzvokalen ein fünfgliedriges System hatte:

a: PN f. Αβα /Aba/, PN f. *Amma*, PN f. *Anna*
PN m. Βάρδυλις /Bárdylis/, *Bardulis*, ON Διμάλη /Dimálē/, *Dimallum*, PN f. Μαλλικα /Mallika/

e: PN m. Επικαδου /Epikadou/, PN m. Εορταιου /Eortaiou/, PN f. *Etutam*
PN m. Κλεβετου /Klevetou/, FlN Γενουσός /Genousós/, *Genusus*, PN m. Βερσαντου /Versantou/

i: PN m. Επικαδου /Epikadou/, PN m. Μαλλικα /Mallika/, PN f. Βιρκένναν /Birkénnan/

o: PN f. Κορετα /Koreta/, PN m. Λοβαιου /Lobaiou/, ON Σκόδρα /Skódra/, *Scodra* (wenig aussagekräftig ist der Nominativ bei Männernamen auf -ος, der Anpassung an die griechische Morphologie sein kann; siehe aber auch in der Besprechung zur Morphologie)

u: ON Ούλκίνιον /Oulkínion/
PN m. Βάρδυλις /Bárdylis/, *Bardulis*, PN m. Μονουνιου /Monouniou/, *Monuni*, PN m. Σκυρθανα /Skyrthana/ (der Kurzvokal wird in der griech. Graphie zumeist als ου wiedergegeben, daneben scheinbar auch als υ wie etwa bei Βάρδυλις /Bárdylis/ neben der latein. Wiedergabe *Bardulis*; zu fragen bleibt daher, ob die Wiedergabe υ in den PN vlt. doch auch eine palatale Artikulation /y/ reflektieren könnte)

Schwieriger zu beurteilen ist hingegen die Frage nach dem System der Langvokale des Illyrischen. Das Merkmal der Quantität der Vokale lässt sich nur aus den epigraphischen und literarischen Dokumenten in griechischer Schrift erkennen, die Kurz- und Langvokale unterscheidet.

ā: Keine unmittelbaren Beispiele, da in griechischer und lateinischer Epigraphie /ā/ nicht speziell bezeichnet wird. Zu beachten ist aber, dass

C.4 Merkmale der illyrischen Sprache

der Nominativ bei Frauennamen in griechischer, d. h. dorischer Epigraphie immer als -α erscheint, was als /-ā/ zu interpretieren ist. In literarischen Belegen finden sich hingegen graphisch normierte Notationen wie beim ON Διμάλη /Dimálē/ (mit ion.-att. Graphie -η für /-ā/ < idg. *-ah₂)

ē: PN f. Ρηδετα /Rhēdeta/, PN f. Ανδηνα /Andēna/, PN f. Μαδηνα /Madēna/ (unklar ist, welche Phonetik sich hinter dieser Graphie verbirgt; ebenso unklar ist, wie der Wechsel beim Suffix zwischen -ηνα /-ēna/ und -εννα /-enna/ (in latein. Graphie als -ena notiert; siehe de Simone 1993, 43) zu fassen ist. Beide werden in der Literatur als zusammengehörig gewertet, siehe Krahe 1929, 22

ī: Der Hinweis auf den Langvokal ī kann nur indirekt über das in Ortsnamen vorliegende Suffix *-īn(i)i̯o- geführt werden (▶ Kap. C.3.3), da ī bei der Adaption dieser ON an das slawische Phonemsystem als slaw. i (< idg. *ī) wiedergegeben wird (daher slaw. Ulcinj/Ocinj; siehe dazu schon bei Mayer 1959, 221 und vgl. auch Holzer 2007, 44, 120 und Klotz 2013, 97–98)

ō: ON Ναρῶνα /Narṓna/, FlN Δρίλων /Drílōn/, PN f. Αννω /Annṓ/, PN f. Τριτω /Tritṓ/

ū: Keine Beispiele

Das zur Verfügung stehende Sprachmaterial ist für weitergehende Aussagen zu marginal, es lässt nur die Vermutung zu, dass das Illyrische wie andere altindogermanische Sprachen auch ein fünfgliedriges Vokalsystem aufwies, in dem die Vokalquantitäten (d. h. Kurz- neben Langvokalen wie $a : \bar{a}, e : \bar{e}$ usw.) geschieden wurden. Offenbleiben muss jedoch die Frage, ob ein solches System für die gesamte Laufzeit des Illyrischen galt, oder ob es im Lauf der Zeit zu Veränderungen in der Quantität (und auch der Qualität) der Vokale gekommen ist. Ebenso unbekannt bleibt letztlich auch die Phonetik, d. h. welche Artikulation den Vokalen zu Grunde lag (so z. B. griech. α/latein. a = illyr. [a], [ɑ], [ɔ] usw.).

Aus dem Namenmaterial lassen sich schließlich auch Hinweise auf einige Diphthonge der illyrischen Sprache gewinnen:

ai̯: PN m. Λαιδιας /Laidias/, Laidius, PN f. Ζαιμινα /Zaimina/, PN m. Γαιζατος /Gaizatos/

au̯: PN m. Τραυζου /Trauzou/, PN m. Λαυδος /Laudos/, Ethnikon Ταυλάντιοι /Taulantioi/, Taulantii (siehe Krahe 1925, 38–39)

eu̯: PN m. Βρευκος /Breukos/ (siehe Cabanes/Drini 1995, 95), PN f. Τευταια /Teutaia/, PN f. Νευνα /Neuna/ (siehe Cabanes/Drini 1995, 124), PN m. Πρευρατ/δος /Preurat/dos/

Im Bereich der Konsonanten kann aus dem Belegmaterial auf das folgende phonologische System des Illyrischen geschlossen werden:

Labiale

b: ON Βουθόη /Bouthóē/ (heute Budva, Montenegro), PN m. Βάρδυλις /Bárdylis/, *Bardulis*, PN f. Αβα /Aba/, PN m. Γραβος /Grabos/

p: PN m. Πίννη /Pinnē/, *Pinnes*, PN m. Πρευρατος /Preuratos/, PN m. Επικαδου /Epikadou/

Dentale

d: PN m. Δαρδανε /Dardane/ (siehe Cabanes/Drini 1995, 75), ON Διμάλη /Dimálē/, *Dimallum*, ON Δόκλεα /Dóklea/, *Doclea*, PN m. Επικαδου /Epikadou/, PN f. Μαδηνα /Madēna/

t: PN f. Τατα /Tata/, PN f. *Temus*, Ethnikon Ταυλάντιοι /Taulantioi/, *Taulantii*, PN f. Κορετα /Koreta/, PN m. Τριτος /Tritos/, PN f. *Zanatis*

Velare

g: FlN Γενουσός /Genousós/, *Genusus*, PN m. Γαιζατος /Gaizatos/, PN m. Γενθιος /Genthios/, *Gentius*, PN m. Μρογος /Mrogos/ (siehe Cabanes/Drini 1995, 122: „nom obscur"), ON *Bigeste* (siehe Anreiter 2001, 18)

k: PN f. Κορετα /Koreta/, PN m. Κλεβετου /Klevetou/, PN f. Κονα /Kona/, PN. m. Επικαδου /Epikadou/, PN f. Μαλλικα /Mallika/, PN f. Χακα /Khaka/, PN f. Σκενετα /Skeneta/, PN m. Σκυρθανα /Skyrthana/

Resonanten

m: PN f. Μαδηνα /Madēna/, PN m. Μονουνιου /Monouniou/, *Monuni*, PN m. Μρογος /Mrogos/, PN f. *Temus*, PN f. Αμυρα /Amyra/ (siehe Cabanes/Ceka 1997, 62), f. Αμμια /Ammia/, *Amma*

n: ON Ναρῶνα /Narõna/, *Narona*, PN f. Νευνα /Neuna/, PN f. Κονα /Kona/, PN f. Μαδηνα /Madēna/, PN f. Ανναια /Annaia/, *Annaea*, PN m. Λάγγαρος /Lángaros/, Ethnikon Ταυλάντιοι /Taulántioi/, *Taulantii*, PN m. Μαννικου /Mannikou/ (siehe Cabanes/Drini 1995, 83)

l: PN m. Λαιδιας /Laidias/, *Laidius*, PN m. Λοβαιου /Lobaiou/, ON Λισσός /Lissós/, *Lissus*, Ethnikon Ταυλάντιοι /Taulántioi/, *Taulantii*, PN m. Βάρδυλις /Bárdylis/, *Bardulis*, PN f. Μαλλικα /Mallika/, ON *Dimallum*, PN m. *Glavi*, PN m. Κλεβετου /Klevetou/, PN m. *Plassus*

r: PN m. Ρηδων /Rhēdōn/, PN f. Κορετα /Koreta/, ON Ναρῶνα /Narõna/, *Narona*, PN m. Βρευκος /Breukos/ (siehe oben), FlN Δρίλων /Drílon/, *Drinus*, PN m. Γραβος /Grabos/, PN m. Μρογος /Mrogos/, PN m. Πρευρατος /Preuratos/, PN m. Τριτος /Tritos/, PN m. *Verzonis*

Sibilant

s: ON Σαλωνα /Salona/, *Salona* (heute Solin, Kroatien; vgl. Anreiter 2001, 20), Kastellname Σερετος /Seretos/ (Dardanien; siehe Anreiter 2001, 126), ON Σκόδρα /Skódra/, *Scodra*, ON *Scampis* (heute Elbasani, Albanien), PN m. *Plassus*, PN f. *Temus*; wenig aussagekräftig ist der Nominativ bei Männernamen auf -ος/-us, der Anpassung an griechische bzw. lateinische Morphologie sein kann

C.4 Merkmale der illyrischen Sprache 147

Affrikate
z: PN f. Ζαιμινα /Zaimina/, PN m. Ζαιμιου /Zaimiou/, PN f. *Zanatis*, PN m. Γαιζατος /Gaizatos/, PN m. Τραυζου /Trauzou/, PN m. Φερζαν /Verzan/, PN m. *Verzonis*

Glides
i̯: PN f. Αβαια /Abaia/, PN m. Αβαιου /Abaiou/, PN f. Ανναια /Annaia/ *Annaea*, PN m. Πλαιος /Plaios/, PN f. *Plaia*, PN f. Ταταια /Tataia/
u̯: PN m. Οερδιου /Verdiou/ (siehe Cabanes/Drini 1995, 130: „on songe au gentilice latin Veredius"), PN m. Φερζαν /Verzan/, Φερζας /Verzas/, PN f. *Billene* (zur Graphie ▶ Kap. C.8, Nr. (6)), PN f. Κλεβετα /Kleveta/, *Clevata*, PN m. *Glavi* (zum graphischen Wechsel in der Wiedergabe des u̯ ▶ Kap. C.8, Anmerkung in Nr. (38))

Aus den onomastischen Belegbeispielen lässt sich für das Illyrische in Grundzügen ein Konsonantensystem erschließen, das neben Verschlusslauten, auch Resonanten, einen Sibilanten, eine Affrikate sowie Glides umfasst. Bei den dentalen, labialen und velaren Verschlusslauten zeigt sich, dass die beiden Artikulationsarten stimmhaft und stimmlos unterschieden werden (d. h. /b/ neben /p/, /d/ neben /t/, /g/ neben /k/). Während das phonologische System der Konsonanten des Illyrischen somit erkenntlich wird, bleibt die Phonetik, d. h. die Artikulation dieser illyrischen Konsonanten hingegen unzugänglich (so ist nicht zu erkennen, ob etwa bei den Velaren möglicherweise eine Opposition von velarer Artikulation [g], [k] vor hinteren Vokalen /a, o, u/ gegenüber palataler Artikulation [gʲ], [kʲ] vor vorderen Vokalen /e, i/ vorgelegen haben könnte). Zu erinnern ist hierfür wieder an den Filter der griechischen und der lateinischen Schrift, der spezifische Artikulationen bisweilen überdecken kann. Während bei den Resonanten etwa nur geringfügige Artikulationsunterschiede zu erwarten sind (d. h. griech. ν/latein. n = illyr. [n]; zu beachten ist hier aber die Differenz von einfacher Graphie -ν-/-n- gegenüber Fällen von Doppelgraphie -νν-/-nn- im Inlaut, die auf unterschiedliche Artikulation hinweist; diese Doppelgraphie könnte z. B. Gemination anzeigen), kann bei den Verschlusslauten sowie dem Sibilanten durchaus eine gewisse Diversität in den Artikulationen vorliegen. Obgleich die griechische und lateinische Graphie der illyrischen Namenbelege relativ konstant als auch übereinstimmend ist (vgl. durchgehende Schreibungen bei den PN Επικαδ-/*Epicad*-, d. h. /epikad-/, oder Σκερδιλαιδ-/*Scerdilaed*-, d. h. /skerdilai̯d-/), gibt es doch Belege, bei denen ein Wechsel in der Graphie auftritt (vgl. dazu mit Vorbehalt bei Mayer 1959, 162–165). Derartiger Graphemwechsel lässt sich vor allem bei Velaren und Dentalen beobachten, so beim PN m. Βρευκος /Breukos/ neben dem lokalen Ethnikon Βρῦγοι /Brŷgoi/ (siehe de Simone 1993, 54) oder auch beim Wechsel der Dentalgraphien beim PN Εορταιου /Eortaiou/ neben dem lokalen Ethnikon Ἐορδοί /Eordoí/ sowie dem Choronym Ἐορδάια /Eordáia/ (siehe de Simone 1993, 57), beim PN m. Πρευρατος /Preuratos/ neben Πρευραδος /Preurados/ (inklusive latein. [P]*reurado*; siehe de Simone 1993, 62–

63) und vielleicht auch beim Ethnikon Ταυλάντιοι /Taulántioi/, wo einmal auch die Variante Δαυλάντιον /Daulántion/ belegt ist (siehe Krahe 1925, 38). Auch der PN m. Γενθιος /Genthios/ ist hier zu beachten, der in griech. Graphie grundsätzlich mit -θ- notiert wird, während die lateinische Wiedergabe als *Gentius* erfolgt (vgl. dazu Mayer 1957, 148-149) ähnlich wie beim ON Βουθόη /Bouthóē/ (heute Budva, Montenegro), der in lateinischer Graphie als *Butua* erscheint (vgl. Mayer 1957, 103, zur Etymologie siehe Anreiter 2001, 40). Derartige Fälle könnten, abgesehen von nicht immer auszuschließenden volksetymologischen Einwirkungen, vielleicht eine spezifische Artikulation dieser Verschlusslaute reflektieren (etwa den Kontrast von Fortis zu Lenis; ausgeschlossen ist, dass das Illyrische aspirierte Verschlusslaute [pʰ], [tʰ], [kʰ] kannte, wie aus den Fällen zu schließen ist, in denen z. B. τ und θ austauschbar sind, denn Aspiraten wären gewiss mit den entsprechenden griechischen Graphemen fixiert worden), jedoch bleibt dies in den Details noch systematisch aufzuarbeiten. Auch bei der Artikulation der Graphie griech. ζ/latein. z bleibt zu fragen, ob hier vielleicht die stimmhafte Entsprechung [z] zum stimmlosen Sibilanten [s] (graphisch als griech. σ/latein. s notiert) vorliegt, oder doch eher die Affrikate [t͡s] bzw. die stimmhafte Variante [d͡z]. Ergänzend sei hier darauf hingewiesen, dass der Glide u̯, der in lateinischer Graphie mit v wiedergegeben wird, in griechischer Graphie mit dem Graphem β notiert wird, welches (seit hellenistischer Zeit) das frikativierte Phonem [β] bezeichnet. Unklar bleibt schließlich, welches Phonem mit Hilfe des griechischen Graphems χ in Fällen wie PN f. Χακα /Khaka/ oder m. Χορτας /Khortas/ bezeichnet wurde.

C.4.2 Morphologie

Nur wenige Daten zur Morphologie des Illyrischen können aus dem Belegmaterial der Onomastik gewonnen werden. Zwei Faktoren verhindern auch hier wieder weitergehende Erkenntnisse, einerseits das Fehlen von Textkorpora und andererseits der griechische und lateinische Filter der Überlieferung. Es ist damit zu rechnen, und die Dokumentation belegt dies, dass onomastische Belege im Hinblick auf ihre Morphologie an die griechische bzw. lateinische Morphologie angepasst wurden, wie sich bei den Kasusformen der Belege zeigt:

Maskulina und Neutra

Nom. Sg.	PN Γενθιος /Genthios/, *Gentius*, PN Επικαδος /Epikados/, *Epicadus*, Σκερδιλαΐδας /Skerdilaídas/, *Scerdilaedus*, PN Βάρδυλις /Bárdylis/, *Bardulis*, PN Ρηδων /Rhēdōn/, FlN Νάρων /Nárōn/, PN *Verzo*, PN Φερζαν /Verzan/, Φερζας /Verzas/ ON n. Δυρράχιον /Durrhákhion/, *Dyrrhachium*

C.4 Merkmale der illyrischen Sprache

Bei der Nominativform auf -ος – latein. -us ist hierbei irrelevant – dürfte es sich um eine Adaption an den griechischen Ausgang handeln, wenngleich nicht ganz ausgeschlossen ist, dass der Ausgang des Nom. Sg. der Maskulina im Illyrischen so wie in anderen altidg. Sprachen auch, auf -o-s geendet hat, denn es denkbar, dass idg. *ò im Nebenton erhalten geblieben sein könnte ohne zu illyr. a gewandelt zu werden wie im Haupton (▶ Kap. C.5; vgl. auch unten den Gen. Φερζαντος /Verzantos/).

Im PN Βάρδυλις/*Bardulis* dürfte der Nominativ eines m. illyrischen i-Stammes reflektiert sein, d. h. /-i-s/.

Dass es im Illyrischen auch maskuline n-Stämme gegeben hat, wird aus den Belegen auf Nom. -ων /-ōn/ bzw. latein. -o (mit Gen. -onis; siehe unten) ersichtlich. Zu einer möglichen Entwicklungslinie idg. n-Stämme innerhalb der verschiedenen Personennamengebiete des Westbalkans siehe Katičić 1962 a, 280–290.

Als Reflex eines nt-Stammes ist der PN m. Φερζαν/Φερζας mit dem zugehörigen Genitiv Φερζαντος /Verzantos/ (▶ Kap. C.8, Nr. (38)) zu fassen, wobei anzunehmen ist, dass die Nominativform Φερζαν der reguläre Fortsetzer einer Vorform auf *-nt-s sein wird (siehe z. B. Fortson 2010, 115), während die Nominativform Φερζας dagegen an die griechische Morphologie angepasst ist (wie z. B. der Flexion des aktiven s-Aoristpartizips, siehe zu diesem Rix 1992, 234).

Neben maskulinen Personennamen sind im illyrischen Raum auch Ortsnamen zu finden, die in griechischer und lateinischer Überlieferung als Neutra notiert sind, d. h. als griech. -ov und latein -um. Inwiefern in der griech. Notation -ov sowie bei den Maskulina auf -ος einheimische Morphologie reflektiert sein könnte (idg. *-o-m > illyr. -o-n, mit *-$m_#$ > -$n_#$?), oder doch vielmehr Adaption vorliegt, muss ebenso offenbleiben.

Gen. Sg.   Γενθιου /Genthiou/, Επικαδου /Epikadou/, *Epicadi*, Glavi, Γραβωνος /Grabōnos/, *Verzonis*, Φερζαντος /Verzantos/

Bei den Genetivformen auf griech. -ου /-ou/ sowie latein. -*i* liegen zweifellos Reflexe der genuinen Morphologie dieser zwei Sprachen vor. Im Gegensatz dazu kann die Genetivform Φερζαντος in der Helminschrift (siehe auch Nr. (38), zum Nominativ Φερζαν in derselben Inschrift) mit hoher Wahrscheinlichkeit als eine authentische illyrische Genetivform eines maskulinen nt-Stammes betrachtet werden (siehe auch Katičić 1962 a, 109). Zur Frage des Vokalismus des Ausgangs -ος siehe die Diskussion ▶ Kap. C.5.

Bei maskulinen n-Stämmen zeigt sich sowohl bei der griechischen (-ωνος) wie auch wahrscheinlich bei der lateinischen Wiedergabe (Gen. -*onis*) suffixale Dehnstufe -ōn-. Es darf vermutet werden, dass in der Durchführung der Langstufe -ōn- ein flexivisches Merkmal der maskulinen illyrischen n-Stämme vorliegt.

Dehnstufe zumindest im Nominativ zeigt auch der PN Πλατωρ, der als Fremd- bzw. Modename im illyrischen Raum zu interpretieren ist (zur Herkunft aus dem messapischen Personennamengebiet siehe de Simone 1993, 39).

Vok. Sg. PN Δαζιε /Dazie/, PN Δαρδανε /Dardane/, PN Επικαδε /Epikade/, PN Τριτε /Trite/

Auf den Grabstelen aus Dyrrhachion (▶ Kap. B.5.2) wird in einigen Fällen bei Männernamen der Verblichene im morphologisch gekennzeichneten Vokativ genannt, vgl. etwa bei einem griech. Namen Προθυμε χαιρε /Prothyme khaire/ (siehe Cabanes/Drini 1995, 130; neben Nom. Προθυμος χαιρε /Prothymos khaire/, siehe Cabanes/Drini, a. a. O.) und bei lateinischen Namen, z. B. Μαρκε Κορνηλιε Νασων χαιρε /Marke Kornēlie Nasōn khaire/ (siehe Cabanes/Drini 1995, 120). Diese Vokativkennzeichnung auf -ε ist schließlich auch bei einigen lokalen maskulinen Personennamen belegt und auch wenn hierbei eine Adaption an das Griechische wahrscheinlich sein dürfte, so kann nicht ganz ausgeschlossen werden, dass auch das alt-idg. Illyrische bei maskulinen o-Stämmen die aus dem Indogermanischen ererbte Vokativmarkierung auf *-*e* (siehe Rix 1992, 138) fortgesetzt haben könnte.

Feminina

Nom. Sg. PN Αβα /Aba/, PN Κορετα /Koreta/, PN Χακα /Khaka/, PN *Teuta*

Wie schon oben bei der Phonologie bemerkt, dürfte die Notation -α der griechischen epigraphischen Belege als /-ā/ zu interpretieren sein. Das bei Plutarch literarisch bezeugte Paradigma des f. PN Akk. Βρικένναν /Brikénnan/, Gen. Βρικέννης /Brikénnēs/ (siehe Krahe 1929, 19) ist wohl Angleichung an den griech. Flexionstyp τράπεζα (< Nom. *-i̯ă, siehe Rix 1992, 131). Die lateinischen Notationen wie *Teuta* sind als Adaptionen an das lateinische Flexionsmuster Nom. -ă, Gen. -*ae* zu fassen.

Gen. Sg. PN Αμμικας /Ammikas/, PN Μαδηνας /Madenas/, *Madenae*

Die Belegformen des Genetivs der Feminina auf -ας sind ambig, da es sich hier gleichermaßen um eine Adaption an die griechische Flexion handeln kann, wie auch um eine genuine gleichlautende illyrische Flexionsform als Kontinuante der idg. Genetivendung *-ās < *-ah₂-as (siehe Rix 1992, 132). Lateinische Belege der Form *Madenae* folgen unzweifelhaft dem lateinischen Flexionsmuster.

Dat. Sg.   PN *Temuse*, PN *Billene*

Bei diesen beiden epigraphischen Belegen einer Dativform von femininen Personennamen liegt Angleichung an lateinische Morphologie (Schreibung -e für klassisches -ae) vor. Allerdings könnte bei der Dativform *Temuse* überlegt werden, ob bei diesem Beleg des Namens, der „*morphologisch der lateinischen Sprache fast noch gar nicht angepaßt ist*" (Zitat nach Katičić 1962 a, 104), die Endung -e vlt. als Reflex einer athematischen illyrischen Dativendung *-ei̯ (mit Monophthongierung zu /ẹ/?) zu fassen wäre. Die Inschrift wird zwischen das 1. nachchristliche Jh. und 300 n. Chr. datiert; siehe https://edh-www.adw.uni-heidelberg.de/edh/inschrift/ HD034129).

Für den Bereich der nominalen Wortbildung kann aus den onomastischen Belegen eine Reihe von Wortbildungssuffixen ermittelt werden, die am Ende von Kapitel 19 vorgestellt werden. Zu den Suffixen der Anthroponymie stellt sich bei toponymischen Belegen das auch in einigen Bildungen des illyrischen Raums anzutreffende Suffix *-īn(i)i̯o- (▶ Kap. C.3.3). Ob aber die aus den onomastischen Belegen zu extrahierenden suffixalen Bildemittel auch bei der Bildung der appellativischen Wortbildungsmuster des Illyrischen zum Einsatz kamen, oder ob sie nur auf die Wortbildung der Onomastik beschränkt waren, kann wegen des Fehlens von appellativischem Belegmaterial letztlich nicht festgestellt werden.

Einige wenige onomastische Belege (ON Διμάλη /Dimálē/, *Dimallum*, PN m. Επικαδος /Epikados/, *Epicadus*, PN m. *Ettritus*, PN f. Τεμιτευτα /Temiteuta/, PN f. Τριτεύτα /Triteúta/ sowie PN m. Σκερδιλαΐδας /Skerdilaídas/, *Scerdilaedus*) zeigen, dass das Illyrische auch über das Wortbildungsmittel der nominalen Komposition verfügte. Ob und in welchem Umfang die nominale Komposition auch im appellativischen Wortschatz genutzt wurde, kann auf Grund des Fehlens entsprechender Belege nicht eruiert werden. Es wäre denkbar, dass dieses Wortbildungsmuster im altindogermanischen Illyrischen produktiv war, doch wäre es ebenso vorstellbar, dass gleich wie in der Anthroponymie die nominale Komposition nur marginal in der Wortbildung genutzt wurde. In diesem Zusammenhang ist daran zu erinnern, dass auch in der Personennamenbildung der anderen westbalkanischen Personennamengebiete nur wenige komponierte Bildungen belegt sind (am bekanntesten ist hier der PN m. *Vescleves*[?] aus dem liburnischen Namensgebiet, aus der mitteldalmatisch-pannonischen Anthroponymie kann der PN m. *Scenobarbus* genannt werden, siehe dazu Katičić 1962 b, 274–276).

Es zeigt sich abschließend, dass das zur Verfügung stehende onomastische Sprachmaterial aus dem illyrischen Raum nur sehr beschränkte Einblicke in die Phonologie und Morphologie des Illyrischen erlaubt. Da die Überlieferung der Belege ausschließlich durch den Filter des Griechischen und Lateinischen erfolgte, besteht somit kein unmittelbarer, d. h. authentischer Zugang zur Phonologie und Morphologie des Illyrischen. Es bleibt daher nur der Versuch unter Berücksichtigung der Überlieferungsbedingungen und mit entsprechendem Vorbehalt über einige Teilaspekte des illyrischen Sprachsystems Vermutungen anzustellen. Die Ergebnisse dieser Vermutungen bleiben jedoch gering und offen für Kritik.

Nur unter dem älteren verfehlten Konzept des Panillyrischen (▶ Kap. C.1), das heterogenes Sprachmaterial als illyrisch vereinnahmt hat, war es ‚möglich' eine ‚Grammatik' des Illyrischen auf 138 Seiten zu verfassen, wie es Mayer 1959 getan hat.

C.5 Die sprachliche Stellung des Illyrischen und die Crux der Etymologie

Die defektive Bezeugung des antiken Illyrischen erschwert in jeder Hinsicht die Frage nach der sprachlichen Stellung des Illyrischen innerhalb der idg. Sprachfamilie. Sprachliche Verwandtschaftsverhältnisse wie Deszendenzen oder Dialektvariationen können nur anhand ausreichender Materialbasis erkannt werden, wobei hier neben gewissen, besonders prägnanten phonologischen Kriterien vor allem die Morphologie der entscheidende Bereich ist, solche Fragen zu beantworten. Das im Fall des Illyrischen einzig zur Verfügung stehende Material der Onomastik ist weitestgehend ungeeignet, eine mögliche verwandtschaftliche Stellung bzw. sprachliche Position des Illyrischen zu definieren. Denn es zeigt sich, dass das onomastische Belegmaterial und hierbei speziell die illyrische Anthroponymie eine Komponente ist, die keine ersichtlich nähere Beziehungen zu anderen idg. Sprachen offenbart. Beziehungen bestehen allenfalls zu den anderen Personennamengebieten des Westbalkans (vor allem zum mitteldalmatisch-pannonischen Personennamengebiet), wobei aber nicht immer klar ist, wie diese Beziehungen zu interpretieren sind, zumal gerade Personennamen als Fremd- und Modenamen sich über Sprachgrenzen hinweg verteilen. Zwar setzen eigene onomastische Gebiete nicht unbedingt auch eigene Sprachgebiete voraus, jedoch sind erfahrungsgemäß, und das gilt vor allem für antike und vorneuzeitliche Perioden, Personennamengebiete zumeist mit entsprechenden

C.5 Die sprachliche Stellung des Illyrischen und die Crux der Etymologie

Sprachgebieten, den Kerngebieten der jeweiligen Anthroponymie, verknüpft, so dass es methodisch ratsam ist, nur jene onomastischen Belege als Arbeitsgrundlage zu wählen, die dem illyrischen Raum entstammen, wie er in den Kapiteln 12 und 14.4 definiert wurde. Einzig an diesem Material können etymologische Analysen angestellt werden, um mögliche Hinweise über die Stellung des Illyrischen zu gewinnen.

Die Konzentration auf die Ermittlung von synchronen Personennamengebieten war ein wichtiger Schritt hin zu einer modernen Definition des Illyrischen, denn die ältere Forschung hat sich bis in die Sechzigerjahre des vergangenen Jhs. im Rahmen der panillyrischen Hypothese (▶ Kap. C.1) im Wesentlichen auf etymologische Analysen gestützt, um damit das (pan)illyrische Sprachmaterial zu erklären und so für die Frage nach der sprachlichen Stellung des Illyrischen zu verwerten. Die Aufklärung der Sprachgeschichte sowie der Etymologie sprachlicher Belege ist unbestreitbar eine der zentralen Aufgaben der historischen Sprachwissenschaft. Diese ist aber mit vielen Implikationen verbunden. Eine tragfähige, d. h. plausible Etymologie muss nämlich sowohl auf (systematische) phonologische Veränderungen als auch auf Wortbildungsmechanismen einer gegebenen Sprache Rücksicht nehmen. Ihre Plausibilität erhöht sich, wenn sie sich den Vorgaben der Phonologie und Morphologie fügt und je weniger Zusatzannahmen zur Erklärung erforderlich sind, ganz zu schweigen davon, dass auch die Semantik, d. h. die Wortbedeutung eines Lexems bzw. einer Ableitung (hiervon) begreiflich sein muss. Diese wichtigen Anforderungen lassen sich üblicherweise bei Sprachen mit einem großem Textkorpus als Grundlage von Regulativ- und Kontrollformen zumeist erfüllen. Bei Rest- bzw. Trümmersprachen (zum Terminus ▶ Kap. C.4) und im Besonderen bei Sprachen, die nur durch (synchron meist desemantisierte) onomastische Belege überliefert sind, wird diese Aufgabe hingegen immens beeinträchtigt, oft auch gänzlich verwehrt. Und so besteht in diesem Fall die Gefahr von Zirkelschlüssen wie es Fortson 2010, 459 hier auch verdeutlicht:

> „Most of the theories concerning the interrelationships of the poorer-known languages are based on the so-called etymological method: trying to etymologize the linguistic remains that we have in light of known forms in other languages. Given the fact that the bulk of the remains consists of personal and place-names, to which no ‚meaning' can be assigned in the usual sense, this method falls victim to some obvious dangers, not the least of which is circularity."

Die Schwierigkeit, für illyrisches Sprachmaterial plausible Etymologien zu finden, ist bereits von Katičić 1976, 174 festgestellt worden:

> „On the whole, the Illyrian etymologies that could be proposed do not reach the standard of the Thracian ones. [...] There are many plausible Indo-European etymologies and it is hardly probable that all are wrong, but it has thus far proved impossible to derive from this etymological material a dependable comparative grammar."

Es ist zudem auch zu beachten, dass in der historischen Sprachwissenschaft seit ca. den Siebzigerjahren des vergangenen Jhs. weitreichende Paradigmen- und Methodenwechsel erfolgt sind, die zum einen das phonologische und morphologische Bild des rekonstruierten Indogermanischen erheblich verändert haben (kodifiziert u. a. in LIV² für die Verbalwurzeln und in NIL für eine Reihe von nominalen Bildungen sowie in den meisten einzelsprachlichen Darstellungen seither, z. B. für das Griechische in Rix 1992, für das Lateinische in Weiss 2020) und zum anderen auch klare Richtlinien für die etymologische Arbeit vorgeben, die nicht willkürlich veränderbar sind. Während in älterer etymologischer Forschung idg. Wurzeln mit beliebigen Suffixen kombiniert wurden, wird heute sehr wohl berücksichtigt, dass nicht nur die idg., sondern auch die einzelsprachliche Wortbildung bestimmten Bedingungen und/oder Restriktionen folgt. Suffixe treten nämlich nicht wahllos an Wurzeln bzw. Grundelemente, vielmehr erfolgt Wortbildung im Rahmen von phonologisch, morphologisch sowie semantisch klar definierten Wortbildungsmustern und deren individuellen Regeln (siehe zum Gegensatz von älterer und moderner historischer Sprachwissenschaft die Ausführungen bei Bichlmeier 2011 a, 175–184). Die Anwendung der Erkenntnisse und Methoden der modernen historischen Sprachwissenschaft in vollem Umfang auf die Sprachzeugnisse des illyrischen Raums und in Erweiterung auch auf die Belege des gesamten Westbalkanraums ist noch eine künftige Aufgabe. In den folgenden Ausführungen sollen daher nur einige ausgewählte Fragen gestreift werden, die die Schwierigkeiten der etymologischen Forschung des Illyrischen aufzeigen.

C.5.1 Die Entwicklung des idg. Kurzvokals *ó

Die Frage, wie sich der idg. Kurzvokal *ó im Illyrischen entwickelt hat, kann anhand einiger Ortsnamen mit solider Etymologie wohl dahingehend beantwortet werden, dass hier eine Entwicklung zu illyr. á anzunehmen ist. Zu den Belegformen, die diese Annahme ermöglichen, gehört z. B. der Abfluss aus dem Shkodrasee in die Adria, der heute alban. *Buena* (Slawisch *Bójana*) heißt, in der Antike hingegen *Barbanna* genannt wurde (siehe Krahe 1925, 17, Mayer 1957, 76, Schramm 1981, 211–212, Elsie 1993, 6). Wie schon gesehen wurde, lässt sich dieser Flussname etymologisch mit griech. βόρβορος /bórboros/ ‚Schlamm, Sumpf' verbinden (siehe auch Anreiter 2001, 15–16 und 87). Ein weiterer Beleg ist das antike Oronym griech. Σκάρδον ὄρος /Skárdon óros/, latein. *Scordus mons* (heute Šar Planina genannt, alban. *Malet e Sharrit*; siehe dazu im Detail Anreiter 2001, 175, der das o der latein. Überlieferung als Übernahme einer entsprechenden keltischen Namensform erklärt). Die Namensform kann etymologisch mit den Belegen von litau. *skardùs* ‚steil, schroff, abschüssig' sowie litau. *skar̃dis* usw. ‚steiler Abhang, steiles Ufer' zusammengestellt werden, was gut zu der geomorpho-

C.5 Die sprachliche Stellung des Illyrischen und die Crux der Etymologie 155

logischen Struktur dieses Gebirges passt. Alle genannten Belege lassen sich letzten Endes von einer idg. Grundform *(s)ker- ‚scheren, abkratzen; abschneiden' herleiten (zu verschiedenen Weiterbildungen bzw. zur Frage der idg. Wurzelstruktur vgl. die Diskussion in LIV², 556–556 und bei Hock 2015, 926), wobei Σκάρδον (ὄρος) auf einer Vorform *skórd(ʰ)o- beruht, die nach Anreiter a. a. O. auch dem ON Σκάρδονα /Skárdona/, Scardona zu Grunde liegt (vgl. Krahe 1925, 35, das heutige Skradin, Kroatien). Auch das aus dem ON Διμάλη /Dimálē/, Dimallum (▶ Kap. C.3.3) zu eruierende Appellativ *mal(l)° , wohl ‚Geländeerhebung, Berg' kann auf eine nominale Bildung mit o-Vokalismus *mol(h₃)° (siehe zu verschiedenen Vorschlägen Anreiter 2001, 18; dazu gehört auch alban. mal ‚Berg' < *mol(h₃)-no- oder *mol(h₃)-nu-?) zurückgeführt werden, eine Ableitung der idg. Wurzel *melh₃- ‚hervorkommen' (siehe LIV², 433–434). Im Bereich der Personennamen kann der für Päonien und Dardanien bezeugte Herrschername Λάγγαρος /Lángaros/ bzw. in lateinischer Überlieferung Longarus genannt werden (▶ Kap. C.8, Nr. (21)), der möglicherweise aus einer Vorform *dl(h₁)óngʰo stammt (vgl. latein. longus, althochdt. lang).

Die Entwicklung des idg. *ó zu illyr. á ist schließlich ein wichtiger Faktor, der bei der Analyse von jenen Personennamen aus dem illyrischen Raum beachtet werden muss, die in griechischer Epigraphik mit o notiert sind wie f. Αβοζικα /Abozika/, f. Κοια /Koia/, f. Κονα /Kona/, f. Κορετα /Koreta/, m. Λοβαιος /Lobaios/, m. Μρογος /Mrogos/ und m. Χορτας /Khortas/. Welcher Lautwert wird in diesen Fällen durch das griech. Graphem Omikron o, dem üblichen Graphem für /ŏ/, in diesen Namensbelegen bezeichnet? Wenn das Illyrische auch das Phonem /o/ kannte, was durch onomastische Zeugnisse gesichert ist (vgl. dazu den Ortsnamen Σκόδρα/Scodra, d. h. /'skodrā/), dann stellt sich die noch zu klärende Frage nach dem sprachhistorischen Status dieses Phonems illyr. o im Hinblick auf den historischen Wandel des idg. *ó zu illyr. á.

Die in griechischer Dokumentation belegten maskulinen Nominativformen auf -ος sind, wie in Kapitel 15.2 ausgeführt, wohl als Adaption an den griechischen Ausgang zu interpretieren. Es kann aber zumindest spekuliert werden, ob idg. *o im Illyrischen vielleicht im Nebenton erhalten geblieben sein könnte (etwa als [ɔ] oder [ɐ]), das graphisch als o fixiert wurde. Eine je nach dem Akzent divergierende Entwicklung wäre theoretisch denkbar und liegt bei idg. *o z. B. im Albanischen vor, wo im Hauptton Entwicklung zu alban. á erfolgte, im Nebenton aber eine davon abweichende Wandlung eintrat, siehe Details in Schumacher/Matzinger 2013, 211 und 213. Mit der Entwicklung zu illyr. a auch im Nebenton rechnet dagegen Krahe 1958/59, 248–249.

C.5.2   Die Entwicklung der idg. silbischen Resonanten (*R̥)

Im Hinblick auf die Frage nach der Entwicklung der idg. silbischen Resonanten, d. h. silbische Nasale *m̥, *n̥, Lateral *l̥ und Vibrant *r̥ (siehe Fortson 2010, 61–62, Fritz/Meier-Brügger 2021, 108–112 zu dieser idg. Phonemklasse) nimmt Anreiter 2001, 16–17 an, dass hier der Stützvokal /u/ eingetreten ist, d. h. eine Entwicklung zu *un*, *ul*, *ur* vorliegt. Anreiter verweist hierfür auf den Kastellnamen *Petuntium* (heute bei Podstrana, Kroatien am Abhang des Mosorgebirges; siehe dazu auch bei Mayer 1957, 265) < *$peth_1$-n̥t-(i)i̯o-* (Ableitung, d. h. Präsenspartizip der Wurzel *$peth_1$-* ‚fallen', siehe LIV², 477–478; nach Anreiter 2001, 15 *‚abfallende Fläche'), weiter auf den Stationsnamen *Diluntum* (Hauptort der Daorser, bei Stolac, Herzegowina, lokalisiert; siehe auch Šašel Kos 1997 a) < *d^hil-n̥t-o-* (Ableitung, d. h. Präsenspartizip der Wurzelerweiterung *$d^heh_1(i)$-l-* von der idg. Wurzel *$d^heh_1(i)$-* ‚saugen, nähren', siehe LIV², 138–139; nach Anreiter a. a. O. *‚nährendes Gebiet') sowie auch auf den Ortsnamen Οὐλκίνιον /Oulkínion/, *Olcinium* (heute Ulcinj, Ocinj, alban. *Ulqini*, Montenegro), der etwa von der Tierbezeichnung idg. *u̯l̥k^{u}o-* ‚Wolf' (vgl. dazu griech. λύκος /lýkos/, latein. *lupus*) abgeleitet sein könnte (*u̯l̥k^u- > *u̯ulk- > ulk-*; alternativ auch von einer idg. Wurzel *u̯elk-* ‚feucht, nass' herleitbar; ▶ Kap. C.3.3). Trifft die Annahme, dass die idg. silbischen Resonanten einen Stützvokal /u/ entwickelt haben, zu, so lässt sich aus diesem Befund jedenfalls ein gewichtiger Hinweis auf eine mögliche sprachliche Stellung des Illyrischen gewinnen, worauf weiter unten noch zurückzukommen sein wird.

C.5.3   Die Deaspirierung der idg. *Mediae aspiratae*

Es kann auf der Basis einiger Beispiele mit plausibler Etymologie erkannt werden, dass die idg. *Mediae aspiratae* (*b^h, *d^h, *g^h usw.; siehe Fortson 2010, 58, Fritz/Meier-Brügger 2021, 136) im Illyrischen deaspiriert wurden und somit mit den Fortsetzern der idg. einfachen stimmhaften Mediae (*b, *d, *g usw.) zusammenfielen, so wie in den meisten indogermanischen Sprachen (abgesehen u. a. vom Griechischen, wo die Aspirierung bei Stimmtonverlust erhalten geblieben ist, daher griech. φ [p^h], θ [t^h], χ [k^h]). Als Belege für die illyrische Entwicklung können folgende Beispiele mit plausibler Etymologie genannt werden: der ON Βουθόη /Bouthóē/, *Butua* (heute Budva, Montenegro), dessen Grundelement *būt-* (zum Suffix *-u(u̯)ā-* ▶ Kap. C.3.3) von Anreiter 2001, 40 von der idg. Wurzel *b^hueh_2-* ‚wachsen, entstehen, werden' hergeleitet wird (siehe LIV², 98–101; Anreiter a. a. O. setzt im Hinblick auf den pannon. ON *Budalia* die Vorform *būta-* ‚Pflanze, Gewächs' an; in Details abweichend wird die Herleitung von dieser idg. Wurzel auch schon von Mayer 1959, 31 vertreten); der ON *Birziminium*

C.5 Die sprachliche Stellung des Illyrischen und die Crux der Etymologie 157

(beim heutigen Podgorica, Montenegro, gelegen), der wohl eine Ableitung des Wortes für die Birke (vgl. altind. *bhūrjá-*, althochdt. *birka*, litau. *béržas*; siehe Hock 2015, 108) darstellt (siehe auch Anreiter 2001, 32 sowie im Folgenden) und dessen Grundelement daher als idg. *$b^herHĝ$-* rekonstruiert werden kann.

C.5.4 Die Kentum-Satem-Diskussion einst und heute

Die sogenannten palatalen Verschlusslaute des Indogermanischen (*$\overset{j}{k}$, *$\hat{g}$, *$\hat{g}^h$ usw.) werden in den idg. Einzelsprachen unterschiedlich entwickelt (siehe Hajnal 2004, 138–141, Fortson 2010, 58–59 Fritz/Meier-Brügger 2021, 139–145). In einigen idg. Sprachen, bzw. Sprachgruppen bleiben diese Phoneme zunächst erhalten und erfahren eine artikulatorische Verschiebung nach vorne, d. h. eine echte Palatalisierung mit entsprechenden Weiterentwicklungen zu Affrikaten oder zu Sibilanten (vgl. ai. *śatám* ‚Hundert', awest. *satəm* < idg. *$kmtóm$; daher Satem-Sprachen genannt). In anderen Sprachen bzw. Sprachgruppen hingegen erfolgte ein Zusammenfall der sogenannten palatalen Verschlusslaute mit den velaren Verschlusslauten (vgl. latein. *centum*, d. h. /'kentum/, daher als Kentum-Sprachen benannt). In der älteren historischen Sprachwissenschaft wurde der Unterscheidung der idg. Sprachen in Kentum- und Satem-Sprachen ein großes Gewicht zugemessen, da hierin eine (auch geographische) Dialektunterscheidung zwischen westlichen Kentum- und östlichen Satem-Sprachen angenommen wurde. Inzwischen ist diese Auffassung in der modernen historischen Sprachwissenschaft jedoch erheblich relativiert worden, da zum einen mit dem Tocharischen im Tarimbecken eine sehr weit im Osten beheimatete idg. Kentum-Sprache vorliegt und zum anderen einige idg. Sprachen wie z. B. das Armenische oder das Albanische vielmehr alle drei idg. Verschlusslaute ursprünglich bewahrt und dann getrennt weiterentwickelt haben. Dadurch aber kommt der Kentum-Satem-Unterscheidung bzw. Isoglosse heute nur mehr eine untergeordnete Rolle zu als eine von mehreren Isoglossen der idg. Sprachen (siehe zur Thematik Tischler 1990, Fortson 2010, 58–59). Was die Entwicklung dieser idg. palatalen Verschlusslaute im Illyrischen betrifft, ist sich die ältere Fachliteratur hier nicht einig, da das Illyrische mal als Kentum-Sprache gefasst wird, mal aber als Satem-Sprache, besonders, wenn eine Verbindung mit dem Albanischen postuliert wird (siehe Katičić 1976, 175 und ▶ Kap. C.6). In neueren Darstellungen (▶ Kap. C.1, Ende) wird auf die Problematik der onomastischen Belege und ihrer etymologischen Interpretation hingewiesen und die Frage in der Regel unbeantwortet stehen gelassen, z. B. bei Schmitt 2000, 356 („*Aber schon die Zuordnung zu den sog. Kentum- oder den sog. Satemsprachen wirft Probleme auf, zumal da Namenetym. wenig verläßliche Wegweiser sind.*"). Tatsächlich hängt eine mögliche Beurteilung so wie in allen anderen Fällen auch von der Plausibilität der vorgeschlagenen Etymologien ab (siehe dazu die Feststellung von Katičić 1976, 174: „*In the Illyrian material there are centum and satem etymologies and it is not easy to decide* *which ones are to be accepted as decisive.*", der dann Seite 175 wie folgt resümiert: „*The centum/satem question remains thus undecided and controversial for the main area of the ancient Illyricum.*" sowie „*Opinion stands here against opinion*".). Zunächst ist festzuhalten, dass in dieser Frage nur Material (Toponyme und Anthroponyme) als Diskussionsgrundlage heranzuziehen ist, das aus dem eigentlichen illyrischen Raum stammt, der in Kapitel 12 geographisch definiert wurde. Gerade aber für diesen illyrischen Raum ist die Beleglage nicht besonders günstig. Doch gibt es zumindest einen Fall, der eine gute etymologische Erklärung zulässt, die mit den realgeographischen Gegebenheiten übereinstimmt, nämlich der Flussname Γενουσός /Genousós/, *Genusus* (heute Shkumbini, Albanien). Eine etymologische Herleitung des Flussnamens vom idg. Grundwort *$\hat{g}onu$-/*$\hat{g}enu$- ‚Knie' (vgl. griech. γόνυ /góny/, latein. *genu*, ai. *jā́nu*-, altarmen. *cownr*), sozusagen als *‚Fluss mit Biegungen' lässt sich zum einen überzeugend mit dem mäandernden Flusslauf motivieren (anders als eine mit Schwierigkeiten behaftete alternative Herleitung aus einem aktiven Perfektpartizip zu einer nicht ganz sicher rekonstruierbaren idg. Wurzel, ▶ Kap. C.3.3) und gibt zum anderen einen kaum widerlegbaren Hinweis auf eine Vertretung der idg. Palatale als velare Verschlusslaute im Illyrischen, was in traditioneller Diktion auch als Kentum-Vertretung bezeichnet werden kann. Die für den PN m. Γενθιος /Genthios/, *Gentius* in der Literatur (siehe de Simone 1999 und de Simone 2018, 1870) vertretene etymologische Herleitung von der idg. Wurzel *$\hat{g}enh_1$- ‚erzeugen' (vgl. LIV², 163–165, NIL, 139–153) wäre an sich ein weiterer Hinweis in diese Richtung, doch kann bei diesem Personennamen nicht ausgeschlossen werden, dass er vielleicht keltischer Herkunft ist und ihm deshalb keine Aussagekraft zukommt. All jene Belege, die als Beweis für den Satem-Charakter des Illyrischen in der Literatur geführt werden, müssen dann alternativ erklärt werden. So wird etwa der Ortsname *Birziminium* (beim heutigen Podgorica, Montenegro, gelegen) als eine Ableitung von der idg. Wurzel *$b^her\hat{g}^h$- ‚hoch werden, sich erheben' (siehe LIV², 78–79, LIN, 30–34) erklärt (siehe z. B. Mayer 1959, 24–25), wofür auch die slawische Namensform Podgorica (eine Ableitung von slaw. *gora* ‚(Berg)wald') ins Feld geführt wird, quasi als slawische ‚Übersetzung' des antiken Namens. Jedoch ist eine slawische ‚Namensübersetzung' des antiken Toponoyms keineswegs gesichert und als Alternative ergibt sich auch die Herleitung vom idg. Birkenwort wie es Anreiter 2001, 32 vorschlägt (siehe weitere Herleitungsdetails dort), der als Grundwort *$berz\bar{a}$- < *$b^herH\hat{g}$-iah_2- (entsprechend althochdt. *birka*, siehe Lloyd u. a. 1998, 98–100) rekonstruiert. Auch dem Namenselement *bard*-, das im Personennamen m. Βάρδυλις /Bárdylis/, *Bardulis*, *Bardus* und wohl auch im Kompositum Σκενόβαρδος /Skenóbardos/ vorliegen wird, muss dann eine illyr. Grundform *bard*- zu Grunde liegen. Die Herleitung von der idg. Wurzel *$b^hreh_1\hat{g}$- ‚erstrahlen, erglänzen' (LIV², 92), wie in der Literatur vorgeschlagen (vgl. Mayer 1959, 19, Eichner 2004, 108, unter Verbindung mit alban. *(i) bardhë* ‚weiß' < *$b^hor(h_1)\hat{g}o$-, siehe Schumacher/Matzinger 2013, 238), trifft dann nicht das Richtige (es wäre sodann nämlich eine Graphie **βαρζ-/*barz*- zu erwarten; eine etymologische

C.5 Die sprachliche Stellung des Illyrischen und die Crux der Etymologie 159

Verbindung mit latein. *barba*, althochdt. *bart* usw. ‚Bart', ist auf Grund der latein. Namensform *Scenobarbus*, ▶ Kap. C.8, Nr. (5), nicht abwegig, vgl. auch Katičić 1976, 174, wenngleich noch zu prüfen ist, ob auch illyr. **bard-* aus idg. **b(^{h})arsd^h-* ‚Bart', siehe Hock 2015, 97, hergeleitet werden kann). Es ist so jeweils im Einzelfall zu ermitteln, ob die vorgeschlagenen Satem-Etymologien für das Illyrische auch alternative Herleitungen zulassen. In diesem Zusammenhang ist in Ergänzung noch anzumerken, dass auch in einigen Satem-Sprachen (darunter etwa im Albanischen, siehe Schumacher/Matzinger 2013, 237) die idg. sogenannten palatalen Verschlusslaute in Kontaktstellung mit den Resonanten *l* und *r* die velare Vertretung zeigen. Eine ähnliche Erscheinung könnte theoretisch auch für das Illyrische überlegt werden (schon in älterer Literatur bei Mayer 1959, 180–182, angedacht, der hier von einer Entpalatalisierung spricht). Ein Fall einer solchen velaren Vertretung könnte in dem Personennamen m. *Vescleves*$^{(?)}$ vorliegen, für den die Vorform idg. **h$_1$ues(u)-k̂leues-* ‚guten Ruhm habend' rekonstruiert wurde (siehe NIL, 426). Jedoch entstammt dieser PN vielmehr dem liburnischen Namengebiet. Aus der eigentlichen illyrischen Anthroponymie könnte aber vielleicht der Personenname m. Κλεβετος /Klevetos/, f. Κλεβετα /Kleveta/ in Betracht gezogen werden, falls im Grundwort eine ererbte Fortsetzung von idg. **k̂leuos/es-* ‚Ruhm' vorliegt (▶ Kap. C.8, Nr. (10)), was aber nicht gesichert ist, da dieser Name auch griechischer Herkunft sein kann. Abschließend kann zur Thematik festgehalten werden, dass zumindest die Evidenz des Flussnamens Γενουσός/*Genusus* klar für die sogenannte Kentum-Entwicklung des Illyrischen spricht, wenngleich die Möglichkeit zu bedenken ist, dass das Illyrische theoretisch auch eine jener idg. Sprachen sein könnte, in der die drei Artikulationsarten der Verschlusslaute ursprünglich getrennt erhalten geblieben waren. Für die Zuordnung zu den Kentum-Sprachen könnte vielleicht auch noch das Oronym *Bora* (siehe Belege in Mayer 1957, 93) sprechen, wenn die etymologische Verbindung mit altind. *girí-*, slaw. *gora* ‚Berg' und alban. *gur* ‚Stein' (siehe Hock 2015, 332–333) zutrifft (so Krahe 1940, der hier den Beweis sieht, dass „*das Albanesische (gur!) nicht die organische Fortsetzung des Illyrischen (bora!) ist*" und Neumann 1979, 1370; es müsste aber Langvokal ***g^{u}ōrā-* angesetzt werden, da kurzes idg **ó* zu illyr. *á* wird, vgl. oben). Welche Annahme auch immer zutreffen wird, in der Frage nach der sprachlichen Positionierung des Illyrischen kommt der Frage nach der Zuordnung zu den Kentum- oder Satem-Sprachen jedenfalls kein entscheidendes Gewicht zu, oder wie schon Tischler 1990, 94 dazu festhält:

> „Die Bedeutung dieser Isoglosse soll hier in keiner Weise in Frage gestellt werden; andererseits ist sie für sich allein genommen für die genealogische Klassifizierung der indogermanischen Einzelsprachen sicherlich nicht ausschlaggebend"

C.5.5 Das Illyrische innerhalb der Indogermania

Die eben skizzierten Entwicklungen einiger idg. Phoneme im Illyrischen, die zwar auf wenigen, jedoch morphologisch sowie semantisch plausiblen Etymologien bzw. Rekonstruktionen beruhen, dürften das Illyrische in die Nähe des Pannonischen und des für den Ostalpenraum rekonstruierten Indogermanischen rücken, das von Anreiter 2001, 10 terminologisch als ‚Ostalpenblock' (weitere Details a. a. O.) bezeichnet wird. Da die für das illyrische Belegmaterial eruierbaren Lautentwicklungen offensichtlich mit jenen des Pannonischen und des Ostalpenblocks kongruieren, kommt Anreiter 2001, 15, in dessen Recherchefokus jedoch das Pannonische steht, zu folgendem Schluss:

> „Das Pannonische stand nicht nur mit dem OAB [Anm: Ostalpenblock], sondern auch mit den Sprachen bzw. Dialekten verschiedener Ethnien Liburniens, Dalmatiens, Illyriens, Moesiens und anderer Regionen der Balkanhalbinsel in engerem verwandtschaftlichen Verhältnis."

Besonderes Gewicht kommt dieser Hypothese vor allem durch die Entwicklung der idg. silbischen Resonanten ($*\mathring{R}$) zu, die in diesen sprachlichen Entitäten durchgehend den Stützvokal /u/ ausgebildet haben, was als Herausstellungsmerkmal und zugleich auch Abgrenzung zu anderen sprachlichen Entitäten im Umkreis (Keltisch, italische Sprachen, Griechisch) gelten kann. Es kann daher bezüglich der sprachlichen Stellung des Illyrischen die vorsichtige Vermutung ausgesprochen werden, dass es sich in einem vorhistorischen Prozess aus dem Indogermanischen herausgebildet hat, das vom Ostalpenraum bis in den Westbalkan reichte und sich dabei entwicklungsgeschichtlich von jenem Indogermanischen unterscheidet, das einerseits die Grundlage des Griechischen wurde und andererseits die Grundlage des Thrakischen und dazugehöriger Idiome im Osten des Balkans bildet. Speziell die Entwicklung der idg. silbischen Resonanten ($*\mathring{R}$) zu illyr. *ul, ur, um, un* ist ganz ein entscheidender Hinweis darauf, dass das Albanische keine moderne Fortsetzung des antiken Illyrischen ist, worüber im Kapitel 17 in den Details gehandelt wird.

C.5.6 Messapisch und Illyrisch

Es ist zum Abschluss dieses Abschnitts notwendig, auf die Hypothese des Illyrischen auch in Italien zu sprechen zu kommen. Es geht hier um die Annahme, dass die in Süditalien, konkret in der heutigen italienischen Region Apulien, die in der römischen Adminstration als *Regio II Apulia et Calabria* benannt war, in ca. 600 epichorischen Inschriften zwischen dem 6. und dem Ende des 2. vorchristlichen Jhs. dokumentierte messapische Sprache ein Ableger bzw. wie mitunter behauptet, ein Dialekt des Illyrischen sei. Eine fremde, d. h. nichtitalische Herkunft der Messapier galt schon in der Antike als sicher, wobei hier entweder eine mythische Abstammung aus Kreta oder aber auch eine Herkunft aus Illyrien angenommen wurde (siehe z. B. Lombardo 2014, 40-41). Aus linguistischer Perspektive ist jedenfalls sicher, dass das Messapische keine italische Sprache ist und deshalb auch in keinem Verhältnis zu den sabellischen Varietäten oder dem Latino-Faliskischen steht (siehe Matzinger 2019, 19-21; zu den italischen Sprachen und ihrer Klassifikation vgl. Weiss 2020, 15-17). Soweit das messapische Sprachmaterial eine diachrone Analyse gestattet, die sich im Übrigen weitaus erfolgreicher durchführen lässt als im Fall des Illyrischen, zeigt sich, dass die Vorstufe des Messapischen die drei idg. Artikualtionsarten bei den Verschlusslauten wohl getrennt erhalten haben dürfte (siehe Matzinger 2019, 20). Auch wenn im Messapischen so wie im Illyrischen die idg. *Mediae aspiratae* deaspiriert wurden und idg. *ō zu messap. /a/ gewandelt wurde, so liegt doch bei den idg. silbischen Resonanten die Entwicklung des Sprossvokals /a/ vor, zumindest bei den Nasalen wofür die präteritale Verbalform 3. Person Plural *stahan* ‚haben hingestellt, errichtet' (siehe Matzinger 1091, 80) bürgt, deren Endung *-an* aus der idg. aktiven Sekundärendung *-ṇt (siehe Fortson 2010, 93) herleitbar ist. Diese Entwicklung steht schließlich in einem Gegensatz zur hier angenommenen Entwicklung im Illyrischen, die damit rechnet, dass in dieser Sprache ein Stützvokal /u/ eingetreten ist (siehe oben). Damit, aber auch schon auf Grund der Tatsache, dass die Vergleichsbasis des Illyrischen so überaus eingeschränkt ist, ist die Behauptung, wonach das Messapische mit den Illyrischen verwandt bzw. ein illyrischer Dialekt sei, abzulehnen (siehe auch Matzinger 2019, 20). Es bleibt festzuhalten, dass das Messapische zwar eine idg. Sprache balkanischer Herkunft ist, dass seine sprachliche Entwicklung und Ausprägung aber unabhängig von seiner Herkunft (aus dem Balkanraum) im vorgeschichtlichen Süditalien erfolgt ist.

C.6   *Das Nachleben des Illyrischen, Mythen und Fakten*

Eine geläufige Hypothese in populärer wie auch in wissenschaftlicher Literatur nimmt an, dass das Albanische eine moderne Fortsetzung der antiken illyrischen Sprache sein soll. Diese Hypothese stützt sich unter anderen (etwa archäologischen) Argumenten darauf, dass in einem großen Teil des antiken illyrischen Raums (Mittel- und Nordalbanien, südliche Teile von Montenegro, Kosovo/Kosova) die albanische Sprache gesprochen wird. Aus diesem Umstand wird nicht nur eine sprachliche, sondern auch eine gleichsam lineare ethnische Kontinuität, d. h. Autochthonie abgeleitet, indem die in diesen Raum einwohnenden Albaner, deren Anwesenheit in diesen Räumen erstmalig in byzantinischen Quellen aus dem 11. Jh. n. Chr. dokumentierbar ist (Ἀρβανῖται /Arvanítai/ bzw. Ἀλβανοί /Albanoí/ genannt, siehe Schmitt 2012, 23), als Nachfahren der antiken

Illyrer betrachtet werden. Wie am Ende von Kapitel 13 dargelegt wurde, kommt dieser Kontinuitätshypothese, die unter ganz spezifischen geopolitisch-historischen Gegebenheiten des 19. Jhs. im Rahmen der albanischen Nationalbewegung *Rilindja* ausgebaut wurde, in Albanien und in den albanischsprachigen Gebieten des Balkans eine identitätsstiftende Funktion zu. Auf Grund einer durchdringenden Propagierung besonders zur Zeit der kommunistischen Herrschaft in Albanien (1944–1991) ist die Hypothese von der illyrischen Herkunft der Albaner zu einem gesellschaftlichen Gedankengut geworden, das immer noch wirkmächtig ist, wenn es etwa im dritten Band des albanischen enzyklopädischen Wörterbuchs von 2009 auf Seite 2547 explizit heißt:

> „Shqiptarët flasin gjuhën shqipe. [...] Prejardhja e saj është nga ilirishtja, si vijim i pandërprerë i dialekteve ilire që janë folur në këtë trevë të Ballkanit P deri në shekujt e parë të e.r." ‚Die Albaner sprechen die albanische Sprache. [...] Ihre Herkunft hat sie vom Illyrischen, als ununterbrochene Fortführung der illyrischen Dialekte, die in dieser Gegend des Westbalkans bis in die ersten Jahrhunderte unserer Zeitrechnung gesprochen wurden'.

Dem Konstrukt einer linearen illyrisch-albanischen Kontinuität bzw. albanischen Autochthonie wurde aber auch schon früh von der Wissenschaft widersprochen und die Hypothese aufgestellt, wonach das Albanische vielmehr als Fortsetzung des antiken Thrakischen zu werten sei und die Albaner daher aus dem Ostbalkan in ihre historischen Siedlungsgebiete zugewandert seien. Als Kompromiss aus beiden Hypothesen kam schließlich noch eine gleichsam vermittelnde Hypothese auf, wonach das Albanische eine ‚Mischsprache' sein soll, die sich aus illyrischen wie auch thrakischen Elementen zusammensetzt (zur Hypothesenbildung und zur Forschungsgeschichte siehe Schramm 1999, 21–43 und Matzinger 2009, 13–18).

Um in dieser Frage Antworten zu finden, müssen schließlich einige Punkte in Betracht gezogen werden:

• Das Illyrische ist eine in der Antike belegte Sprache, während die schriftliche Dokumentation des Albanischen von Einzelwortbelegen abgesehen erst in der zweiten Hälfte des 16. nachchristlichen Jhs. einsetzt. Das Albanische ist somit eine neuzeitliche Sprache. Zwischen beiden Überlieferungen liegen, ohne dass hier für den antiken bzw. nachantiken Horizont eine Präzisierung möglich ist, mehr als 1000 dokumentationslose Jahre.

• Die Dokumentation der beiden sprachlichen Entitäten ist ungleichgewichtig. Während das Albanische eine umfassend dokumentierte Sprache ist, deren grammatisches System vollständig bekannt ist, handelt es sich beim Illyrischen um eine überaus defektiv bezeugte Sprache (Rest- bzw. Trümmersprache, ▶ Kap. C.4), deren Belegmaterial sich ausschließlich aus onomastischer Dokumentation zusammensetzt.

Die Beschränkung der Dokumentation des Illyrischen auf die Daten der Onomastik lässt jede Kenntnis des grammatischen Systems dieser antiken Sprache

C.6 Das Nachleben des Illyrischen, Mythen und Fakten 163

vollständig vermissen, die für den Sprachvergleich nötig und letztlich entscheidend wäre. Auch das Fehlen von appellativischen Wortschatzbelegen des Illyrischen erweist sich als extrem hinderlich für Vergleiche, da gerade die Onomastik als Teilbereich des Lexikons Spezifika aufweist (▶ Kap. C.4), die nicht unbesehen auf die verbleibenden Sprachebenen umgelegt oder gar verallgemeinert werden können.

- Dass die Hypothese einer illyrischen Herkunft des Albanischen bis heute weitgehenden Bestand hat, ist letztlich nur dadurch verständlich, dass sie auf dem völlig veralteten panillyrischen Konzept (▶ Kap. C.1 u. C.2) beruht, das heterogene Belege aus der Onomastik des Westbalkans und sogar darüber hinaus unter einem methodisch bedenklichen Illyrerbegriff vereint. Wie in den vorangehenden Abschnitten dagegen dargelegt wurde, ist der eigentliche illyrische Raum geographisch nur auf einen Teilbereich des Westbalkans begrenzt und onomastische Belege nur aus diesem Raum dürfen zu Recht als illyrische Dokumentation gefasst werden. Hierbei ergibt sich aber das Problem, dass in der Anthroponymie eine Reihe von Namen sicherlich oder vermutlich als Fremdnamen zu werten sind, so dass sich der onomastisch-lexikalische Belegbestand des eigentlichen Illyrischen weiter reduziert. Davon abgesehen ist gerade im Bereich der Anthroponymie auch darauf hinzuweisen, dass, wie in Kapitel 19 ausgeführt wird, gerade die sogenannten ‚illyrische' Anthroponymie des modernen Albanischen keine Fortsetzung der antiken Namengebung, sondern eine erst neuzeitliche Wiederbelebung von heterogenem antiken Namengut darstellt. Aus diesem Grund kann die antike illyrische Anthroponymie nichts zur Frage der Abstammung des Albanischen beitragen.

- Da die Anthroponymie für einen illyrisch-albanischen Sprachvergleich ausscheidet, ist daher die Toponymie auf ihren Aussagewert in dieser Fragestellung zu überprüfen. In der Tat wurden im Konstrukt der Kontinuitätshypothese auch die antiken Siedlungs- und Flussnamen des illyrischen Raums als gewichtige Evidenz für eine illyrisch-albanische Sprachentwicklung gewertet, da nach dieser Hypothese die albanischen Namensformen lautgesetzlich aus den antiken Belegen entwickelt sein sollen, was z. B. eine albanische Namensform *Shkodra* nahelegen soll, die antikes Σκόδρα/*Scodra* (/ˈskodrā/) fortsetzt, die sich mit der typisch albanischen Lautentwicklung /ʃk/ (graphisch *shk*) aus /sk/ von der slawischen Fortsetzung *Skadar* (vgl. etwa Schramm 1981, 362, Klotz 2013, 102) deutlich abhebt.

Tatsächlich kann die Lautgeschichte der antiken Toponyme im Albanischen hier entscheidende Hinweise geben. Denn es ist nicht zu bestreiten, dass albanische Namensformen wie *Shkodra*, *Lezha* oder *Durrësi* für antikes Σκόδρα /Skódra/, *Scodra*, Λισσός /Lissós/, *Lissus* und Δυρράχιον /Dyrrhákhion/, *Dyrrhachium* typisch albanische Lautentwicklungen zeigen. Jedoch hat auch in diesen Fällen schon eine kritische Analyse darauf hingewiesen, dass die Lautentwicklungen, die von den antiken zu den albanischen Namensformen geführt haben, zwar in der Tat albanisch sind, jedoch innerhalb der Chronologie der albanischen Lautentwicklungen gerade nicht zu den chronologisch ältesten phonologischen Veränderungen gehören (siehe schon die Argumente bei Weigand 1927, 238–241). Die Vorgeschichte des Albanischen, das erst in der zweiten Hälfte des 16. nachchristlichen Jhs. in Textzeugnissen dokumentiert ist, kann nämlich in zwei distinktive Phasen gegliedert werden, die jeweils durch ganz spezifische Lautveränderungen gekennzeichnet sind (das Folgende nach Schumacher/Matzinger 2013, 206–207):

(a) das Voruralbanische als die Phase, in der sich die Vorstufe des Albanischen aus dem Indogermanischen herausgebildet hat. In dieser ersten Phase haben grundlegende Lautentwicklungen stattgefunden wie z. B. der Wandel des idg. *ó > alban. á oder auch die Veränderung der Lautverbindung *sk, die alban. h ergibt (siehe zu möglichen Zwischenstufen Schumacher/Matzinger 2013, 243);

(b) das Späturalbanische als die zweite Phase, in der die Vorstufe des Albanischen in intensivem Sprachkontakt mit dem Lateinischen stand, aus dem eine Vielzahl von lateinischen Lehnwörtern (inklusive Namenmaterial) ins Albanische übernommen wurde. Diese zweite Phase wird frühestens im 2. vorchristlichen Jh. eingesetzt haben, wahrscheinlich jedoch eher erst ab der Zeitenwende. In dieser Phase erfolgen wieder ganz typische Lautveränderungen, die sowohl die aus dem Indogermanischen ererbten, albanischen Erbwörter als auch die lateinischen Lehnwörter betreffen. Denn die lateinischen Lehnwörter werden der späturalbanischen Phonologie angepasst, indem z. B. latein. ó durch ein im Späturalbanischen erst sekundär entstandenes *ó (> alban. ó) substituiert und die Lautverbindung latein. sc /sk/ durch späturalban. *ʃk (> alban. shk /ʃk/) wiedergegeben wird (eine Veränderung dieser lateinischen Laute zu alban. á bzw. zu h erfolgte nicht mehr, da diese Lautwandel der voruralbanischen Phase beim Beginn des Sprachkontakts mit dem Lateinischen bereits seit geraumer Zeit abgeschlossen und daher nicht mehr aktiv waren).

Eine Analyse der albanischen Fortsetzungen der antiken Toponyme unter Beachtung der chronologisch klar zu scheidenden Lautveränderungen in der Vorgeschichte des Albanischen bestätigt die oben getätigte Aussage, wonach die albanischen Namensformen chronologisch einer späteren Entwicklungsphase des Albanischen zuzurechnen sind, wie es deutlich beim ON Σκόδρα/*Scodra* zu erkennen ist. Die antike Namensform /'skodrā/ lautet im Albanischen *Shkodra* /'ʃkodra/ (bzw. *Shkodër*; die Form *Shkodra* ist die mit dem postponierten definiten Artikel -a für Feminina versehene Namensform, die nicht mit der antiken Endung auf °a /°ā/ identisch ist!) und belegt jene Substitutionen, wie sie gerade bei den lateinischen Lehnwörtern eintreten. Wäre dieser Ortsname schon in der ersten voruralbanischen Phase, d. h. vor dem Sprachkontakt mit dem Lateinischen bekannt gewesen, so hätte er nach den Lautwandeln dieser ersten Phase verändert werden müssen (es wäre lautgesetzlich eine alban. Namensform **Hádër zu erwarten).

C.6 Das Nachleben des Illyrischen, Mythen und Fakten

Diese elementare Erkenntnis gilt aber nicht nur für den ON *Shkodra*, sondern auch für die restliche antike Toponymie (Orts- und Flussnamen) und ihre Erscheinungsformen im Albanischen wie u. a. in Matzinger 2009, 22–27 und Matzinger 2012 a dargestellt wurde. Wenn aber die antiken Toponyme des illyrischen Raums in der albanischen Sprache nicht ererbt sind, sondern erst seit der Zeit der Sprachkontakte mit dem Lateinischen ihren Weg ins Albanische gefunden haben, dann ergibt sich daraus ein schwerwiegender Einwand gegen die Annahme einer linearen Entwicklung des Albanischen aus dem antiken Illyrischen, so wie auch gegen die Annahme einer Autochthonie der Albaner im illyrischen Raum. Damit wird die schon von Weigand 1927 wie auch anderswo ausgesprochene Annahme einer Zuwanderung der Albaner in ihre historischen Siedlungsgebiete auf dem Westbalkan entschieden nahegelegt. Woher diese letztlich erfolgte und unter welchen Umständen sie zu welchem antiken, bzw. wohl eher spät bzw. nachantiken Zeitpunkt stattfand, ist eine Frage, die hier nicht weiterverfolgt werden muss (siehe Überlegungen dazu in Matzinger 2009, 29–31).

Die mit der Admigration der Albaner in ihre historischen Siedlungsgebiete fast automatisch verknüpfte Hypothese, wonach das Albanische sodann ostbalkanischer, d. h. thrakischer Herkunft sei (vgl. Weigand 1927 und Schramm 1999, 43–50, der sich darum bemüht, das schon bei Weigand ausgesprochene Konstrukt einer vermeintlich bessischen Herkunft der Albaner noch weiter auszugestalten; vgl. auch die allgemeine Darstellung bei Schmitt 2012, 37–44), ist auf Basis der historischen albanischen Lautgeschichte jedoch abzulehnen, siehe die Ausführungen bei Matzinger 2012 b. Als die Vorfahren der Albaner jedenfalls ihre historischen Siedlungsgebiete erreichten, dürfte es zu einer gesellschaftlichen Formierung bzw. Neuformierung dieser Bevölkerungsgruppe gekommen sein, da unter historisch nicht mehr nachvollziehbaren Umständen das antike Ethnonym der Ἀλβανοί /Albanoí/ (vgl. dazu auch das bei Ptolemaios 3.13.23 genannte Ἀλβανόπολις /Albanópolis/, *Albanopolis*, ▶ Kap B.3.3) hierbei übernommen und zur Eigenbezeichnung jener Population geworden ist, die sich dann selbst ‚Albaner' nannte (altalban. im gegischen Dialekt *arbënë*, im toskischen Dialekt *arbërë*; siehe u. a. Matzinger 2009, 30–31, Schmitt 2012, 19–20; am Ende des 16. bzw. Anfang des 17. Jhs. n. Chr. erfolgte ein Wechsel bei der Eigenbezeichnung, da sich die Albaner im Mutterland seither selbst mit dem Begriff alban. *shqiptar* bezeichnen, während in der albanischen Diaspora das ältere Endonym erhalten geblieben ist, siehe Schmitt a. a. O., 20). In der Diskussion stehen nach wie vor die Etymologie des Grundelements **alb-* wie auch die Frage des l/r-Wechsels bei den Bezeichnungen Ἀλβανοί gegenüber altalban. *arbënë/arbërë* (siehe Schramm 1981, 190–193, Demiraj 2006, 173–175).

Zu diesem Befund der Toponyme, die im Rahmen der albanischen Sprachgeschichte chronologisch jüngere Lautentwicklungen zeigen, die im Einklang mit den Veränderungen stehen, die erst nach der Übernahme der lateinischen

Lehnwörter stattgefunden haben, stellt sich auch ein Spezifikum der historischen illyrischen Lautgeschichte, das in Kapitel 16 vorgestellt wurde. Dabei handelt es sich um die Entwicklung der idg. silbischen Resonanten (*R̥), die zu illyr. *ul, ur, um, un* gewandelt wurden (vgl. die etymologische Herleitung der ON *Diluntum* und *Petuntium*). Im Albanischen erfolgte dagegen eine ganz andere Lautentwandlung, da idg. *r̥ und *l̥ alban. *ri, li* und *n̥ und *m̥ alban. *a* ergeben haben (siehe ausführlich Schumacher/Matzinger 2013, 229–230). Diese Entwicklungen sind ein evidenter Hinweis darauf, dass hier zwei verschiedene Sprachen vorliegen. Wie schon in Kapitel 16. gezeigt wurde, zeigt auch das antike Messapische zumindest die Entwicklung von idg. *n̥ zu messap. *an*, so dass auch in diesem Fall keine Übereinstimmung mit dem antiken Illyrischen gegeben ist.

Damit ergeben sich gewichtige Argumente, dass die Hypothese der Herkunft des Albanischen aus dem antiken Illyrischen nicht zutrifft und deshalb auch nicht weiter vertreten werden sollte. Dabei ist zu beachten, dass sich diese Feststellung auf das sprachliche Material bezieht, über Komponenten der Kultur, Lebensformen und Identitätsvorstellung kann sie keine Auskunft geben und schließt daher nicht aus, dass es bei einer nachantiken Admigration der Albaner in den illyrischen Raum zu einer Integration illyrischer Bevölkerungsteile, die aber wohl schon romanisiert, zumindest aber weitgehend lateinischsprachig gewesen sein werden, bei gleichzeitigem Sprachwechsel zum Albanischen gekommen sein könnte.

Die defektive Bezeugung der altbalkanischen Sprachen, und hierbei besonders des Illyrischen, erschwert letzten Endes exakte Erkenntnisse über sprachverwandtschaftliche Beziehungen dieser Sprachen, jedoch kann hier die Hypothese zur Diskussion gestellt werden, dass es sich beim Illyrischen und Albanischen um zwei eigenständige altbalkanische Sprachen indogermanischer Abstammung handelt. Diese müssen nicht zwingend in einem Verwandtschafts- oder gar Deszendenzverhältnis stehen. Dass es bisweilen zu lexikalischen und morphologischen Ähnlichkeiten oder aber Übereinstimmungen kommt, könnte seine Erklärung auch in vorhistorischen Sprachkontakten dieser Sprachen in Südosteuropa finden, an denen auch die Vorstufe des historisch in Süditalien bezeugten Messapischen beteiligt war. Tatsächlich wird für eine Reihe von idg. Einzelsprachen bzw. deren jeweiligen vorhistorischen Vorstufen (Albanisch, Armenisch, Phrygisch sowie mit partieller Beteiligung auch das Griechische) vermutet, dass diese in vorgeschichtlicher Zeit in einer arealen Sprachkontaktsituation gestanden haben könnten, was spezifische phonologische und morphologische Gemeinsamkeiten dieser sonst in keinem Deszendenzverhältnis stehenden idg. Einzelsprachen begreiflich machen würde. Die Forschung zu diesem Kontaktareal, das als ‚Balkanindogermanisch' bezeichnet wird (siehe u. a. Hajnal 2004, 135–142, Sowa 2005, Fortson 2010, 383, Matzinger 2012 c), ist aber noch im Verlauf. Ob auch das Illyrische an diesem Sprachkontaktareal beteiligt gewesen sein könnte, ist zwar durchaus vorstellbar, muss aber ohne ausreichendes, aussagekräftiges sprachliches Belegmaterial nur eine Spekulation bleiben.

Für das Illyrische selbst, das nach dem hier gegebenen Befund nicht im modernen Albanischen fortgesetzt sein kann, kann schließlich im Hinblick auf seine Sprachgeschichte festgestellt werden, dass es wie andere lokale Sprachen auf dem Balkan, vom Griechischen sowie der Vorstufe des Albanischen abgesehen, allmählich aufgegeben wurde. Die Sprecher des Illyrischen werden nach der territorialen Eingliederung des illyrischen Raums unter die römische Herrschaftsstruktur wohl nach einer gewissen Phase eines Bilingualismus den Sprachwechsel zum Lateinischen vollzogen haben, wie er auch in anderen Gebieten der antiken Welt zu beobachten ist, wo der römischen Herrschaft im Verlauf der Zeit der Wechsel zum Lateinischen folgte (so vgl. etwa Italien, wo mit dem Ausgreifen Roms die lokalen italischen Sprachen aber auch das Etruskische aufgegeben wurde oder Gallien, wo die keltischen Varietäten dem Lateinischen wichen; siehe hier z. B. Budinszky 1881 und Adams 2004). Unter welchen Umständen dieser Sprachwechsel vom Illyrischen zum Lateinischen erfolgt ist, für wie lange Zeit eine zweisprachige Phase anzunehmen ist und wie lange Zeit unter Umständen auch noch Reste des Illyrischen in nachantiker Zeit erhalten geblieben sein könnten, kann aus Mangel an Daten nicht festgestellt werden.

C.7 Kurze Zusammenfassung

Die vorangehenden Kapitel haben den Versuch unternommen, die nur defektiv überlieferte altbalkanische Sprache Illyrisch zu präsentieren. Dabei wurde aufgezeigt, dass das bisweilen noch heute nachwirkende Konzept des Panillyrischen, wonach Sprachmaterial des gesamten Westbalkans und darüber hinaus als Illyrisch zu verstehen ist, methodisch verfehlt und daher abzulehnen ist. Vielmehr haben akribische Studien der Personennamengebung des Westbalkans deutlich gemacht, dass in diesem Raum mehrere, im Hinblick auf ihre Systematik unterschiedliche Personennamengebiete vorliegen. Von den drei großen Personennamengebieten, und zwar dem nordadriatisch-liburnischen Namengebiet (Istrien und südlich davon), dem mitteldalmatisch-pannonischen im Raum Dalmatiens mit seinem Hinterland sowie in Pannonien und dem südostdalmatisch-illyrischen Namengebiet, das sich vom südlichen Dalmatien (hinter Split) über die Herzegowina und Montenegro bis nach Mittelalbanien erstreckt, kann nur das letzte mit den Illyrern in Verbindung gebracht werden. Es ist dies der Raum, der nach den ältesten griechischen Berichten von den Bevölkerungsteilen (griech. γένη /génē/) eingenommen wurde, die als Illyrer bezeichnet wurden. Es kann deshalb die Hypothese aufgestellt werden, dass in diesem Raum, und nur in diesem Raum jene altbalkanische Sprache verbreitet war, die in moderner Namengebung Illyrisch genannt wird. Ihren Niederschlag findet sie in der lokalen

Personennamengebung dieses Raums, die als illyrische Anthroponymie bezeichnet werden kann. Zu erinnern ist hier erneut daran, dass davon die Anthroponymie des illyrischen Raums zu scheiden ist, die neben den lokalen Personennamen auch die griechischen, keltischen, lateinischen Personennamen, d. h die Fremd- und Modenamen umfasst. Eine akribische Analyse der illyrischen Anthroponymie führt aber zur Erkenntnis, dass eine Reihe von als typisch illyrisch geltenden Personennamen nicht mit der letzten Gewissheit als illyrische Personennamen zu erweisen sind (etwa Γενθιος/*Gentius*, Επικαδος/*Epicadus*, Τευταια/*Teuta*), so dass sich das illyrische Belegmaterial quantitativ noch weiter reduziert. Da das Illyrische keine epichorischen Inschriften hinterlassen hat, die wenigen Glossen durch ihre unsichere Überlieferung keine Erkenntnisse gestatten und letztlich auch die Toponymie des illyrischen Raums weitgehend unspezifisch ist, verbleiben von der antiken illyrischen Sprache somit nur jene lokalen Personennamen, die keinen Anschluss an Sprachmaterial außerhalb des illyrischen Raums erkennen lassen. Sie sind so das letzte Zeugnis einer antiken indogermanischen Rest- bzw. Trümmersprache, die daher in der Tat eine ‚unbekannte Sprache' (so Eichner 2004) bleiben muss.

C.8 *Analyse der Anthroponyme des illyrischen Raums*

(1) *Ab*-: Nur epigraphisch belegt. Siehe Toçi 1986, 127, Ceka 1987, 92–93, de Simone 1993, 51, Cabanes/ Drini 1995, 82–83, OPEL 1, 15, LGPN 3 A, 1, Cabanes u. a. 2016, 266–267. Formen eines Personennamens f./m. *Aba*°, Αβα°, der strukturell ein Lallname ist, sind weiträumig belegt (u. a. in Kleinasien, siehe Zgusta 1964, 43, sowie auch im Nahen Osten) und deshalb nicht aussagekräftig. Der Personenname ist schließlich auch in der Anthroponymie des illyrischen Raums belegt, wo auch eine Ableitung mit dem lokalen Suffix* -*aio/ā*- zu finden ist, das in der lokalen Namengebung Verwendung findet (siehe zum Suffix Krahe 1929, 150 und de Simone 1993, 42).

(2) *Amm*-: Nur epigraphisch belegt. Siehe Krahe 1929, 4, Mayer 1957, 42, Papazoglu 1978, 226, Mirdita 1981, 82, de Simone 1993, 51, Cabanes/Drini 1995, 87, 135, Cabanes/Ceka 1997, 18–19, OPEL 1, 48, Cabanes u. a. 2007, 79–81 und passim, LGPN 3 A, 33, LGPN 4, 20–21, Cabanes u. a. 2016, 152–153, 282, Proeva 2017, 83–84. Formen eines Personennamens f. Αμ(μ)α/*Am(m)a* sind weiträumig belegt (zahlreiche Belege etwa in Kleinasien, siehe Zgusta 1964, 59–62) und daher nicht

---

* Hier und im Folgenden werden mit dem Begriff ‚lokale Suffixe' jene Suffixe bezeichnet, die in der Personennamengebung des illyrischen Raums als charakteristische Ableitungsmittel erscheinen (siehe zur Begriffsdefinition auch am Ende dieses Abschnitts).

C.8 Analyse der Anthroponyme des illyrischen Raums 169

aussagekräftig. Der Personenname ist auch in der Anthroponymie des illyrischen Raums zu finden, wo Ableitungen mit den lokalen Suffixen -*iko/ā*- und -*īno/ā*- (siehe Krahe 1929, 145–146, 148–149, de Simone 1993, 44) vorliegen wie auch mit einem Suffix -*ilā*-, das de Simone 1993, 42 eher als griechisches Suffix identifizieren möchte (vgl. das Diminutivsuffix -ιλλα/-ος /-illa/-os/ der griech. Personennamengebung). Vor allem der Personenname f. Αμμια /Ammia/ hat eine weitreichende Verbreitung (z. B. in Kleinasien, siehe dazu Zgusta 1964, 59–62). Nach Alföldy 1969, 147 (mit weiteren Literaturhinweisen) könnte hierin auch ein hebräischer Name vorliegen.

(3) Ανδηνα: Nur epigraphischer Beleg (einmal auch in Dakien belegt). Siehe Krahe 1929, 5, Mayer 1957, 43, Katičić 1962 b, 261–262, de Simone 1977, 210–211, Cabanes/Drini 1995, 87–88, LGPN 3 A, 37. Der Name ist mit dem lokalen Suffix -*ĕnā*- gebildet (siehe de Simone 1993, 44). Der Personenname wird wohl nicht von dem u. a. in Dardanien belegten Frauennamen *Andia* zu trennen sein (vgl. Katičić 1962 b, 261, de Simone 1977, 211, Mirdita 1981, 82) und dürfte letztlich etymologisch wohl auch mit dem japodischen PN m. *Andes* zusammenhängen. Nach de Simone 1977, 211 dürfte in den Ableitungen von einem Element *and*- mit hypokoristischen Bildungen (Kurznamen) zu einem ursprünglich komponierten, d. h. zweigliedrigen Personennamen zu rechnen sein (vgl. dazu die Bemerkungen unter Nr. (5)), wofür er auf die keltischen Personenamen mit dem Erstglied *Ande*- (siehe Delamarre 2007, 211) als Parallele verweist. Könnte das Grundelement *and*- der westbalkanischen Personennamengebiete vlt. sogar keltischer Herkunft sein?

(4) *Ann*-: Nur epigraphisch belegt. Siehe Krahe 1929, 6, Mayer 1957, 46, Katičić 1964 a, 39, Alföldy 1964, 88, Alföldy 1969, 58, 150, Katičić 1976, 179, Mirdita 1981, 82, de Simone 1993, 52, Cabanes/Drini 1995, 88–89, Cabanes/Ceka 1997, 73, OPEL 1, 55, LGPN 3 A, 42, Proeva 2017, 75–76. Formen eines Personennamens f. *An(n)a*/Αν(ν)α heterogener Herkunft (Lallname, bzw. aus der semitischen Personennamengebung) sind weiträumig belegt (z. B. in Kleinasien, siehe Zgusta 1964, 67–68) und deshalb nicht aussagekräftig. Der Personenname ist schließlich auch in der Anthroponymie des illyrischen Raums belegt, wo sich eine Ableitung mit dem lokalen Suffix -*aįo/ā*- zeigt (siehe zum Suffix Krahe 1929, 150, de Simone 1993, 42). Aber auch eine Bildung *Annula*, Αvv(o)υλα /Ann(o)ula/ ist belegt, bei der es sich trotz der Belege von *Annula* im antiken Hispanien (siehe Ehmig/Haensch 2012, 196) wohl um eine vom Namenselement f. *Ann*- mit lokalem Diminutivsuffix -*ulā*- abgeleitete Bildung (vgl. das Suffix -*uli*- beim maskulinen Personennamen Βάρδυλις /Bárdylis/, *Bardulis*) handeln dürfte (Zehnder 2009, 422 vermutet hier unmittelbar latein. *Annula* ‚Ännchen').

(5) *Bardylis*: Nur literarisch als illyrischer Königsname bezeugt. Siehe Krahe 1929, 16, Mayer 1957, 77, Katičić 1964 a, 39, Katičić 1962 b, 275, Alföldy 1969, 66, 162, Katičić 1976, 179, Cabanes 1988, 93–101, 143–144, Pająkowski 2000, 22–23, Šašel Kos 2005, 205, LGPN 3 A, 89. Der Personenname ist gewiss als *bard-uli*- zu

analysieren, d. h. als Bildung (Hypokoristikon) mit einem lokalen (?) Diminutivsuffix (vgl. hierfür etwa das Diminutivsuffix -υλ(λ)α/-ος /-ul(l)a/-os/ der griechischen Personennamengebung; siehe dazu Leumann 1953, 216–219) zum hypokoristischen Namenselement *bard-*, das aus einer komponierten Bildung, d. h. einem zweigliedrigen Vollnamen bezogen ist (siehe zum System der idg. Voll- und Kurznamen etwa Schmitt 1995, speziell zu den Kurznamen 424–425) und dessen Simplizum bzw. Kurzname als *Bardus* für einen Dalmaten belegt ist (siehe Alföldy 1969, 162). Der komponierte zweigliedrige Name dürfte sodann im dalmatischen PN m. Σκενόβαρδος /Skenóbardus/ vorliegen (belegt bei Cassius Dio 55.33.2; siehe Krahe 1929, 101 und Katičić 1962 b, 275, der hier jedoch vorsichtig bleibt), wofür in latein. Inschriften eine Form *Scenobarbus* erscheint (siehe Krahe 1933, 125–126). Überlegungen zur Etymologie des Grundelements illyr. *bard-* ▶ Kap. C.5.

(6) *Billena*: Nur epigraphisch belegt. Siehe de Simone 1977, 213–214, Toçi 1969, 174, de Simone 1993, 59, Anamali u. a. 2009, 85 und Ehmig/Haensch 2012, 304–305 (auch zu anderen Belegen außerhalb des illyrischen Raums). Der Name könnte angesichts der Form bixit = /vīxit/ derselben Inschrift als /Villĕna/ zu interpretieren sein (siehe auch de Simone 1977, 213). Falls aber doch /Billĕna/ zu lesen ist, so könnte vlt. auch an das Cognomen *Billienius, -a* (vor allem in Italien bezeugt) bzw. *Billianius* (Dalmatien) gedacht werden. Unklar bleibt, ob auch das selbst in Diskussion stehende Grundelement *Bil(l)i-* der gallischen Personennamengebung hierin vorliegen könnte. Ungeachtet seiner phonologischen Interpretation und Herkunft ist dieser Name mit dem lokalen Suffix *-ĕnā-* gebildet (siehe de Simone 1993, 44).

(7) Βιρκεννα: Literarisch als Tochter des illyrischen Königs Bardylis II bezeugt; ein epigraphischer Beleg aus Dazien (Potaissa: *Bricena*, siehe CIL 3, 917, https://edh-www.adw.uni-heidelberg.de/inschrift/suche?qs=bricena). Siehe Krahe 1929, 21–22, 24, Mayer 1957, 97, Cabanes 1988, 143, de Simone 1993, 54, OPEL 1, 128, Šašel Kos 2005, 258, LGPN 3 A, 91. Der Name ist mit dem lokalen Suffix *-ĕnā-* gebildet (de Simone 1993, 44), hinsichtlich des etymologisch unklaren Grundelements (vgl. auch Krahe 1929, 24) ist der Lautform Βρικ° /Brik°/ wegen des epigraphischen Belegs der Vorrang gegenüber der Folge Βιρκ° /Birk°/ zu geben (siehe schon Krahe 1929, 22).

(8) Καλ(λ)ας: Siehe Krahe 1929, 27, Mayer 1957, 176–177, Katičić 1964 a, 39, Katičić 1976, 179. Hierbei handelt es sich vielmehr um einen Namen, der literarisch wie auch epigraphisch in Makedonien bezeugt ist, siehe Hoffmann 1906, 196, LGPN 4, 181, Tataki 1998, 334–335. Der in der älteren Literatur gegebene Hinweis auf die (verschollene) Inschrift CIL 3, 3185 aus Dalmatien (aus unbekanntem Fundort) entfällt, da an dieser Stelle vielmehr die Wortform *Calas(icus)* zu lesen ist (siehe hier Alföldy 1969, 70 und https://edh-www.adw.uni-heidelberg.de/edh/inschrift/ HD061790). Der Name hat der illyrischen Personennamengebung daher fern zu bleiben.

C.8 Analyse der Anthroponyme des illyrischen Raums

(9) *Cilles*: Der Name ist epigrahisch und literarisch für Makedonien bezeugt. Siehe Hoffmann 1906, 195, 209, Krahe 1929, 30, Mayer 1957, 190, Katičić 1964 a, 39, Katičić 1976, 179, Tataki 1998, 340–341, LGPN 4, 191. Der Name hat der illyrischen Personennamengebung daher fern zu bleiben.

(10) *Clevatus*: Nur epigraphisch belegt. Siehe Krahe 1929, 31, Mayer 1957, 193, Katičić 1964 a, 39, Katičić 1976, 179, Masson 1993, 78, de Simone 1993, 59, OPEL 2, 64, Anamali u. a. 2009, 33–34, Ehmig/Haensch 2012, 37–38 und LGPN 3 A, 244. Die maskuline Namensform Κλεβετος /Klevetos/ ist in der Inschrift Nr. 355 (siehe Cabanes/Drini 1995, 128) Πλατωρ Κλεβετου χαιρε /Platōr Klevetou khaire/ belegt. Nach Masson a. a. O., speziell Seite 80 ist dieser Personenname als griechisch (= Κλεῖτος /Kleîtos/) zu fassen (vgl. auch Bechtel 1917, 238–248. Das ist möglich, vlt. sogar wahrscheinlich. Doch sollte nicht vergessen werden, dass in der liburnischen Anthroponymie der PN m. *Vescleves*[(?)] bezeugt ist, dessen Kompositionszweitglied vom idg. Begriff *$\hat{k}leuos/es$- ‚Ruhm, Ehre' abgeleitet ist (siehe NIL, 425–426). Vielleicht haben dieses Lexem, bzw. damit gebildete, ursprünglich komponierte Personennamen einmal auch in der altindogermanischen Sprache Illyrisch existiert. In diesem Fall könnten die PN m. Κλεβετος /Klevetos/, f. Κλεβετα /Kleveta/ (vlt. auch Κλεβεριος /Kleverios/?) als davon bezogene Kurznamen (Hypokoristika) aufgefasst werden, was Implikationen für die historische Phonologie des Illyrischen hätte (▶ Kap. C.5). Eine eindeutige Entscheidung dürfte hier wohl nicht zu fällen sein.

(11) Κορετα: Nur epigraphisch belegt. Siehe Toçi 1972, 83, de Simone 1977, 219–220, Toçi 1986, 127, de Simone 1993, 59, Cabanes/Drini 1995, 116 („*Le nom de la défunte doit être illyrien.*"), LGPN 3 A, 254. Der Name ist mit dem lokalen Suffix *-etā-* gebildet (siehe de Simone 1993, 44). Da vorauszusetzen ist, dass idg. *$\acute{o}$ zu illyr. *á* gewandelt wurde (▶ Kap. C.5) stellt sich die Frage, wie der im bisher noch unetymologisierten Grundelement Κορ- /Kor-/ mit griech. o notierte Vokal zu interpretieren ist und ob dies nicht doch auch als Indiz für einen Fremdnamen zu werten wäre (es könnte hier etwa an griech. dor. κόρᾱ /kórā/, att. κόρη /kórē/ ‚junges Mädchen' gedacht werden; siehe Bechtel 1917, 477).

(12) Εορταιος: Nur epigraphisch belegt. Siehe Krahe 1929, 47, Mayer 1957, 136–137, Rendič-Miočević 1971 a, 391, Toçi 1986, 127, Masson 1987, 116, de Simone 1993, 57, Cabanes/Drini 1995, 117 und passim, LGPN 4, 118, Cabanes u. a. 2016, 262, 296, LGPN 3 A, 143. Der Name ist mit dem lokalen Suffix *-aio/ā-* gebildet (siehe de Simone 1993, 44). Wie Masson 1987, 116 sowie wiederholt auch in Masson 1993, 78 feststellt, liegt hier ein griechischer Name vor (siehe auch Bechtel 1917, 522).

(13) *Epicadus*: Der Name ist literarisch und epigraphisch (inklusive Münzlegenden) bezeugt. Siehe Krahe 1929, 47–49, Mayer 1957, 139, Katičić 1962 a, 101–103, Alföldy 1964, 88, Katičić 1964 a, 39, Katičić 1964 b, 28, Alföldy 1969, 93–94, Rendič-Miočević 1971 a, 391, Toçi 1972, 80, de Simone 1977, 219–220, Katičić 1976, 179, Masson 1977, 86, Papazoglu 1978, 230, Toçi 1986, 127, Beauregard 1993, 102–103, de Simone 1993, 57–58, Cabanes/Drini 1995, 84 und passim, Cabanes/

Ceka 1997, 22, OPEL 2, 118, Cabanes u. a. 2007, 112–113, Ceka 2008, 193, LGPN 4, 120, Ehmig/Haensch 2012, 507–508, Cabanes u. a. 2016, 262–263, 265, 282, LGPN 3 A, 146 und Proeva 2017, 78–79. Während das Erstglied *epi*- wenig Schwierigkeiten bereitet (vgl. etwa griech. ἐπί /epí/ ‚auf, an; bei', armen. *ew* ‚und, auch' usw.; im PN lokales Sprachgut oder vlt. doch griechisch?), ist das Zweitglied in der Literatur in Bezug auf seine Interpretation und Herkunft umstritten (siehe ausführlich bei Krahe 1929, 155–156 und Mayer 1959, 47). Der Personenname wird gemeinhin als lokaler, d. h. genuin illyrischer Name aufgefasst, allerdings ist für das Zweitglied, wie in der Literatur schon erfolgt, an die Ähnlichkeit von griechischen Personennamen zu erinnern, die mit dem Element -κᾱδης/-κηδης /-kādēs/-kēdēs/, abgeleitet vom Simplex dor. κᾶδος /kãdos/, ion.-att. κῆδος /kẽdos/ ‚Fürsorge' gebildet sind (siehe dazu Bechtel 1917, 236). Falls hierbei nicht die illyrische Entsprechung zum griechischen Appellativ vorliegt, wäre auch an eine Übernahme eines griechischen Personennamenelements und seine Integration in die illyrische Personennamenbildung zu denken, was keineswegs ausgeschlossen ist (siehe dazu auch die Hinweise unter der Nr. (15)).

(14 a-14 c) *Etleva, Etuta, Ettritus*: Von der Basis *Et*- sind verschiedene Weiterbildungen belegt, nämlich f. *Etleva*, f. *Ettuta* und m. *Ettritos*. Alle Belege sind nur literarisch bezeugt. Siehe Krahe 1929, 49–50, Mayer 1957, 142, Katičić 1976, 180, Papazoglu 1978, 171, 221, LGPN 3 A, 157. Für dieses Grundelement *et*- liegt keine überzeugende etymologische Erklärung vor, die in Mayer 1959, 47–49 vorgeschlagene Verbindung mit dem idg. Pronominaladverb idg. **éti* ‚darüber hinaus, noch' (vgl. griech. ἔτι /éti/ ‚noch, noch dazu', latein. *et* ‚und, auch' usw.) überzeugt nicht, da das **-i* dieses idg. Pronominaladverbs ein nicht abtrennbares Element ist (daher wären theoretisch Bildungen wie z. B. **Etitleva usw. zu erwarten).

(15) *Genthios*: Der Name ist literarisch wie epigraphisch (inklusive Münzlegenden) sehr häufig belegt. Siehe Krahe 1929, 53–54, Mayer 1957, 148–149, Katičić 1962 a, 105–106, Katičić 1964 a, 39, Katičić 1964 b, 28, Alföldy 1969, 210, Rendič-Miočević 1971 a, 384–385, 391, de Simone 1977, 215–217, Katičić 1976, 180, Toçi 1986, 129, Beauregard 1993, 102, de Simone 1993, 54–56, Masson 1993, 78, Cabanes/Drini 1995, 96–97 und passim, Cabanes/Ceka 1997, 50 und passim, OPEL 2, 165, Šašel Kos 2005, 283–290 und passim, Cabanes u. a. 2007, 98–99, LGPN 4, 79, Anamali u. a. 2009, 33–34, Ehmig/ Haensch 2012, 38, Cabanes u. a. 2016, 262, 281, 284, LGPN 3 A, 97–98, Proeva 2017, 76–77, 84. Der in der Literatur geführte PN f. *Genthena* (siehe CIL 3.2, 14611) dürfte wohl entfallen, da vielmehr Cinthena zu lesen sein wird (ILIug 1474, https://edh-www.adw.uni-heidelberg.de/edh/ inschrift/HD033754).

Einer antiken Legende nach, die bei Dioskurides wie auch Plinius dem Älteren mitgeteilt wird, soll König Genthios den Enzian (botanischer Terminus *Gentiana*; siehe auch Mayer 1957, 149) entdeckt haben (vgl. Plinius, Naturgeschichte 25.71: *Gentianam invenit Gentius rex Illyriorum, ubique nascentem, in Illyrico tamen*

C.8 Analyse der Anthroponyme des illyrischen Raums 173

praestantissimam) „Gentius, der König der Illyrer entdeckte den Enzian, der überall blüht, am hervorragendsten aber in Illyrien", der deshalb nach ihm benannt sei (zur Sprachgeschichte von althochdt. *enziân*, heute *Enzian* aus latein. *gentiana* mit unklarem Wegfall des Anlauts siehe Lloyd u. a. 1998, 1090-1091).

Der Personenname Γενθιος /Genthios/, *Gentius* ist typischerweise mit dem illyrischen Raum verbunden und gilt gemeinhin auch als typisch illyrischer Name, der sich als *$\^{g}enh_1ti$- (Ableitung von der idg. Wurzel *$\^{g}enh_1$- ‚erzeugen', siehe LIV², 163-165, NIL, 139-153) auch problemlos etymologisieren ließe (vgl. z. B. de Simone 1999), was wiederum Implikationen für die historische Lautlehre nach sich ziehen würde (▶ Kap. C.5). Nun existiert im Keltiberischen aber das Appellativ kenti- /genti-/ ‚Nachkomme' (siehe Wodtko 2000, 178-181) und angesichts dessen kann mit Eichner 2004, 114 nicht ausgeschlossen werden, dass der Personenname Γενθιος/*Gentius* schließlich keltischen Ursprungs ist. Trifft dies zu, und Eichner a. a. O. rechnet auch damit, dass der Frauenname *Teuta* usw. (siehe Nr. (35)) keltischer Herkunft ist, dann würde es sich hierbei nicht um einen illyrischen Namen handeln, sondern um einen Fremd- bzw. Modenamen innerhalb der Anthroponymie des illyrischen Raums. Keltische Präsenz auf dem Balkan lässt eine solche Annahme grundsätzlich vorstellbar erscheinen und mit dem Beleg Γαιζατος /Gaizatos/ aus Dyrrachion ist schließlich auch ein unzweifelhaft keltischer Personenname belegt. Hier ist dann auch daran zu erinnern, dass illyrische Herrscher durchaus ‚Fremdnamen' tragen (so sind etwa Ἄγρων /Ágrōn/, Γλαυκίας /Glaukías/, Κλεῖτος /Kleītos/ sowie Μυτιλος /Mytilos/ griechische Personennamen; siehe auch Masson 1968, 236).

(16) *Glavus*: Der Name ist nur epigraphisch belegt. Siehe Krahe 1929, 55, Mayer 1957, 151, Katičić 1962 a, 108, Katičić 1964 b, 28, Alföldy 1969, 212, Katičić 1976, 180, OPEL 2, 167. Es liegt noch kein etymologischer Vorschlag für diesen Namen vor.

(17) *Grabos, Grabon*: Der Name ist epigraphisch (inklusive Münzlegenden) belegt (siehe auch die Helminschrift Nr. (38)). Siehe Krahe 1929, 55, Mayer 1957, 152, Katičić 1962 a, 109, Katičić 1964 a, 40, Katičić 1964 b, 28, Rendič-Miočević 1971 a, 391-392, Katičić 1976, 180, Beauregard 1993, 102, de Simone 1993, 56-57, Šašel Kos 2005, 235-236, LGPN 3 A, 102-103. Es wurden etymologische Spekulationen unternommen, hier eine Verbindung mit der in slaw. Sprachen belegten lexikalischen Sippe für ‚Hagebuche', vgl. russ. *grab* herzustellen, siehe u. a. Mayer 1959, 51 und Katičić 1962 a, 109. Wie auch immer, der Personenname wird dessen ungeachtet aber nicht von der in Plinius d. Ält. 3.144 (*eo namque tractu fuere Labeatae, Senedi, Rudini, Sasaei, Grabaei proprieque dicti Illyrii et Taulanti et Pyraei* „denn in diesem Abschnitt wohnten die Labeaten, Seneder, Rudiner, Sasäer, Grabäer, die eigentlichen Illyrer, die Taulantier und die Pyräer") genannten Ethnie der Grabäer zu trennen sein (siehe auch Krahe 1949, 64-65, Katičić 1962 a, 109, Hatzopoulos 1987, 86).

(18) Ισθηνα: Der Name ist nur epigraphisch in der Inschrift Ισθηνα Πλατορος χαιρε /Isthēna Platoros khaire/ belegt (siehe hierzu SEG 1-256). Siehe Krahe

1929, 93, Toçi 1972, 83, de Simone 1977, 219, de Simone 1993, 59, Cabanes/Drini 1995, 113. Da der originale Inschriftenträger jedoch nicht mehr erhalten und die Überlieferungskette in der Beschreibung der Inschrift überaus zweifelhaft ist, wird in Cabanes/Drini 1995, 113 deshalb überlegt, die Namensform Ισθηνα /Isthēna/ vielmehr zu Γενθηνα /Genthēna/ zu emendieren. Der a. a. O. dabei angeführte Hinweis auf die latein. Form *Genthena* trifft aber wohl nicht zu (vgl. Nr. (15)). Es muss letztlich offenbleiben, ob die Lesung Ισθηνα korrekt ist, oder ob doch ein Beleg Γενθηνα vorliegen könnte (zumindest in griech. Epigraphik). Ungeachtet dieser Fragen ist es eine Bildung mit dem lokalen Suffix *-ĕnā-* (siehe de Simone 1993, 44).

(19) *Laid-*: Von einer Basis *Laid-* sind verschiedene literarisch und epigraphisch belegte Weiterbildungen belegt, und zwar m. Λαιδων /Laidōn/, m. Λαιδιας /Laidias/, m. *Laedio*, m. *Laidius* und f. Λαιδα /Laida/ (eine weitere genannte Form Λειδα /Leida/ ist vielmehr als]λειδα /]leida/ zu interpretieren und zu Ἡρακλειδα[ς] /Hērakleida[s]/ zu ergänzen, siehe hierfür Cabanes u. a. 2007, 185). Andere Weiterbildungen sind das Kompositum m. *Scerdilaedus*, Σκερδιλαΐδας /Skerdilaídas/ sowie das Kompositum (Münzlegende) Τεισιλαιδας /Teisilaidas/ (siehe Masson 1987, 116, Cabanes/Ceka 1997, 140). Während die unkomponierten Belege und Τεισιλαιδας epigraphisch belegt sind, ist das Kompositum Σκερδιλαΐδας/*Scerdilaedus* nur literarisch belegt. Siehe Krahe 1929, 60, 61, 101–102, Mayer 1957, 203, 313, Katičić 1962 a, 40, 110–111, Alföldy 1969, 92, 226–227, Katičić 1964 a, 40, Katičić 1964 b, 29, Toçi 1969, 172, Toçi 1972, 84, Katičić 1976, 180, de Simone 1977, 220, Toçi 1986, 127, Masson 1987, 117, de Simone 1993, 60–61, Cabanes/Drini 1995, 78, 117, 142, 143, OPEL 3, 16, Šašel Kos 2005, 270–271 und passim, LGPN 3 A, 265. Zu beachten ist hier, dass das im komponierten Personennamen *Scerdilaedus* als Erstglied fungierende Namenselement auch als Hypokoristikon *Scerdis* epigraphisch belegt ist (Katičić 1962 a, 110). Das in den beiden Komposita auftretende Zweitglied entspricht der in griech. Personennamen erscheinenden Kompositionsform °λαιδας /°laidas/ (vgl. Ἀστυλαΐδας /Astylaídas/; Ableitung von griech. λᾱός /lāós/ ‚Volksmenge, Leute'), so dass die Möglichkeit besteht, dass auch in den betreffenden PN des illyrischen Raums eben dieses griechische Namenselement vorliegt (siehe Masson 1987, 117, der aber eine genuin illyrische Bildung nicht ausschließt; nach Krahe 1929, 102 soll indessen eine Angleichung einer genuinen Bildung an griech. PN auf °λαιδας vorliegen). Etymologische Spekulationen unter der Prämisse einer genuin illyrischen Bildung bei Krahe 1955 b und Mayer 1959, 68. Falls ein genuines Grundelement *láid-* vorliegen sollte, könnte es auf einer Vorform *loid(ʰ)-* beruhen (mit Wandel des idg. *ó* zu illyr. *á*, ▶ Kap. C.5). Dann könnte etymologische Verbindung mit der idg. Wurzel *leid-* ‚(los)lassen' (vgl. etwa litau. *léisti* ‚lassen; erlauben', latein. *ludere* ‚spielen' usw. versucht werden; siehe hierzu im Detail LIV², 402–403, Hock 2015, 565–567).

(20) Λοβαιος: Der Name ist nur epigraphisch belegt. Siehe Toçi 1986, 127, de Simone 1993, 61, Cabanes/Drini 1995, 114 (*„Le nom et le patronyme ne semblent pas*

C.8 Analyse der Anthroponyme des illyrischen Raums 175

connus."), LGPN 3 A, 275. Der Name ist mit dem lokalen Suffix *-aio/ā-* gebildet (siehe Krahe 1929, 150, de Simone 1993, 44). Wie bei Κορετα /*Koreta*/ (siehe Nr. (11)) stellt sich die Frage nach der Graphie mit dem griechischen Vokal *o* des bislang unetymologisierten Grundelements Λοβ- /Lob-/. Diese könnte auf einen Fremdnamen hinweisen (vgl. dazu griech. λοβός /lobós/ ‚Ohrläppchen', das auch in den griech. PN Λόβων /*Lóbōn*/ und Λοβίας /*Lobías*/ erscheint, vgl. dazu Bechtel 1917, 481).

(21) *Longarus*: Der Name ist nur literarisch für einen päonischen und einen dardanischen Fürsten bezeugt. Siehe Krahe 1929, 62, 68, Krahe 1942, 134, Mayer 1957, 204, Katičić 1962 a, 111, Papazoglu 1978, 221, LGPN 3 A, 276. Es ist denkbar, dass der PN m. Λάγγαρος /*Lángaros*/ etymologisch auf dem Adjektiv für ‚lang' (vgl. ai. *dīrghá-* bzw. mit Nasal latein. *longus*, althochdt. *lang* usw., siehe im Detail Lühr 2014, 1011–1012) beruht und aus *$dl(h_1)óng^{ho}$ herzuleiten ist (mit Wandel von idg. *ó > illyr. á, ▶ Kap. C.5). Die lateinische Namensform *Longarus* könnte sodann als phonologische Adaption an das latein. Adjektiv *longus* interpretiert werden. Zum Suffix -αρος /-aros/, -*arus* siehe Krahe 1942, 131–136 und Papazoglu 1979, 164.

(22) Μαδηνα: Der Name ist nur epigraphisch belegt. Siehe Krahe 1929, 69–70, Mayer 1957, 216, Alföldy 1969, 235, de Simone 1977, 210, Toçi 1986, 127, de Simone 1993, 61, Masson 1993, 79, Cabanes/Drini 1995, 77, 90, OPEL 3, 44, LGPN 3 A, 286. Der Name, der mit dem lokalen Suffix *-ēnā-* gebildet ist (siehe de Simone 1993, 44), hat bislang noch keine etymologische Herleitung erfahren (vgl. dazu auch Krahe 1934, 114).

(23) Μαλλικα: Der Name ist nur epigraphisch belegt. Siehe de Simone 1977, 221, Toçi 1986, 127, de Simone 1993, 61, Cabanes/Drini 1995, 119, LGPN 3 A, 287. Der bislang unetymologisierte Name ist mit dem lokalen Suffix *-iko/ā-* gebildet (siehe Krahe 1929, 145–146, de Simone 1993, 44; de Simone 1977, 221 versucht eine Verbindung mit dem im Ortsnamen Διμάλη /Dimálē/, *Dimallum*, ▶ Kap. C.3.3, enthaltenen Zweitglied).

(24) *Monunius*: Der Name ist literarisch und epigraphisch, hierbei vor allem auf Münzlegenden belegt; die literarischen Belege referieren auf einen dardanischen Fürsten. Siehe Head 1911, 316, Krahe 1929, 77, Mayer 1957, 233, Katičić 1962 a, 40, 107–108, Katičić 1964 a, 40, Katičić 1964 b, 28, Ceka 1965, 153, Ognenova 1971, Ceka 1972, 23–27, Rendić-Miočević 1971 a, 386–387, 392, Cabanes 1976, 82, de Simone 1977, 221, Papazoglu 1978, 140 und passim, Cabanes 1988, 148–153, Beauregard 1993, 103, de Simone 1993, 61–62, Cabanes/Ceka 1997, 37, Šašel Kos 2005, 258, Ceka 2008, 148, LGPN 3 A, 305, Proeva 2017, 79–80. Der Name ist bislang unetymologisiert.

(25) *Mytilus*: Der Name ist literarisch und epigraphisch (inklusive Münzlegenden; siehe Brunšmid 1898, 54) belegt. Siehe Krahe 1929, 78–79, Mayer 1957, 236, Alföldy 1969, 101, Ceka 1972, 66–70, Rendić-Miočević 1971 a, 388, Cabanes 1976, 81–83, Cabanes 1988, 153–155, de Simone 1993, 62, Šašel Kos 2005, 258, Ceka

2008, 149, LGPN 3 A, 309. Der PN Μιτυλος /Mitylos/ bzw. auch Μυτιλος /Mytilos/ ist griechischer Herkunft und beruht auf dem gleichlautenden Adjektiv der Bedeutung ‚jung, kindlich' (sekundär, wohl durch Volksetymologie auch ‚hornlos').

(26) *Pinnes*: Der Name ist literarisch und epigraphisch belegt. Siehe Krahe 1929, 89, Mayer 1957, 269, Katičić 1962 a, 40, 106–107, Alföldy 1964, 89, Katičić 1964 a, 40, Katičić 1964 b, 28, Alföldy 1969, 109, 264–265, Katičić 1976, 180, Cabanes 1976, 250, Cabanes 1988, 277, OPEL 3, 142, Pajątkowski 2000, 235–237, Šašel Kos 2005, 279–281, LGPN 3 A, 362. Von diesem Namen abgeleitet ist die Namensform *Pinnius* (siehe dazu Katičić 1962 a, 106–107). Der Name ist bislang unetymologisiert.

(27) Πλαιος: Der Name ist nur epigraphisch belegt. Siehe Alföldy 1969, 266, de Simone 1977, 216, de Simone 1993, 62, Cabanes/Drini 1995, 127, Cabanes/Ceka 1997, 69, OPEL 3, 145, LGPN 3 A, 363. Der Name ist bislang unetymologisiert.

(28) *Plassus*: Der Name ist nur epigraphisch belegt. Siehe Krahe 1929, 92, Mayer 1957, 273, Katičić 1962 a, 40, 109, Katičić 1964 a, 40, Katičić 1964 b, 28, Alföldy 1969, 267, Katičić 1976, 180, OPEL 3, 145. Der Name ist bislang unetymologisiert.

(29) Πλευρᾶτος: Dieser Name ist nur literarisch belegt. Siehe Krahe 1929, 95, Mayer 1957, 276, Katičić 1964 a, 40, Katičić 1976, 180, Hatzopoulos 1987, 89–90, de Simone 1993, 62, Pajątkowski 2000, 156 und passim, Šašel Kos 2005, 282–283, LGPN 3 A, 364. Da die Etymologie des Personennamens bisher nicht aufgeklärt ist, ist keine sichere Aussage über eine Identität mit dem in Nr. (30) gegebenen Personennamen Πρευρατ/δος /Preurat/dos/ möglich (vlt. Πλ° /Pl°/ aus Dissimilation, d. h. Πρευρ° /Preur°/ → Πλευρ° /Pleur°/, oder aber im Gegenteil Πρ° /Pr°/ aus Assimilation, d. h. Πλευρ° /Pleur°/ → Πρευρ° /Preur°/?).

(30) Πρευρατ/δος: Der Name, der in den Varianten Πρευρατος /Preuratos/, Πρευραδος /Preurados/ und wohl [P]*rorado* überliefert ist, ist nur epigraphisch (inklusive Münzlegenden) belegt. Siehe Krahe 1929, 96, Mayer 1957, 279–280, Ceka 1965, 165, Alföldy 1969, 276, Toçi 1969, 185, Ceka 1972, 30, 186, Rendič-Miočević 1971 a, 392–393, Masson 1977, 87, Toçi 1986, 127, Beauregard 1993, 102, de Simone 1993, 62–63, Masson 1993, 79, Cabanes/Drini 1995, 77, 89, 130, Cabanes/Ceka 1997, 140, LGPN 4, 289, Cabanes u. a. 2016, 241–242, LGPN 3 A, 376, Proeva 2017, 79.

(31) Σκενετα: Der Name ist nur epigraphisch belegt (siehe SEG 30-529). Siehe Masson 1980, 231, Masson 1987, 117 (wo auch auf den Namensbeleg Αμμαλα /Ammala/ hingewiesen wird), de Simone 1993, 63. Der Name ist mit dem lokalen Suffix -*etā*- gebildet (vgl. de Simone 1993, 44). Belegt ist dieser PN in einem undatierten und bislang unedierten Epitaph aus Demetrias (Thessalien): Σκενετα Τορου Τριτω Ιλλυριαι /Skeneta Torou Tritō Illyriai/. Der Name ist bislang unetymologisiert.

(32) Σκυρθανας: Der Name ist epigraphisch (inklusive Münzlegenden) belegt. Siehe Ceka 1972, 30, Rendič-Miočević 1971 a, 393–394, Toçi 1986, 127, Masson 1987, 116, Beauregard 1993, 101, de Simone 1993, 63, Cabanes/Drini 1995, 91,

C.8 Analyse der Anthroponyme des illyrischen Raums 177

161, Cabanes/Ceka 1997, 140, LGPN 3 A, 398. Wie von Bechtel 1922, 73 (siehe auch Masson 1987, 116) dargelegt, liegt hier mit großer Wahrscheinlichkeit ein griechischer Name vor.

(33) *Tat-*: Von der Basis *Tat-* sind verschiedene Weiterbildungen belegt, nämlich f. Τατα /Tata/, f. *Tata*, f. Ταταια /Tataia/, f. *Tattaia*, f. Τατω /Tatō/. Siehe Krahe 1929, 111, Mayer 1957, 329–330, Katičić 1964 b, 33, Alföldy 1969, 305–306, Islami 1972, 373, Toçi 1972, 83, de Simone 1977, 223–224, Papazoglu 1978, 235, Toçi 1986, 127, de Simone 1993, 63–64, Cabanes/Drini 1995, 78, 134–135, Cabanes/Ceka 1997, 42, OPEL 4, 109, LGPN 3 A, 421 Proeva 2017, 87. Formen eines Personennamens f. *Tat°*, Τατ°, der strukturell als Lallname aufzufassen ist, sind weiträumig belegt (so z. B. in Kleinasien, siehe Zgusta 1964, 494–506) und deshalb nicht aussagekräftig. In der Anthroponymie des illyrischen Raums, wo solche Namensbildung ebenfalls zu finden sind, liegen Ableitungen mit den lokalen Suffixen *-aio̯/ā-* (siehe Krahe 1929, 150, de Simone 1993, 42) und *-ŏ̆(n)-* vor, wobei jedoch der Beleg f. Τατω vielmehr der mitteldalmatisch-pannonischen Personennamengebung zuzuschreiben ist (siehe hier Katičić 1962 b, 282; a. a. O., 284 zu PN m. *Tato* aus Dakien).

(34) *Temus*: Der Name ist nur epigraphisch belegt. Siehe Krahe 1929, 112, Mayer 1957, 333, Katičić 1962 a, 40, 104, Alföldy 1964, 89, Katičić 1964 a, 40, Katičić 1964 b, 28, Alföldy 1969, 306–307, Katičić 1976, 180, OPEL 4, 111. Der Name ist bisher unetymologisiert.

(35) *Teut-*: Von einer Basis *Teut-* sind verschiedene Weiterbildungen belegt, nämlich f. Τευταια /Teutaia/, f. Τευτεα /Teutea/, f. *Teuta*, f. *Teutana*, m. *Teuticus*, m. Τευτιος /Teutios/ sowie die Komposita f. Τεμιτευτα /Temiteuta/ und f. Τριτευτα /Triteúta/. Die Belege sind literarisch und epigraphisch bezeugt. Siehe Krahe 1929, 113–115, 117–118, Mayer 1957, 334–336, 344, Meid 1957, 77, Katičić 1964 a, 40, Katičić 1964 b, 33, Alföldy 1969, 309, Toçi 1969, 173, Toçi 1972, 83, Katičić 1976, 180, de Simone 1977, 224, Toçi 1986, 127, Ceka 1987, 80, Cabanes 1988, 274–278 und passim, de Simone 1993, 64–65, Masson 1993, 79, Cabanes/Drini 1995, 136–138, Cabanes/Ceka 1997, 22, 90, Pajakowski 2000, 80 und passim, OPEL 4, 117, Šašel Kos 2005, 253–257, LGPN 3 A, 425, 435, LGPN 4, 330, Cabanes u. a. 2016, 219. Das idg. Lexem *$teu̯h_2tah_2$-* (vgl. umbr. *touto* ‚Bürgerschaft', altir. *túath* ‚Volk', got. *þiuda* ‚Volk' usw.; Ableitung wohl zur idg. Verbalwurzel *$teu̯h_2$-* ‚schwellen, stark werden', siehe LIV², 639–640) ist in vielen idg. Sprachen ein Grundelement der Anthroponymie (zu erinnern ist hier nur an die altkeltische Personennamengebung) und auf Grund seiner weiträumigen Beleglage daher nicht aussagekräftig. Dieser Personenname ist daher auch in der Anthroponymie des illyrischen Raums zu finden, wo neben Komposita auch die Ableitung mit dem lokalen Suffix *-aio̯/ā-* auftritt (vgl. zum Suffix Krahe 1929, 150, de Simone 1993, 42). Letztlich ist im Gesamtkontext nicht auszuschließen, dass hier, so wie wohl auch beim Personennamen Γενθιος /Genthios/, *Gentius* (siehe Nr. (15)), ein keltischer Modename innerhalb der Anthroponymie des illyrischen

Raums vorliegen könnte (so explizit Eichner 2004, 114), da, wie bereits angemerkt, im Bereich der keltischen Personennamengebung das Element *tout-* < **teut-* weit verbreitet ist (siehe Wodtko 2000, 411–412, Delamarre 2007, 234; so erscheint z. B. auch die komponierte Namensform *Tritoutos*). Es müsste allerdings angenommen werden, dass die Namensform *Teut-* der illyrischen Belege aus der kelt. Variante *teu̯t-* (neben kelt. *tou̯t-*) stammt, die in der keltischen Onomastik aber ebenso gut bezeugt ist.

(36) Τραυζος: Der bisher unetymologisierte Name ist nur epigraphisch belegt. Siehe Toçi 1986, 127, de Simone 1993, 65, Masson 1993, 79, Cabanes/Drini 1995, 97, 138, 139, LGPN 4, 434.

(37) Τριτος: Dieser Name ist nur epigraphisch (inklusive Münzlegenden) belegt. Siehe Krahe 1929, 118, Mayer 1957, 344, Katičić 1964 b, 32, Ceka 1965, 150, Alföldy 1969, 135, Alföldy 1969, 313, Toçi 1969, 174, 177, Ceka 1972, 198, Rendić-Miočević 1971 a, 394, Ceka 1982, 126, Toçi 1986, 127, Beauregard 1993, 103, de Simone 1993, 66, Masson 1993, 79, Cabanes/Drini 1995, 94, 103, 105, 106, 126, 127, 139, Cabanes/Ceka 1997, 43, 89, 90–91, 140, OPEL 4, 130, Ceka 2008, 127, LGPN 3 A, 435, Cabanes u. a. 2016, 276, 280, 286. Der Personenname ist im gesamten Westbalkan und somit auch in der Anthroponymie des illyrischen Raums zu finden. In den idg. Sprachen sind Personennamen, die von Ordinalia (Ordnungszahlwörter) abgeleitet sind weit verbreitet, wobei der Personenname *Tritos* besonders in der keltischen, d. h. spezifisch gallischen Anthroponymie (m. *Tritos*, f. *Trita*) verankert ist (siehe Delamarre 2007, 234). Falls Τριτος kein keltischer Personenname (Fremd-, Modename) ist, dann könnte hier eine lokale Bildung m. **tri-to-* vorliegen (▶ Kap. C.2).

(38) *Verzo*: Der Name ist literarisch und epigraphisch belegt. Siehe Krahe 1929, 126, Mayer 1957, 358, Katičić 1962 a, 40, 109–110, Katičić 1964 a, 40, Katičić 1964 b, 28, Alföldy 1969, 325–326, Toçi 1969, 180, Toçi 1972, 80, 84, Katičić 1976, 180, Toçi 1986, 127, Masson 1987, 116, de Simone 1993, 58–59, Masson 1993, 78, Cabanes/Drini 1995, 94, 102, OPEL 4, 161, LGPN 3 A, 90. Zur Graphie latein. v- und griech. ϝ- bzw. β-, alle /u̯-/, siehe u. a. Masson 1987, 116. Es ist denkbar, dass das Personennamenelement *u̯erz-*, wie Katičić 1962 a, 110 darlegt, eher Bestandteil der mitteldalmatischen Anthroponymie war, so dass die Zuschreibung spezifisch zur illyrischen Personennamengebung nicht eindeutig ist. Der bislang unetymologisierte Name gehörte dann so wie z. B. *Bato* zu jener Gruppe von Fremd- bzw. Modenamen, die in verschiedenen Personennamengebieten erscheinen und daher keine eindeutige Zuschreibung bei ihrer Herkunft gestatten.

(39) *Zai̯m-*: Von dieser Basis sind die Weiterbildungen f. Ζαιμινα und m. Ζαιμιος belegt. Siehe Toçi 1969, 168, Toçi 1972, 84, de Simone 1977, 219, de Simone 1993, 59, Cabanes/Drini 1995, 107, LGPN 3 A, 186, Cabanes u. a. 2016, 277–278. Der Name ist bislang unetymologisiert.

(40) *Zanatis*: Der bisher unetymologisierte Name ist nur epigraphisch belegt. Siehe Krahe 1929, 131, Mayer 1957, 363, Katičić 1962 a, 40, 111, Alföldy 1964, 89,

C.8 Analyse der Anthroponyme des illyrischen Raums 179

Katičić 1964 a, 40, Katičić 1964 b, 29, Alföldy 1969, 331, Katičić 1976, 180, OPEL 4, 190.

Die Betrachtung der von der Literatur präsentierten illyrischen Anthroponymie lässt einige grundsätzliche Erkenntnisse zu. So müssen zunächst aus dieser Auflistung einige Personennamen ausgesondert werden, da sie entweder typischerweise in anderen Personennamengebieten belegt sind (so gehören die m. PN Καλ(λ)ας /Kal(l)as/ und *Cilles* zum makedonischen Namengebiet), oder aber auf Grund ihrer Struktur und/oder Beleglage viel zu unspezifisch sind, um nur einem Personennamengebiet zugeordnet zu werden. Dies betrifft zum einen die Personennamen, die strukturell als Lallnamen aufzufassen sind (dazu gehören die Ableitungen von den Grundelementen *Ab*-, *Amm*-, *Ann*-, *Tat*-) und zum anderen die Personennamen, die eine großräumige Verbreitung aufweisen wie die Ableitungen des Grundelements *Teut*- oder Τριτος /Tritos/ und Βερσας /Versas/, *Verzo*. Ein besonderer Fall sind weiterhin die Fremd- bzw. Modenamen, wobei sich zeigt, dass in der Anthroponymie des illyrischen Raums auch keltische Personennamen zu belegen sind. Gesichert keltischer Herkunft ist jedenfalls der PN m. Γαιζατος /Gaizatos/. Keltische Herkunft nicht völlig ausgeschlossen ist beim PN m. Γενθιος /Genthios/, *Gentius* sowie beim Grundelement *Teut*-, von dem einige Ableitungen mit lokalen Suffixen vorliegen. Auch das Grundelement Ρηδ-/Rhēd-/ von m. Ρηδων /Rhēdōn/ und f. Ρηδετα /Rhēdeta/ wird am ehesten aus dem Keltischen stammen. Damit verbleiben sodann jene Personennamen, die schließlich als illyrische Personennamen gefasst werden können, wobei aber auch hier wieder einige Personenamen nicht ganz frei vom Verdacht fremder, in diesem Fall griechischer Herkunft sind (etwa m. Εορταιος /Eortaios/ und m. Επικαδος /Epikados/, *Epicadus*). Es fällt schließlich auf, dass bei einer gründlichen Betrachtung der illyrischen Anthroponymie einige von der Fachliteratur üblicherweise als gleichsam typisch illyrisch gewertete Personennamen letztlich nicht mehr unvoreingenommen als spezifisch illyrisch gelten können (im Besonderen Γενθιος/*Gentius* und die Ableitungen von *Teut*-). Betrachtet man aber unabhängig von diesem Umstand die unter den Nr. (1)-(40) gelisteten Personennamen im Verein mit den von de Simone 1993, 66–70 als möglicherweise illyrisch genannten Personennamen, und zwar gerade jene, die bislang tatsächlich nur in der Anthroponymie des illyrischen Raums belegt sind, dann ergibt sich für die eigentliche illyrische Personennamengebung folgender, für sprachgeschichtliche Analysen verwertbarer Befund:

(a) Es überwiegen in der Tat eingliedrige Personennamen, Komposita treten dagegen zurück (siehe bereits oben).

(b) Unter Aussonderung aller Personennamen, die sicher fremder Herkunft (griechisch, keltisch usw.) sind, oder bei denen eine solche fremde Herkunft diskutiert werden muss, bleiben aus der oben gegebenen Synopse schließlich die folgenden Namen übrig, die bisher entweder nur im illyrischen Raum dokumentiert sind, oder für die bisher kein Hinweis auf einen möglichen Fremdnamen vorliegt:

f.	Αβοζικα /Abozika/
f.	Αδανα /Adana/
f.	Αμυρα /Amyra/
f.	Ανδηνα /Andēna/
m.	*Bardylis*
f.	*Billena*
f.	Βιρκεννα /Birkenna/
f.	Κορετα /Koreta/
f.	*Etleva*
f.	*Ettuta*
[m.	*Ettritos*]
m.	*Glavus*
m.	Γραβος /Grabos/
m.	Γραβων /Grabōn/
f.	Κονα /Kona/
m.	Λάγγαρος /Lángaros/
m.	Λαυδος /Laudos/
f.	Λυδρα /Lydra/
f.	Μαδηνα /Madēna/
f.	Μαλλικα /Mallika/
m.	Μαννικος /Mannikos/
m.	Μονουνιος /Monounios/
m.	Πίννης /Pínnēs/
m.	*Plassus*
m.	Πλευρᾶτος /Pleurãtos/
m.	Πρευρατ/δος /Preurat/dos/
f.	Σκενετα /Skeneta/
f.	*Temus*
m.	Τ(ε)ιτος /T(e)itos/
m.	Τραυζος /Trauzos/
f.	Τραυζινα /Trauzina/
m.	Ϝερζαν /Verzan/, Βερσας /Verzas/
f.	Χακα /Khaka/
m.	Χορτας /Khortas/
f.	Ζαιμινα /Zaimina/
m.	Ζαιμιος /Zaimios/
f.	*Zanatis*

(c) Bei den eingliedrigen Personennamen zeigt sich, dass einige, wie Personennamen, die nicht unmittelbar als illyrische Personennamen gesichert werden können, mit bestimmten Suffixen gebildet sind, die typischerweise in der loka-

C.8 Analyse der Anthroponyme des illyrischen Raums 181

len Personennamengebung erscheinen und die daher hier als lokale Suffixe bezeichnet werden (vgl. schon Krahe 1929, 145-150 nach dem veralteten Konzept illyrischer Namengebung, doch vor allem bei de Simone 1993, 42-54 unter Einbeziehung des Namenmaterials aus Dyrrhachion und Apollonia; die Bezeichnung ‚lokale Suffixe' bezieht sich darauf, dass diese Bildemittel typischerweise in der Personennamengebung des illyrischen Raums erscheinen, was nicht ausschließt, dass manche dieser Suffixe aber auch in anderen idg. Sprachen zu finden sind). Zu diesen lokalen Suffixen gehören z. B.

-a*i̯*o/ā- so u. a. f. Αβαια/m. Αβαιου, m. Εορταιος, m. Λοβαιος, f. Ταταια
-ato/ā- m. *Clevatus*, m. Πλευρᾶτος/Πρευρατος
-ĕnā- f. Ανδηνα, f. *Billene*, f. Βιρκενναν/*Bricena*, f. Ισθηνα, f. Μαδηνας/*Madenae* (unklar ist, wie die unterschiedliche Vokalquantität von -ηνα neben -εννα, vgl. dazu lat. -ena, zu beurteilen ist, ebenso wie der Unterschied bei der Einfach- neben Doppelschreibung des Nasals; liegt hier ein einheitliches Suffix vor oder könnte -εννα sogar eine Vorform *-ενi̯ă indizieren, oder sind diese Belege bei Plutarch analogische Umbildungen?)
-etā- f. Κλεβετα, f. Κορετα, f. Σκενετα, f. Ρηδετα
-iko/ā- f. Αβοζικα, f. Αμμικα, f. Αννικα, f. Μαλλικα, m. Μαννικος oder auch
-inā- f. Αμμινα, f. Τραυζινα, f. Ζαιμινα.

Dabei fällt auf, dass etwa die Suffixe -ĕnā- und -etā- bei Frauennamen Verwendung finden und daher vielleicht spezifisch zur Ableitung von Frauennamen gedient haben, während andere Suffixe möglicherweise eine patronymische Funktion hatten oder aber zur Bildung von Hypokoristika (Kurznamen bzw. Kosenamen) dienten (Überlegungen zu den möglichen Funktionen dieser Suffixe bei de Simone 1993, 44).

(d) Im Unterschied zu den Toponymen des illyrischen Raums lässt sich in der Anthroponymie wie soeben gezeigt eine gewisse Systematik erkennen, da neben synchron intransparenten Personennamen gerade auch Namen zu finden sind, die mit spezifisch lokalen Suffixen gebildet sind, wobei die Möglichkeit besteht, dass dabei dann Spezifika der Derivation im Bereich der Anthroponymie des Illyrischen als Teilgebiet der allgemeinen Wortbildung dieser Sprache ausgemacht werden könnten.

(e) In Papazoglu 1979 wurde der Versuch unternommen, innerhalb der Personennamengebiete auch besondere lokale Namenscluster zu ermitteln. Neufunde und technisch verbesserte Suchmöglichkeiten schaffen die Grundlagen, dieser Frage erneut in einer künftigen Analyse nachzugehen, welche die Anthroponymie des illyrischen Raums bezüglich geographischer und vor allem chronologischer Beleglage im Detail noch aufarbeiten muss.

Im Hinblick auf die Unterscheidung dreier dezidiert unterschiedlicher Personennamengebiete im Westbalkan ist es abschließend wichtig festzuhalten, dass damit nicht unbedingt auch unterschiedliche Sprachen bzw. Sprachgebiete impliziert sein müssen. Es ist nämlich denkbar, dass sich Personennamengebiete auch auf Varianten oder Varietäten einer Sprache verteilen können. Über solche Varietäten bzw. Dialektunterschiede sind auf Grund fehlender sprachlicher Daten jedoch keine Aussagen möglich (▶ Kap. C.1). Andererseits sind Personennamengebiete oft auch mit individuellen Sprach(gebiet)en korreliert, oder wie es Katičić 1976, 183 beschreibt:

> „Onomastic systems are no languages and cannot therefore be automatically equated with them, but a certain correlation between both can be expected to exist, especially in primitive society where no superethnic cultural structures were formed".

Es ist deshalb aus methodischer Sicht geboten, diese drei Personennamengebiete als drei verschiedene Einheiten zu betrachten und nur das südostdalmatische-illyrische Personennamengebiet darf hierbei mit den historischen Illyrern in Verbindung gebracht werden.

Der Abschnitt über die illyrischen Personennamen bzw. allgemein über die Personennamen des illyrischen Raums muss an dieser Stelle unbedingt mit einer Bemerkung zu den sogenannten illyrischen Personennamen der neuzeitlichen albanischen Personennamengebung abgerundet werden. Im Rahmen der Hypothese von der illyrischen Herkunft des Albanischen wird als Argument unter anderem auch eingebracht, dass das Albanische die antiken illyrischen – hier ist stets die panillyrische Interpretation intendiert – Personennamen fortführen soll. Albanische Personennamen wie m. *Bardhyl*, m. *Genc*, f. *Brikenë*, f. *Teutë* usw. sollen demnach die modernen Fortsetzungen der antiken Belege m. Βάρδυλις /Bárdylis/, *Bardulis*, m. Γενθιος /Genthios/, *Gentius*, f. Βιρκεν(ν)α /Birken(n)a/, *Bricena*, f. Τευτεα /Teutea/, *Teuta* sein. Die albanische Personennamengebung, die bislang noch nicht umfassend und detailliert untersucht worden ist (einen Überblick aus albanischer Sichtweise, die auch die soeben erwähnte, vermeintliche Fortsetzung antiker illyrischer Personennamen befürwortet, bietet etwa Bidollari 2007), hat geschichtlich zwei Traditionsbrüche erfahren. Im ersten Bruch haben nämlich die durch die von Rom ausgehende Christianisierung vermittelten Personennamen die vorchristliche Namengebung überlagert und vielleicht weitgehend verdrängt. Der zweite Bruch erfolgte nach der osmanischen Eroberung Albaniens und der weitreichenden Islamisierung, die außerhalb der katholisch und orthodox verbliebenen Gebiete bzw. Personengruppen, die Personennamen des islamisch-orientalischen Kulturkreises zu weiter Verbreitung brachte. Mit dem Einsetzen der albanischen Nationalbewegung im 19. Jh. kamen sodann Personennamen aus albanischen Appellativen in Gebrauch, doch auch Rückgriffe auf antike Anthroponymie setzten ein und gerade diese Tendenz wurde im 20. Jh. vom kommunistischen Regime speziell gefördert, wobei die Personennamensammlungen von Krahe 1929 und Mayer 1957 als Quellen für die

C.8 Analyse der Anthroponyme des illyrischen Raums

‚Revitalisierung' antiken Namenguts herhalten mussten. Dass es sich bei den sogenannten illyrischen Personennamen des modernen Albanischen tatsächlich nicht um eine kontinuierliche Fortführung antiker Namenstradition handeln kann, ergibt sich schließlich evident aus deren modernen Lautformen (siehe hierzu im Detail auch Matzinger 2009, 21). Denn, um nur zwei Namen hier stellvertretend zu wählen, aus der antiken Namensform m. Γενθιος/*Gentius* hätte sich gemäß den albanischen Lautveränderungen (zur historischen Lautlehre des Albanischen siehe in Schumacher/Matzinger 2013, 205–276) eine moderne alban. Form **Gjes (bzw. im gegischen Dialekt mit Nasalvokal **Gjës) ergeben müssen (vgl. dazu auch Zehnder 2009, 422 wo die im Neualbanischen erscheinenden Namenvarianten bei den sogenannten illyrischen Personennamen des Albanischen besprochen werden, die auf Rückgriffe entweder auf griechische oder aber lateinische Quellen beruhen, wie im Fall von alban. *Gent* aus griechischem Γενθιος, hingegen alban. *Genc* aus lateinischem *Gentius*). Der Personenname f. Τευτεα/*Teuta*, um hier ein zweites Beispiel zu geben, hätte z. B. eine moderne Form alban. **Tatë zur Folge gehabt. Als Fazit folgt, dass die sogenannten illyrischen Personennamen der neuzeitlichen albanischen Namengebung ahistorische neuzeitliche Kreationen sind (siehe dazu auch die Untersuchung bei Zehnder 2009 für die albanischen Frauennamen, deren Ergebnisse uneingeschränkt auch für die Männernamen ihre Gültigkeit haben).

D   Die Illyrer. Geschichte, Kultur und Sprache: Zusammenfassung

Gegen Ende des 4. Jts. erfolgte die indogermanische bzw. steppennomadische Infiltration des Westbalkans aus dem kaukasischen und südrussischen Raum. Diese bildete die Grundlage für die Herausbildung der lokalen bronze- und eisenzeitlichen Kulturen des Westbalkans.

Schon im 11. Jh. v. Chr. zeichnete sich eine eigene Entwicklung im südlichen Westbalkan gegenüber dem Savegebiet in Nordwestbosnien ab, vor allem in der Frauentracht, wie sie in Gräbern nachgewiesen werden konnte. Überhaupt ist die aus Mitteleuropa in den Rest des Balkans vorgedrungene Urnenfelderkultur südlich der Save sowie östlich der Morava und des Ohridsees kaum spürbar. Genau hier bildete sich spätestens ab dem ausgehenden 9. Jh., dem Beginn der Eisenzeit, der Lebensraum der in den schriftlichen Quellen in spätarchaischer Zeit erstmals erwähnten Illyrer heraus. Für diesen Raum ist besonders die Glasinac-Mat-Kultur charakteristisch, so benannt nach den zwei wichtigen Fundlandschaften in Nordostbosnien und in Nordalbanien. Diese Kultur, durch ihre vielen Grabhügel gekennzeichnet, umfasst mit ihren verschiedenen Gruppierungen die Gebiete von Bosnien-Herzegowina südlich der Neretva und der unteren Save, von Westserbien und dem westlichen Kosovo/Kosova, Montenegro und Nord- und Mittelalbanien bis zum Fluss Vjosa im Süden. Besonders im Norden und Süden entsprechen diese archäologischen Gebiete der Illyrer auch dem illyrischen Personennamengebiet; im östlichen Binnenland reicht das anthroponyme Namensgut wegen mangelnder Überlieferung jedoch nicht über die obere Neretva und die Drina hinaus, bzw. hat eine unklare Grenze in Montenegro, Kosovo/Kosova und Ostalbanien.

Die Funde in diesem Raum zeigen, dass die Illyrer im Allgemeinen sesshafte Bauern mit variabler Viehzucht und Ackerbau waren. Eine zusätzliche wirtschaftliche Komponente war die Transhumanz, die nachweislich den griechisch-mazedonischen und thessalischen Raum miteinbezog. Auch Hinweise auf einen ausgeprägten Handel mit dem antiken Griechenland seit dem späten 7. Jh. v. Chr. wurden vielfach entdeckt. Gehandelt wurde neben Olivenöl und Wein auch Ton- und Bronzegeschirr, das als Luxusware auch den Glasinac in Nordostbosnien erreichte. Außerdem wurde verstärkt Bernstein aus dem Norden für die Herstellung von Schmuckperlen importiert.

Seit dem 8. Jh. v. Chr. kamen überreich ausgestattete Gräber auf, die auf eine bemerkenswerte soziale Gliederung hindeuten. Bald danach sind schwerpunktmäßig sogenannte Fürstengräber zu erkennen, die sich durch Brandbestattung, Schmuck aus Edelmetall, besondere Rangzeichen und Pferdegeschirr auszeichnen. Neben den typischen befestigten Höhensiedlungen der Frühzeit kamen im

Zusammenfassung

5. Jh. v. Chr. zunächst in Südillyrien, dann auch weiter nördlich zentral gelegene Städte nach griechischem Muster auf, die als Stammessitze interpretiert werden können. Mit diesen war auch eine eigene Münzprägung verbunden. Die antiken Quellen nennen eine Reihe illyrischer Stämme, denen aber bis jetzt keine einzelnen Fundgruppen zugewiesen werden können. Seit dem Ende des 6. Jh. v. Chr. bildeten sich illyrische Königreiche, die häufig im Konflikt mit der lokalen Großmacht Makedonien wie auch den griechischen Kolonien an der südlichen Adriaküste standen. Im 3. Jh. v. Chr. nahm Rom, das seinen Machtbereich über die Adria ausdehnte, die von den Illyrern betriebene Piraterie als Anlass für militärische Interventionen, die in kriegerischen Auseinandersetzungen mündeten. Die Intervention Roms gegen Makedonien 168 v. Chr. beendete zugleich auch die politische Selbstständigkeit der Illyrer. Ihre Gebiete wurden sukzessive in den expandierenden römischen Machtbereich eingegliedert und schließlich Teil der Provinzen Macedonia im Süden und Dalmatia im Norden.

Zum Kultwesen der Illyrer gibt es bisher nur wenige Anhaltspunkte. In Pod in Nordbosnien wurde ein zweiräumiges Gebäude mit markanter Feuerstelle und Tonstelen mit runden Gesichtern oder kreisförmigen Scheiben entdeckt, die auf eine Sonnenverehrung schließen lassen. Interessant sind die in den schriftlichen Quellen, aber auch in den Sprachresten und in Darstellungen auf Gürtelbeschlägen überlieferten Mythen. Hierbei spielt eine übergroße Schlange eine bedeutende Rolle, ein wohl göttliches, Schutz spendendes Fabeltier.

Es gibt keine schriftlichen Selbstzeugnisse der Illyrer, was die Informationslage erschwert, weder Inschriften noch literarische Zeugnisse. Die gleichsam einzige Überlieferung des Illyrischen besteht in onomastischen Zeugnissen, vor allem Personennamen, die in sekundärer Überlieferung in griechischen und lateinischen Dokumenten belegt sind. Das Illyrische selbst ist eine indogermanische Sprache. Die defizitäre Beleglage der illyrischen Sprache bietet ansonsten keine tiefgreifenden Informationen, aus den onomastischen Zeugnissen können lediglich rudimentäre Einsichten in die Phonologie und Morphologie gewonnen werden. Die phonologischen Kenntnisse sind aber dennoch derart grundlegend, dass wesentliche und entscheidende Punkte zu erkennen sind. Der sprachhistorische Vergleich der Entwicklung des Illyrischen mit dem albanischen Phonemsystem und seiner Vorgeschichte beispielsweise ergibt elementare Diskrepanzen, die eine Herleitung des Albanischen aus dem Illyrischen unmöglich macht. Gleiches gilt auch für andere antike Sprachen, mit denen das Illyrische in Verbindung gebracht wird. Für das Albanische schließlich gilt, dass es sich um eine vom Illyrischen unabhängige Sprache handelt.

Über die eigentliche Sprachgeschichte des Illyrischen lässt das Fehlen von Dokumenten nur Überlegungen zu. In den südlichen illyrischen Gebieten war und blieb das prestigereiche Griechisch von Bedeutung, was sich im Schriftgebrauch wie in der Namengebung niederschlägt. Für die Territorien außerhalb der griechischen Kultursphäre kann dagegen nach deren Eingliederung unter die römische Herrschaft angenommen werden, dass sich das Lateinische in einem steten Prozess ausgebreitet und letztlich vollständig durchgesetzt hat. Es erfolgte also ein Sprachwechsel vom Illyrischen zum Lateinischen, dessen genauer Ablauf jedoch nicht nachverfolgt werden kann. Zu einem bestimmten nachantiken Zeitpunkt ereilte das Illyrische somit das Schicksal vieler anderer antiker Sprachen, es ist ausgestorben.

Die Darstellung der archäologischen und sprachlichen Zeugnisse der Illyrer hat ein übereinstimmendes Ergebnis zum Siedlungsraum gezeigt; der östlichste Teil davon kann allerdings nur durch die archäologischen Quellen belegt werden. Die Erforschung illyrischer Kultur und Sprache ist jedoch keineswegs abgeschlossen. Aus archäologischer Sicht müssen die Besiedlung und die Innenstrukturen der Siedlungen der Frühzeit noch umfangreicher und gezielter untersucht werden, die historische Linguistik muss im Detail noch die chronologische Beleglage der Anthroponyme schärfer ausarbeiten, um die wenigen verbliebenen Belege der illyrischen Sprache adäquat in den historischen und sprachhistorischen Zeitrahmen einzuordnen. Auch die Toponymie des illyrischen Raums erfordert noch eine systematischere Analyse im Hinblick auf mögliche spezielle Namengebiete bzw. Benennungsmuster.

Bibliographie

Bibliographische Abkürzungen

DNP	Der Neue Pauly. Enzyklopädie der Antike, hg. von Hubert Cancik/Helmut Schneider, Band 1–12 Altertum A–Z, Stuttgart 1996–2002
Godišnjak	Godišnjak Centra za balkanološka ispitivanja pri Akademiji nauka i umjetnosti Bosne i Hercegovine
JbRGZM	Jahrbuch des Römisch-Germanischen Zentralmuseums, Mainz
IG	Inscriptiones graecae, Berlin
ILIug	Šašel, Anna/Šašel, Jaroslav (Hgg.), Inscriptiones Latinae quae in Iugoslavia inter annos MCMXL et MCMLX repertae et editae sunt (= Situla 5), Ljubljana 1963; Inscriptiones Latinae quae in Iugoslavia inter annos MCMLX et MCMLXX repertae et editae sunt (= Situla 19), Ljubljana 1978; Inscriptiones Latinae quae in Iugoslavia inter annos MCMII et MCMXL repertae et editae sunt (= Situla 25), Ljubljana 1986
LGPN	Fraser, Peter M./Matthews, Elaine (Hgg.), A Lexicon of Greek Personal Names: Volume III A. The Peloponnese, Western Greece, Sicily and Magna Graeca, Oxford 2008 (Reprint); Volume IV. Macedonia, Thrace, Northern Regions of the Black Sea, Oxford 2008 (Reprint)
LIV^2	Rix, Helmut u. a., Lexikon der indogermanischen Verben. Die Wurzeln und ihre Primärstammbildungen. 2. erweiterte u. verbesserte Aufl. bearbeitet von Martin Kümmel und Helmut Rix, Wiesbaden
MAG	Mitteilungen der Anthropologischen Gesellschaft, Wien
NIL	Wodtko, Dagmar S. u. a., Nomina im indogermanischen Lexikon, Heidelberg 2008
OPEL	Onomasticon Provinciarum Europae Latinarum ex materia ab András Mócsy u. a. collecta composuit et correxit Barnabás Lőrincz. Edition nova aucta et emendata. Vol. 1: ABA-BYSANUS, Budapest 2005; Vol. 2: CABALICIUS-IXUS, Wien 1999; Vol. 3: LABAREUS-PYTHEA, Wien 2000. Vol. 4: QVADRATIA-ZVRES, Wien 2002
PBF	Prähistorische Bronzefunde, Stuttgart
PZ	Prähistorische Zeitschrift, Berlin
RGA	Beck, Heinrich u. a. (Hgg.), Reallexikon der Germanischen Altertumskunde, Band 1–35, Berlin/New York 1973–2007
UPA	Universitätsforschungen zur Prähistorischen Archäologie, Bonn
WMBH	Wissenschaftliche Mitteilungen aus Bosnien und Herzegowina, Sarajevo

Gesamtbibliographie

Adams, James N. 2004: Bilingualism and the Latin Language, Cambridge

Adanır, Fikret 2016: Transhumanz, in: Sundhausen, Holm/Clewing, Konrad (Hgg.), Lexikon zur Geschichte Südosteuropas. 2. erweiterte u. aktualisierte Auflage, Wien u. a., 940–942

Alföldy, Géza 1964: Die Namengebung der Urbevölkerung in der römischen Provinz Dalmatia, in: Beiträge zur Namenforschung 15, 55–104

Alföldy, Géza 1969: Die Personennamen in der römischen Provinz Dalmatia (= Beiträge zur Namenforschung, Beiheft 4), Heidelberg
Alföldy, Géza 1972: Südosteuropa im Altertum – von der Vielfalt zur Einheit, in: Südost-Forschungen 31, 1–16
Alföldy, Géza 2004: Die ‚illyrischen' Provinzen Roms: Von der Vielfalt zu der Einheit, in: Urso Gianpaolo (Hg.), Dall'Adriatico al Danubio. L'illirico nell'età greca e romana. Atti del convegno internazionale Cividale del Friuli, 25–27 settembre 2003, Pisa, 207–220
Alföldy, Géza/Mocsy, András 1965: Bevölkerung und Gesellschaft der römischen Provinz Dalmatien, Budapest
Aliu, Skënder 2012: Tuma e Rehovës (The Tumulus in Rehova), Korça
Amore, Maria Grazia 2016: The Complex of Tumuli 9, 10 and 11 in the Necropolis of Apollonia (Albania). A Time Span from the Early Bronze Age to the Early Hellenistic Period, in: Kelp, Ute/Henry, Olivier (Hgg.), Tumulus as Sema. Space, Politics, Culture and Religion in the First Millenium B. C. (Topoi, Berlin Studies of the Ancient World 27. 1), Berlin/Boston, 57–74
Anamali, Skendër/Spahiu, Hëna 1988: Stoli arbërore, Tirana
Anamali, Skendër u. a. 2009: Corpus des inscriptions latines d'Albanie, Rom
Babić, Staša. 2002: Princely Graves of the Central Balkans – a Critical History of Research, in: Journal of European Archaeology 5.1, 70–88
Bader, Tiberius (Hg.) 2004: Silber der Illyrer und Kelten. Sonderausstellung, in: Schriftenreihe des Keltenmuseums Hochdorf/Enz 6, Eberdingen
Bagnall, Roger S. u. a. (Hgg.) 2013: The Encyclopedia of Ancient History, Band 1–13, Malden/Oxford
Banfi, Emanuele 2003: Evoluzione delle frontiere delle lingue romanze: Romania del Sud-Est, in: Ernst, Gerhard u. a. (Hgg.), Romanische Sprachgeschichte. Ein internationales Handbuch zur Geschichte der romanischen Sprachen 1. Berlin/New York, 622–631
Basler, Duro 1972: The Necropolis of Vele Ledine at Gostilj (Lower Zeta), in: WMBH II/A, 5–125
Beauregard, Marc 1993: L'apport des monnaies à l'étude de l'onomastique d'Apollonia d'Illyrie et d'Épidamne-Dyrrhachion, in: Cabanes, Pierre (Hg.), Grecs et Illyriens dans les inscriptions en langue grecque d'Épidamne-Dyrrhachion et d'Apollonia d'Illyrie. Actes de la Table ronde internationale (Clermont-Ferrand, 19–21 octobre 1989), Paris, 95–111.
Bechtel, Friedrich 1917: Die historischen Personennamen des Griechischen bis zur Kaiserzeit, Halle a. d. Saale
Bechtel, Friedrich 1922: Parerga, in: Zeitschrift für vergleichende Sprachforschung auf dem Gebiete der Indogermanischen Sprachen 50, 69–73
Becker, Lidia 2010: Stadt- oder Bürgersprache Dalmatisch, in: Heinemann, Sabine/Eufe, Rembert (Hgg.), Romania urbana. Die Stadt des Mittelalters und der Renaissance und ihre Bedeutung für die romanischen Sprachen und Literaturen, München, 57–81
Bejko, Lorence/Hodges, Richard (Hgg.) 2006: New Directions in Albanian Archaeology, Studies Presented to Muzafer Korkuti. International Centre for Albanian archaeology, Monograph Series No. 1, Tirana
Benac, Alojz 1964: Vorillyrier, Protoillyrier und Urillyrier, in: Benac, Alojz (Hg.), Simpozijum o teritorijalnom i hronološkom razgraničenju Ilira u praistorijsko doba. Održan, 15. i 16. maja 1964, Sarajevo, 55–94
Benac, Alojz/Čović, Borivoj 1956: Glasinac, Teil I, Bronzezeit, Sarajevo
Benac, Alojz/Čović, Borivoj 1957: Glasinac, Teil II, Eisenzeit, Sarajevo
Bichlmeier, Harald 2011 a: Einige grundsätzliche Überlegungen zum Verhältnis von Indogermanistik und voreinzelsprachlicher resp. alteuropäischer Namenkunde mit einigen Fallbeispielen, in: Namenkundliche Informationen 95/95 2009, 173–208

Bichlmeier, Harald 2011 b: Moderne Indogermanistik vs. traditionelle Namenkunde, Teil 2 – Save, Drau, Zöbern, in: Ziegler, Arne/Windberger-Heidenkummer, Erika (Hgg.). Methoden der Namenforschung. Methodologie, Methodik und Praxis. Akten der 6. Tagung des Arbeitskreises für bayerisch-österreichische Namenforschung (ABÖN), Graz, 12. – 15.5.2010, Berlin, 63–87

Bidollari, Çlirim 2007: Das albanische Personennamensystem, in: Brendler, Andrea/Brendler, Silvio (Hgg.), Europäische Personennamensysteme. Ein Handbuch von Abasisch bis Zentralladinisch. Hamburg, 46–56

Bottini, Angelo u. a. (Hgg.) 1988: Antike Helme. Sammlung Lipperheide und andere Bestände des Antikenmuseums Berlin (Monographien des Römisch-Germanischen Zentralmuseums in Mainz 14), Mainz

Bousquet, Jean 1974: Une épigramme funéraire grecque de Dardanie, in: Živa Antika 24, 255–257

Breu, Josef (Hg.) 1982: Atlas der Donauländer. Geologie, Wien

Brunšmid, Josef 1989: Die Inschriften und Münzen der griechischen Städte Dalmatiens, Wien

Budinszky, Alexander 1881: Die Ausbreitung der lateinischen Sprache über Italien und die Provinzen des römischen Reiches, Berlin

Buzo, Jamarbër 2017: Simple Graves from the Necropolis of the Ancient City of Amantia, in: Iliria 41, 195–207

Cabanes, Pierre 1976: L'Épire de la mort de Pyrrhos à la conquête romaine (272–167 av. J. C.), Paris

Cabanes, Pierre (Hg.) 1987: L'Illyrie méridionale et l'Épire dans l'Antiquité. Actes du colloque international de Clermont-Ferrand (22–25 octobre 1984), Clermont-Ferrand

Cabanes, Pierre 1988: Les illyriens de Bardylis à Genthios IVe–IIe siècles avant J.-C., Paris

Cabanes, Pierre (Hg.) 1993: Grecs et Illyriens dans les inscriptions en langue grecque d'Épidamne-Dyrrhachion et d'Apollonia d'Illyrie. Actes de la Table ronde internationale (Clermont-Ferrand, 19–21 octobre 1989), Paris

Cabanes, Pierre u. a. (Hgg.) 2007: Inscriptions de Bouthrôtos avec la collaboration de Miltiade Hatzopoulos (= Corpus des inscriptions grecques d'Illyrie méridionale et d'Épire 2 sous la direction de Pierre Cabanes), Athen

Cabanes, Pierre 2008: Greek Colonisation in the Adriatic, in: Tsetskhladze, Gocha R. (Hg.), Greek Colonisation. An Account of Greek Colonies and other Settlements Overseas. Volume Two, Leiden/Boston, 155–185

Cabanes, Pierre u. a. 2016: Inscriptions d'Albanie en dehors des sites d'Épidamne-Dyrrhacion, Apollonia et Bouthrôtos (= Corpus des inscriptions grecques d'Illyrie méridionale et d'Épire 3 sous la direction de Pierre Cabanes), Athen

Cabanes, Pierre/Drini, Faik 1995: Inscriptions d'Épidamne-Dyrrhachion et d'Apollonia. 1. Inscriptions d'Épidamne-Dyyrrhachion (= Corpus des inscriptions grecques d'Illyrie méridionale et d'Épire 1 sous la direction de Pierre Cabanes), Athen

Cabanes, Pierre/Ceka, Neritan 1997: Inscriptions d'Épidamne-Dyrrhachion et d'Apollonia. 2. A. Inscriptions d'Apollonia d'Illyrie (= Corpus des inscriptions grecques d'Illyrie méridionale et d'Épire 1 sous la direction de Pierre Cabanes), Athen

Çabej, Eqrem 1963: Ringinschriften aus Nordalbanien, in: Lingua Posnaniensis 9, 98–102

Cambi, Nenad 2013: Romanization of the Western Illyricum from Religious Point of View, in: Godišnjak 42, 71–88

Castiglioni, Maria Paola 2010: Cadmos-serpent en Illyrie. Itinéraire d'un héros civilisateur, Pisa

Cavallaro, Maria Adele 2004: Da Teuta a Epulo: interpretazione delle guerre illyriche e histriche tra 229 e 177 a. C., Bonn

Ceka, Hasan 1965: Probleme të numismatikës ilire me një katalog të monetave të pabotueme apo të rralla të Ilirisë së jugut, Tirana

Ceka, Hasan 1972: Questions de numismatique illyrienne avec un catalogue des monnaies d'Apollonie et de Durrhachium, Tirana
Ceka, Hasan 1982: Vula antike mbi tjegulla në trevën ndërmjet Aosit dhe Genusit, in: Iliria 12. 1, 103–130
Ceka, Hasan 2001: The influence of the Illyrian cult on ancient coins from Albania, in: Iliria 30, 7–8
Ceka, Hasan 2008: Monedhat e Dyrrhahut dhe të Apollonisë, Tirana
Ceka, Neritan 1986: Amfora antike nga Margaliçi, in: Iliria 16. 2, 71–98
Ceka, Neritan 1987: Mbishkrime byline, in: Iliria 17. 2, 49–121
Ceka, Neritan 1988 a: Kommentar zur Abbildung 284, in: Eggebrecht, Arne (Hg.), Albanien. Schätze aus dem Land der Skipetaren, Mainz, 372–373
Colloque Agglomérations 1975: Benac, Alojz (Hg.), Utvrđena ilirska naselja. Colloque International Agglomérations fortifiées Illyriennes (Mostar, 24–26 octobre 1974), Sarajevo
Čović, Borivoj 1975 a: Die Befestigungen und befestigten Siedlungen des Glasinacer Gebietes, in: Colloque agglomérations, 93–101
Čović, Borivoj 1975 b: Pod bei Bugojno, eine befestigte Siedlung der Bronze- und Eisenzeit in Zentralbosnien, in: Colloque Agglomérations, 121–130
Čović, Borivoj 1982: Die Kunst der Spätbronze- und älteren Eisenzeit an der östlichen Adriaküste und in deren Hinterland, in: Benac, Alojz (Hg.), Simpozijum duhovna kultura Ilira (Her¬ceg-Novi, 4.–6. novembra 1982), Sarajevo, 7–40
Čurčić, Vejsil 1909: Prähistorische Funde aus Bosnien und der Herzegowina, in: WMBH 11, 91–100
Dahmen, Wolfgang 2003: Externe Sprachgeschichte des Rumänischen, in: Ernst, Gerhard u. a. (Hgg.), Romanische Sprachgeschichte. Ein internationales Handbuch zur Geschichte der romanischen Sprachen 1. Berlin/New York, 727–746
Dana, Dan 2014: Onomasticon Thracicum. Répertoire des noms indigènes de Thrace, Macédoine orientale, Mésies, Dacie et Bithynie, Athen
Dana, Dan 2015: Inscriptions, in: Valeva, Julia u. a. (Hgg.), A Companion to Ancient Thrace. Malden u. a., 243–264
Dautaj, Burhan 1994: Gjetje epigrafike nga Dimale, in: Iliria 24, 105–150
Davis, Jack L. u. a. 2011: Archaic Apollonia: new light from the Bonjakët site, in: Lamboley, Jean-Luc (Hg.), L'Illyrie méridionale et l'Épire dans l'antiquité V: Actes du Ve colloque international de Grenoble (8–11 octobre 2008), Paris, 209–214
Delamarre, Xavier 2007: Noms de personnes celtiques dans l'épigraphie classique, Paris
Della Casa, Philippe 1996: Velika Gruda II. Die bronzezeitliche Nekropole Velika Gruda (Opš. Kotor, Montenegro), UPA 33, Bonn
Demiraj, Shaban 2006: The Origin of the Albanians (Linguistically Investigated), Tirana
de Matteis, Mario 2015: Stationes und mutationes entlang der Via Egnatia von Durrës und Apollonia bis nach Ohrid, in: Demiraj, Bardhyl (Hg.), Sprache und Kultur der Albaner. Zeitliche und räumliche Dimensionen. Akten der 5. Deutsch-albanischen kulturwissen-schaftlichen Tagung (5.–8. Juni 2014, Buçimas bei Pogradec, Albanien), Wiesbaden, 23–32
de Simone, Carlo 1977: Le iscrizioni della necropoli di Durazzo. Nuove osservazioni, in: Studi Etruschi 45, 209–235
de Simone, Carlo 1993: L'elemento non greco nelle iscrizioni di Durazzo ed Apollonia, in: Cabanes, Pierre (Hg.), Grecs et Illyriens dans les inscriptions en langue grecque d'Épidamne-Dyrrhachion et d'Apollonia d'Illyrie. Actes de la Table ronde internationale (Clermont-Ferrand, 19–21 octobre 1989), Paris, 35–75
de Simone, Carlo 1999: Ancora sull' ,illirico' Genti, in: Cabanes, Pierre (Hg.), L'Illyrie méridionale et l'Épire dans l'Antiquité 3. Actes du IIIe colloque international de Chantilly (16–19 octobre 1996), 71–72

de Simone, Carlo 2018, Illyrian, in: Klein, Jared u. a (Hgg.), Handbook of Comparative and Historical Indo-European Linguistics 3, Berlin/Boston, 1867–1872

de Souza, Philip 2013, Illyrian Wars, in: Bagnall, Roger S. u. a. (Hgg.), The Encyclopedia of Ancient History, Band 6, Malden/Oxford, 3409–3410

Djuknić, Milena/Jovanović, Borislav 1965: The Illyrian Princely Necropolis at Atenica, in: Archaeologica Iugoslavica 6, 1–26 (Tab. 1–40)

Dragićević, Ivo 2016: Daorsi coins and a contribution to the understanding of the circulation of coinage in Daorsi territory, in: Vjesnik za arheologiju i historiju dalmatinsku 109, 107–128

Dragojević-Josifovska, Borka 1971: Add. ad Spomenik, LXXI, 557, Albanopolis, in: Živa Antika 21, 513–522

Džino, Danijel 2007: The Celts in Illyricum – Whoever they may be: the Hybridization and Construction of Identities in Southeastern Europe in the Fourth and Third Centuries BC, in: Opuscula Archaeologica 31.1, 49–68

Dzino, Danijel 2010 a: Illyricum in Roman Politics 229 BC–AD 68, Cambridge

Dzino, Danijel 2010 b: Becoming Slav, Becoming Croat. Identity Transformations in Post-Roman and Early Medieval Dalmatia, Leiden/Boston

Džino, Danijel 2014: ‚Illyrians' in Ancient Ethnographic Discourse, in: Dialogues d'histoire ancienne 40. 2, 45–65

Džino, Danijel/Domić Kunić, Alka 2018: A View from the Frontier Zone: Roman Conquest of Illyricum, in: Milićević Bradač, Marina/Demicheli, Dino (Hgg.), The Century of the Brave. Roman Conquest and Indigenous Resistance in Illyricum during the Time of Augustus and his Heirs, Zagreb, 77–87

Eggebrecht, Arne (Hg.) 1988: Albanien. Schätze aus dem Land der Skipetaren, Mainz

Ehmig, Ulrike/Haensch, Rudolf 2012: Die Lateinischen Inschriften aus Albanien (LIA), Bonn

Eichler, Ernst u. a. (Hgg.) 1995: Namenforschung. Ein internationales Handbuch zur Onomastik. 1. Teilband (= Handbücher zur Sprach- und Kommunikationswissenschaft 11. 1), Berlin/New York

Eichner, Heiner 2004: Illyrisch – Die unbekannte Sprache, in: Lippert, Andreas (Hg.), Die Illyrer. Archäologische Funde des 1. vorchristlichen Jahrtausends aus Albanien. Sonderausstellung im Museum für Urgeschichte Asparn an der Zaya, Asparn/Zaya, 92–117

Elsie, Robert 1993: Hydronymica Albanica. A Survey of River Names in Albania, in: Zeitschrift für Balkanologie 30, 1–46

Elsie, Robert 2001: A Dictionary of Albanian Religion, Mythology, and Folk Culture, London

Falileyev, Alexander, 2008: Roman and Pre-Roman: the Balkans and Hispania. A Case of Mal, in: Sikimić, Biljana/Ašić, Tijana (Hgg.), The Romance Balkans. Collection of Papers Presented at the International Conference. The Romance Balkans, 4.–6. November 2006, Belgrad, 37–43

Falileyev, Alexander 2013: The Celtic Balkans, Aberystwyth

Falileyev, Alexander 2014: In Search of the Eastern Celts. Studies in Geographical Names, their Distribution and Morphology, Budapest

Falileyev, Alexander 2020: The Silent Europe, in: Palaeohispanica. Revista sobre lenguas y culturas de la Hispania antigua 20, 887–919

Forbiger, Albert 1877: Handbuch der alten Geographie. Dritter und letzter Band. 2. umgearbeitete u. vielfach verbesserte Auflage, Leipzig

Fortson, Benjamin W. 2010: Indo-European Language and Culture. An Introduction, 2. Aufl., Malden/Oxford

Freeman, Philip 2001: The Galatian Language. A Comprehensive Survey of the Language of the Ancient Celts in Greco-Roman Asia Minor, Lewiston u. a.

Frielinghaus, Heide 2011: Die Helme von Olympia. Ein Beitrag zu Waffenweihungen in griechischen Heiligtümern, Berlin/New York

Fritz, Matthias/Meier-Brügger, Michael 2021: Indogermanische Sprachwissenschaft. 10., völlig neu bearbeitete Aufl., Berlin/Boston

Frommer, Hansjörg 2003: Seeräuber und tüchtige Krieger – Die Illyrer, in: Frühe Völker Europas. Thraker – Illyrer – Kelten – Germanen – Etrusker – Italiker – Griechen, Darmstadt, 16–25

Furtwängler, Adolf 1892: Olympia IV. Ergebnisse. Die bronzenen und die übrigen kleineren Funde, Berlin

Galaty, Michael u. a. 2013: Light and Shadow: Isolation and Interaction in the Shala Valley of Northern Albania (Monumenta Archaeologica 28), Los Angeles

Garašanin, Milutin 1977: Zur Frage der Transhumanz in der dinarischen Bronzezeit, in: Balcanica 8, 37–43

García-Ramón, José 2003: Vorgriechische Sprachen, in: DNP 12. 2, 331–334

Gavranović, Mario 2011: Die Spätbronzezeit- und Früheisenzeit in Bosnien, Teil 1 und 2, UPA 195, Bonn

Gavranović, Mario 2017: Überregionale Netzwerke und lokale Distribution, Verteilungsmuster einiger Bronzeobjekte im westlichen Balkan während der jüngeren und späten Urnenfelderzeit, in: Ložnjak Dizdar, Daria/Dizdar, Marko (Hgg.), The Late Urnfield Culture betweeen the Eastern Alps and the Danube: Proceedings of the International Conference in Zagreb (November 7–8, 2013), 109–124

Gavranović, Mario 2020 a: Late Bronze Age Geometric Decoration in the Western Balkans – Style and Stats, in: Maran, Joseph u. a. (Hgg.), Objects, Ideas and Travelers. Contacts between the Balkans, the Aegean and Western Anatolia during the Bronze and Early Iron Age. Volume to the Memory of A. Vulpe, Proceeding of the Conference in Tulcea 10th–13th November 2017, Bonn, 431–446

Gavranović, Mario u. a. (Hgg.) 2020 b: Spheres of Interaction, Contacts and Relationships between the Balkans and Adjacent Regions in the Late Bronze/Iron Age (13th–5th c. BCE), Perspectives of Balkan Archaeology 1, Rahden/Westfalen

Gavranović, Mario/Mehofer, Mathias 2016: Local Forms and Regional Distributions, Metallurgical Analysis of Late Bronze Age Objects from Bosnia, in: Archaeologia Austriaca 100, 87–107

Gavranović, Mario/Sejfuli, Ajla 2018: Early Iron Age in Central Bosnia – an Overview and Research Perspectives, in: Godišnjak 47, 27–44

Gerov, Boris 1980: Die lateinisch-griechische Sprachgrenze auf der Balkanhalbinsel, in: Neumann, Günter/Untermann, Jürgen (Hgg.), Die Sprachen im römischen Reich der Kaiserzeit. Kolloquium vom 8. bis 10. April 1974, Köln/Bonn, 147–165

Gimbutas, Maria 1991: The Language of the Goddess, San Francisco

Govedarica, Blagoje 1982: Contributions to Cultural Stratigraphy of Prehistoric Fortified Settlements in Southwestern Bosnia, in: Godišnjak 20, 111–188

Govedarica, Blagoje 2002: Zwischen Hallstatt und Griechenland: die Fürstengräber in der frühen Eisenzeit des Mittelbalkans, in: Godišnjak 32, 317–328

Govedarica, Blagoje 2007: Bare Münze oder wer war Ballaios, in: Situla 44 (Festschrift Biba Teržan), 843–848

Grbić, Dragana 2016: Greek, Latin and Paleo-Balkan Languages in Contact, in: Rhesis. International Journal of Linguistics, Philology, and Literature. Linguistics and Philology 7. 1, 56–65

Greenfield, Haskel Joseph/Arnold, Elizabeth 2005: The Archaeozoological Remains from Early Iron Age Hill-top Fortress at Klisura-Kadića Brdo, Eastern Bosnia: a Taphonomic Assessment, in: Godišnjak 34, 107–150

Guštin, Mitja 1974: Mahaira Krummschwerter: Urgeschichtliche Verbindungen Picenum – Slowenien – Basarabi, in: Situla 14–15 (Festschrift Jože Kastelic), 77–94

Haebler, Claus 1997: Balkanhalbinsel, Sprachen, in: DNP 1, 421–423

Hänsel, Bernhard 2000: Die Götter Griechenlands und die südost- bis mitteleuropäische Spätbronzezeit, in: Gediga, Bogusław/Piotrowska, Danuta (Hgg.), Kultura symboliczna kręgu pól popielnicowych epoki brązu i wczesnej epoki żelaza w Europie Środkowej, Warsawa u. a., 331–343

Hajnal, Ivo 2003: Methodische Vorbemerkungen zu einer Palaeolinguistik des Balkanraums, in: Bammesberger, Alfred/Vennemann, Theo (Hgg.), Languages in Prehistoric Europe. 2. Aufl., Heidelberg, 117–145

Hajnal, Ivo 2005: Das Frühgriechische zwischen Balkan und Ägäis – Einheit oder Vielfalt?, In: Meiser, Gerhard/Hackstein, Olav (Hgg.), Sprachkontakt und Sprachwandel. Akten der 9. Fachtagung der Indogermanischen Gesellschaft, 17. –23. September 2000, Halle a. d. Saale, Wiesbaden, 185–214

Hammond, Nicholas G. L. 1974: The Western Part of the Via Egnatia, in: JRS 64, 185–194

Hansen, Svend 2019: The Hillfort of Teleac and Early Iron in Southern Europe, in: Hansen, Svend/Krause, Rüdiger (Hgg.), Bronze Age Fortresses in Europe: Proceedings of the Se¬cond International LOEWE Conference, 9.–13. Oktober 2017 in Alba Julia, UPA 335, Bonn, 201–226

Hatzopoulos, Miltiade B. 1987: Les limites de l'expansion macédonienne en Illyrie sous Philippe II, in: Cabanes, Pierre (Hg.), L'Illyrie méridionale et l'Épire dans l'Antiquité. Actes du colloque international de Clermont-Ferrand (22-25 octobre 1984), Clermont-Ferrand, 81–94

Head, Barclay V. 1911: Historia Numorum. A Manual of Greek Numismatics. New and Enlarged Edition, Oxford

Hochstetter, Alix 1982: Die mattbemalte Keramik in Nordgriechenland, ihre Herkunft und lokale Ausprägung, in: PZ 57, 201–219

Hochstetter, Ferdinand von 1880/81: Über einen Kesselwagen aus Bronze aus einem Hügelgrab von Glasinac in Bosnien, in: MAG 10, 289–298.

Hock, Wolfgang 2015: Altlitauisches etymologisches Wörterbuch (ALEW), Band 1: A–M, Band 2: N–Ž, Hamburg

Hoernes, Moritz 1889: Grabhügelfunde von Glasinac in Bosnien, in: MAG 19, 134–149

Hoffmann, Otto 1906: Die Makedonen, ihre Sprache und ihr Volkstum, Göttingen

Holzer, Georg 2007: Historische Grammatik des Kroatischen. Einleitung und Lautgeschichte der Standardsprache, Frankfurt a. M. u. a.

Hoti, Afrim 1982: Varreza tumulare e Bardhocit në Rrethin e Kukësit (La nécropole tumulaire de Bardhoc dans le district de Kukës), in: Iliria 12. 1, 15–48.

Islami, Selim 1972: Prerjet monetare të Shkodrës, Lisit dhe Gentit (Përpjekje për një rishqyrtim të problemit), in: Iliria 2 (= Qyteti Ilir. Botim i veçantë me rastin e „Kuvendit të parë të studimeve Ilire" mbajtur në Tiranë me 15–21 Shtator 1972, vol. 2), 351–376

Islami, Selim 2013: Kultura ilire e tumave të Matit, Pristina

Jašarević, Aleksandar 2015 a: Imported Bronze Vessels from Glasinac: Long-Distance Exchange with Pre-Roman Italy and Greece, in: Deschler-Erb, Eckhardt/Della Casa, Philippe (Hgg.), New Research on Ancient Bronzes. Acta of the XVIIIth International Congress of Ancient Bronzes (Zurich Studies in Archaeology 10), Zürich, 39–42

Jašarević, Aleksandar u. a. 2015 b: Osteological Finds from Early Iron Age Hillfort of Vis, in: Godišnjak 44, 95–104

Jovanović, Borislav/Popović, Petar 1991: The Scordisci, in: Moscati, Sabatino (Hg.), The Celts, Published on the Occasion of the Exhibition The Celts, the Origins of Europe, Venice, March–December 1991, New York, 337–347

Karaiskaj, Gjerark 2004: Befestigte illyrische Bergsiedlungen, griechische Handelskolonien und frühe stadtartige Siedlungen in Albanien, in: Lippert, Andreas (Hg.). Die Illyrer. Archäologische Funde des 1. vorchristlichen Jahrtausends aus Albanien, Sonderausstellung im Museum für Urgeschichte Asparn a. d. Zaya, Asparn/Zaya, 36-56

Katičić, Radoslav 1962 a: Die illyrischen Personennamen in ihrem südöstlichen Verbreitungsgebiet, in: Živa Antika 12, 95-120

Katičić, Radoslav 1962 b: Das mitteldalmatische Namengebiet, in: Živa Antika 12, 255-292

Katičić, Radoslav 1964 a: Die neuesten Forschungen über die einheimische Sprachschicht in den illyrischen Provinzen, in: Benac, Alojz u. a. (Hgg.), Simpozijum o teritorijalnom i hronološkom razgraničenju ilira u praistorijsko doba, održan 15. i 16. maja 1964, 31-58

Katičić, Radoslav 1964 b: Namengebiete im römischen Dalmatien, in: Die Sprache 10, 23-33

Katičić, Radoslav 1964 c: Ilyrii proprie dicti, in: Živa Antika 13, 87-97

Katičić, Radoslav 1965: Zur Frage der keltischen und pannonischen Namengebiete im römischen Dalmatien, in: Godišnjak 3, 53-76

Katičić, Radoslav 1966: Nochmals Ilyrii proprie dicti, in: Živa Antika 16, 241-244

Katičić, Radoslav 1968: Die einheimische Namengebung von Ig, in: Godišnjak 6, 61-120

Katičić, Radoslav 1976: Ancient Languages of the Balkans. Part one, The Hague/Paris

Katičić, Radoslav 1977: Enhelejci, in: Godišnjak 15, 5-82

Katičić, Radoslav 1980: Die Balkanprovinzen, in: Neumann, Günter/Untermann, Jürgen (Hgg.), Die Sprachen im römischen Reich der Kaiserzeit. Kolloquium vom 8. bis 10. April 1974, Köln/Bonn, 103-120

Katičić, Radoslav 1991: Die Quellenlage zur Paläoethnologie des zentralen Balkanraums, in: Benac, Alojz u. a. (Hgg.). Iliro-Trački Simpozijum I. Paleobalkanska plemena između Jadranskog i Crnog Mora od eneolita do helenističkog doba, Sarajevo, 91-100

Kelp, Ute/Henry, Olivier (Hgg.) 2016: Tumulus as Sema. Space, Politics, Culture and Religion in the First Millenium B. C. (Topoi, Berlin Studies of the Ancient World 27. 1), Berlin/Boston

Kilian, Klaus 1973 a: Zu geschnürten Schienen der Hallstattzeit aus der Ilijak-Nekropole in Bosnien, in: Germania 51. 2, 528-535

Kilian, Klaus 1973 b: Zur eisenzeitlichen Transhumanz in Nordgriechenland, in: Archäologisches Korrespondenzblatt 3, 431-435

Klein, Jared u. a (Hgg.) 2018: Handbook of Comparative and Historical Indo-European Linguistics 3, Berlin/Boston

Klotz, Emanuel 2013: Die kroatische Lautgeschichte am Beispiel romanisch vermittelter Toponyme an der slawischsprachigen Adriaküste, Wien

Koder, Johannes 2017: Illyrikon und Illyrios, in: Beihammer, Alexander u. a. (Hgg.). Prosopon Rhomaikon. Ergänzende Studien zur Prosopographie der mittelbyzantinischen Zeit, Berlin/Boston, 197-210

König, Peter 2004: Spätbronzezeitliche Hortfunde aus Bosnien und der Herzegowina, PBF XX/11, Stuttgart

Korkuti, Muzafer 2013: Archaeological Studies on the Prehistory of Albania, Tirana

Kossack, Georg 1992: Blitzblume, Gorgoneion und heilige Lanze. Ikonographisches zu figuralen Blecharbeiten der Thraker und Illyrer, in: Orpheus, Journal of Indo-European and Thracian Studies 2, 1992, 60-69.

Krahe, Hans 1925: Die alten balkanillyrischen geographischen Namen auf Grund von Autoren und Inschriften, Heidelberg

Krahe, Hans 1929: Lexikon altillyrischer Personennamen, Heidelberg

Krahe, Hans 1933: Illyrisches, in: Glotta 22, 122-127

Krahe, Hans 1934: Illyrisches, in: Glotta 23, 112-118

Krahe, Hans 1939: ἸΛΛΥΡΙΩΝ ἘΝΕΤΟΙ, in: Rheinisches Museum für Philologie 88. 2, 97-101

Krahe, Hans 1940: Beiträge zur illyrischen Wort- und Namenforschung 8: Illyr. bora „Berg", in: Indogermanische Forschungen 57, 113–133
Krahe, Hans 1942: Beiträge zur illyrischen Wort- und Namenforschung, in: Indogermanische Forschungen 58, 131–152
Krahe, Hans 1946: Beiträge zur alteuropäischen Flussnamenforschung, in: Würzburger Jahrbücher für die Altertumswissenschaft 1. 1, 79–97
Krahe, Hans 1949: Beiträge zur illyrischen Wort- und Namenforschung, in: Indogermanische Forschungen 59, 62–83
Krahe, Hans 1955 a: Die Sprache der Illyrier, Wiesbaden
Krahe, Hans 1955 b: Die Sippe laid- (laed-) und led- im Illyrischen, in: Krahe, Hans (Hg.), Corolla Linguistica. Festschrift Ferdinand Sommer zum 80. Geburtstag am 4. Mai 1955 dargebracht von Freunden, Schülern und Kollegen, Wiesbaden, 129–136
Krahe, Hans 1956: Beiträge zur illyrischen Wort- und Namenforschung 27: Die illyrischen Ortsnamen auf -ōna, in: Indogermanische Forschungen 62, 250–259
Krahe, Hans 1958/59: Beiträge zur illyrischen Wort- und Namenforschung, in: Indogermanische Forschungen 64, 241–255
Krahe, Hans 1962: Rezension von Mayer 1959, in: Indogermanische Forschungen 67, 107–116
Krahe, Hans 1963: Die Gewässernamen im alten Illyrien, in: Beiträge zur Namenforschung 14, 1–19, 113–124
Krahe, Hans 1964: Unsere ältesten Flussnamen, Wiesbaden
Kramer, Johannes 1992: La romanità balcanica, in: Kremer, Dieter (Hg.), Actes du XVIIIe Congrès International de Linguistique et de Philologie Romanes, Université de Trèves (Trier) 1986. Section 1 Romania submersa, Section 2 Romania nova, Tübingen, 58–75
Krapf, Tobias 2018: The Late Bronze Age/Early Iron Age Transition in the Korçë Basin (SE-Albania) and the Modern Perception of the Emergence of Illyrian Culture: Fragmentation and Connectivity in the North Aegean and the Central Balkans from the Bronze Age to the Iron Age, in: Gimatzidis, Stefanos u. a. (Hgg.), Archaeology across Frontiers and Borderlands: Fragmentation and Connectivity in the North Agean and the Central Balkans from the Bronze Age to the Iron Age, Wien 411–426
Krause, Johannes 2019: Die Reise unserer Gene, Berlin
Križman, Mate 1990: Die vorrömischen anthroponymischen Beziehungen auf dem Gebiet der nordöstlichen Adriaküste, in: Holzer, Georg (Hg.), Croatica – Slavica – Indoeuropaea (= Wiener Slavistisches Jahrbuch, Ergänzungsband 7), Wien, 113–120
Kromer, Karl 1986: Das östliche Mitteleuropa in der frühen Eisenzeit (7.–5. Jh. v. Chr.), seine Beziehungen zu Steppenvölkern und antiken Hochkulturen, in: JbRGZM 33, 3–93
Kronasser, Heinz 1962: Zum Stand der Illyristik, in: Linguistique balkanique 4, 5–23
Kronasser, Heinz 1965: Illyrier und Illyricum, in: Die Sprache. Zeitschrift für Sprachwissenschaft 11, 155–183
Krstić, Vera 2004: Die Fürstengräber der Älteren Eisenzeit im Zentralbalkan, in: Bader, Tiberius (Hg.), Silber der Illyrer und Kelten. Sonderausstellung, in: Schriftenreihe des Keltenmuseums Hochdorf/Enz 6, Eberdingen, 33–50
Kunze, Emil 1958: VI. Bericht über die Ausgrabungen in Olympia. Winter 1953/1954 und 1954/1955, Berlin
Kurilić, Anamarija 2002: Liburnski antroponimi, in: Folia Onomastica Croatica 11, 123–148
Kurti, Dilaver 1983: Tumat ilire të Burrelit (Tuma III), in: Iliria 13. 1, 85–108
Kurti, Rovena 2012: Amber during Late Bronze Age and Iron Age in Albania, in: Iliria 36, 73–108
Kurti, Rovena 2020 a: Results of the Archaeological Survey in the Hilly Area of Northwestern Albania (Lezhë-Shkodër, Year 2018), in: Candavia 8, 25–66

Kurti, Rovena 2020 b: Common Trends and Regional Particularities in the Western Balkan Iron Age: the Female Belt adornment in the 7th-6th centuries BCE Northern Albania, in: Gavranović, Mario u. a. (Hgg.), Spheres of Interaction, Contacts and Relationships between the Balkans and Adjacent Regions in the Late Bronze/Iron Age (13th-5th c. BCE), Perspectives of Balkan Archaeology 1, Rahden/Westfalen, 217–252

Lahi, Bashkim 2019: Vula latine amforash në Shqipëri, Shkodër

Latte, Kurt/Cunningham, Ian C. 2018: Hesychii Alexandrini Lexicon. Volumen I: Α–Δ, Berlin/Boston

Leumann, Manu 1953: Deminutiva auf -ύλλιον und Personennamen mit Kennvokal υ im Griechischen, in: Glotta 32, 214–225

Lafe, Emil 1973: Toponymes latino-romains sur le territoire albanais, in: Studia Albanica 1, 161–167

Lauer, Reinhard 2010: Die illyristische Versuchung, in: Bernik, France/Lauer, Reinhard (Hgg.), Die Grundlagen der slowenischen Kultur. Bericht über die Konferenz der Kommission für interdisziplinäre Südosteuropa-Forschung im September 2002 in Göttingen, Berlin/New York, 171–184

Lindner, Thomas 1995: Griechische (incl. mykenische) Ortsnamen, in: Eichler, Ernst u. a. (Hgg.), Namenforschung. Ein internationales Handbuch zur Onomastik. 1. Teilband (= Handbücher zur Sprach- und Kommunikationswissenschaft 11. 1), Berlin/New York, 690–705

Lippert, Andreas (Hg.) 2004: Die Illyrer. Archäologische Funde des 1. vorchristlichen Jahrtausends aus Albanien. Sonderausstellung im Museum für Urgeschichte Asparn an der Zaya, Asparn/Zaya

Ljuština, Marija/Dmitrović, Katarina 2020: Some Light in the Dark Ages: Remarks on Cultural Continuity during the Late Bronze and Early Iron Age in West Morava Basin, in: Gavranović u. a. (Hgg.) 2020, 177–188

Lloyd, Albert L. u. a. 1998: Etymologisches Wörterbuch des Althochdeutschen. Band 2: bî-ezzo, Göttingen

Lochner von Hüttenbach, Fritz 1965: Die antiken Personennamen aus Ig bei Ljubljana, in: Situla 8, 15–45

Lochner von Hüttenbach, Fritz 1970: Illyrier und Illyrisch. Rückschau, Synthese und Ausblick, in: Das Altertum 16. 4, 216–228

Lochner von Hüttenbach, Fritz 1998: Zur Frühzeit und Entwicklung der Illyristik, in: Anreiter, Peter/Ölberg Hermann M. (Hgg.), Wort, Text, Sprache und Kultur. Festschrift für Hans Schmeja zum 65. Geburtstag, Innsbruck

Lombardo, Mario 2014: Iapygians: The Indigenous Populations of Ancient Apulia in the Fifth and Fourth Centuries B.C.E., in: Carpenter, Thomas H. u. a. (Hgg.), The Italic People of Ancient Apulia. New Evidence from Pottery for Workshops, Markets, and Customs, Cambridge, 36–68

Lucentini, Nora 1981: Sulla cronologia delle necropoli di Glasinac nell'età del ferro, in: Studi di protostoria adriatica 1 (Quaderni di cultura materiale 2), Roma, 67–162

Lühr, Rosemarie 2014: Etymologisches Wörterbuch des Althochdeutschen. Band 5: iba-luzzilo, Göttingen

Mano-Zisi, Djordje/Popović, Ljubiša 1969: Novi Pazar: ilirsko-grčki nalaz/Novi Pazar: the Illyrian-Greek Find, Belgrad

Maran, Joseph u. a. (Hgg.) 2020, Objects, Ideas and Travelers. Contacts between the Balkans, the Aegean and Western Anatolia during the Bronze and Early Iron Age. Volume to the Memory of A. Vulpe, Proceeding of the Conference in Tulcea 10th-13th November 2017, Bonn

Marković, Čedomir 1982: Ukrosni predmeti iz knezevskog groba so lokalitata Lisijevo Polje kod Ivangrada, in: Benac, Alojz (Hg.), Simpozijum duhovna kultura Ilira (Herceg-Novi, 4.-6. novembra 1982), Sarajevo, 81-87

Martinović, Jovan J. 2016: Antički natpisi u Crnoj Gori. Corpus inscriptionum Latinarum et Graecarum Montenegri. Drugo izdanje, Kotor

Masson, Olivier 1968: Les rapports entre les grecs et les illyriens d'après l'onomastique d'Apollonia d'Illyrie et de Dyrrachion, in: Georgiev, Vladimir u. a. (Hgg.), Actes du premier congrès international des études balkaniques et sud-est européennes 6. Linguistique, 233-239

Masson, Olivier 1977: A propos de la réimpression des „Beamtennamen auf den griechischen Münzen" de Rudolf Münsterberg, in: Revue de Philologie, de Littérature et d'Histoire Anciennes 51, 83-88

Masson, Olivier 1980: Variétés thessaliennes, in: Revue de Philologie, de Littérature et d'Histoire Anciennes 54, 229-232

Masson, Olivier 1987: Quelques noms illyriens, in: Cabanes, Pierre (Hg.), L'Illyrie méridionale et l'Épire dans l'Antiquité. Actes du colloque international de Clermont-Ferrand (22-25 octobre 1984), Clermont-Ferrand, 115-117

Masson, Olivier 1993: Encore les noms grecs et les noms illyriens à Apollonia et Dyrrhachion, in: Cabanes, Pierre (Hg.), Grecs et Illyriens dans les inscriptions en langue grecque d'Épidamne-Dyrrhachion et d'Apollonia d'Illyrie. Actes de la Table ronde internationale (Clermont-Ferrand, 19-21 octobre 1989), Paris, 77-80

Mathieson, Iain u. a. 2018: The genomic history of southeastern Europe, Nature, 555 (7695), 197-203

Matijašić, Ivan 2011: „Shrieking like Illyrians". Historical Geography and the Greek Perspective of the Illyrian World in the 5th Century BC, in: Arheološki vestnik 62, 289-316

Matzinger, Joachim 2005: Messapisch und Albanisch, in: International Journal of Diachronic Linguistics and Linguistic Reconstruction 2, 29-54

Matzinger, Joachim 2009: Die Albaner als Nachkommen der Illyrer aus der Sicht der historischen Sprachwissenschaft, in: Schmitt, Oliver J./Frantz, Eva A. (Hgg.), Albanische Geschichte. Stand und Perspektiven der Forschung, München, 13-36

Matzinger, Joachim 2012 a, Der lateinisch-albanische Sprachkontakt und seine Implikationen für die Vorgeschichte des Albanischen und der Albaner, in: Dahmen, Wolfgang u. a. (Hgg.), Südosteuropäische Romania. Siedlungs-/Migrationsgeschichte und Sprachtypologie. Romanistisches Kolloquium XXV, Tübingen, 75-103

Matzinger, Joachim 2012 b: Zur Herkunft des Albanischen: Argumente gegen die thrakische Hypothese, in: Rugova, Bardh (Hg.), Studime për nder të Rexhep Ismajlit: me rastin e 65-vjetorit të lindjes. Pristina, 635-649

Matzinger, Joachim 2012 c: ‚Zwischensprachen' – Areallinguistische Bemerkungen aus dem Bereich des Balkanindogermanischen, in: Sadovski, Velizar/Stifter, David (Hgg.), Iranistische und indogermanistische Beiträge in memoriam Jochem Schindler (1944-1994), Wien, 137-159

Matzinger, Joachim 2019: Messapisch, Wiesbaden

Mauri, Achille u. a. 2015: The Climate of Europe during the Holocene: a Gridded Pollen-Based Reconstruction and its Multi-Proxy Evaluation, in: Quaternary Science Reviews 112, 109-127

Mayer, Anton 1953: Illyr. BATO, in: Glotta 32, 302-306

Mayer, Anton 1957: Die Sprache der alten Illyrier. Band I: Einleitung, Wörterbuch der illyrischen Sprachreste, Wien

Mayer, Anton 1959: Die Sprache der alten Illyrier. Band II: Etymologisches Wörterbuch des Illyrischen, Grammatik der illyrischen Sprache, Wien

Meid, Wolfgang 1957: Das Suffix -no- in Götternamen, in: Beiträge zur Namenforschung 8, 72–108, 113–126

Meid, Wolfgang 2005: Keltische Personennamen in Pannonien, Budapest

Meier, Mischa 2020: Geschichte der Völkerwanderung. Europa, Asien und Afrika vom 3. bis zum 8. Jahrhundert n. Chr., München

Méndez Dosuna, Julián 2012: Das antike Makedonisch als griechischer Dialekt: Kritischer Überblick über die jüngste Forschung". In: Γιαννάκης, Γεώργιος Κ. (Hg.), Αρχαία Μακεδονία: Γλώσσα, ιστορία, πολιτισμός – Ancient Macedonia: Language, History, Culture – Macédoine antique: langue, histoire, culture – Antikes Makedonien: Sprache, Geschichte, Kultur, Thessaloniki, 271–293 (dt. Fassung)

Meta, Albana 2006: A Note on the Principal Coins of the Epirote League (234–168 B.C.), in: Bejko, Lorence/Hodges, Richard (Hgg.), New Directions in Albanian Archaeology, Studies Presented to Muzafer Korkuti. International Centre for Albanian archaeology, Monograph Series No. 1, Tirana, 147–154

Meta, Albana 2015: Le monnayage en argent de Dyrrachion 375–60/55 av. J.-C, Athen

Metzner-Nebelsick, Carola 2002: Der „Thrako-Kimmerische" Formenkreis aus der Sicht der Urnenfelder- und Hallstattzeit im südöstlichen Pannonien (Vorgeschichtliche Forschungen 23), Rahden/Westfalen

Milinković, M. (Hg.) 2017: Gradina na Jelici utvrđeni centar u Iliriku VI veka i višeslojno arheo-loško nalazište/Gradina on Mt Jelica: a Fortified Centre in 6th Century Illyricum and a Mul-tilayered Archaeological Site, Belgrad/Čačak

Mirdita, Zef 1975: Intorno al problema dell'ubicazione e della identificazione di alcune agglomerati Dardani nel tempo preromano, in: Colloque Agglomérations, 201–216

Mirdita, Zef 1981: Antroponima e Dardanisë në kohën romake (Die Anthroponymie der Dardanien zur Römerzeit), Pristina

Mirković, Miroslava 2007: Anthropology and Epigraphy – The case of Central Balkan Region, in: Mayer i Olivé, Marc u. a. (Hgg.), XII Congressus internationalis epigraphiae graecae et latinae. Provinciae Imperii Romani inscriptionibus descriptae, Barcelona, 3.-8. Septembris 2002. Acta II, Barcelona, 965–972

Mitrevski, Dragi 2007: Priestess burials of the Iron Age in Macedonia, in: Situla 44 (Festschrift Biba Teržan), 561–582

Morris, Sarah P. 2006: Illyrica pix: The exploitation of bitumen in ancient Albania, in: Bejko, Lorence/Hodges, Richard (Hgg.), New Directions in Albanian Archaeology, Studies Presented to Muzafer Korkuti. International Centre for Albanian archaeology, Monograph Series No. 1, Tirana, 94–106

Mühle, Eduard 2020: Die Slawen im Mittelalter zwischen Idee und Wirklichkeit, Wien u. a.

Neumann, Günter 1979: Illyrische Sprache, in: Ziegler, Konrat/Sontheiner, Walther (Hgg.), Der Kleine Pauly. Lexikon der Antike, Band 2: Dicta Catonis–Iuno, München, 1369–1370

Neumann, Günter 2001: Liburnische Sprache, in: RGA 18, 344–345

Novaković, Bojan 2007: Doclea – Genta – Praevalis, in: Philologus 5.1, 121–128

Ogden, Daniel 2013: Drakōn. Dragon Myth and Serpent Cult in the Greek and Roman Worlds, Oxford

Ognenova, Ljuba 1959: Nouvelle interprétation de l'inscription ‚illyrienne' d'Albanie, in: Bulletin de Correspondance Hellénique 83, 794–799

Ölberg, Hermann M. 1963, Gehen die Namen Ladins auf die Ladiner zurück? Das Suffix -inium in Tirol, in: Plangg, Guntram (Hg.), Weltoffene Romanistik. Festschrift Alwin Kuhn zum 60 Geburtstag, Innsbruck, 185–192

Ölberg, Hermann M. 1971: Illyrisch, Alteuropäisch, Breonisch, in: Meid, Wolfgang u. a. (Hgg.), Studien zur Namenkunde und Sprachgeographie. Festschrift für Karl Finsterwalder zum 70. Geburtstag. Innsbruck, 47–59

Pabst, Sabine 2009: Bevölkerungsbewegungen auf der Balkanhalbinsel am Beginn der Früheisenzeit und die Frage der Ethnogenese der Makedonen, in: Jahrbuch des Deutschen Archäologischen Institutes 124, 1–74

Pabst, Sabine 2012: Die Brillenfibeln. Untersuchungen zu spätbronze- und ältereisenzeitlichen Frauentrachten zwischen Ostsee und Mittelmeer (Marburger Studien zur Vor- und Frühgeschichte 25), Rahden-Westfalen

Pabst, Sabine 2013: Naue II-Schwerter mit Knaufzunge und die Außenbeziehungen der mykenischen Kriegerelite in postpalatialer Zeit, JbRGZM 60, 105–152

Pabst, Sabine 2017: Italische Einflüsse im hallstattzeitlichen Spiral- und Scheiben-fibelhand-werk des Ostalpenraumes, in: Miroššayová, Elena u. a. (Hgg.): Das nördliche Karpatenbe-cken in der Hallstattzeit: Wirtschaft, Handel und Kommunikation in früheisenzeitlichen Gesellschaften zwischen Ostalpen und Westpannonien (Archaeolingua 38), Budapest, 209–241

Pajakowski, Włodzimierz 1980: Wer waren Illyrie proprie dicti und wo siedelte man sie an?, in: Godišnjak 18, 91–162

Pajakowski, Włodzimierz 2000: Die Illyrier. Illyrii proprie dicti. Geschichte und Siedlungsgebiete. Versuch einer Rekonstruktion, Poznań

Palavestra, Aleksandar 1993: Praistorijski ćilibar na centralnom i zapadnom Balkanu (Posebna izdanja. Srpska Akademija Nauka i Umetnosti, Balkanološki Institut, 52), Belgrad

Palavestra, Aleksandar 1995: Strongholds of power – The territorial aspect of the princely tombs of the Early Iron Age in the Central Balkans, in: Studia Balcanica 26, 35–58

Palavestra, Marina 1984: Tierknochenfunde aus Pod bei Bugojno, einer befestigten Siedlung der Bronze- und Eisenzeit in Zentralbosnien, München

Papadopoulos, John u. a. (Hgg.) 2014: The Excavation of the Prehistoric Burial Tumulus at Lofkënd, Albania (Monumenta Archaeologica 34, Cotsen Institute of Archaeology at UCLA), Los Angeles

Papazoglu, Fanula 1964. Dardanska onomastika, in: Zbornik filozofskog fakulteta u Beogradu 8 (= Spomenica Mihaila Dinića), Beograd, 49–75

Papazoglou, Fanoula 1965: Les origines et la destinée de l'État illyrien: Illyrii proprie dicti, in: Historia 14. 2, 143–179

Papazoglu, Fanoula 1971: Un témoignage inaperçu sur Monounios l'illirien, in: Živa Antika 21, 177–184

Papazoglu, Fanoula 1974: Sur la monnaie illyrienne au nom de PHΔΩN, in: Živa Antika 24, 258–260

Papazoglu, Fanoula 1978: The Central Balkan Tribes in Pre-Roman Times. Triballi, Autariatae, Dardanians, Scordisci and Moesians, Amsterdam

Papazoglu, Fanoula 1979: Structures ethniques et sociales dans les régions centrales des Balkans à la lumière des études onomastiques, in: Pippidi, Dionisie M. (Hg.). Actes du VIIe Congrès International d'Épigraphie Grecque et Latine. Constantza, 9–15 septembre 1977, Bucharest, 153–169

Pare, Christopher 1987: Der Zeremonialwagen der Hallstattzeit – Untersuchungen zu Konstruktion, Typologie und Kulturbeziehungen, in: Barth, Fritz Eckhardt (Hg.), Vierrädrige Wagen der Hallstattzeit, (Monographien des Römisch-Germanischen Zentralmuseums in Mainz 12), 189–216

Parzinger, Hermann 1991: Archäologisches zur Frage der Illyrier, in: Bericht der Römisch-Germanischen Kommission 72, 205–261

Parzinger, Hermann 2014: Die Kinder des Prometheus. Eine Geschichte der Menschheit vor der Erfindung der Schrift, München

Pašalić, Esad 1965: Production of Roman Mines and Iron-Works in West Bosnia, in: Archaelogica Iugoslavica 6, 81–88

Patzelt, Gernot 2000: Natürliche und anthropogene Umweltveränderungen im Holozän der Alpen. In: Entwicklung der Umwelt seit der letzten Eiszeit (Rundgespräche der Kommission für Ökologie d. Bayerischen Akademie der Wissenschaften, Bd. 18), München, 119–128

Pavić, Anto 2018: Illyricum – Griechenland – Rom. Topographie, Kulturkontakte, Handelswege und die Entstehung urbaner Zentren an der Ost-Adria, Rahden/Westfalen

Pflug, Hermann 1988: Illyrische Helme, in: Bottini, Angelo u. a. (Hgg.), Antike Helme. Sammlung Lipperheide und andere Bestände des Antikenmuseums Berlin (Monographien des Römisch-Germanischen Zentralmuseums in Mainz 14), Mainz, 42–64

Pichler, Robert 2003: Gewohnheitsrecht und traditionelle Sozialformen in Albanien. In: Jordan, Peter u. a. (Hgg.): Albanien. Geographie – Historische Anthropologie – Geschichte – Kultur – Postkommunistische Transformation (Österreichisches Ost- und Südosteuropa-Institut, Osthefte, Sonderband 17), Wien, 97–110

Pittioni, Richard 1961: Der urgeschichtliche Horizont der Historischen Zeit, in: Mann, Golo/Heuß, Alfred (Hgg.), Vorgeschichte/Frühe Hochkulturen (Propyläen Weltgeschichte 1), Berlin u. a., 227–321

Pontani, Filippomaria 2015: Scholia Graeca in Odysseam III. Scholia ad libros ε–ζ, Roma

Popović, Petar 1987: Novac skordiska: novac i novčani promet na centralnom Balkanu od IV do I veka pre n. e./Le monnayage des Scordisques: les monnaies et la circulation monétaire dans le centre des Balkans IVe–Ier s. av. n. è., Belgrad/Novi Sad

Popović, Petar 2004: Die skordiskische Münzprägung, in: Bader, Tiberius (Hg.), Silber der Illyrer und Kelten. Sonderausstellung, in: Schriftenreihe des Keltenmuseums Hochdorf/Enz 6, Eberdingen, 73–77

Première colloque 1976: Première Colloque des Études Illyriennes (15.–20. septembre 1972), Iliria 4, Tirana

Prendi, Frano 1982: Die Bronzezeit und der Beginn der Eisenzeit in Albanien, in: Geißlinger, Helmut. (Hg.), Südosteuropa zwischen 1600 und 1000 v. Chr. (Prähistorische Archäologie in Südosteuropa 1; Südosteuropa-Jahrbuch 13), Berlin, 203–233

Primas, Margarita 1996: Velika Gruda I. Hügelgräber des frühen 3. Jahrtausends v. Chr. im Adriagebiet – Velika Gruda, Mala Gruda und ihr Kontext, UPA 32, Bonn

Proeva, Nade 2017: Dassaretia et Penestianae terrae à la lumière des donées onomastiques, in: Živa Antika 67, 71–87

Radman-Livaja, Ivan/Ivezić, Hana 2012: A Review of South-Pannonian Indigenous Anthroponymy, in: Migotti, Branka (Hg.), The Archaeology of Roman Southern Pannonia. The State of Research and Selected Problems in the Croatian Part of the Roman Province of Pannonia, Oxford, 137–158

Rendić-Miočević, Duje 1955: Onomastičke studije sa teritorije Liburna, in: Zbornik Instituta za historijske nauke u Zadru 1, 125–144

Rendić-Miočević, Duje 1956: Illyrica. Zum Problem der illyrischen onomastischen Formel in römischer Zeit, in: Archaeologia Iugoslavica 2, 39–51

Rendič-Miočević, Duje 1971 a: Ilirske onomastičke studije (IV). Numizmatika kao izvor ilirskoj antroponimiji, in: Živa antika 21, 381–397

Rendić-Miočević, Duje 1971 b: Ilirske onomastičke studije (III). Onomasticon Riditinum, in: Živa antika 21, 159–174

Rendić-Miočević, Duje 1972: Ilirski vladarski novci u Arheološkom muzeju u Zagrebu, in: Vjesnik Arheološkog muzeja u Zagrebu 6–7, 253–284

Rendić-Miočević, Duje 1989: Iliri i antički svijet. Iliroloske studije, povijest, arheologija, umjetnost, numizmatika, onomastika, Split

Rendič-Miočević, Duje 1993: Épidamnos-Dyrrhachion, Rider-Municipium Riditarum (Dalmatie) et leur fonds épigraphiques comme sources de l'onomastique illyrienne, in: Cabanes,

Pierre (Hg.), Grecs et Illyriens dans les inscriptions en langue grecque d'Épidamne-Dyrrhachion et d'Apollonia d'Illyrie. Actes de la Table ronde internationale (Clermont-Ferrand, 19-21 octobre 1989), Paris, 119-125

Rites d'inhumation 1979: Garašanin, Milutin (Hg.), Sahranjivanje kod Ilira. Zbornik radova prikazanih na naučnom skupu Srpske Akademije Nauka i Umetnosti i Balkanološkog Instituta SANU; Zlatibor, 10-12 maj 1976, Belgrad

Rix, Helmut 1992: Historische Grammatik des Griechischen. Laut- und Formenlehre. 2. korrigierte Aufl., Darmstadt

Rizakis, Athanasios 1995: Le grec face au latin. Le paysage linguistique dans la peninsule balkanique sous l'empire, in: Solin, Heikki u. a. (Hgg.), Acta colloquii epigraphici latini, Helsingiae 3.-6. sept. 1991 habiti, Helsinki, 373-391

Rossignoli, Benedetta 2004: L'Adriatico greco. Culti e miti minori, Rom

Rücker, Anton 1893: Salzquellen in Bosnien-Herzegowina, in: WMBH 1, 336-337

Russu, Ion I. 1969: Illirii. Istoria, limba și onomastica, romanizarea, Bucharest

Sakellarakis, Jannis/Morić, Zdenko 1975: Zwei Fragmente mykenischer Keramik vom Debelo Brdo in Sarajevo, in: Germania 53, 153-156

Sanader, Mirjana 2009: Dalmatia. Eine römische Provinz an der Adria (Orbis Provinciarum), Mainz

Šašel, Jaroslav 1976: Tabula Imperii Romani. Naissus - Dyrrhachion - Scupi - Serdica - Thessalonike. D'après la carte internationale du monde au 1 : 1.000.000, K 34 Sofia, Ljubljana

Šašel, Jaroslav 1977: L'anthroponymie dans la province romaine de Dalmatie, in: Duval, Noél (Hg.), L'onomastique latine. Paris 13-15 octobre 1975 (actes du Colloque International sur l'Onomastique Latine), Paris, 365-383

Šašel Kos, Marjeta 1991: Draco and the Survival of the Serpent Cult in the Central Balkans, in: Tyche 6, 183-193

Šašel Kos, Marjeta 1993: Cadmus and Harmonia in Illyria, in: Arheološki vestnik 44, 113-136

Šašel Kos, Marjeta 1997: Daorsi, in: DNP 3, 310-311

Šašel Kos, Marjeta 1998: Illyricum, in: DNP 5, 940-943

Šašel Kos, Marjeta 1999: Pre-Roman Divinities of the Eastern Alps and Adriatic (Situla 38), Ljubljana

Šašel Kos, Marjeta 2004: Mythological Stories concerning Illyria and its Name, in: Cabanes, Pierre/Lamboley, Jean-Luc (Hgg.), L'Illyrie méridionale et l'Épire dans l'Antiquité 4. Actes du IVe colloque international de Grenoble (10-12 octobre 2002), Paris, 493-504

Šašel Kos, Marjeta 2005: Appian and Illyricum, Ljubljana

Šašel Kos, Marjeta 2011: Peoples on the Northern Fringes of the Greek World: Illyria as seen by Strabo, in: Lamboley, Jean-Luc/Castiglioni, Maria Paola (Hgg.), L'Illyrie méridionale et l'Épire dans l'Antiquité 5. Actes du Ve colloque international de Grenoble (8-11 octobre 2008), Paris, 617-629

Šašel Kos, Marjeta 2013 a: Ananca: Greek Ananke Worshipped at Doclea (Dalmatia), in: Eck, Werner u. a. (Hgg.), Studia Epigraphica in memoriam Géza Alföldy, Bonn, 295-306

Šašel Kos, Marjeta 2013 b: „Illyria and Illyrians". In: Bagnall, Roger S. u. a. (Hgg.), The Encyclopedia of Ancient History, Band 6, Malden/Oxford, 3407-3409

Shepartz, Lynne A. 2014: in: Bioarchaeology of the Lofkënd Tumulus, in: Papadopoulos, John u. a. (Hgg.), The Excavation of the Prehistoric Burial Tumulus at Lofkënd, Albania (Monumenta Archaeologica 34, Cotsen Institute of Archaeology at UCLA), Los Angeles, 139-183

Schmidt-Dounas, Barbara 2016: Macedonian Grave Tumuli, in: Kelp, Ute/Henry, Olivier (Hgg.), Tumulus as Sema. Space, Politics, Culture and Religion in the First Millenium B. C. (Topoi, Berlin Studies of the Ancient World 27. 1), Berlin/Boston, 101-142

Schmitt, Rüdiger 1995: Morphologie der Namen: Vollnamen und Kurznamen bzw. Kosenamen im Indogermanischen. In: Eichler, Ernst u. a. (Hgg.), Namenforschung. Ein internationales

Handbuch zur Onomastik. 1. Teilband (= Handbücher zur Sprach- und Kommunikationswissenschaft 11. 1), Berlin/New York, 419–427

Schmitt, Rüdiger 2000: Illyrier, in: RGA 15, 355–357

Schmitt, Oliver J. 2012: Die Albaner. Eine Geschichte zwischen Orient und Okzident, München

Schnurbein, Siegmar von (Hg.) 2009: Atlas der Vorgeschichte. Europa von den ersten Menschen bis Christi Geburt, Stuttgart

Schramm, Gottfried 1981: Eroberer und Eingesessene. Geographische Lehnnamen als Zeugen der Geschichte Südosteuropas im ersten Jahrtausend n. Chr., Stuttgart

Schramm, Gottfried 1999: Anfänge des albanischen Christentums. Die frühe Bekehrung der Bessen und ihre langen Folgen. 2., überarbeitete Aufl., Freiburg/Br.

Schumacher, Stefan/Matzinger, Joachim 2013: Die Verben des Altalbanischen. Belegwörterbuch, Vorgeschichte und Etymologie. Unter Mitarbeit von Anna-Maria Adaktylos, Wiesbaden

Seewald, Otto 1939: Der Vogelwagen vom Glasinac (Praehistorica, Beiträge zur Ur- und Frühgeschichte des Menschen 4), Leipzig

Shpuza, Saimir 2016: La romanisation de l'Illyrie méridionale et de la Chaônie, Rome

Shpuza, Saimir 2017: Scodra and the Labeates. Cities, Rural Fortifications and Territorial Defence in the Hellenistic Period, in: Novensia 28 (Warszawa), 41–64

Shpuza, Saimir 2018: On the Romanization process of the South Illyrians, in: Iliria 41 (2017), 213–235

Shpuza, Saimir/Dyczek, Piotr 2018: The Illyrian City at Bushati, in: Iliria 42, 99–130

Siewert, Peter 2004: Die Geschichte der Illyrer, in: Lippert, Andreas (Hg.), Die Illyrer. Archäologische Funde des 1. vorchristlichen Jahrtausends aus Albanien. Sonderausstellung im Museum für Urgeschichte Asparn an der Zaya, Asparn/Zaya, 79–91

Solta, Georg R. 1980: Einführung in die Balkanlinguistik mit besonderer Berücksichtigung des Substrats und des Balkanlateinischen, Darmstadt

Sowa, Wojciech 2005: Anmerkungen zum Balkanindogermanischen, in: Schweiger, Günter (Hg.), Indogermanica. Festschrift Gert Klingenschmitt. Indische, iranische und indogermanische Studien dem verehrten Jubilar dargebracht zu seinem fünfundsechzigsten Geburtstag, Taimering, 611–628

Sowa, Wojciech 2020: Thracian, in: Palaeohispanica. Revista sobre lenguas y culturas de la Hispania antigua 20, 787–817

Spahiu, Hëna 1971: Gjetje të vjetra nga varreza mesjetare e kalasë së Dalmacës, in: Iliria 1, 227–262

Spahiu, Hëna 1985: Unaza të reja me mbishkrim nga Komani, in: Iliria 15. 1, 229–246

Srejović, Dragoslav 1973: Karagač and the problem of the ethnogenesis of the Dardanians, in: Balcanica 4, 39–82

Srejović, Dragoslav 1979: Un essai de délimitation ethnique et territoriale des tribus paléobalkaniques, base sur la manière d'enterrer, in: Rites d'inhumation, 79–87

Stibbe, Conrad M. 2003: Trebenishte: the Fortunes of an Unusual Excavation, Rom

Stifter, David 2012 a: On the Linguistic Situation of Roman-Period Ig, in: Meißner, Thorsten (Hg.), Personal Names in the Western Roman World. Proceedings of a Workshop Convened by Torsten Meißner, José-Luis García Ramón and Paolo Poccetti, held at Pembroke-College, Cambridge, 16.–18. September 2011, Berlin, 247–265

Stifter, David 2012 b: Eine V.I.P. zwischen Pannonien und Tirol, in: Anreiter, Peter u. a. (Hgg.). Archaeological, Cultural and Linguistic Heritage. Festschrift for Erzsébet Jerem in Honour of her 70th Birthday, Budapest, 539–549

Stipčević, Aleksandar 1977: The Illyrians. History and Culture, Park Ridge, NJ

Stotz, Peter 1996: Handbuch zur lateinischen Sprache des Mittelalters. Dritter Band: Lautlehre, München

Strobel, Karl 2019: Südosteuropa in der Zeit von Republik und Principat: Vorgeschichte, Etablierung und Konsolidierung römischer Herrschaft. In: Schmitt, Oliver J. u. a. (Hgg.), Handbuch zur Geschichte Südosteuropas. Band 1: Herrschaft und Politik in Südosteuropa von der römischen Antike bis 1300, Berlin/Boston, 131–322

Suić, Mate 1976: Illyrii proprie dicti, in: Godišnjak 13 (Alojz Benac Sexagenario dicatum), 179–196

Szemerényi, Oswald 1954: Illyrica. 1. Ulcisia castra, 2. Dalmatae, in: Zeitschrift für vergleichende Sprachforschung auf dem Gebiete der Indogermanischen Sprachen 71, 199–217

Talbert, Richard J. A. 2000: Barrington Atlas of the Greek and Roman World, Princeton, NY

Tataki, Argyro B. 1998: Macedonians Abroad. A Contribution to the Prosopography of Ancient Macedonia, Athen

Teržan, Biba 1982: Die Tracht als kennzeichnendes Element der ältereisenzeitlichen Gesellschaftsgruppen zwischen Drim und Devoll, in: Benac, Alojz (Hg.), Simpozijum duhovna kultura Ilira (Herceg-Novi, 4.–6. novembra 1982), Sarajevo, 197–214

Teržan, Biba 1995: Handel und soziale Oberschichten im früheisenzeitlichen Südosteuropa, in: Hänsel, Bernhard (Hg.), Handel, Tausch und Verkehr im bronze- und eisenzeitlichem Südosteuropa (Archäologie in Südosteuropa 11), Berlin, 81–159.

Teržan, Biba 2015: Historische Geographie des Westbalkans, in: Wittke, Anne Maria (Hg.), Frühgeschichte der Kulturen. Der Neue Pauly. Suppl. Bd. 10, Stuttgart/Weimar, 415–427

Teržan, Biba/Karavanić, Snježana 2013: The Western Balkans in the Bronze Age, in: Fokkens, Harry/Harding, Anthony (Hgg.), The Oxford Handbook of the European Bronze Age, Oxford, 837–863

Teßmann, Barbara 2001: Schmuck und Trachtzubehör aus Prozor, Kroatien. Ein Beitrag zur Tracht im japodischen Gebiet, in: Acta Praehistorica et Archaeologica 33, 28–151

Teßmann, Barbara 2004: Grabhügel 30 aus Rusanovici. Untersuchungen zu Kontakten zwischen der Glasinac-Hochebene und dem westlichen japodischen Raum (Lika-Hochebene), in: Godišnjak 33, 139–183

Teßmann, Barbara 2008: Bronzene Tierfigürchen aus den japodischen Gräberfeldern von Prozor und Kompolje, in: Godišnjak 35, 79–86.

Teßmann, Barbara 2017: Japodische Frauen an der Macht? Überlegungen zur japodischen Frauentracht, in: Keller, Christin/Winger, Katja. (Hgg.), Frauen an der Macht?, UPA 299, Bonn, 127–147

Teßmann, Barbara 2018: Wolle und Honig für Bernstein und Bronze? Überlegungen zu Wirtschaft und Handel im japodischen Raum, in: Gediga, Bogusław (Hgg.), Inspiracje i funkcje sztuki pradziejowej i wczesnośredniowiecznej, Biskupin/Wrocław, 219–286

Tischler, Johann 1990: Hundert Jahre kentum-satem Theorie, in: Indogermanische Forschungen 95, 63–98

Toçi, Vangjel 1969: Données sur l'onomastique illyrienne a Dyrrhachium et dans d'autres centres de l'Albanie, in: Studia Albanica 2, 163–185

Toçi, Vangjel 1972: Données sur l'élément illyrien a Dyrrhachium à la lumière des nouveaux témoignages archéologiques, in: Studia Albanica 1, 77–84 (mit Abbildungsanhang)

Toçi, Vangjel 1986: Të dhëna të reja për onomastikën ilire në Dyrrah, in: Iliria 16. 1 (= Kuvendi II i Studimeve ilire (Tirana, 20. -23.11.1985)), 123–135

Todd, Malcolm u. a. (Hgg.) 1976: Bronze and Iron Age Amber Artefacts in Croatia and Bosnia-Hercegovina, in: Journal of Field Archaeology 3. 3, 313–327

Todorović, Jovan 1964: Ein Beitrag zur stilistischen und zeitlichen Bestimmung der astragaloiden Gürtel in Jugoslawien, in: Archaeologica Jugoslavica 5, 45–48

Todorović, Jovan 1979: Quelques spécifités des constructions tombales et sacrificatoires dans la necropole de Romaja, in: Rites d'inhumation, 101–105

Tönnes, Bernhard 1980: Sonderfall Albanien. Enver Hoxhas ‚eigener Weg' und die historischen Ursprünge seiner Ideologie, München
Truhelka, Ćiro/Woldrich, Jan N. 1909: Der vorgeschichtliche Pfahlbau im Savebette bei Donja Dolina, in: WMBH 11, 3–170
Tzitzilis, Christos 2007: Greek and Illyrian, in: Christidis, Anastasios F. (Hg.), A History of Ancient Greek. From the Beginnings to Late Antiquity, Cambridge, 745–751
Tzitzilis, Christos 2014: Greek and Illyrian, in: Giannakis Georgios, K. (Hg.), EAGLL. Encyclopedia of Ancient Greek Language and Linguistics. Online Edition. http://dx.doi.org/10.1163/2214-448X_eagll_COM_00000154.
Untermann, Jürgen 1970: Venetisches in Dalmatien, in: Godišnjak 7. 5, 5–21
Untermann, Jürgen 1980: Alpen – Donau – Adria, in: Neumann, Günter/Untermann, Jürgen (Hgg.), Die Sprachen im römischen Reich der Kaiserzeit. Kolloquium vom 8. bis 10. April 1974, Köln/Bonn, 45–63
Untermann, Jürgen 1989: Zu den Begriffen ‚Restsprache' und ‚Trümmersprache', in: Beck, Heinrich (Hg.), Germanische Rest- und Trümmersprachen, Berlin/New York, 15–19
Ursini, Flavia 2003: La Romània submersa nell'area adriatica orientale, in: Ernst, Gerhard u. a. (Hgg.), Romanische Sprachgeschichte. Ein internationales Handbuch zur Geschichte der romanischen Sprachen 1. Berlin/New York, 683–694
Vasić, Rastko 1977: The Chronology of the Early Iron Age in Serbia (British Archaeological Reports 31), Oxford
Vasić, Rastko 1982: Ein Beitrag zu den Doppelnadeln im Balkanraum, in: PZ 57, 220–257
Vasić, Rastko. 1999: Die Fibeln im Zentralbalkan. Vojvodina, Serbien, Kosovo und Makedonien, PBF 14. 12, Stuttgart
Vasić, Rastko 2004: Die Eisenzeit im Zentralbalkan. Chronologische und ethnische Fragen, in: Bader, Tiberius (Hg.), Silber der Illyrer und Kelten. Sonderausstellung, in: Schriftenreihe des Keltenmuseums Hochdorf/Enz 6, Eberdingen, 11–32
Wachter, Rudolf 2013: Alphabet, Greek, in: Bagnall, Roger S. u. a. (Hgg.), The Encyclopedia of Ancient History, Band 1, Malden/Oxford, 326–329
Wallace, Rex E. 2018: Venetic, in: Klein, Jared u. a (Hgg.), Handbook of Comparative and Historical Indo-European Linguistics 3, Berlin/Boston, 1832–1839
Waurick, Götz 1988: Helme der hellenistischen Zeit und ihre Vorläufer, in: Bottini, Angelo u. a. (Hgg.), Antike Helme. Sammlung Lipperheide und andere Bestände des Antikenmuseums Berlin (Monographien des Römisch-Germanischen Zentralmuseums in Mainz 14), Mainz, 151–180
Weigand, Gustav 1927: Sind die Albaner die Nachkommen der Illyrer oder der Thraker, in: Balkan-Archiv 3, 227–251
Weiss, Michael 2018: Veneti or Venetes? Observations on a Widespread Indo-European Tribal Name, in: van Beek, Lucien u. a. (Hgg.), Farnah. Indo-Iranian and Indo-European Studies in Honor of Sasha Lubotsky, Ann Arbor/New York, 349–357
Weiss, Michael 2020: Outline of the Historical and Comparative Grammar of Latin. 2. Aufl., Ann Arbor/New York
West, Martin L. 2007: Indo-European Poetry and Myth, Oxford
Wilkes, John 1992: The Illyrians, Oxford UK/Cambridge USA
Wilkes, John 2013: Roman Conquest of Illyricum and the Balkans, in: Bagnall, Roger S. u. a. (Hgg.), The Encyclopedia of Ancient History, Band 1–13, Malden/Oxford, 3410–3413
Wittke, Anne-Maria u. a. (Hgg.) 2012, Historischer Atlas der antiken Welt, Der Neue Pauly Sonderausgabe, Stuttgart/Weimar
Wodtko, Dagmar S. 2000: Monumenta Linguarum Hispanicarum Band 5. 1: Wörterbuch der keltiberischen Inschriften, Wiesbaden
Woolf, Greg 2001: Romanisierung, in: DNP 10, 1122–1127

Woytowitsch, E. 1978: Die Wagen der Bronze- und frühen Eisenzeit in Italien, PBF 17. 1, München
Zápotocký, M. 1992: Streitäxte des mitteleuropäischen Äneolithikums (Quellen und Forschungen zur prähistorischen und provinzialrömischen Archäologie 6), Weinheim
Zehnder, Thomas 2009: Albanisch, in: Stüber, Karin u. a. (Hgg.), Indogermanische Frauennamen. Heidelberg, 415–425
Žeravica, Zdenko 1993: Äxte und Beile aus Dalmatien und anderen Teilen Kroatiens, Montenegro, Bosnien und Herzegowina, PBF 9. 18, Stuttgart
Zgusta, Ladislav 1964: Kleinasiatische Personennamen, Prag
Zindel, Christian u. a. 2018: Albanien. Ein Archäologie- und Kunstführer von der Steinzeit bis ins 19. Jahrhundert, Wien u. a.
Žižić, Olivera 1979: Tombes de guerriers illyriens à Kličevo, pres de Nikšić, in: Rites d'Inhumation, 205–218
Zotović, Mihailo 1979: Necropole à Pilatovici près de Požega et certains traits caractéristiques de la façon d'ensevelir le défunts, in: Rites d'inhumation, 31–48

Abbildungsverzeichnis

Abb. 1: Der Südwestbalkan mit illyrischen und nicht-illyrischen Stämmen seit dem 4. Jh. v. Chr. (bearbeitet nach Parzinger 1991)
Abb. 2: Relative Chronologie am Zentral- und Westbalkan sowie in Griechenland
Abb. 3: Taline, Bosnien, Tum. 19/4, Auswahl: Zierscheiben und Armreif aus Bronze, Spiralarmreif aus Eisen (durch Brand beschädigt), Glasinac Übergang III c-1/2, (nach Benac/Čović 1956)
Abb. 4: Vrlazije, Bosnien, Tum. 4/2, Auswahl: Eisenmesser, Bogenfibel, Blechknöpfe, Spiralröllchen, fragmentierter Brillenspiralanhänger aus Bronze, Bernsteinperle, Glasinac III c-2 (nach Benac/Čović 1956)
Abb. 5: Verbreitung einteiliger Brillenfibeln mit rückseitig gewundener Achterschleife, Dreieck: Typ Kompolje, 11./10. Jh., Raute: Typ Vergina, 11.–9. Jh., gefüllter Kreis: Typ Galaxidi, 11.–9. Jh. (nach Pabst 2012)
Abb. 6: Verbreitung von Bronzeformen der Urnenfelderkultur zwischen Pannonien und Griechenland: geflammte Lanzenspitze, 13.–10. Jh., Sichel, Typ Uioara 2, 14.–13. Jh., Griffzungenschwert, Typ Naue II (Quadrat), 13./12. Jh., Typ Stätzling (Raute), 12. Jh., (nach Gavranović 2017 u. Pabst 2013)
Abb. 7: Ausschnitt der Siedlung am Ostplateau in Pod, Bosnien, Phase B (nach Teržan 1993)
Abb. 8: Verbreitung von Körper- und Brandbestattungen sowie Tumuli am West- und Zentralbalkan im 10. und 9. Jh. (nach Srejović 1979)
Abb. 9: Gradac-Sokolac, Tum. 3/1, Bosnien, ausgewählte Bronzeobjekte: Bogenfibel Typ Golinjevo, Gürtelschließe, Brillenanhänger, massive Armreife, Glasinac IV (nach Benac/Čović 1957)
Abb. 10: Ilijak, Bosnien, Tum. 2/1, Glasinac IV b (nach Benac/Čović 1957)
Abb. 11: 1: Ilijak, Bosnien, Tum. 3/9, Beinschiene; 2: Urakë, Nordalbanien, Grab I/5, Panzerplatte, alle Bronze (nach Kilian 1973 a und Islami 2013)
Abb. 12: Verbreitung einteiliger Brillenfibeln vom Typ Santa Lucia (voller Kreis), 9./8. Jh., Glasinac (leeres Dreieck) 7./6. Jh. und mehrteiliger Brillenfibeln der Typen Sarazeno (volles Dreieck), 9./8. Jh. (nach Pabst 2012)
Abb. 13: Trachtelemente der japodischen und illyrischen Frauentracht vom 10.–8. Jh.: leerer Kreis: Schlitzbommel mit Nadelende, volles Dreieck: Ohrschmuck, voller Kreis: „japodische" Haube, leeres Dreieck: Schlitzbommel mit stempelförmigen Ende (nach Teßmann 2011 und 2017)
Abb. 14: Verbreitung von Scheibenfibeln vom Typ Glasinac und einschleifiger Bogenfibeln mit dreieckigem oder trapezoidem Fuß, Typ Rusanovići (volles Dreieck), Typ Potpećine (Quadrat), Typ Arareva (leerer Kreis), Typ Boranja (leeres Dreieck), 6. Jh. (nach Vasić 1999)
Abb. 15: Rekonstruktion einer illyrischen Frauentracht nach dem Grabinventar von Burrel, Tum. 3/4, Nordalbanien, 6. Jh. v. Chr. (nach Kurti, R. 2020)
Abb. 16: Verbreitung der illyrischen Helmtypen III A und III B (6.–4. Jh. v. Chr.), (nach Teržan 1995)
Abb. 17: Objektformen aus Grabausstattungen am Glasinac, Bosnien in den Phasen III a–V a
Abb. 18: Silberne Tetradrachme aus Damastion, Kosovo/Kosova, 4. Jh. v. Chr., 1 : 1 (GR 035749, KHM Wien)
Abb. 19: Verbreitung der albano-dalmatinischen Lochaxt (Punkt), 11.–9. Jh., und ihrer Variante Debelo Brdo (Raute), 10. Jh. (nach Carancini 1984 und Primas 1996)

Abb. 20: Arareva Gromila, Bosnien, Tum. 1/1 (Zentralbestattung), Auswahl: Fibeln, massiver und Armreif vom Typ Mramorac, Brillenfibel ohne Achterschleife, Astragalgürtelbeschlag aus Bronze, Bernsteinperlen, 2. Hälfte 6. Jh. (nach Benac/Čović 1957)

Abb. 21: Arareva Gromila, Bosnien, Tum. 1/2 (Peripheriebestattung): Auswahl: geschlitzte Bronzebommel, 1 : 1, Axt und Lanzenspitzen aus Eisen (nach Benac/Čović 1957)

Abb. 22: Illyrische „Fürstengräber" und die Fürstennekropole in Trebenishte, Nordmazedonien, 7.–5. Jh. sowie griechische Kolonien seit 7. Jh. und illyrische Städte seit Ende 5. Jh. v. Chr.

Abb. 23: Fürstengrabhügel I und II in Atenica, Westserbien, Bodenniveau (nach Djuknić/Jovanović 1965)

Abb. 24: Atenica, Westserbien, Tum. I, Zentral- und Peripheriegrab. Auswahl: Schmuck aus Gold, Bronze, Bernstein und Glas (nach Djuknić/Jovanović 1965)

Abb. 25: Atenica, Westserbien, Tum. II. Auswahl: Schmuck aus Gold, Bronze, Bernstein und Glas, Pferdetrense und Bratspieß aus Eisen (nach Djuknić/Jovanović 1965)

Abb. 26: Pećka Banja, Kosovo/Kosova, Fürstengrab, ausgewählte Ausstattungsobjekte: Armreife, darunter ein Paar vom Typ Mramorac, Fibeln, Nadeln, stabförmige Anhänger, Fingerring aus Silber, große Eisenscheiben mit Silberblechmantel, ca. 1 : 2 (Aufnahme mit Genehmigung des Kosovarischen Nationalmuseums, Pristina)

Abb. 27: Bjelosavljevići am Glasinac, Bosnien, Vogelwagen und Rhyton, Bronze, 7. Jh. (nach Truhelka 1880/81)

Abb. 28: Siedlung in Pod, Bosnien, Phase B, reliefierte Tonpfeiler (nach Čović 1975 b)

Abb. 29: Amantia, Südalbanien (nach Zindel u. a. 2018)

Abb. 30: Byllis, Südalbanien (nach Zindel u. a. 2018)

Abb. 31: Silber und Bronzemünzen der Daorsi (1) sowie der Könige Ballaios (2), Genthios (3) und Monunios (4), 1 : 1 (GR 011344, 011692, 011706, 011715, KHM Wien)

Abb. 32: Gürtelbeschläge aus Silber, Bronze und Eisen von Gostilj (1–3), Montenegro und Selca e Poshtme (4), Ostalbanien (nach Basler 1972 sowie Eggebrecht 1988 mit Genehmigung des Albanischen Kulturministeriums, Tirana)

Abb. 33: Der altbalkanische Sprachraum (nach Haebler 1997, in: Brill's New Pauly 2006)

Abb. 34: Geltungsbereich der südostdalmatischen-illyrischen Anthroponymie (Ing-Büro für Kartographie J. Zwick Gießen nach den Vorgaben des Autors)

Zusatzmaterial: Online Abbildungen – dl.kohlhammer.de/978-3-17-037709-7

Online-Abb. 1: Velika Gruda, Montenegro, Grab 26, Brillenspiralanhänger, Schläfenspiralschmuck, Blechknöpfe, Bronze, 14./13. Jh.
Online-Abb. 2: Gučevo, Bosnien, Tum. 4/1, Armreif, Blechknöpfe, Schläfenspiralring, Bronze, Glasinac III b
Online-Abb. 3: Amphoren und Kantharoi in den Schichten V bis I in Pod, Bosnien
Online-Abb. 4: Lofkënd, Mittelalbanien, Riesentumulus, Belegungsphasen
Online-Abb. 5: Bestattungen im Tum. 3 in Burrel, Mat-Tal, Nordalbanien (1) und Tum. 3, Pilatovići, Westserbien (2), 7.–6. Jh.
Online-Abb. 6: Perlat, Tum. 1/3, Nordalbanien, um 500 v. Chr., illyrischer Helm aus Bronze, Typ III B, Haumesser und Lanzenspitzen aus Eisen, Tongefäße
Online-Abb. 7: Verbreitung keltischer Münzen vom Typ Srem und Krčedin an der unteren Donau
Online-Abb. 8: Verbreitung von griechischem Import aus Tongeschirr und Waffen (Machaira, Kurzschwert, Schildbuckel und Beinschienen), 7.–5. Jh.
Online-Abb. 9: Die sog. Jireček-Linie
Online-Abb. 10: Lokalisierung illyrischer Bevölkerungsteile nach den Angaben griechischer Historiker
Online-Abb. 11: Genius loci Illyriens: *[T]errae Hillyric(ae) et Iovi Maximo* (Datierung: 1–300 n. Chr.)
Online-Abb. 12: Ringinschrift aus Kalaja e Dalmacës
Online-Abb. 13: Umzeichnung der Ringinschrift aus Kalaja e Dalmacës
Online-Abb. 14: Münzlegende mit Nennung des Einwohnernamens Σκοδρινων (Datierung: 168 v. Chr.)
Online-Abb. 15: Inschrift mit Nennung des Cognomens *Scodrina*
Online-Abb. 16: Inschriftliche Nennung von Albanopolis: *Posis Mestylu f(ilius) Fl(avia) Delus Mucati f(ilia) dom(o) Albanop(oli) ipsa Delus* (Datierung: 71–130 n. Chr.)
Online-Abb. 17: Albanopolis in der Karte des Ptolemäus (2. Jh. n. Chr.)
Online-Abb. 18: Münzaufschrift ΔΥΡΡΑΧΙΝΩΝ, (Datierung: nach 350 v. Chr.)
Online-Abb. 19: Münzaufschrift ΔΥΡ (Datierung: 375–280 v. Chr.)
Online-Abb. 20: Die Verteilung der drei westbalkanischen Personennamengebiete
Online-Abb. 21: Filiationsangabe in lateinischer Inschrift: *Caius Epicadi f(ilius) princeps civitatis Docl(e)atium hic situs...* (Datierung: 151–200 n. Chr.)
Online-Abb. 22: Filiationsangabe in griechischer Inschrift: Επικαδος Λυκου χαιρε (Datierung: 3.–1. Jh. v. Chr.)
Online-Abb. 23: Stele aus Apollonia: Επικαδε Επικαδου Τευτεα Επικαδου Μελανκου απ[ελ]ευθερα Ιοκονδα Τευτεας θυγατηρ χαιρετε (Datierung: 2. Jh. v. Chr.)
Online-Abb. 24: Münzlegende Γενθ[ιου] (Datierung: 181–168 v. Chr.)
Online-Abb. 25: Helminschrift Βασιλεως Μονουνιου (Datierung: um 280 v. Chr.)
Online-Abb. 26: Helminschrift Φερζαν Γραβωνος Φερζαντος ειμι (Datierung: Ende 5. oder 4. Jh. v. Chr.)

Index

Flussregister

Angros 12
Apsos 102
Brongos 12
Buena 154
Drinus 131, 146

Genusus 131, 144, 146, 158, 159
Ister 12, 13, 15
Tara 15
Vrbas 15, 23, 25, 35, 38, 41, 73, 74, 75, 76, 78, 97

Ortsregister

Akrolissos 40
Albanopolis 130, 165
Amantia 98, 99, 100
Apollonia 12, 16, 19, 28, 40, 43, 44, 55, 67, 75, 79, 80, 81, 97, 99, 100, 102, 106, 107, 112, 114, 134, 139, 181
Arareva Gromila 60, 83, 84, 85, 91
Atenica 86, 87, 88, 89, 91, 92
Athen 14
Attica 11
Bajza 50, 52
Barice 41
Belshi 12, 102
Bigeste 71, 98, 122, 146
Birziminium 127, 156, 158
Bojoru 95
Boranj 76
Brezje 48, 56
Burrel 63
Bushati 104
Butua 133, 146, 148, 156
Byllis 78, 100, 101, 102

Cetina 27, 54, 71
Čitluci 57, 59, 60, 83
Crkvina 76
D(i)oclea/Doclcatae 98, 105, 129, 146
Damastion 75
Daorson 105
Dardanien 18, 115, 137, 138, 146, 155, 169
Debelo Brdo 76, 77, 78
Delphi 71, 95, 98
Dimallum 131, 144, 146, 151, 155, 175
Dobrac 50
Donja Dolina 41, 52, 55, 56, 57, 58, 61, 62, 64, 66, 67, 69
Dyrrhachion 12, 16, 18, 55, 67, 80, 102, 103, 105, 106, 107, 112, 114, 132, 134, 139, 148, 150, 163, 173, 181
Epidamnos 12, 14, 55, 75, 79, 99, 112
Gajtani 40
Gjegjasi 74

Gosinja Planina 45
Gostilj 105, 106, 108, 109, 110
Gradac-Sokolac 45
Gradina 38
Grapska 76
Greda 41
Grunasi 40, 72
Ilijak 47, 48, 49, 50, 54, 79, 82, 83, 85, 94, 96, 98
Issa 16, 119
Kaptol 66, 79
Karagač 61
Klausura 25
Kličevo bei Nikšić 61
Klisura-Kadića Brdo 72, 73
Konjica 78
Kopaonik 75
Korinth 11, 40, 44, 55, 66, 79, 83, 98, 100, 101, 112
Korkyra 11, 55, 112
Kovačev Do 28, 54
Krannon 95
Križevac 57
Kuçi i Zi 52, 53, 67
Lindos 98
Lisijevo Polje 90, 91
Lissos 11, 16, 20, 40, 103, 104, 132, 146, 163
Lofkëndi 25, 30, 31, 33, 35, 42, 43, 44, 46, 54, 68
Mala Gruda 25, 27
Maliqi 64
Mashkjeza 40
Mirdita 74
Mlad 54
Mokra Gora 76
Mračaj 74
Narona 11, 128, 146
Negraja 38
Nikaia 101
Novi Pazar 75, 89, 91
Olcinium 127, 129, 156
Olympe 100

Olympia 50, 98
Orâştie 95
Orikos 12
Osovo 43, 48, 54, 60, 83, 85
Palatitsa 104
Pannonien 27, 30, 35, 36, 50, 60, 80, 126, 135, 167
Patosi 54
Pazhoku 28
Pečine 71
Pećka Banja 91, 92
Perachora 98
Perlat 52, 65
Pharos 12, 16, 105
Philia 98
Pilatovići bei Požega 61, 85
Pod bei Bugojna 25, 38, 73, 97, 185
Podlaze 77
Pogradeci 81
Potpećine 59, 61, 64
Pydna 104
Rehova 31, 33, 53, 63
Reinzano 76
Rhisinium (Risan) 98
Rhizon 105, 107, 119
Romaja 44, 61
Rusanovići 54, 57, 59, 61, 65, 94
Salento 77
Salerno 95
Samos 98
Scodra (Shkodra) 12, 16, 17, 19, 28, 40, 42, 50, 76, 103, 104, 105, 106, 107, 129, 130, 144, 146, 154, 155, 163, 164, 165
Scordus mons (heute Šar Planina) 154
Selca e Poshtme 12, 81, 104, 108, 109, 110
Selenica 78
Selinunt 98
Shtoj 28
Slatina 78
Sovjani 64

Suva Ruda 76
Suva Rudiške 76
Taline 32
Tavornica 76
Torovica 77
Trebenishte 86
Tuzla 78
Uraka 49, 62

Valanida 74
Vareš 74, 76
Varvara 76
Vele Ledine 105
Velika Gruda 27, 29, 31, 37, 52, 69
Via Egnatia 18, 20, 102, 106, 114, 133
Vis bei Derventa, Bosnien 73
Vrlazije 33

Personenregister

Agron (König) 16, 121
Albaner 22, 25, 123, 124, 131, 161, 162, 165, 166
Alexander der Große 14, 15, 71
Amantier 100
Angriani 15
Aphrodite 15, 100
Apollodoros von Athen 107
Apollon 55, 95, 100
Ardiai/Ardiäer 15, 78, 81
Ares 95
Arrian 15, 71, 121
Artemis (Diana) 95, 96, 98, 101, 104
Arvanitai 25
Asklepios 101
Athena 95, 100
Autariatae/Autariaten 8, 14, 15, 78, 81
Ballaios (König) 98, 103, 105, 106
Bardylis (König) 14, 136, 169
Brygi/Bryger 12, 75
Byllioni/Byllionen 75, 101
Cassius Dio 121, 129
Chelidonier 118, 120
Daorsi 71, 103, 105
Demetrios von Pharos 16, 17
Dessareter 12
Diana (Artemis) 98
Diodoros 12

Dionysos 95, 126
Dorer 11
Duje Rendić-Miočević 134
Dyesti 75
Enchelei/Encheleer 11, 12, 14, 75, 106, 107, 118, 120
Eneti 12
Euripides 107
Genthios (König) 113, 118, 121, 122, 140, 146, 148, 158, 172
Glaukias (König) 14
Grabos (König) 14, 140, 146, 173, 180
Hannibal (Punischer Feldherr) 17
Hekataios von Milet 12, 118
Hera 15, 95
Hermes 95
Herodot von Halikarnassos 11, 117, 118, 126
Herodotos von Halikarnassos 12
Histri/Histrier 13, 71
Illyrios (Gründervater) 11, 107
Japoden 13, 17, 20, 34, 41, 54, 57, 64, 68, 71, 81, 96, 105
Johann Thunmann 123
Jupiter (Zeus) 98
Kadmos und Harmonia 11, 107, 108, 119
Kassander (Diadoche) 14

Kleitia 107
Kleitos (König) 14
Kurgan-Kultur 27, 28, 67
Labeatae/Labeaten 16, 103, 105, 106, 121, 173
Liburni/Liburner 11, 13, 17, 20, 71, 160
Makedonen 14, 15, 17, 96, 101, 106, 113
Medaurus (Gott) 98
Molosser 14, 81, 101
Monounios (König) 15, 105, 180
Mytilos (König) 15, 140, 173, 176
Pannonii/Pannonier 13, 105
Parthini 75
Pelasger 11, 124
Perseus (König) 113
Philipp II. 14, 71, 137
Philipp V. 17
Pinnes (Königssohn) 16, 140, 146, 176
Pleuratos (König) 16, 17
Plinius der Ältere 121, 172, 173

Polybios 16
Pomponius Mela 11, 121
Poseidon 95
Pseudo-Skylax 11, 107, 118, 119
Pseudo-Skymnos 12, 13, 82, 118
Radoslav Katičić 134
Scordisci/Skordisker 15, 26, 71, 72, 112
Sesarethi/Sesarethier 75, 118
Skerdilaidas (König) 17
Strabon 13, 15, 17, 75, 78, 106, 119, 121
Taulantii/Taulantier 8, 14, 55, 75, 118, 120, 121, 145, 146, 173
Teuta (Regentin) 16, 121, 136, 141, 150, 168, 177, 182, 183
Thraci/Thraker 15, 17, 119
Thukydides 14, 118
Triballi 15
Vlachen 74
Vučedol-Kultur 27, 28
Zeus 15, 94, 95, 96, 98, 100, 101, 103, 104, 110, 118

Sachregister

albanische Nationalbewegung 123, 162
albanische Personennamengebung 182
Autochthonie 161
Balkanindogermanisch 166
Balkanlateinisch 114
Epigraphik von Ig 135
Hypokoristika 136
Illyrername 120
illyrische Provinzen 123
Jireček-Linie 114
keltische Personennamen 179
kroatischer Illyrismus 123

Lallnamen 136
Makedonisch 106, 113
messapische Sprache 160
mitteldalmatisch-pannonisches Personennamengebiet 135
Mythologie 119
Namensformel 138
nominale Komposition 151
nordadriatisches oder auch liburnisches Personennamengebiet 135
Ostalpenblock 160
Panillyrismus 117
Pelasgisch 111
Personennamengebiete 135

Sachregister

proprie dicti Illyrii 121
Ringinschrift 125
Schlangenkult 119
slawische Expansion auf dem Balkan 22
st-Suffix 127

südostdalmatisches oder illyrisches Personennamengebiet 136
Terra Illyrica 122
Thrakisch 112, 115, 125, 160, 162
Venetisch 117
Vorgeschichte des Albanischen 164
vorgriechische Sprachlichkeit 111